COLONISATION

DE

L'ALGÉRIE.

IMPRIMERIE DE A. HENRY,
8, rue Gît-le-Cœur.

COLONISATION

DE

L'ALGÉRIE

PAR ENFANTIN

Membre de la Commission scientifique d'Algérie

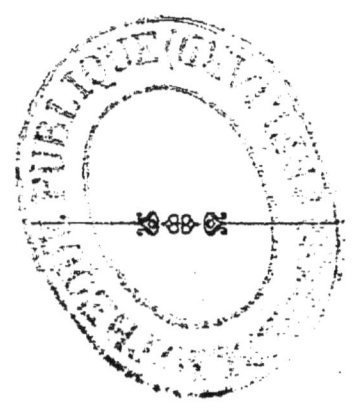

PARIS

P. BERTRAND, LIBRAIRE

38, RUE SAINT-ANDRÉ-DES-ARCS

1843

COLONISATION

DE

L'ALGÉRIE.

DIVISION DE L'OUVRAGE.

INTRODUCTION.
DES COLONISATIONS EN GÉNÉRAL.

Ce qu'elles étaient ; ce qu'elles doivent être.

Ire PARTIE.
CONSTITUTION DE LA PROPRIÉTÉ.

CHAPITRE Ier. État ancien de la PROPRIÉTÉ en ALGÉRIE.
II. État actuel de la PROPRIÉTÉ en FRANCE.
III. Ce qu'elle doit être pour l'ALGÉRIE FRANÇAISE.

IIe PARTIE.
COLONISATION EUROPÉENNE.

CHAPITRE Ier. LIEUX et ORDRE favorables aux COLONIES.
II. PERSONNEL et MATÉRIEL des COLONIES.

IIIe PARTIE.
ORGANISATION DES INDIGÈNES.

CHAPITRE Ier. PERSONNEL et MATÉRIEL des TRIBUS organisées.
II. LIEUX et ORDRE favorables à leur ORGANISATION.

CONCLUSION.
DU GOUVERNEMENT DE L'ALGÉRIE.

INTRODUCTION.

DES COLONISATIONS EN GÉNÉRAL.

SOMMAIRE DE L'INTRODUCTION.

Avons-nous droit à *posséder*, et devons-nous *conserver* l'Algérie ? — La discussion de cette question de politique extérieure et intérieure est épuisée, et ne peut avoir de solution définitive que par la *colonisation*.

Examen des systèmes coloniaux, différents selon les époques et selon le degré de civilisation des peuples colonisateurs ; et particulièrement de la colonisation romaine en Afrique.

Ce que peut et doit être une colonisation faite par la France, en Algérie, au xixe siècle.

Notre politique n'est plus absolue, elle transige et concilie, elle veut *associer*. Par conséquent, deux problèmes à résoudre :

1º Modifier progressivement les institutions, les mœurs, les habitudes des INDIGÈNES ;

2º Modifier aussi celles des EUROPÉENS COLONS, de manière à faire vivre les uns et les autres en SOCIÉTÉ, sur *un même* sol et sous *un même* gouvernement.

Du gouvernement *militaire*, indispensable jusqu'ici et nécessaire encore aujourd'hui, pour *préparer* par la force notre *domination*.

Du gouvernement *civil*, indispensable pour la *colonisation*, dès que celle-ci prendra une importance semblable à celle que la *guerre* a dû avoir jusqu'ici.

Les institutions coloniales, données par la France à l'Algérie, doivent faire tendre les deux populations (indigène et européenne) vers un but commun, sous le triple rapport administratif, judiciaire et religieux.

L'application de ce principe à la *constitution de la propriété* dans l'Algérie française, sera la base de cet ouvrage.

Division de l'ouvrage.

INTRODUCTION.

I. — Cet ouvrage suppose résolue, théoriquement du moins, une question capitale de politique intérieure et extérieure, dont la solution dépend, d'une part, de la sagesse des Chambres et de l'énergique volonté du Gouvernement, de l'autre, de la sagesse des Cabinets européens et de l'habileté de notre diplomatie. La discussion de cette question serait ici déplacée ; je la suppose résolue.

Je suppose qu'en FRANCE, aussi bien qu'en EUROPE, notre possession de l'Algérie est considérée comme légitime et irrévocable, et qu'on est enfin arrivé au point de ne pas discuter ou contester davantage, en France et à l'étranger, la conservation de nos provinces d'Afrique, que celle de l'Alsace ou de la Lorraine.

Nous n'en sommes pas encore là sans doute ; mais si, comme je le pense, le moyen le plus puissant d'obtenir ce double résultat, est d'agir, dès à présent, comme s'il était déjà obtenu, ou du moins comme s'il était inévitable ; si les résistances françaises ou étrangères doivent cesser d'autant plus vite qu'on nous verra faire œuvre de possession, d'établissement et de conservation en Algérie, il est évident alors que, sous le rapport pratique, c'est la COLONISATION qui est la question capitale, et que c'est par elle uniquement que l'on pourra convaincre les opposants, français ou étrangers, de l'utilité et de la légitimité de notre prétention à remplacer les Turcs sur la côte africaine.

Chaque année la conservation de l'Algérie est remise en question, dans les débats de la tribune et de la presse, et sans doute aussi dans quelques notes diplomatiques, et une discussion de plus sur ce sujet ne m'a semblé d'aucune utilité. D'ailleurs, comme il faudrait en effet abandonner tôt ou tard l'Algérie, si elle continuait à être uniquement un gouffre où s'engloutissent la richesse et le sang de la France, il me paraît plus important de rechercher comment cette conquête, déjà si chèrement payée, pourrait devenir moins coûteuse et bientôt même productive. Nous avons délivré l'Europe de la piraterie, à nos risques et périls ; nous avons dispensé presque toute la chrétienté du honteux subside qu'elle consentait à payer aux successeurs de Barberousse ; mais vraiment la chrétienté pourrait, sans injustice, nous refuser son approbation et ses louanges, si nous nous bornions à faire un désert de l'Algérie, si nous ne savions pas rendre cette côte hospitalière, si nous nous montrions plus inhabiles que les Turcs à cultiver le sol et la population dont nous nous prétendons les maîtres.

Depuis douze ans l'on discute en France sur la conservation de l'Algérie, et avec les Cabinets européens, y compris la Porte, sur la reconnaissance de notre droit de conquête. La discussion est épuisée; il faut qu'un élément nouveau vienne présenter les choses sous un nouvel aspect; il faut, à nos efforts d'occupation, joindre des efforts de colonisation, et accompagner nos actes inévitables de *destruction* de puissantes tentatives de *production*.

J'ai donc jugé utile de me renfermer dans la question pratique de COLONISATION, et d'éviter de toucher à des questions politiques qui changeront complètement de nature, du jour où la France réalisera en fait une volonté qu'elle a déjà souvent exprimée, mais qui n'est encore qu'en parole, du jour où elle *colonisera* l'Algérie.

II. — J'ai besoin de définir à l'avance ce que j'entends par ce mot COLONISER.

Le système d'occupation de nos possessions d'Afrique est encore aujourd'hui le sujet de nombreuses discussions. Les uns veulent l'occupation plus ou moins restreinte, d'autres la veulent illimitée, d'autres encore veulent une occupation purement militaire, comme l'était celle des Turcs, gouvernant et administrant une population indigène; d'autres enfin espèrent une fusion ou du moins un contact des deux populations, indigène et européenne, ou bien veulent le refoulement complet des indigènes par les Européens. Il me serait facile d'ajouter à ces divers systèmes une foule d'autres systèmes, si je voulais rappeler tous ceux qui, depuis douze ans, ont été soulevés, indiqués, effleurés : aucun d'eux, j'ose le dire, n'a été complètement développé, raisonné, démontré, et surtout aucun d'eux n'a été positivement indiqué comme étant celui que le Gouvernement voulait réaliser.

Je crois encore que sur ce sujet la discussion est épuisée; il est temps de passer, comme on doit le faire après toute discussion, à une résolution.

Je me suis donc dispensé de faire l'examen critique de toutes ces opinions, et j'ai préféré exposer directement et complètement la mienne.

Je crois que la *colonisation* de l'Algérie n'est possible qu'à la condition d'y transporter une population européenne assez considérable; je crois même que la pacification entière et définitive n'est possible qu'à cette condition. C'est ce transport d'une population *civile* considérable, d'une population *agricole, commerçante* et *industrielle,* et des arts et des sciences qu'une semblable population apporte ou attire nécessairement, c'est cette transplantation d'une population *mâle et femelle,* formant *familles, villages et villes,* que j'appelle la *colonisation* de l'Algérie. Mais ce mot comprend aussi l'organisation *par la France,* c'est-à-dire le Gouvernement et l'administration, *par des Français,* de la population indigène, dans les villes et dans les campagnes.

Arrêtons-nous sur ce mot de *colonisation,* très-souvent appliqué à des choses fort diverses.

III. — Les Romains, en s'emparant de cette partie de l'Afrique, l'ont-ils *colonisée* ou simplement gouvernée et administrée ?—L'opinion générale est qu'ils l'ont d'abord gouvernée politiquement, qu'ils l'ont ensuite administrée et enfin colonisée : c'est cette dernière phase de leur conquête qu'il m'importe d'examiner.

Les Romains ont-ils transporté sur le sol africain des *familles romaines,* pour la culture, ou bien ont-ils formé des familles avec des femmes indigènes, pour constituer des établissements agricoles ; ou bien, enfin, se sont-ils bornés à quelques cultures locales et pour ainsi dire modèles, faites par des colons militaires (célibataires), autour des points occupés, intéressants pour la défense du pays ? — L'examen de ces questions aidera à déterminer la valeur que doit avoir, au XIXe siècle, ce mot de COLONISATION.

Lorsque, dans deux mille ans, des archéologues et des ethnographes visiteront les États-Unis et l'Inde, les premiers trouveront bien, dans ces deux contrées, des traces matérielles de la domination anglaise ; mais les seconds retrouveront aux États-Unis la race anglaise elle-même, tandis que, dans l'Inde, elle n'aura pas laissé de trace sensible.

IV. — En Algérie, il me paraît évident que la race romaine ne se retrouve nulle part, malgré sept siècles d'occupation, malgré les ruines géantes de monuments et de routes qu'elle y a laissées.

Peut-être n'en pourrait-on pas dire autant de l'invasion de Vandales [1], quoiqu'elle ait été de courte durée, comparée à celle des Romains, et quoique les pierres ne parlent pas pour eux comme pour Rome ; mais les Vandales, comme les Arabes, traînaient *la famille* [2] à leur suite, et alors cela s'explique.

Certainement les Romains n'ont transporté, en Afrique comme en Asie, *la famille* que par exception, et principalement pour fonder la *villa* du patricien et établir la *maison* des fonctionnaires, administrateurs ou propriétaires de ces provinces [3] ; et ils n'ont pas agi ni pu agir autrement dans leurs innombrables conquêtes. En général, les Romains n'ont pas détruit ou refoulé les populations vaincues, comme les Anglais aux États-Unis, pour y porter un peuple tout nouveau de colons, et ils ont bien plus ressemblé aux Anglais de l'Inde, avec la

---

[1] Schaw, et la plupart des voyageurs après lui, ont cru reconnaître, dans certaines tribus blondes de l'Auress, des traces de l'invasion vandale.

[2] « Vandali omnes *eorumque familiæ*. » *Idat. chron.*; Lebeau, XXXI, XVII, n° 3.

[3] Voir à l'Appendice la note A sur ce sujet.

différence qu'il y a entre un but et des moyens particulièrement *militaires,* ou un but et des moyens particulièrement *commerciaux.*

Les Romains donnaient place aux dieux des vaincus dans leur Panthéon ; ainsi la religion ne mettait aucun obstacle, du moins de leur côté, à ce qu'ils s'alliassent, par un concubinage d'ailleurs très-légal [1], avec les femmes des nations soumises; mais ces unions formèrent-elles *familles,* et surtout familles de *cultivateurs ?* — Évidemment non; les citations suivantes suffiront pour s'en convaincre.

V. — Ecoutons d'abord cette belle parole de Tertullien, pleine de patriotisme *africain*, et adressée à ses compatriotes de Carthage, de Carthage qui pourtant était le lieu où Rome avait envoyé le plus de *colons.* Qu'on me pardonne la longueur de cette citation, Tertullien m'y paraît sublime.

Il dit [2] : « De tout temps vous avez été les maîtres de l'Afrique ; l'empire que vous y avez tenu, et qui a eu la même étendue que cette vaste et admirable partie

---

[1] Claude fut le premier qui accorda aux soldats les droits de citoyens mariés, parce que *les lois leur défendaient d'avoir des femmes légitimes.* Ce sont les propres termes de Dion, LX, c. 24; Dureau de la Malle, *Écon. pol. des Romains.* Ce fut sous Septime-Sévère qu'il fut permis aux soldats de se marier.

[2] Traité du Manteau. *Panthéon littéraire*, Monuments de l'Église chrétienne, p. 108.

de la terre, est de tant de siècles qu'à peine en sait-on les commencements ; votre nom et votre puissance sont du même âge ; on n'a pas plus tôt connu l'un qu'on a redouté l'autre : il faut que les autres nations vous cèdent en ce point, et que les plus puissantes reconnaissent que si un peuple est illustré à proportion qu'il est ancien, il n'en est pas qui le soit davantage que le Carthaginois.

« Le présent ne contribue pas moins à votre félicité que le passé à votre noblesse. Il semblait que Carthage, après de si grandes ruines, ne dût être désormais qu'une triste et affreuse solitude, et néanmoins le vainqueur qui l'avait détruite l'a rebâtie, les Romains qui l'avaient rendue déserte l'ont repeuplée et ont laissé à Carthage son nom ; ce ne sont pas tant *les Carthaginois qui sont devenus Romains, que les Romains qui sont devenus Carthaginois.*

« Je confesse que tous ces favorables retours de la fortune me touchent beaucoup, autrement je ne serais pas Carthaginois ; mais ce qui excite encore dans mon cœur de plus grandes émotions de joie, c'est la prospérité dont vous jouissez aujourd'hui ; elle est si grande que vous n'êtes plus en peine que de chercher des divertissements... La paix et le repos dont vous jouissez, et la *fertilité de cette terre qui produit tout à souhait,* sont cause sans doute de cet amusement ; l'empire et le ciel même vous favorisent : si l'un vous conserve cette tranquillité en laquelle il vous a mis, par le moyen de tant de victoires signalées qui le rendent puissant et redoutable, l'autre accroît sans cesse ses largesses : celui-ci vous donne beaucoup, et celui-là fait qu'on ne vous peut rien ôter.

« ....Dieu de qui dépend la fortune a voulu que Rome trouvât dans Carthage la même obéissance que Carthage trouvait autrefois en Afrique et dans l'Espagne ; cette obéissance est un effet de la victoire que les Romains ont remportée sur *vous*. En l'état où *vous* êtes, *vous* ne *leur* pouvez plus disputer les palmes qu'ils ont cueillies dans Carthage même, sans achever de *vous* perdre entièrement. Il fallait donc, pour plaire à votre vainqueur et rendre le joug qu'il vous a imposé plus doux et plus facile, vous vêtir à la romaine. Ce n'est pas assez, il le fallait faire sans y être ouvertement contraints, afin de lui témoigner combien sa domination vous était agréable, et mériter ainsi quelque sorte d'honnête liberté, dans la servitude où vous étiez, à l'heure que Carthage fumait encore et qu'on triomphait de *vous* à Rome.

« Tu avoueras, Carthage, qu'Utique ta sœur raisonnait ainsi, quand on lui vit prendre la robe en un moment. Scipion était encore bien éloigné de ses murs, et elle eût peut-être rompu et arrêté le cours de ses victoires ; néanmoins elle voulut saluer ce capitaine romain, habillée de ses livrées, longtemps avant qu'il fût arrivé, et le faire triompher dans un lieu où il ne devait mettre le pied que deux ans après. Cet artifice lui réussit si bien qu'elle devint aussitôt une *colonie* [1] du peuple romain ; elle était alors ta rivale, et sa grande précipitation à se soumettre à la puissance romaine était un désir d'irriter contre toi cette formidable république, et de voir, en sûreté, fondre ses aigles sur ta tête....

« Mais encore, quand as-tu changé le manteau pour la robe? — Quand tu t'es changée toi-même. C'est après avoir succombé sous les forces romaines, cédé à ton vainqueur ce qui te faisait craindre et honorer, et reçu la grâce que tu faisais autrefois à ceux que tu avais vaincus. Ce changement est arrivé après que tu te fus rendue la risée et la fable de ceux que tu croyais t'avoir obligée de te faire subsister encore, malgré le feu et la cendre, et qui ont feint néanmoins, pour te reprocher très-assurément ta lâcheté, qu'une femme était ta fondatrice, et qu'elle s'était tuée pour avoir aimé un Troyen qui allait jeter en Italie les premiers fondements de l'empire romain....

« Mais encore, quand as-tu pris cette robe?—Après les sinistres et infâmes augures de Gracchus. Il fut envoyé d'Italie en Afrique avec une *colonie* romaine, pour rebâtir et repeupler Carthage, vingt-huit ans après son embrâsement ; des loups enragés et furieux arrachè-

---

[1] Plutarque nous dira tout-à-l'heure ce que c'était que cette colonie, au temps de César.

rent de nuit les bornes qu'il avait plantées le jour précédent [1]....

« Tu l'as prise après les extrêmes violences de Lepidus, et après avoir vu couler les torrents de sang que ce partisan de Marius répandait dans ton sein, égorgeant à plaisir la moitié des habitants qu'on t'avait envoyés de Rome ; après les sanglantes victoires de Pompée, un des chefs du parti de Sylla...; après que Jules César eut été, depuis le mois de janvier jusqu'au mois de juillet, à faire la guerre en Afrique, à Juba, roi de Numidie, et à Caton, qui s'était retiré dans Carthage [2] avec quantité de factieux et de rebelles..... lorsque Statilius Taurus eut réparé les murs, du côté où Lepidus avait fait brèche et était entré d'assaut; lorsque Sentius Saturninus, qui présidait aux augures, eut fait les cérémonies de l'inauguration et prononcé solennellement les paroles dont la superstition se servait d'ordinaire à l'établissement d'une colonie.

« En un mot, on t'offrit la robe et tu devins Romaine, *quand on commença à s'ennuyer de la guerre*, à goûter la paix et à expérimenter combien c'était un bien utile et délectable; quand les Romains mêmes, qui avaient eu tous les avantages, se trouvèrent *las de por-*

---

[1] Il est probable que si des loups comblaient le fossé d'enceinte d'Alger, ils seraient de la même espèce que ceux qui ont arraché les bornes de Caius Gracchus à Carthage.

[2] C'est Utique que Tertullien devait dire.

ter les armes et pensèrent à d'autres exercices [1], non-seulement à Rome, mais partout ailleurs où ils étaient obéis.

« Mon Dieu! quand j'y pense, que cette robe a fait un grand tour! Quel chemin a-t-elle fait? d'où est-elle partie? où est-elle venue? — De Grèce en Lydie, de Lydie à Rome; c'était pour passer enfin des épaules de la plus grande nation du monde sur les vôtres, et, comme elle est fort ample, pour embrasser en un seul peuple deux peuples, dont le Romain fût maître du Carthaginois. »

Cette sublime ironie ne prouve-t-elle pas évidemment que, dans le IIIe siècle de l'ère chrétienne, c'est-à-dire près de quatre siècles après la prise de Carthage, la population de Carthage même était généralement d'origine africaine? Tertullien exprimait et cherchait à réveiller un sentiment de *nationalité* qui n'aurait eu ni motif ni influence, et qui devait blesser des hommes d'origine romaine.

VI. — Écoutons maintenant Plutarque sur Utique, cette *colonie* romaine, rivale de Carthage [2].

« Caton fit publier que les trois cents citoyens qui

---

[1] La guerre en Algérie *commence à ennuyer* un peu la France; il est temps de songer à *d'autres exercices*, puisque c'est le moyen de faire endosser aux Africains la robe du vainqueur.

[2] Plutarque, *Vie de Caton d'Utique*, l. VII.

composaient son conseil, et qui tous étaient des Romains que le *commerce* ou la *banque* avait attirés en Afrique, s'assemblassent dans le temple de Jupiter, avec tous les *sénateurs* qui étaient à Utique et leurs enfants..... Je m'offre à combattre à votre tête, dit-il, jusqu'à ce que vous ayez éprouvé la dernière fortune de votre patrie. *Cette patrie n'est ni Utique, ni Adrumette, c'est Rome seule.*

« Les sénateurs de Rome avaient montré la plus grande ardeur, et, après avoir affranchi leurs *esclaves*, ils les avaient enrôlés ; mais les trois cents, qui *tous* faisaient le *commerce maritime* ou la *banque*, et dont la principale richesse consistait dans leurs *esclaves*, ne se souvinrent pas longtemps des discours de Caton.....

« Les officiers de cavalerie répondirent..... qu'il leur paraissait dangereux de s'enfermer dans une ville dont *les habitants* étaient *Phéniciens*, nation naturellement si inconstante... Que Caton chasse ou égorge *tous les habitants* d'Utique, et qu'alors il nous appelle dans une ville qui n'aura plus ni d'*ennemis*, ni de *Barbares*. »

Partout Plutarque parle de ces trois cents Romains, conseillers de Caton, comme étant, pour ainsi dire, avec les sénateurs réfugiés, les seuls Romains d'Utique. Tous sont désignés comme banquiers et négociants, aucun comme *cultivateur* ni même comme *propriétaire*, puisque leur principale richesse consistait en *esclaves*.

Il est vrai qu'à cette époque la colonisation proprement dite, la colonisation *agricole*, était à peine commencée dans la province d'Afrique. Or, les personnes qui pensent que les Romains ont colonisé, et qui entendent par là qu'ils ont eux-mêmes *cultivé* l'Afrique, conviennent cependant qu'ils n'ont pas donné immédiatement cette forme à leur conquête, et qu'ils ont consacré un assez grand nombre d'années à asseoir d'abord leur domination militairement, c'est-à-dire à construire des routes, des camps, des fortifications, des édifices publics ; et, en effet, on ne peut pas révoquer en doute que les armées romaines étaient bien plutôt *maçonnes* que cultivatrices. Mais les mêmes personnes prétendent qu'après ces premiers soins, Rome, soit par des colonies militaires, soit par des colonies privées, a mis en *culture* une grande partie de ses possessions africaines.

Néanmoins, si l'on songe que c'est pendant un siècle et demi, depuis César jusqu'à Trajan, que Rome couvrit le monde alors connu de ses villes nommées colonies, il faut se faire une idée bien prodigieuse de la population d'Italie, pour croire qu'elle a pu fournir les millions d'habitants de ces innombrables villes.

Certes, des concessions de terres ont été faites à des soldats, à des patriciens et même à des aventuriers romains ; mais la question n'est pas là. Les concessionnaires, à titre gratuit ou onéreux, ont-ils *cultivé*, ou bien ont-ils *fait cultiver* par des esclaves ou travailleurs indigènes ? Se sont-ils établis sur le sol, en y formant familles, villages de cultivateurs ; ou bien les concessions qui leur ont été faites n'ont-elles pas été simplement un moyen de faire nourrir, par le travail des esclaves ou des indigènes libres, une partie des soldats et employés romains en Afrique ? En d'autres termes, ces concessions n'étaient-elles pas quelque chose d'analogue aux majorats napoléoniens ?

VII. — Les conquêtes de Napoléon présentent, en effet, de très-grands rapports avec les conquêtes romaines ; elles ont été surtout *éducatrices* à l'égard des peuples vaincus, et non *destructrices* comme celles des Vandales et celles des Arabes, ou *spoliatrices* comme celles des Turcs. Nous avons gouverné et administré, pendant quelques années, presque toute l'Europe, sans déplacer des populations et sans nous attacher au sol conquis, lequel néanmoins nourrissait, en partie, nos armées et les hauts patriciens de notre Empire. Nous ne nous sommes pas substitués aux vaincus, ni fondus avec eux ; la France a toujours été notre patrie, comme Rome était celle des colons d'Utique. Aussi en a-t-il été de nous, en 1814, comme des Romains lorsque cessa leur domination sur l'Afrique, je dirais presque sur le monde, s'il n'y avait pas une faible exception, douteuse cependant, pour une petite partie de la Gaule Méridionale[1]. Alors leur race a disparu et ne s'est retrouvée qu'en Italie, comme la nôtre n'est plus qu'en France.

---

[1] Voyez M. Fauriel, *Histoire de la Gaule Méridionale*, 1ᵉʳ vol., p. 381 et suivantes, sur l'état de la société *gallo-romaine*.

Mais l'Europe marche dans la voie que la France lui a tracée ; et de même Rome, malgré sa persécution contre l'Église naissante d'Afrique, persécution impériale et patricienne, mais non populaire, Rome a été l'initiatrice de populations idolâtres qui, quelques siècles plus tard, devaient, avec le Coran, accuser les chrétiens eux-mêmes d'idolâtrie.

VIII. — Ceci présente encore la question sous un nouveau jour. L'Église d'Afrique, jusqu'à saint Augustin, n'a pas compté parmi ses évêques un grand nombre d'hommes d'origine romaine, et, s'il y en avait, ils ont eu le malheur de ne pas transmettre leur nom et leurs œuvres à la postérité. Il est vrai qu'à sa naissance surtout, le christianisme fut la foi et l'espoir de l'opprimé, du faible, du vaincu, et que ses persécuteurs, au contraire, devaient venir de Rome ; mais aussi, qui voit-on figurer parmi ses persécuteurs ? — Des employés et des soldats de Rome, des bourgeois, des citadins à mœurs romaines qui veulent voir des *chrétiens aux bêtes*, mais non pas des cultivateurs de la campagne, chez lesquels, au contraire, vont se réfugier les Cyprien.

IX. — En résumé, les Romains ont gouverné, administré l'Afrique ; ils lui ont donné une culture intellectuelle fort grande, en forçant les vaincus à comprendre la langue universelle des vainqueurs, et en mettant sous leurs yeux les merveilles inconnues des arts. Ils ont même dirigé sur certains points, et particulièrement près des villes, des travaux agricoles, mais comme *propriétaires* et non comme *cultivateurs;* ils en ont même exécuté, mais par exception et sans former familles, de fort importants comme modèles, et ceux-ci par des *colons militaires;* mais ils n'ont pas fondé en Afrique des établissements semblables à ce qu'étaient, dans les beaux temps de la République[1], leurs propres villages d'Italie, c'est-à-dire composés de *familles* de cultivateurs *italiens, romains.* Enfin si, par hasard, ce fait a eu lieu, c'est seulement comme tentatives infructueuses, semblables à nos malheureuses expériences de la Mitidja, et, par exemple, leurs premières tentatives de colonisation à Carthage.

Rappelons-nous d'ailleurs cette phrase célèbre de Pline, si profonde dans sa première partie, si explicite et si démonstrative, pour le sujet actuel, dans la seconde :

« Verumque confitentibus *latifundia perdidere* Italiam, jam vero et provincias. *Sex domini semissem Africæ possidebant,* cum interficit eos Nero princeps. »

Oui, les Romains *possédaient* l'Afrique comme ils possédaient toutes les provinces de l'empire, mais ils ne les *cultivaient* pas. Et d'ailleurs, ce nom de *colonies*

---

[1] A la fin de la République et sous l'Empire, les villages d'Italie eux-mêmes ressemblaient à ce que furent les colonies romaines dans le monde entier, car ils n'étaient plus peuplés que d'*étrangers*, esclaves ou affranchis.

peut-il nous tromper, lorsque nous savons si positivement ce que signifiait le mot de colon ? Voici ce que M. Fauriel dit de ceux de la Gaule :

« Ces colons, nommés parfois tributaires, étaient, à quelques égards, de véritables fermiers, qui rendaient au possesseur de la terre qu'ils cultivaient une portion déterminée de ses produits... Ils étaient, *eux et leurs enfants, héréditairement attachés à leurs champs*; ils étaient censés en faire partie. Le propriétaire du sol pouvait *les vendre,* mais avec le sol et non à part; il n'avait pas le droit de les expulser ni d'augmenter la rente primitivement stipulée. Ainsi, bien qu'attaché à la glèbe, le colon n'était pourtant pas serf [1]... Enfin, la loi le reconnaissait pour libre et le traitait comme tel [2]. »

Les provinces étaient les véritables *fermes* de l'empire : les citoyens Romains en étaient bien les *possesseurs* [3], les villes municipales d'Italie possédaient elles-mêmes de ces terres des provinces qui constituaient l'*ager publicus* ou l'*ager vectigalis*, selon la manière

---

[1] Il me semble que M. Fauriel se trompe : le colon, tel qu'il le dépeint, n'était pas esclave (*servus*), mais il était bien réellement ce que nous appelons serf, à peu près tel qu'il est en Russie.

[2] Voy. Walter, *Rœm. rechtsgesch*, p. 423, d'après Savigny.

[3] « In Africâ saltus non minores habent privati quam reipublicæ territoria. » Aggenus Urb., d'après M. Dureau de la Malle.

dont elles les *faisaient valoir* ; mais les colons n'étaient que des *fermiers, des serfs.*

Si je m'arrête aussi longtemps sur ce que l'on appelle la colonisation romaine, ce n'est certes pas que je considère l'exemple de Rome comme une raison suffisante de nous conduire de la même manière ; mais beaucoup de personnes ne poussent et ne pousseront à une colonisation française, par la *culture* et par l'importation en Afrique d'une masse considérable de familles européennes, avec encouragements et secours du Gouvernement, que parce qu'elles sont convaincues que c'était l'habitude de Rome ; et cette conviction leur inspire une confiance aveugle dans le succès d'une entreprise qui est pourtant la plus difficile, la plus délicate qu'un peuple puisse se proposer au xixe siècle.

Non-seulement ce n'est pas une nécessité pour nous de faire ce que les Romains ont fait, mais nous ne devons pas faire ce qu'ils ont fait, et nous pouvons entreprendre ce qu'ils n'ont jamais songé à faire, et réussir. Il est vrai que cela nécessiterait l'emploi de moyens appropriés à notre civilisation, à nos mœurs, si différentes de celles des Romains, et surtout cela exigerait une foule de longues et sages combinaisons qui ont déjà paru et paraissent encore inutiles à ceux qui ne regardent la colonisation agricole comme facile, que parce qu'ils sont convaincus que les Romains l'ont faite très-facilement et sous la forme qu'ils supposent.

Au reste, je ne veux pas être accusé d'exagération,

en combattant une opinion aussi généralement admise. J'ai déjà dit la part que je supposais aux Romains dans la *culture* du sol africain ; et quoique les auteurs anciens présentent bien peu de renseignements sur ce sujet, l'état général de la société romaine à cette époque fournit des indices. Ainsi, Rome a eu beaucoup de *brouillons politiques,* aux temps voisins de la venue du christianisme ; bien des conspirateurs, bien des prolétaires surtout l'ont remuée dangereusement, alors qu'elle tremblait déjà sur tous ses fondements. Comme à notre époque, l'ordre moral troublé enfantait bien des crimes, et souvent les prisons regorgeaient. Alors aussi plusieurs peuples soumis commençaient à secouer leurs chaînes, et, pour les resserrer, Rome était obligée à de nombreux bannissements. Enfin, à ces moments où les destinées d'un peuple changent, beaucoup d'esprits aventureux ou dégoûtés cherchent le déplacement, uniquement pour changer. Mais alors, et non comme de nos jours, presque tous ces criminels, ces aventuriers, ces conspirateurs, ces bannis étaient *soldats,* sans avoir besoin pour cela de figurer sur les contrôles des légions impériales ; et on les envoyait, ou bien ils venaient chercher fortune en Afrique, *seuls, sans famille,* comme sont encore aujourd'hui généralement nos conspirateurs, nos criminels, nos aventuriers. A ceux-là les proconsuls distribuaient des terres, j'en suis convaincu ; et tels étaient les soldats de ce Sittius, chef de *partisans,* à qui Sittius distribua, au dire d'Appien, la partie du territoire de Cirta que César lui avait donnée. Ceux-là travaillaient et surtout *faisaient travailler* la portion soumise de la population indigène qui habitait les territoires concédés[1] ; ceux-là encore travaillaient aux carrières, aux routes, aux constructions ; ceux-là enfin, véritables prolétaires, ont dû s'allier souvent avec des femmes indigènes[2].

Telle était la base de la population coloniale ; mais ce n'est pas là une souche de peuple, ce n'est pas là une colonisation agricole ; c'était, oserais-je dire, l'inverse de ce que fut la race turque partout où elle a dominé ; c'était la lie du vase, comme les Turcs en furent l'écume, et les révolutions se débarrassent toujours de l'une et de l'autre, pour ne conserver que le liquide clarifié, épuré par la main du temps.

Des soldats réguliers ou irréguliers, légionnaires ou aventuriers, vétérans ou congédiés, libres ou captifs, mais toujours *célibataires* ou à peu près, en un mot la portion mâle de la race romaine a peut-être (je dis peut-être !) laissé des traces de son passage dans la po-

---

[1] On oublie souvent qu'une concession de territoire conquis, entraînait toujours la concession de tout ou partie de la population conquise, précisément celle qui *cultivait*.

[2] Tacite, dit *Annal.*, XIV 27 : « Les vétérans, peu accoutumés à se soumettre aux liens du mariage, mouraient presque tous sans postérité. »

pulation actuelle de l'Afrique; mais je crois que les femmes de cette race n'y ont pas même mêlé leur sang, c'est-à-dire que la *famille* romaine a encore moins émigré en Afrique qu'elle n'a *peuplé* les Gaules, la Germanie, l'Égypte, l'Asie, le monde presque entier que le *soldat* romain avait conquis.

Montesquieu dit[1] : « Lorsque Rome avait des guerres continuelles, il fallait qu'elle *réparât* continuellement ses habitants. Dans les commencements, on y mena une partie du peuple de la ville vaincue ; dans la suite, plusieurs citoyens des villes voisines y vinrent pour avoir droit de suffrage....; enfin on y arriva en foule des provinces.... Rome fit dans ses guerres un nombre d'esclaves prodigieux, et lorsque ses citoyens furent comblés de richesses, ils en achetèrent de toutes parts ; mais ils les affranchirent sans nombre, par générosité, par avarice, par faiblesse.... *Le peuple fut presque composé d'affranchis* (Tacite, *Annal.*, liv. XIII, ch. XXVIII), de façon que ces maîtres du monde, non-seulement dans les commencements, mais dans tous les temps, furent la plupart d'origine servile. Le nombre du petit peuple, presque tout composé d'*affranchis* ou de *fils d'affranchis*, devenant incommode, on en fit des colonies, par le moyen desquelles on s'assura la fidélité des provinces. C'était une circulation d'*hommes*

---

[1] *Grandeur et décadence des Romains*, ch. XIII.

de tout l'univers : Rome les recevait *esclaves* et les renvoyait *Romains.* »

Ce dernier mot est politiquement profond, il serait puéril sous le rapport ethnographique : on faisait encore moins facilement autrefois un Romain, qu'on ne faisait naguère un gentilhomme; mais ce n'est pas la question. Concluons, de ce que dit Montesquieu, que Rome envoyait aux colonies des *Barbares* qu'elle avait momentanément nourris dans son sein, qui étaient venus *esclaves* et avaient été affranchis.

Et ailleurs Montesquieu dit encore[1], à propos des débiteurs insolvables : « On ordonnait que ceux qui s'enrôleraient pour la guerre ne seraient point poursuivis par leurs créanciers ; que ceux qui étaient dans les fers seraient délivrés ; que *les plus indigents* seraient menés dans les colonies. »

Barbares, esclaves, affranchis, et les plus indigents d'un peuple presque tout composé d'affranchis et de fils d'affranchis, par conséquent d'origine barbare, voilà donc le fond de la population coloniale.

Et lorsque Caius Gracchus raconte comment son frère Tiberius conçut le projet de sa loi agraire, ne dit-il pas que ce fut parce que Tiberius, traversant la Toscane pour aller à Numance, vit ces belles terres désertes, et ne trouva d'autres pâtres que des *esclaves*

---

[1] *Esprit des lois*, liv. XXI, ch. XXII.

venus de l'étranger et des Barbares [1]? Or, ce fut Caius Gracchus qui fit la première colonie de Carthage : de quoi put-il donc la composer, puisque la Toscane était *déserte* et ne renfermait elle-même que des *esclaves* et des *Barbares ?* Et d'ailleurs, à cette époque, les grandes colonies romaines d'Afrique, d'Asie et d'Europe n'étaient pas encore commencées ; est-il donc possible qu'un siècle plus tard, Rome ait couvert le monde de *Romains ?*

X. — Oui, Rome fut sans cesse repeuplée par le monde que *conquéraient* les Romains, et l'Italie tout entière, jardin du patriciat romain, fut cultivée par des mains d'esclaves ; Tacite en gémissait aussi bien que Gracchus, lorsqu'il disait : « On portait autrefois d'Italie du blé dans les provinces reculées, et elle n'est pas encore stérile ; mais nous cultivons plutôt l'Afrique et l'Égypte, et nous aimons mieux exposer aux accidents la vie du peuple romain. »

Comme l'indique Montesquieu, la *conquête* et la *colonisation* étaient en effet un flux et reflux de Barbares, d'abord inondant Rome comme esclaves, à la suite du char du triomphateur, et bientôt se répandant sur le monde, à la suite des armées ; mais ce n'était pas là, certes, la race italienne. Quand les Européens prenaient ou achetaient des nègres en Afrique, pour en

---

[1] Plutarque, *Vie de Tib. Gracchus.*

peupler leurs colonies américaines, qui donc se serait avisé de dire que ces nègres étaient des Français, des Anglais ou des Espagnols? Les Romains transportaient en Afrique des Asiatiques ou des Européens esclaves ou affranchis, comme nous portions en Amérique ou dans l'Inde des nègres de la côte occidentale ou de la côte orientale d'Afrique ; seulement ils les élevaient, les dressaient à la soumission et au travail, à Rome, en Italie ; et en cela, j'en conviens, ils étaient plus habiles et plus sages que les Européens des siècles derniers.

Plus tard, Rome fut encore la plage où venait mourir et d'où se relevait le flot des Barbares ; alors ils y arrivaient en maîtres, et pourtant ils repartaient chargés de la nouvelle chaîne avec laquelle la ville éternelle LIAIT encore une fois le monde. L'ancienne Rome a *colonisé*, comme la Rome nouvelle a *christianisé ;* les catholiques romains ne sont pas plus des Romains que les colons romains n'étaient eux-mêmes Romains. Rome fut l'universelle colonie ou métropole païenne, comme elle fut plus tard la métropole chrétienne ; saint Pierre succéda à César, la parole à l'épée, voilà tout.

XI. — Quelques personnes ont songé à faire de l'Algérie le Botany-Bay de la France : ce serait imiter Rome, versant en Afrique, comme dans un égoût, les vices et les misères de sa populace ; ce serait aussi copier maladroitement l'Angleterre, parce que, Dieu merci ! la population indigène de l'Algérie mérite plus d'égards et de respects que les quelques Sauvages crétins de la Nouvelle-Hollande ; ce serait plus monstrueux que de ressusciter les boucaniers, les flibustiers, les pillards de l'Amérique, les massacreurs des îles Océaniennes et de l'Inde.

Tout cela n'est plus digne du XIXe siècle et de la France.

Beaucoup d'autres ont prétendu, en s'appuyant, il est vrai, sur de nombreux exemples d'insuccès, que la France était incapable de coloniser, tandis que les Anglais, les Hollandais et les Espagnols, et avant eux les Romains et les Phéniciens, étaient essentiellement des peuples colonisateurs. Mais si le mot de colonisation n'implique plus aujourd'hui l'idée de la destruction ou de l'asservissement des peuples conquis, que prouvent ces exemples du passé contre la France, puisqu'alors la dépopulation et l'esclavage étaient les deux moyens universels de colonisation ? Rendons grâces à Dieu d'avoir toujours été les moins habiles dans ces entreprises barbares ; notre incapacité dans le passé est un signe de notre capacité actuelle et pour l'avenir ; car il ne s'agit plus de dépouiller ou d'exterminer des peuples, ni de leur donner des chaînes, mais de les élever au sentiment de civilisation, d'association, dont nous fûmes toujours les représentants les plus généreux, et je dirai aussi les plus persévérants : jamais, dans cette voie, les plus grands mécomptes, les plus terribles revers ne nous ont fait reculer.

Le mot de colonisation ne représente donc pas pour

moi l'idée qu'il aurait pu rappeler à un Romain, ni celle que devaient en avoir les Anglais de la compagnie des Indes, ou les Anglo-Américains exterminateurs des Peaux-Rouges, ou bien les Espagnols ou les Portugais, lorsqu'ils ravageaient, à la suite de Colomb et de Vasco de Gama, les Indes Occidentales et Orientales. Je ne crains pas de le dire, un Vandale, un Germain, un Arabe, auraient mieux compris ce que j'entends par ce mot, parce qu'ils entraînaient avec eux la FAMILLE.

On ne saurait trop le répéter, la conquête a eu presque toujours pour but et pour résultat effectif, dans le passé, la destruction, la spoliation, l'exploitation du vaincu; quelquefois elle s'est heureusement bornée à un *partage* (avantageux, il est vrai, au vainqueur) d'un sol et d'un climat désirés; chez nous elle peut, et j'ose dire qu'elle doit avoir pour but une *association* avec le vaincu, qui lui soit, en définitive, aussi avantageuse qu'au vainqueur.

N'oublions pas que, dans notre siècle, la légitimité de notre conquête ou du moins de notre occupation d'Algérie, ne peut être soutenue que si nous y sommes les agents puissants de la civilisation africaine [1].

---

[1] « C'est à un conquérant à réparer une partie des maux qu'il a faits. Je définis ainsi le droit de conquête : un droit nécessaire,

Je reprends maintenant les propositions que j'avais énoncées : je prie le lecteur de vouloir bien admettre, pour quelques instants au moins,

1° Qu'il serait désirable de ne pas remettre en question, annuellement, en France, la conservation de l'Algérie ;

2° Qu'il serait non moins désirable que notre droit fût formellement reconnu par les Puissances européennes, et d'abord par la Porte.

3° Enfin, que pour combattre avec succès les Français qui voudraient que nous abandonnassions l'Algérie, et pour légitimer aux yeux de l'Europe notre occupation et forcer les Puissances à reconnaître positivement cette légitimité, il faut rendre notre conquête moins coûteuse et même productive pour nous, et la rendre avantageuse à la civilisation et au bien-être de la population indigène ; et que, pour atteindre ce double but, nous devons nous hâter de *coloniser* un pays où nous n'avons encore fait que la *guerre*.

Et j'ajoute surtout que, pour détruire l'obstacle qui, jusqu'ici, a paru le plus difficile à vaincre, pour détruire la résistance que nous éprouvons de la part des Arabes, il faut, tout en nous montrant à eux forts et

---

légitime et malheureux, qui laisse toujours à payer une dette immense pour s'acquitter envers la nature humaine. » *Esprit des lois*, liv. x, ch. iv.

redoutables par *la guerre,* nous montrer aussi forts et bienfaisants par la culture, par *le travail.* L'Arabe adore la force, dit-on souvent, et cela est vrai; mais il adore la force qui *produit* autant que celle qui *détruit,* il sait y voir la main de Dieu; il est *intéressé* autant que *brave.*

Après avoir indiqué sommairement la valeur que je donne au mot *colonisation,* j'ai longuement établi la différence qui existe entre une pareille œuvre, entreprise de nos jours, et ce qu'on appelle la colonisation romaine, et j'ai montré que ce n'était pas seulement avec des entreprises qui remontent à vingt siècles, mais avec toutes les autres, que notre entreprise actuelle doit présenter des différences : la nôtre est complètement NEUVE; elle n'a point, dans le passé même le plus rapproché, d'exemple à imiter, de modèle à copier; un seul fait suffit pour le prouver : *nous n'aurons pas d'esclaves.*

Et c'est ce qui rend notre tâche bien difficile, mais aussi bien belle et bien grande, puisqu'elle est le premier signe d'un droit nouveau entre les nations, quelle que soit leur croyance religieuse.

Aujourd'hui on peut poser en principe, sans rencontrer de contradicteurs, que toute société qui doit se former du contact ou de la fusion de deux races, de deux peuples dont la civilisation est différente, de deux peuples dont l'un est vainqueur, l'autre vaincu, exige, à son origine surtout, une législation spéciale; le peuple vaincu ne pourrait recevoir immédiatement les formes sociales de la nation victorieuse, et le peuple vainqueur ne saurait conserver longtemps, dans des conditions d'existence tout-à-fait neuves, les usages et les lois de la métropole.

XII. — Notre politique n'est plus absolue, elle transige et concilie; elle fait une part équitable des besoins du vaincu aussi bien que des exigences du vainqueur; elle doit donc modifier les institutions de la métropole, de manière à pouvoir appliquer ces institutions modifiées aux nouveaux besoins du conquérant et aux anciennes habitudes du peuple conquis.

Ainsi, notre gouvernement de l'Algérie doit avoir sans cesse devant les yeux deux problèmes à résoudre, qui peuvent être énoncés de cette manière :

1º Dans quel sens faut-il modifier les institutions, les mœurs et les usages des INDIGÈNES, pour les faire entrer progressivement en société avec la population européenne?

2º Comment modifier les institutions civiles, militaires, administratives, religieuses, de la population EUROPÉENNE, comment modifier même ses usages de culture, d'habitation, de vêtement, de nourriture, en un mot son hygiène, pour les approprier le plus vite possible au nouveau sol, au nouveau climat, aux nouvelles relations humaines que la France rencontre en Algérie?

Dans ces termes généraux, la double proposition que je viens d'émettre ne saurait être contestée; tout le monde sent bien qu'il y a *quelque chose à faire* dans ces deux directions, et que le gouvernement d'Algérie ne peut être le même que celui de la France, et ne saurait être non plus celui que des tribus arabes se donneraient, si nous n'étions pas les maîtres du pays. Personne ne pense même qu'il suffise de gouverner les colons d'Algérie comme s'ils étaient en France, et qu'il soit possible de gouverner les indigènes comme si nous étions nous-mêmes Africains et musulmans.

XIII. — Toutefois, lorsqu'il s'agit d'une question spéciale de gouvernement, les opinions sont loin d'être unanimes; et, par exemple, tous les militaires s'accordent sur ces points : que la guerre ne saurait être faite en Algérie comme en Europe; que le soldat doit y être autrement nourri, équipé, habillé, logé; que la discipline ne peut être absolument la même qu'en France; que le *service* y doit être modifié; que les transports militaires doivent être appropriés au pays; que les proportions habituelles entre les diverses armes doivent être changées; enfin, que le moral même du soldat et de l'officier, dans un pays et dans une guerre où le courage *individuel* est tout-puissant et où les *masses* agissent peu, doit être autre que celui qui animait les soldats de la grande armée. On est d'accord sur tout ceci, dis-je, mais on varie énormément sur la conclusion pratique de toutes ces judicieuses observations; si bien que, jusqu'ici, on a peu modifié notre armée sous tous ces rapports, et, lorsqu'on l'a fait, on l'a fait toujours sans système, et, pour ainsi dire, au hasard.

Je cite cet exemple parce que, je le répète, tout le monde ici est d'accord, au moins sur le but, et que les plus grands admirateurs de notre organisation militaire sont eux-mêmes obligés de convenir que notre armée française a déjà subi quelques heureuses modifications pour devenir notre armée algérienne, et qu'elle doit en subir encore de profondes.

XIV. — En serait-il de même si j'avais pris pour exemple, au lieu de l'institution militaire, notre institution administrative, ou judiciaire, ou religieuse?

Sous ces trois rapports, il faut l'avouer, les adversaires d'un gouvernement *civil* pour l'Algérie n'ont pas manqué d'exemples pour appuyer leur opinion sur la prééminence et l'excellence du gouvernement *militaire*. En effet jusqu'ici (et la chose semblerait merveilleuse, si elle n'avait pas d'ailleurs une explication très-simple et très-naturelle, que les partisans exagérés du gouvernement militaire se gardent d'apercevoir), jusqu'ici les actes administratifs, judiciaires, religieux, en un mot les actes *civils* en Algérie, n'ont pas porté le cachet de cette indispensable modification des institutions indigènes ou françaises. Généralement on a transporté, ou du moins essayé de transporter en Algérie l'institution française telle qu'elle est en France, et de toutes pièces, et on a conservé intacte l'organisation civile des indigènes; ou mieux encore, on n'a absolument rien fait pour constituer l'appareil administratif, judiciaire, religieux des indigènes, qui sont en ce moment, sous ce triple rapport, dans une complète anarchie.

Mais n'est-ce pas précisément parce que l'administration, la justice et la religion, c'est-à-dire les institutions *civiles*, n'ont joué et pu jouer jusqu'ici qu'un rôle très-secondaire en Algérie, que l'ordre civil n'a rien pu voir de haut, rien pu entreprendre de grand, rien pu réaliser de bon? N'est-il pas vrai, en d'autres termes, que, de nos jours, en France, les *militaires* ne remplissent jamais de fonctions *civiles* importantes, et qu'ainsi ils doivent ignorer ce qu'il faudrait faire sous ce rapport, et n'aiment point ou ne peuvent pas s'en occuper? Leurs sentiments, leurs habitudes, les placent dans une sphère où pénètrent difficilement les sentiments et les habitudes des hommes qui ne travaillent pas, ne vivent pas et ne meurent pas pour la gloire, et surtout de ceux qui sont, par nécessité et même par devoir de famille, particulièrement occupés à *gagner de l'argent*. Les personnes qui blâment si amèrement ce qui a été fait jusqu'à présent, dans l'ordre *civil*, en Algérie, et qui s'en font une arme pour repousser l'idée d'un gouvernement *civil*, devraient d'ailleurs, en toute justice, faire remonter le blâme à qui de droit, à l'autorité; or, depuis douze ans, l'autorité, en Algérie, n'est-elle pas militaire?

XV. — Qu'on justifie la nécessité du gouvernement militaire en Algérie, tant que nous n'avons dû y faire ou n'y avons fait que la guerre, à la bonne heure ! Mais dès que notre domination, *préparée* par les moyens *destructifs* de la guerre, pourra être confirmée, garantie, *assurée*; par les travaux *productifs* de la colonisation; dès qu'il s'agira sérieusement de faire de l'industrie *agricole* ou *commerciale;* d'établir des villages de *colons*, des ports de *marchands;* de fonder des *familles;* d'*élever* et d'*instruire* une population coloniale ou indigène soumise à la France ; de régler les relations *civiles*, *commerciales*, *morales*, *religieuses*, de ces deux populations si différentes ; d'étudier même, pour les diriger ensuite, les *mœurs* et les *coutumes civiles* de ces Africains, que les militaires n'ont abordés que pour les détruire, les refouler au désert ou les forcer de demander grâce; enfin dès que la guerre (et M. le général Duvivier lui-même [1] ne donne pas ce nom aux

---

[1] XVI. — C'est dans l'ouvrage de M. le général Duvivier (*Solution de la question de l'Algérie*), ouvrage rempli d'ailleurs de vues élevées et de renseignements bien précieux, que cette horreur du gouvernement *civil* est le plus vigoureusement exprimée; et pourtant M. le général Duvivier veut « que le gouverneur général ne fasse jamais la guerre par lui-même, et qu'il ne sorte, pour ainsi dire, jamais de son cabinet (p. 24). » M. le général Duvivier affirme, en outre, et son autorité, en pareille matière, est d'un bien grand poids : qu'une colonne de deux mille baïonnettes et cent cavaliers, libre de tous ses mouvements et de toutes ses directions selon les circonstances, ne doit jamais être battue (p. 181); que la guerre d'Afrique ne mérite pas le nom de guerre (p. 174);

combats d'Afrique) tendra à se transformer en une vigoureuse police (comme cela aurait lieu, dit encore M. le général Duvivier, si l'on adoptait sa *solution de la question de l'Algérie*), il est évident qu'il faudra avoir

---

que les fortes colonnes sont inutiles et dangereuses ; enfin, que si nos affaires étaient sagement conduites, il se présenterait infiniment peu d'actions de guerre (p. 174). Si tout cela est vrai, et je n'en doute pas pour le présent et bien moins encore pour l'avenir, je ne vois bientôt place, dans tout ceci, que pour des colonels ; c'est ce que dit M. le général Duvivier lui-même (p. 84), et il ajoute (p. 236) que son projet tend à diminuer *excessivement* les occasions de *batailler* en Afrique, et que la pratique des combats d'Afrique produit un résultat avantageux, *tout au plus* jusqu'au grade de *colonel*. Si tout cela est vrai, dis-je, je ne vois plus, dans le gouvernement de l'Algérie, aucun attrait et aucune occupation pour un homme qui aurait les facultés d'un *habile général*. La solution de M. le général Duvivier reviendrait donc à dire qu'il faut un gouverneur militaire ; que ce militaire doit être peu militaire, mais bon administrateur et grand politique de cabinet. Or, ne serait-il pas plus naturel de chercher un homme un peu militaire et très-bon administrateur et politique, parmi les habiles administrateurs et les hommes politiques, que parmi les habiles militaires ? — Mais la discussion me paraît impossible avec une opinion résumée ainsi (p. 214) : « Les chefs de l'armée sont sortis des rangs ; — les chefs civils sont sortis des bancs de quelques écoles de parlage, des cabinets des avocats, des comptoirs des financiers ; d'où pourraient dater, entre ces têtes des ordres civils et militaires, des idées communes et une bienveillance réciproque ? » M. le général Duvivier se trompe ; généralement les Français ont plus que de la bienveillance pour l'armée.

l'habitude de gouverner et de discipliner l'ordre *civil*, habitude que les militaires ne peuvent avoir.

Je le répète, tout ceci a été impossible jusqu'à présent, et a dû, par conséquent, n'être pas entrepris ou être mal fait. Aujourd'hui même, les nécessités de la guerre jouent un rôle si capital dans nos affaires d'Algérie, et, d'un autre côté, le gouverneur général actuel est *heureusement, quoique* militaire plus qu'habile, agriculteur si habile et si passionné, que nous sommes dans la meilleure position possible pour constituer le gouvernement de l'Algérie en vue de la *domination* des indigènes par la France, et en même temps pour préparer et commencer la *colonisation* européenne et l'organisation civile et *agricole* des indigènes.

J'ai cherché, pendant mon séjour en Algérie, et j'y étais préparé par trois années d'habitation en Égypte, à étudier et résoudre les principales questions qui sont renfermées dans ces trois grandes divisions de l'ordre civil : administration, justice, religion, en les considérant toujours du double point de vue de l'intérêt des populations *indigènes* et de celui de la population européenne ; ou plutôt encore, j'ai recherché le but commun vers lequel devraient tendre les institutions civiles que notre gouvernement colonial donnerait à ces deux populations si peu unies aujourd'hui, mais que le temps et les efforts de l'homme doivent progressivement rapprocher et même associer.

XVII. — Avant de réaliser un ouvrage qui aurait un

cadre aussi vaste, j'ai pensé qu'il était convenable d'en tracer, pour ainsi dire, une esquisse, et, pour cela, d'aborder la question générale de la *colonisation* de l'Algérie par un de ses côtés le plus apparent, le plus *matériel*, qui permette toutefois, sinon d'embrasser, au moins de toucher presque toutes les parties de ce grand ensemble. Je me suis donc proposé de traiter d'abord la CONSTITUTION DE LA PROPRIÉTÉ en Algérie, c'est-à-dire d'examiner comment devaient être conçues la distribution et l'occupation du sol, soit pour les indigènes, soit pour les Européens ; cet examen donne entrée dans la question coloniale, qu'il fait découvrir tout entière, quoique d'un point de vue particulier ; car, selon l'expression très-juste des économistes, la constitution de la propriété est la *base matérielle* de l'ordre social.

Cette question, d'ailleurs, me paraissait la plus urgente; presque tous les hommes qui se sont occupés de l'Algérie ont signalé la nécessité d'apporter promptement de l'ordre dans ce qu'on a nommé, à bon droit, un chaos.

Le Gouvernement, de son côté, s'occupe de réviser ses propres actes sous ce rapport [1], de régulariser ce qui a été fait jusqu'ici sans principe bien arrêté [2], de réformer

---

[1] Règlements relatifs aux biens séquestrés.
[2] Questions relatives aux concessions primitives, dont les concessionnaires n'ont pas rempli les conditions.

une partie de la législation arabe [1], de distinguer le domaine de l'État des propriétés individuelles [2]. En même temps le Gouvernement songe, un peu tard peut-être, mais enfin avec grande raison, à organiser l'administration des tribus arabes, qui est impossible tant qu'on n'aura pas une connaissance parfaite de la manière dont la propriété est et doit être constituée dans ces tribus, puisque c'est d'après cette connaissance seule que peuvent être déterminés le droit de l'État et celui des administrés [3]; enfin on recherche une forme définitive des concessions, en harmonie avec divers projets de colonisation militaire et de colonisation civile.

Au moment où j'écris ces lignes, des concessions de terres sont faites en Algérie, quoique ces terres soient du domaine de l'État et, par conséquent, inaliénables à moins d'une loi spéciale [4], et quoique l'on n'ait en-

---

[1] Projets de destruction du habous.
[2] Domaine et cadastre.
[3]
Fuit hæc sapientia quondam
Publica privatis secernere, sacra profanis.
Horace, *De art. poet.*, 396.

[4] J'ai soumis à M. le Gouverneur général cette objection de la nécessité d'intervention de la loi, pour l'aliénation, par concessions en Algérie, d'une partie du domaine de l'État. M. le général Bugeaud, reconnaissant cette nécessité, m'a répondu que, vu l'urgence, il comptait sur un bill d'indemnité. En effet, l'urgence est évidente; il y a urgence de coloniser, et aussi urgence de coloniser légalement.

core examiné nulle part, ni dans les livres, ni surtout à la tribune, comment la propriété devait être constituée en Algérie, pour favoriser le plus possible l'établissement des colons et la soumission des indigènes.

DIVISION DE CET OUVRAGE.

XVIII. — J'ai dû rechercher d'abord comment la *propriété* était constituée en Algérie, lorsque nous en avons fait la conquête [1];

---

[1] J'ai placé en appendice, à la fin de l'ouvrage, des extraits d'une lettre qui m'a été écrite par M. Marion, président du tribunal de Bone. Elle a pour objet spécial la constitution de la propriété *dans les tribus*; elle ne traite donc que de l'une des formes de la propriété algérienne, il est vrai la plus importante. J'ai pensé que ce travail, dans lequel sont passées en revue toutes les opinions émises sur ce sujet, et où, pour la première fois, la propriété dans les *tribus* a été nettement distinguée de la propriété dans les *villes* et leur *banlieue*; j'ai pensé, dis-je, que cette lettre était nécessaire pour faire bien sentir le vague et l'erreur même qui ont obscurci, jusqu'à présent, les idées des observateurs les plus habiles de l'Algérie, et pour donner ainsi l'explication des fautes qui ont été si souvent commises dans les actes concernant la propriété.

J'ai joint à cet appendice les opinions de MM. Baude, Worms, Duvivier, Varnier et Urbain sur ce sujet.

Exposer ensuite ou rappeler les principes généraux sur lesquels elle repose en France ;

Enfin comparer ces deux manières de concevoir la propriété, et rechercher les modifications que nous devons essayer d'introduire dans la manière dont les Arabes l'ont jusqu'ici comprise et pratiquée, et les modifications non moins nécessaires et même plus promptement nécessaires, que nous devons faire subir à notre manière de comprendre la propriété en France, afin de la constituer en Algérie au profit d'une population de colons européens, transportés sur un sol, dans un climat et au milieu de relations très-différents du sol, du climat et des relations d'Europe.

Ces trois *chapitres* formeront la PREMIÈRE PARTIE et, pour ainsi dire, une seconde et plus spéciale introduction de l'ouvrage.

Dans le premier *chapitre*, l'étendue que je consacre à l'examen de la propriété dans les *tribus*, et le peu de détails que je donne, au contraire, sur la propriété dans les *villes* et leur banlieue, sont légitimés par le grand nombre d'ouvrages où sont exposés les principes de cette dernière espèce de propriété, qui se rapproche d'ailleurs beaucoup de notre propriété française ; tandis qu'au contraire le lecteur aura certainement à faire un premier effort, assez difficile, pour se bien pénétrer du mode le plus général de propriété en Algérie, celui qui est pratiqué par les tribus qui en cultivent le sol.

Dès à présent même, quelques mots sur cette division entre la ville et la campagne me paraissent utiles.

Nous n'avons trouvé en Algérie qu'un très-petit nombre de *villes*, et dans ces villes une assez faible partie de la population qui fût *propriétaire*[1] d'une portion de la *banlieue* qui entoure ces villes ; des Turcs, généralement grands feudataires et dignitaires du pays, et quelques Maures, possédaient des fermes et des maisons de campagne, situées presque toutes à une très-petite distance des villes ; et si l'on observe que sur un territoire comme celui que nous occupons, le nombre de ces villes n'est que de douze à quinze, dont la moitié est sur la côte, et dont une seule, Alger, était un peu considérable et renfermait des hommes riches et puissants, on conçoit facilement que ces propriétés de *citadins* ne peuvent former qu'une très-petite portion du sol occupé et cultivé par la population générale, et que, par conséquent, l'autre portion, infiniment plus vaste, habitée par la population *agricole*, doit appeler notre attention d'une manière bien plus intéressante.

Il n'en a pas été ainsi, le contraire est arrivé. Nous nous sommes emparés des villes, nous les avons occupées ; c'est là que s'est opéré notre premier contact avec la population algérienne : il en est résulté que nous avons assez vite étudié et connu le mode de propriété

---

[1] Et encore, nous verrons ce qu'il faut entendre par ce mot.

des *villes*, la propriété selon les Turcs et les Maures, et que nous avons négligé d'étudier le mode de propriété des *campagnes*, la propriété selon les Arabes et les Kabiles.

C'est afin de réagir contre cette préoccupation générale, que j'ai plus particulièrement développé cette partie de mon sujet, jusqu'ici négligée.

XIX. — Quant au deuxième chapitre, celui qui contient l'exposé ou le rappel des principes sur lesquels repose la propriété en France, j'ai besoin de justifier aussi, à l'avance, l'étendue que je lui ai donnée.

Quoique déjà, en France, une foule de bons esprits se soient préoccupés d'améliorations à introduire dans la constitution de la propriété et dans les lois qui s'y rattachent, telles que celles de l'expropriation, des hypothèques, des faillites, de la contrainte par corps, etc.; quoique plusieurs publicistes et économistes soient effrayés de ce qu'ils considèrent comme les conséquences de plus en plus désastreuses de cette constitution actuelle ; enfin, quoique nous soyons, sous ce rapport, une véritable *exception* en Europe et dans le monde [1], -

---

[1] Il est utile, en effet, de remarquer que, même en Europe, notre forme de propriété, selon la loi française, est très-différente de celle qui existe en Angleterre, en Russie, dans la péninsule espagnole et dans la plus grande partie de l'Allemagne et de l'Italie, puisque nous n'avons ni le servage, ni les droits seigneuriaux, ni le droit d'aînesse et les substitutions, ni des

et que notre régime actuel ne date que d'un demi-siècle, personne cependant n'ose porter la main sur cette arche sainte; bien plus, presque personne ne pense que nous puissions instituer en Algérie autre chose que ce qui existe en France, sous ce rapport; et enfin, comme si notre constitution de la propriété inspirait une admiration unanime, universelle, on songe bien plus à convertir les Arabes à notre manière de la concevoir, qu'à modifier nos propres usages, pour les rendre convenables à une société qui, par le fait, est et sera longtemps, toujours même, très-différente de la société française, et pour les mettre en harmonie avec le mode de *culture* ou d'*habitation* qu'exigent le sol et le climat d'Algérie, et avec des précautions de *sécurité* et de *salubrité* qui sont tout-à-fait inutiles ou beaucoup moins impérieuses en France.

Il ne m'était donc pas possible de me renfermer dans un simple exposé des formes variées que le droit de propriété revêt en France, formes que personne, d'ailleurs, n'ignore; et, sans avoir à examiner si, en effet, notre législation de la propriété appelle une réforme quelconque, *pour la France*, je devais faire ressortir

---

biens religieux, ni la dîme, ni les confiscations. Ces différences, qui existent entre nous et tous les États chrétiens, sous ce rapport, sont bien plus grandes encore entre nous et tous les peuples musulmans. Avons-nous seuls et entièrement raison? C'est une question.

l'esprit général de cette institution si récente, avant d'indiquer les modifications qu'elle doit subir, pour être applicable *en Algérie.*

XX. — Le troisième *chapitre*, où sont combinés les principes de la propriété *algérienne* et de la propriété *française,* pour l'organisation de la propriété *coloniale* et *indigène,* dans l'Algérie française, sera la conséquence des principes posés dans les deux premiers chapitres.

XXI. — Après cette première PARTIE, c'est-à-dire après avoir posé cette *base matérielle* de l'organisation de l'Algérie, j'ai pu aborder *la colonisation européenne* et *l'organisation des indigènes;* ce sont les sujets traités dans les deux autres PARTIES de l'ouvrage.

La *colonisation européenne* sera divisée en deux chapitres.

XXII. — Dans le premier, j'établis, d'après des considérations historiques, géographiques et politiques, les LIEUX qui sont propres à la colonisation civile ou à la colonisation militaire, et l'ORDRE selon lequel ces deux espèces de colonisation doivent être commencées et progressivement développées. Ces considérations déterminent très-nettement deux zônes distinctes, séparées, l'une et l'autre, en trois parties correspondantes, et formant ainsi trois provinces qui ont chacune le caractère mixte (militaire et civil), seulement dans des proportions différentes.

Ainsi, deux zônes, dont l'une, *intérieure,* est particulièrement *militaire,* et l'autre, *littorale,* a, au contraire, le caractère *civil*; la première s'élargissant toujours, en avançant de l'Est à l'Ouest, c'est-à-dire depuis Tibessah (frontière de Tunis) jusqu'à Tlemcen (frontière de Maroc); la seconde, s'élargissant d'une manière inverse, de l'Ouest à l'Est, c'est-à-dire depuis Oran, comme sommet, jusqu'à La Calle et Guelma, comme base.

Et ces deux zônes, coupées par les lignes naturelles du Jurjura et du Chélif, de la plus grande montagne et du plus grand fleuve du nord de l'Algérie, forment ainsi les trois provinces de Constantine, d'Alger et d'Oran, ou, pour mieux dire, de Mascara.

XXIII. — Le deuxième *chapitre* traitera du *personnel* et du *matériel* des colonies civiles et des colonies militaires.

Ici je m'occuperai spécialement de la *fondation* des camps et des villages coloniaux, quant à leur emplacement, leurs communications, les travaux généraux de délimitation, d'assainissement, de protection, de défrichement et de culture, et j'exposerai l'*organisation* des colons civils et militaires qui devront former ces établissements. En d'autres termes, ce chapitre est consacré au *gouvernement* et à l'*administration* des colonies civiles et des colonies militaires.

XXIV. — Enfin, dans la troisième PARTIE, je traiterai les mêmes questions qui font l'objet de la seconde, mais en les rattachant à la *population indigène*, et en les présentant dans un ordre inverse. Voici la raison de ce changement. Les *lieux* favorables à l'organisation des indigènes sont également ceux où doivent être les établissements européens, et ces lieux sont déjà déterminés d'une manière générale dans la deuxième PARTIE. Il ne me resterait donc qu'à donner quelques détails de plus sur ces lieux, par rapport aux populations que nous y organiserons; mais auparavant je suis obligé de parler de ces populations elles-mêmes, et cela me permet d'ailleurs d'examiner de suite les rapports de nos établissements européens avec les indigènes, et de compléter ainsi la deuxième PARTIE.

XXV. — L'ouvrage sera terminé, comme CONCLUSION, par l'examen spécial d'une question naturellement touchée et soulevée dans toutes les autres parties, celle du *gouvernement* de l'Algérie. J'indiquerai ses rapports avec le gouvernement central, la nature et les limites de ses attributions, et sa hiérarchie supérieure, politique, militaire et administrative, relativement aux colonies européennes et aux tribus indigènes. Enfin j'exposerai l'organisation spéciale des *villes* d'Algérie, de leur population indigène et européenne, afin de compléter ce qui, dans tout l'ouvrage, aura plus particulièrement été présenté comme relatif aux *tribus* indigènes et aux *colonies agricoles,* civiles ou militaires, fondées par la France.

Ire PARTIE.

CONSTITUTION DE LA PROPRIÉTÉ.

1er CHAP. État ancien de la propriété en Algérie.
2e CHAP. État actuel de la propriété en France.
3e CHAP. État de la propriété pour l'Algérie française.

CHAPITRE PREMIER.

ÉTAT ANCIEN DE LA PROPRIÉTÉ EN ALGÉRIE.

SOMMAIRE DES PRINCIPES DE CE CHAPITRE.

PROPRIÉTÉ DANS LES VILLES.

(Selon les Maures et les Turcs.)

Son caractère général était INDIVIDUEL, et par exception *collectif*.

La propriété INDIVIDUELLE était :

Foncière, et dans ce cas *libre* ou *engagée*.

Mobilière, et alors *libre*, sauf les monopoles commerciaux et la confiscation.

La propriété COLLECTIVE était :

Les biens de l'*État*.

Ceux des *corporations* religieuses.

Droit UNIVERSEL et SUPÉRIEUR de propriété au *souverain*, qui, d'ailleurs, en faisait rarement usage, surtout à l'égard de la propriété *foncière individuelle*, et ne l'exerçait jamais contre la propriété *foncière collective* des corporations.

PROPRIÉTÉ DANS LES TRIBUS.

(Selon les Arabes et les Kabiles.)

Son caractère général était COLLECTIF et par exception INDIVIDUEL.

La propriété COLLECTIVE se composait des *pâturages*, *bois* et terres *arables*.

La propriété INDIVIDUELLE consistait :

De *fait* sinon de *droit*, en jardins et maisons.
De *droit* très-exceptionnel, en bien *melks* ou libres, fort rares hors des banlieues des villes, et appartenant à des Turcs ou des Maures.
De *droit* général, en *mobilier* agricole ou personnel.

Droit UNIVERSEL et SUPÉRIEUR de propriété au *souverain*, qui en usait plus souvent à l'égard de la propriété *collective foncière*, par déplacements ou expulsion des tribus, ou par confiscation de biens *melks* ou libres, qu'à l'égard de la propriété *individuelle mobilière*, plus insaisissable, hors les cas de ghazia, pour châtiment de tribu ou pour perception d'impôt refusé.

CHAPITRE PREMIER.

ÉTAT ANCIEN DE LA PROPRIÉTÉ EN ALGÉRIE [1].

Dans les villes, selon les Turcs et les Maures.
Dans les tribus, selon les Arabes et les Kabiles.

I. — Le spectacle que présente à un Européen, et surtout à un Français, un vaste pays où l'on ne rencontre qu'un très-petit nombre de *villes*, et où la population des *campagnes*, fractionnée par *familles*, vit sous la tente ou dans des chaumières isolées, échappe à la vue et se cache dans les plis d'un sol très-accidenté; ce spectacle est assez étrange pour nous faire rechercher les

---

[1] En appendice à la fin de l'ouvrage, note B sur les ouvrages dans lesquels a été récemment traitée la question de la propriété en Algérie.

causes d'un pareil fait et leurs principales conséquences[1].

Trois causes sont assignées généralement à tout état social, et, selon leur importance relative, selon la proportion dans laquelle ces causes contribuent à la formation de telle société, on peut juger à l'avance de la facilité ou des difficultés que l'on rencontrerait en voulant modifier cette société, et des moyens qu'il faudrait employer pour le faire.

La nature du *sol* et du *climat,* les dispositions propres à la *race* ou aux races qui composent la population, et enfin les rapports *politiques* qui existent entre les diverses fractions de la société, sont ces trois causes.

II. — Si le sol ou le climat, ou bien les dispositions naturelles de la race indigène fixée dans ces conditions physiques prédominaient, si les rapports politiques entre les gouvernants et les gouvernés contribuaient pour peu de chose à déterminer cet état social, il serait évident que de nouvelles relations politiques modifieraient avec peine et lentement le caractère général de la société, et qu'il faudrait des changements profonds et prolongés dans la culture du *sol,* et un croisement avec des *races* nouvelles, pour régénérer, en les transfor-

---

[1] « La plupart des peuples des côtes de l'Afrique sont sauvages ou barbares ; je crois que cela vient beaucoup de ce que des pays presque inhabitables séparent de petits pays qui peuvent être habités. » *Esprit des lois,* liv. XXI, ch. II.

mant, ces éléments éthnographiques et géographiques de la société.

Or, en Algérie, la grande relation politique qui existait depuis plusieurs siècles entre les gouvernants et les gouvernés, vient de changer; et le changement est capital, puisque ce sont des Français, des chrétiens, qui remplacent des Turcs, des musulmans, dans le gouvernement d'une population africaine et musulmane.

III. — Toutefois, ce changement politique n'est pas aussi complet qu'il pourrait l'être, puisqu'il y a, entre l'ancien gouvernement turc et notre gouvernement actuel de l'Algérie, un caractère commun; c'est-à-dire que nous sommes, ainsi que l'étaient les Turcs, les *conquérants* d'un pays et d'un peuple, restés, jusqu'ici et pour longtemps encore sans doute, tels qu'ils étaient sous le gouvernement turc. Dieu n'a pas opéré, dans la nature du sol, du climat et de la population indigène, une révolution semblable à celle que la guerre et la politique ont produite dans le gouvernement; et, à moins qu'un cataclysme terrestre ou humain ne vienne bouleverser aussi le sol de l'Algérie ou le caractère des indigènes, nous ferons bien de ne pas perdre de vue qu'il n'y a de nouveau en Algérie que *des Français de plus et des Turcs de moins.*

Par conséquent, c'est surtout aux deux premières causes (nature du sol et du climat, et de la population) que je crois utile de rapporter la division de l'Algérie en rares cités et en nombreuses et petites fractions d'une population nomade ou fixe, mais, dans les deux cas, très-désunie et disséminée.

Je ne citerai donc que pour mémoire les causes *politiques* auxquelles on a pu attribuer cette proportion entre les villes et les campagnes et leurs diverses manières de former société, d'autant plus que, fort heureusement, ces causes n'existent plus aujourd'hui, et sont même remplacées par des éléments sociaux qu'on peut presque considérer comme contraires.

IV. — Un gouvernement oisif, avide, spoliateur, dévorant, celui des Turcs, n'était certes pas un encouragement à la fondation de *cités* industrieuses, et à leurs progrès en nombre, en population, en richesses. Un pareil gouvernement devait donner peu d'attrait à la culture des *grandes plaines,* à celle des environs des villes habitées par ses soldats et leurs chefs, et devait, au contraire, refouler dans les *montagnes* ou dans les *déserts* une population toujours craintive, toujours prête à fuir avec ses richesses.

De cette seule cause, il est facile de conclure que les villes de l'Algérie devaient renfermer une population molle et lâche d'esclaves, parquée comme un troupeau, et que les campagnes, au contraire, devaient être d'autant moins mal cultivées et d'autant mieux habitées, qu'elles étaient d'un accès difficile, soit par leur éloignement des villes où régnaient les Turcs, soit par la nature accidentée d'un sol montagneux, soit par la défense de terres arides et d'une large mer de sables : là devaient être les tribus les plus belliqueuses.

Mais personne ne conteste cette cause et ses effets ; et comme, je le répète, nous n'apportons pas en Algérie les mêmes principes et les mêmes habitudes de gouvernement que les Turcs, comme notre ambition et nos propres usages nous poussent, au contraire, à désirer et encourager le progrès de l'agriculture sur cette riche terre, et l'industrie et le commerce dans cette contrée maritime qui possède deux cent cinquante lieues de côtes en face de la France ; par conséquent, comme nous voulons très-fermement fonder des villes nombreuses là où il y en a peu, et des villages là où il n'y en a pas, nous n'avons à craindre qu'une seule chose, ce serait de vouloir trop ou trop vite ce qui ne pourrait être, ou du moins ce qui ne pourrait se faire que lentement.

Examinons donc si les deux autres causes n'ont pas contribué aussi au résultat que nous venons d'attribuer seulement au gouvernement turc ; car ces causes existent encore et pourraient contrarier notre volonté ; et rappelons-nous toujours que nous sommes, comme les Turcs, maîtres *étrangers*, et de plus *infidèles*, et même *païens* et *idolâtres*, aux yeux des indigènes, ce qui s'opposera longtemps à ce que les fidèles croyants de l'Algérie s'empressent d'habiter nos *villes* et de descendre de leurs montagnes ou de quitter leur désert, pour former des villages de facile accès et de riche culture, dans les *grandes plaines*.

Les montagnes et le désert ne sont pas seulement mieux garantis que les plaines contre un gouvernement cruel et avide, ils sont plus *sains;* et, certes, c'est un motif capital pour qu'ils soient plus *habités*.

D'un autre côté, un fait tout aussi certain, c'est que l'islamisme, né dans une *tribu*, ne s'est jamais montré très-habile à fonder des *villes*, même en Espagne, où il en a, il est vrai, détruit moins qu'ailleurs, et où il en a embelli plusieurs. Malgré les merveilles de Bagdad, du Caire et de Grenade, ces trois points brillants de la mappemonde musulmane sont assez éloignés les uns des autres pour ne pas être comparés à ceux qui couvrent la terre chrétienne.

L'islamisme est une religion surtout pour l'individu, pour la famille et aussi pour l'ensemble des fidèles ; cette religion est *individuelle* et aussi *universelle*, mais elle n'est pas *collective, civile, sociale*, et son culte le prouve, par l'absence de pratiques *communes* et la sévérité au contraire des pratiques *individuelles*[1].

Tant que les plaines de l'Algérie ne seront pas *assainies*, et que les musulmans algériens n'auront pas modifié leurs dispositions à l'indépendance *personnelle*, à

---

[1] Et son dogme le prouve aussi ; car, de même que l'islamisme n'a pas *su* diviser et personnifier les attributs du *pouvoir divin*, il n'a pas *pu* diviser et personnifier les attributs du *pouvoir humain*, et son gouvernement est un *despotisme confus*, comme son dogme est un *unitarisme désordonné*.

la vie exclusive de *famille*, et je dirai même à l'*adoration de la nature*, dispositions développées par le Coran et transmises par une longue et brillante tradition, il sera donc prudent de ne pas essayer de leur imposer trop et trop vite cette vie *sociale* des *cités*, dont nous avons au contraire une disposition très-prononcée à nous exagérer les charmes, et où cependant l'*individu* et la *famille* sont noyés dans un socialisme que la force de la vérité nous oblige souvent à déclarer asphyxiant, et où la *nature*, de toutes parts muselée et enchaînée par la main de l'homme, est sans couleur, énervée, dépravée souvent, idolâtrée peut-être, mais jamais adorée.

L'Algérie n'est pas le seul pays musulman où il y ait peu de villes, des tribus nomades et des familles isolées; telle est au contraire la vie générale des sociétés musulmanes. En outre, cette contrée se prête merveilleusement, par ses trois formes principales, mer, montagnes, désert, à la vie *contemplative* et *individuelle*; de même que, par la fertilité de la terre et la douceur tempérée du climat, elle favorise la vie de *famille*, et n'impose pas le besoin ou n'inspire pas même le désir de nos ruches d'Europe, laborieuses et bourdonnantes.

Examinons maintenant comment la propriété était constituée, dans les villes et dans les campagnes : nous verrons qu'elle était constituée conformément aux principes que nous venons d'exposer, ce qui nous aidera, plus tard, à faire comprendre les modifications dont elle est susceptible sous le gouvernement de la France.

Les *villes* n'étaient, à proprement parler, que les lieux d'habitation des chefs turcs, de leur milice, de leurs serviteurs directs, et aussi des indigènes Maures, Juifs, Arabes et Kabiles, qui, par l'industrie et le commerce, étaient indirectement au service des maîtres de l'Algérie.

Les *campagnes*, au contraire, c'était le peuple conquis, le vrai peuple d'Algérie, produisant pour ses maîtres et très-peu pour lui.

Toute cette population musulmane [1] était établie, même dans les villes aussi bien que dans les campagnes, en vue de l'isolement et de l'indépendance de la vie de *famille*. La maison d'un Maure était sacrée, inaccessible comme la montagne et le désert.

Sans doute, dans les villes, l'indépendance *personnelle* du citadin faisait bien aux nécessités publiques de nombreux sacrifices de liberté, dont l'indigène des campagnes était exempt. Ces sacrifices de liberté, auxquels se soumettaient les citadins, révoltaient la fierté de l'Arabe des tribus, qui méprisait le Maure comme un esclave; mais ils étaient compensés par une plus grande *sécurité*, par une existence plus douce, et aussi,

---

[1] Sur ce point les Juifs ne sauraient entrer en question, leur influence de parias étant nulle quant aux usages généraux de la population musulmane.

sous certains rapports, par quelques libertés inconnues à l'Arabe.

V. — Par exemple, la propriété *foncière*, dans les villes, avait, en général, le caractère *individuel*, elle était échangeable, transmissible, incommutable, tandis que l'Arabe ne connaissait de propriété personnelle, transmissible, échangeable, vendable, que celle de ses troupeaux, de sa tente, de son cheval et de ses armes.

J'exprime une idée qui a longtemps été méconnue par nous, puisque c'est seulement depuis une année, à peu près, que plusieurs écrivains ont enfin fait connaître cette différence entre la propriété dans les villes et la propriété dans les campagnes; aussi, tout en renvoyant à l'appendice, où j'ai réuni les opinions de ces écrivains, j'appuierai sur ce sujet.

Les Arabes, toujours prêts à fuir la spoliation des Turcs, et les Maures, toujours disposés à aider cette spoliation des Arabes par les Turcs, ne devaient pas entendre et pratiquer la propriété de la même manière. Il y avait bien quelque chose de commun aux uns et aux autres : le Turc était leur maître, plus encore dans les villes que dans les campagnes, et, à ce titre, selon la loi musulmane qui reconnaît au souverain droit universel de propriété, et au sujet seulement l'*usufruit*, nul n'était réellement *propriétaire*, ni le Maure de sa maison et de son jardin, ni l'Arabe de son cheval même. Toutefois, le Maure, serviteur soumis du Turc, habitant sous sa protection et presque sous son toit, participait à la sécurité que les maîtres les plus despotes accordent toujours à leurs courtisans et à leurs serviteurs. L'Arabe, au contraire, trouvait qu'il n'avait déjà que trop de peine à garantir sa tente, sa famille et sa propre tête [1] des caprices et de l'avidité du maître, sans se donner encore le soin de défendre une terre et des maisons ; et l'idée de la propriété individuelle ne lui serait même pas venue, par ce seul motif *politique*. N'avait-il pas d'ailleurs, dans son *sang* arabe et dans sa *foi*, la volonté et la certitude de trouver à vivre sur toute terre, de ne jamais rencontrer un plus beau toit que le ciel étincelant du désert, de n'avoir d'autre maître que Dieu, et, dans tous les cas, de bien mourir ?

Le caractère général de la propriété foncière, dans les villes, était donc *individuel*; dans les tribus, au contraire, il était *collectif*.

Par exception, dans les *villes*, il y avait des propriétés collectives assez nombreuses, celles de l'État et celles des corporations religieuses. Dans les *campagnes*, il y avait, par exception aussi, des propriétés individuelles qui consistaient (de *fait* sinon de *droit*) en *jardins* et *maisons*, surtout chez les Kabiles montagnards;

---

[1] « Nulli domus, aut ager, aut aliqua cura. » Tacit., *De mor. Germ.*

ou bien (de *droit* très-exceptionnel) en propriétés *libres* (melk), fort rares hors des banlieues des villes, et appartenant d'ailleurs presque toutes à des Turcs ou à des Maures ; ou bien enfin (de *droit* général) en *mobilier* agricole ou personnel.

Les mêmes raisons produisaient un effet absolument inverse, quant à la propriété *mobilière*.

Dans les *villes*, elle était soumise aux monopoles commerciaux et industriels les plus nombreux et les plus minutieux, et à une surveillance de police plus inquisitoriale que ne semblerait pouvoir le permettre le respect connu des musulmans pour l'intérieur de la maison. De même qu'un Juif sent l'or qu'il ne voit pas, un Turc voit l'or à travers les murailles ; le Juif le désire pour le *faire valoir*, le Turc pour en *jouir* : mais tous deux le désirent avec une égale ardeur ; et le Maure échappait difficilement à ces deux habiles espions, à ces deux puissants *aimants* de la richesse.

Dans les *campagnes*, au contraire, l'industrie agricole, le commerce, non-seulement entre les tribus mais avec les caravanes qui traversaient l'Algérie, ou bien avec les royaumes de Tunis et de Maroc, étaient libres ou n'étaient soumis qu'à de faibles droits, assez faciles d'ailleurs à éluder. Un Cheik, qui aurait pu, sans exciter de mécontentement sensible dans sa tribu, déplacer, même pour sa convenance personnelle, un Arabe du sol que celui-ci cultivait et que cultivaient ses pères, aurait eu besoin de recourir à l'adresse et de se faire offrir par cet Arabe, le cheval l'esclave, l'arme, le bétail qu'il aurait convoité.

VI. — Cette différence entre la manière de concevoir la propriété foncière et la propriété mobilière, dans les villes ou dans les campagnes, n'est pas tellement inhérente à l'Algérie et propre aux musulmans, qu'il soit impossible de la retrouver, atténuée sans doute mais très-reconnaissable, en France même, où cependant la population des *cités* et celle des *villages* sont parfaitement homogènes. C'est qu'en effet cette différence tient à ce que l'objet envié, précieux par-dessus tout, dans une *ville*, celui dont la possession garantie intéresse le plus le citadin, le bourgeois, c'est la *maison;* tandis que, dans la campagne, celui qui préoccupe sans cesse le villageois, c'est la *récolte*. Comme nous le verrons au chapitre suivant, c'est l'*industrie* manufacturière et commerciale qui, prenant chaque jour une importance plus grande dans les villes, relativement à celle des bourgeois *propriétaires fonciers*, c'est l'industrie qui a fait respecter et garantir, dans les villes de France, la propriété *mobilière*, et qui l'a affranchie de la *servitude;* de même que, dans les campagnes, c'est le bourgeois campagnard, propriétaire du sol, qui maintient encore avec vigueur le respect presque *féodal* de la propriété foncière. Celle-ci, en effet, intéresse beaucoup moins le cultivateur du *fond;* pour le bourgeois campagnard, son seul moyen de vivre c'est le *revenu* de sa terre affermée, tandis que le cultivateur trouve son pain dans son *travail*, *quel que soit le propriétaire du sol*, pourvu qu'on lui laisse ses instruments de travail et une part suffisante de la récolte, en un mot son *mobilier* agricole et personnel.

Revenons à l'Algérie, dont les villes n'avaient pas d'ailleurs, comme les nôtres, une nombreuse population manufacturière et commerciale, et ne renfermaient presque que des employés et des rentiers ; revenons à l'Algérie, qui n'avait, dans ses campagnes, ni châteaux, ni maisons de plaisance d'hommes de loisir, si ce n'est dans la banlieue des quelques villes clairsemées sur son vaste territoire.

VII. — L'espèce de culture que permettent généralement le *sol* et le *climat* de l'Algérie, ou du moins celle qu'ils favorisent le plus, explique aussi ce peu d'attachement à telle ou telle terre. Nous voyons, en effet, que c'est seulement là où la *petite culture*, et surtout celle des *jardins*, était profitable, c'est-à-dire dans le voisinage des villes ou dans les vallées fraîches et bien arrosées des Kabiles, que le sentiment d'*appropriation* a été satisfait, sinon en droit absolu, du moins par l'usage et par le respect habituel de l'autorité pour la propriété *foncière privée*. C'est la *grande culture* et *l'éducation des bestiaux* que le sol et le climat de l'Algérie favorisent le plus généralement ; et l'une et l'autre exigent, dans ce pays, des déplacements continuels assez considérables, selon les saisons, pour les pâturages, pour les semailles et pour les moissons; car il faut, dans certains moments, fuir des lieux malsains, inondés ou desséchés, qui, dans d'autres moments, sont très-productifs et très-habitables.

Ce n'est donc pas seulement à des motifs politiques ou à des principes religieux qu'il faut attribuer la manière de concevoir la propriété, chez un peuple poussé naturellement, par les nécessités du sol et du climat, à la vie *nomade* ou *pastorale,* et tout au plus à la culture des *céréales,* sur des terres qui ne sont pas constamment *habitables.*

Je sais bien que les conditions hygiéniques pourront s'améliorer, *avec le temps* et par d'immenses *travaux;* il n'en est pas moins vrai que, jusqu'au moment où ces améliorations seront obtenues, il a été et sera impossible de construire des habitations *fixes,* sur la majeure partie des terres de la Régence.

Certainement aussi, lorsque l'Algérie sera replantée, reboisée, lorsque les eaux y seront ménagées, recherchées, dirigées, lorsque l'*industrie* des villes coloniales pourra exciter à la production des fruits, des légumes, à l'exploitation des mines, à la culture de la vigne, de l'olivier et du mûrier, à l'aménagement des bois; alors des villages, des villes même naîtront facilement, sur plusieurs points qui ne reçoivent pas même une tente aujourd'hui.

Mais toutes ces conditions n'existaient pas avant nous,

elles sont fort loin encore d'être remplies par nous, si même nous avons commencé, en quoi que ce soit, ce grand travail d'assainissement et de défrichement, qui, de nos jours, ne se fait pas, comme au temps de la fable, par des *individus*, fussent-ils des *Hercule*, ni même par des *tribus*, mais par une société, une *nation*. Et d'ailleurs nous étudierons, je pense, les conditions naturelles du sol et du climat ; et la *grande culture* n'est pas chose en elle-même si méprisable, pour que nous prétendions, bon gré mal gré, établir la *petite culture* à la bêche en Algérie, si celle-ci était généralement (ou du moins pour très-longtemps et avant de prodigieux travaux) *contre nature*.

Toujours est-il que jusqu'ici les Arabes et une grande partie des Kabiles ont été *pasteurs* ou cultivateurs de *céréales*, et que, pour ces deux causes, ils ont compris et pratiqué la propriété foncière, comme l'ont toujours fait les nomades, les pasteurs et les cultivateurs de grains, c'est-à-dire comme une possession *collective* de famille ou de tribu, possession dont *l'usage individuel* n'est légitimé que par le *travail*, et qui ne donne lieu à aucune transmission par vente ou par héritage.

VIII. — Le sol était donc, en *droit* musulman et en *fait*, — avant tout, *propriété* de Dieu, qui a inféodé la terre à l'humanité.

— La *disposition* appartenait — au Sultan, représentant de Dieu sur la terre ; — au Dey, représentant du Sultan ; — au Cheik, représentant du Dey.

— Enfin *l'usage* était accordé à l'individu, ou mieux encore au chef de famille, par le Cheik, institué par le Dey, qui lui-même avait l'investiture du Sultan, lequel ne relève que de Dieu.

Et cet usage était concédé, à condition de *culture*, et à charge de *redevance*, au souverain pour les *dépenses publiques*, et à Dieu pour le *loyer de la terre*.

Tel était et tel est toujours le principe général de droit musulman, non-seulement pour la propriété dans les *campagnes*, mais même pour celle des *villes*, quoique le *fait*, la *coutume*, ait grandement modifié la rigueur de ce droit universel et absolu, surtout quant à la propriété foncière dans les villes.

IX. — Ainsi, dans les villes de l'Algérie, aussi bien que dans toutes les villes des autres pays musulmans, le souverain exerçait, quant à la richesse *mobilière*, ce droit absolu de disposition, par les *monopoles* industriels et commerciaux [1] et par la *confiscation*, tandis qu'il n'en usait que dans des exceptions rares, à l'égard

---

[1] On peut juger de la manière dont les indigènes comprennent ce droit, par la façon dont Abd-el-Kader avait commencé à monopoliser le commerce, après le traité Desmichels et après celui de la Tafna, c'est-à-dire en temps de paix, et lorsqu'il prétendait *administrer* ses sujets. En temps de guerre, il déplace et dépouille tout le monde. Mais, on pourrait dire que cela ne prouve rien pour le sujet dont il est ici question ; cela prouve beaucoup, au contraire.

de la propriété *foncière*, dont il autorisait généralement l'échange libre et la transmission par héritage, dans les proportions fixées par la loi musulmane.

Toutefois, le droit subsistait toujours, et c'est même, en grande partie, pour éluder ce droit exorbitant, qu'a été imaginée une espèce de fraude pieuse, au moyen de laquelle le propriétaire citadin couvrait sa propriété du bouclier de la foi, pour la sauver de la convoitise du représentant de Dieu. Je veux parler du *habous*.

X. — Le *habous* était une donation faite, par un propriétaire, de son bien à une corporation religieuse, avec réserve de l'usufruit pour lui-même et pour sa postérité, jusqu'à certaine génération déterminée, ou jusqu'à extinction de sa race. A cette époque, la corporation entrait en jouissance de l'usufruit de cette nue-propriété qui lui avait été donnée.

Le respect pour les corporations religieuses explique suffisamment le but principal que se proposait le donataire ; par le habous, sa propriété recevait la seule garantie qui pût efficacement la défendre contre l'autorité; toutefois, il ne faudrait pas y voir uniquement ce motif de conservation, car cette donation était considérée réellement comme une œuvre pieuse.

D'un autre côté, la constitution du habous introduisait, dans le régime de cette propriété, des complications et des difficultés qui compensaient assez lourdement l'avantage de sécurité que le donataire y trouvait; sans cela il serait difficile de s'expliquer pourquoi toutes les propriétés n'auraient pas été constituées sous cette forme protectrice.

Ainsi, l'aliénation de la nue-propriété était déjà, sinon un obstacle à la vente de l'usufruit, au moins une cause de réduction de la valeur vénale, puiqu'elle gênait la disposition du fond; de plus, les divisions entre héritiers ne pouvant s'opérer que sur un usufruit, et non par le partage du fond ou du prix de vente du fond, ces divisions devaient être toujours délicates et difficiles, et l'hoirie devait souvent rester indivise et par conséquent être mal administrée; ensuite, si l'immeuble avait besoin de réparation, et que l'usufruitier ne voulût ou ne pût pas les faire, l'usufruitier donnait sa propriété à bail, par lequel, moyennant loyer stipulé, le locataire s'engageait à faire les réparations exigées : ce loyer constituait alors l'usufruit, et ce contrat ne présentait pas plus d'inconvénient que tout autre bail ordinaire, sans réparations convenues; mais lorsque ces réparations étaient majeures, lorsqu'elles devaient surtout avoir une longue durée, on avait imaginé une transaction, dite vente à l'*ana*, par laquelle l'acquéreur contractait l'obligation d'une rente annuelle, perpétuelle, et s'engageait à faire des constructions nouvelles ou des réparations convenues, mais se réservait la *propriété* des constructions faites par lui. Dans ce cas, l'immeuble présentait donc une confusion inextricable de droits divers : la corporation avait la nue-propriété et l'expectative de la jouissance de l'immeuble, mais sans aucun droit sur les constructions nouvelles ; l'acquéreur à l'*ana* était propriétaire d'une partie de l'immeuble, devenue généralement la partie productive, mais il pouvait perdre le droit à jouir de l'usufruit de l'autre partie de l'immeuble, par l'entrée en jouissance de la corporation ; et enfin l'usufruitier et surtout ses héritiers étaient exclus, à tout jamais, de la gestion de l'immeuble, aliéné dès lors à perpétuité, non-seulement en faveur de la corporation, selon la donation constitutive du *habous*, mais en faveur de l'acquéreur à l'*ana*.

XI. — On s'explique aujourd'hui avec facilité toutes les tromperies dont les premiers acquéreurs français ont été dupes à Alger, même pour les immeubles situés sous leurs yeux, dans l'enceinte d'Alger : l'usufruitier et quelquefois plusieurs usufruitiers d'un même bien *habous*, leur vendaient ce bien, que leur louait de son côté un ancien locataire de ce bien, et que leur vendait aussi l'acquéreur à l'*ana,* et qui finissait par être réclamé, au moins en nue-propriété, par une corporation.

Et cela explique aussi pourquoi les acquéreurs français ont trouvé les Maures si disposés à vendre à condition de rente perpétuelle, procédé peu habituel avant nous dans ce pays, et qui n'est plus d'usage en France ; procédé qui mettait *presque* à l'abri la conscience du Maure, parce qu'il ne vendait réellement qu'un usufruit, mais qui n'en trompait pas moins le Français, puisque celui-ci croyait acheter aussi la nue-propriété.

Toutes ces complications du *habous* l'ont fait condamner par les Français, et l'on se prépare, en ce moment, à détruire cette forme de propriété qui n'est plus d'ailleurs nécessitée par la crainte d'une autorité spoliatrice, mais qui touche de très-près à la foi musulmane; cette destruction exige donc certains ménagements qui légitiment le temps qu'on met à la faire, d'autant plus qu'elle soulève la question de propriété des *corporations* en général (religieuses ou autres), propriété à laquelle la loi et l'opinion ne sont pas favorables en France, et que des raisons différentes pourraient faire juger convenable en Algérie.

Le habous était, je le répète, le procédé employé par les citadins, pour donner, aux biens appelés cependant *libres*, une garantie efficace contre le droit universel et absolu de propriété du souverain.

Ceci était une institution des *villes*, propre aux citadins seuls, et inconnue aux *tribus* des campagnes. Un Arabe des tribus n'a pas plus vu, dans sa tribu, de *habous* et d'*ana* que nous n'en voyons en France; un Arabe de tribu ne sait absolument pas même ce que c'est que de vendre une terre, l'affermer ou en hériter. J'ai dit un *Arabe*, je n'en dirais pas autant, il est vrai, de tous les Kabiles, précisément parce que ceux-ci ont souvent des *jardins* et des *maisons*, quelquefois des *villages* et même des *villes*, quoique généralement, dans l'intérieur des tribus kabiles, les choses se passent, sous ce rapport, comme dans les tribus arabes, du moins pour les terres propres aux *pâturages* et à la *grande culture*.

Avec cette garantie du *habous*, et par suite de l'usage modéré que faisait d'ailleurs le souverain de son droit supérieur de propriété, à l'égard des citadins et quant à leur propriété foncière, on peut dire que, sauf le habous et sauf les conditions imposées par le Coran pour le partage des successions, la propriété foncière des villes était régie, en fait, à peu près comme elle l'est en France; elle se louait, s'échangeait, se vendait, se transmettait et s'administrait même librement; elle était protégée et respectée par l'autorité.

XII. — J'ai dit qu'il n'en était pas de même de la propriété mobilière, qui était soumise à un monopole commercial à peu près universel, et à une perception fiscale très-minutieuse et très-adroite, au moyen de laquelle le Gouvernement turc pressure tous ses sujets, et à laquelle il ajoute toujours la confiscation, lorsque de grandes richesses acquises par l'un d'eux le tentent.

Néanmoins je ne voudrais pas que ma pensée fût mal interprétée, et qu'on ne vît qu'une critique dans ce que je dis des monopoles du Gouvernement turc et de sa police fiscale. Il est certain que le Gouvernement turc veillait et pourvoyait, avec une prévoyante sollicitude, aux premiers besoins matériels des populations des villes, et surtout y maintenait un ordre, une propreté, et, sous plusieurs rapports, une décence même, qui doivent quelquefois faire honte à notre civilisation, et par conséquent la faire peu aimer et estimer par les indigènes.

Les eaux abondantes répandues de tous côtés dans les villes, les larges approvisionnements des principaux objets nécessaires à la vie, une police très-sévère des marchés, le *maximum*, il est vrai, soutenu par le bâton du chaouch et même par le yatagan du bourreau, mais appuyé bien plus encore sur la concurrence des approvisionnements prudents de l'autorité ; tels étaient les principaux effets de ce monopole autocratique. En même temps, la crainte de la confiscation s'opposait au *luxe* épuisant des classes riches, et par suite à la *démoralisation* des classes pauvres, et par suite encore à leur *misère ;* enfin les prescriptions aumonières, secourables, hospitalières de la loi musulmane, à l'égard des fidèles, l'emploi charitable de la richesse des corporations religieuses, le principe d'égalité [1], dont l'institution des janissaires était elle-

---

[1] Ce mot *d'égalité* paraîtra faux, appliqué aux Turcs, et, en général, aux musulmans, qui vivent tous sous le despotisme ; mais si l'on songe que tout le monde peut devenir despote, *quelle que soit sa naissance*, que le Dey lui-même sortait des janissaires et *était élu par eux*, que les principaux Pachas de Turquie étaient et sont encore souvent *d'origine esclave* (Circassiens et Géorgiens), qu'il n'y a pas une seule fonction *héréditaire*, sauf le pouvoir suprême du Sultan, on comprendra que je me sois servi du mot *égalité*.

même un vivant symbole, et par-dessus tout la puissante faculté que possède encore aujourd'hui la race turque pour commander l'obéissance, justifient cette passion de despotisme qui présidait à tout, dirigeait tout, gouvernait tout, depuis le plus mince intérêt du pauvre, jusqu'à la plus impérieuse fantaisie du riche.

N'avons-nous pas vu, de nos jours, en Égypte, cette autocratie étendue jusqu'à ses dernières limites, et n'embrassant pas seulement le commerce, mais aussi l'agriculture, la campagne aussi bien que la ville ? C'est que telle est la pente naturelle de l'autorité musulmane, et, lorsqu'elle est placée dans une main forte, cette main s'étend instinctivement sur tout, comme un signe de la main de Dieu même.

Mais la vallée du Nil est plus facile à monopoliser que les montagnes et le désert de l'Algérie ; ce n'est pas parce que nous n'avons plus Napoléon que nous ne pouvons pas conquérir l'Algérie en douze années, nous qui avons pris, avec lui, l'Égypte presque en un jour. Il était plus facile à un citadin d'Alger qu'il ne l'est au fella d'Égypte d'échapper à son maître ; aussi, le Gouvernement turc n'a-t-il exercé aucune direction sur la *culture* des terres des tribus, et a-t-il ménagé les citadins dans la possession et l'administration de leurs *fermes*. Dans les tribus, liberté absolue de culture, sur les terres assignées par le Cheik au chef de famille ou de douar, mais non pas droit de cultiver [1] ou de ne pas cultiver ; il faut cultiver ou faire paître ; la jouissance de la terre n'est pas concédée pour le repos, ni même pour la transmettre à d'autres, à condition de fermage [2] : il faut travailler personnellement ou diriger le travail, c'est le seul titre à la possession.

XIII. — Le territoire est reconnu ou concédé à une tribu, par le Dey ou son représentant dans le beylik ; le Cheik, nommé par lui, distribue la terre aux chefs de famille, selon les facultés que possèdent ceux-ci, pour la mettre en valeur, c'est-à-dire selon le nombre de leurs bestiaux et des charrues qu'ils peuvent employer, en un mot selon leur *richesse mobilière*, qui est par conséquent la vraie mesure de l'importance sociale de l'individu dans la tribu, puisque l'étendue de la terre n'en est elle-même qu'une conséquence, et qu'il n'y a pas, d'ailleurs, propriété *personnelle*.

De là résulte toute l'économie du régime des tribus, sous le rapport de la propriété.

Dès qu'un Arabe a pu acquérir par son travail une paire de bœufs, une charrue et des semences, il a *droit*

---

[1] « Quam est hic fortunatus putandus cui soli vere liceat omnia non quiritum sed sapientium jure pro suis vindicare ! nec civili nexu, sed communi lege naturæ quæ vetat ullam rem esse cujusquam, nisi ejus qui *tractare et uti sciat.* » Cic., *Rep.*, lib. I, XVII.

[2] Les biens melks des citadins étaient, au contraire, presque tous cultivés par des fermiers au cinquième (Kamas).

à *cultiver* sa portion de terre, et il en obtient l'autorisation du Cheik qui la lui désigne; dès qu'il a pu former un petit troupeau, il a droit au *pâturage*.

La terre ne manque pas en Algérie, dira-t-on. — Cela est vrai; la population y est au large: mais il se passera des siècles avant qu'elle y soit serrée comme elle l'est dans quelques parties de la France, dans la Belgique ou dans la Suisse. Il est donc bien d'observer ce que faisait cette population largement espacée, pour savoir ce qu'elle sera portée à faire, tant qu'elle ne sera pas gênée au point d'avoir, à son tour, envie et besoin de faire aussi des colonies, en Europe ou ailleurs.

La terre donc ne se vendait pas, ne se louait pas, on n'en héritait même pas, du moins en droit, quoique, par le fait, les héritiers du chef de famille obtinssent presque toujours l'autorisation de *cultiver* la terre cultivée par leur père, droit qu'ils perdaient s'ils la laissaient inculte; mais, je ne saurais trop le répéter, ceci n'a pas le moindre rapport avec ce que nous nommons en France la propriété.

Dans un autre chapitre, nous verrons quelles sont les conséquences qu'il faut tirer de ces faits pour l'avenir, soit en ce qui concerne la manière dont nous devons gouverner et administrer les indigènes, soit aussi pour ce qui regarde la fondation et la direction de nos colonies; actuellement je me borne à exposer ces faits et leurs principales causes, passagères, ou durables, ou permanentes.

Le droit supérieur et universel du souverain à la propriété s'exerçait, à l'égard des tribus, positivement et négativement, par l'admission sur un territoire ou par le retrait de cette concession, lorsque des raisons politiques faisaient juger nécessaire le déplacement ou même l'expulsion complète de la tribu.

Ce droit s'exerçait également par le Cheik, dans la tribu, à l'égard des chefs de famille, puisque c'était le Cheik qui concédait ou retirait le droit à la culture.

XIV. — Mais quant à la propriété mobilière, le Cheik et le souverain lui-même, malgré toute leur autocratie de *droit,* ne pouvaient l'exercer, en *fait,* que par la ruse ou par la violence, en se faisant *offrir* ou bien en *pillant.* Ces deux formes étaient souvent employées par les chefs turcs ou par les Cheiks indigènes ; les premiers usaient fréquemment de la forme brutale, les autres de la forme diplomatique, que les Arabes cultivent avec passion et succès. Mais l'usage, la coutume, les mœurs, entouraient la propriété mobilière d'un caractère sacré, et sa violation même le prouvait, puisque c'était au moyen de prétextes politiques ou de ruses fort *civiles* qu'on se la permettait.

J'ai déjà dit que, lors de notre arrivée en Algérie, nous ignorions quelle était la constitution de la propriété dans ce pays ; il nous a fallu quelques années pour comprendre ce qu'elle était dans les villes, et encore les opinions ne sont-elles pas parfaitement d'accord sur ce point. Quant à l'état de la propriété dans les tribus, il a été ignoré, peu étudié, et quelquefois exposé et affirmé avec autant d'ignorance que d'assurance. Depuis une année seulement, cette grave question a été plus mûrement examinée, et presque tous ceux qui l'ont spécialement traitée sont d'accord sur les faits généraux et les principales idées que je viens d'exposer.

Je pense avoir démontré que cette absence de propriété foncière individuelle, qui nous paraît en général incroyable et mauvaise, d'une manière absolue, non-seulement existe en Algérie et dans presque toute l'étendue des pays musulmans, mais qu'elle est aussi conforme à la nature du sol et du climat de l'Algérie, aux mœurs et à la croyance religieuse des indigènes, aux nécessités politiques de la société algérienne, telle qu'elle était constituée sous le gouvernement turc, et à la pratique constante que l'histoire nous montre avoir été suivie par tous les peuples nomades, pasteurs et cultivateurs de céréales. Je voudrais aussi indiquer d'avance quelques autres de ses principaux avantages, sur lesquels je reviendrai avec plus de développement, lorsque je m'occuperai (au troisième chapitre) de la constitution future de la propriété dans l'Algérie française.

XV. — Certes, la propriété *collective* de la terre, et le droit *individuel de culture*, attribué au travailleur seul, doivent avoir, sur une société, une influence toute différente de celle qui serait produite, si cette société pratiquait l'appropriation *individuelle*, et si la propriété pouvait être possédée, vendue, affermée, transmise en héritage, par un propriétaire éloigné de sa terre, *étranger à la culture*, et percevant une forte part des produits du travail d'un tiers sur cette terre. — Or, quelle est cette influence, en bien comme en mal?

J'ai peu besoin de dire le mal qui résulte de l'absence d'appropriation individuelle; tous mes lecteurs sont convaincus, et avec grande raison, qu'elle est, en plusieurs points, contraire aux progrès de la culture, puisqu'elle fait perdre à la terre un attrait puissant pour le travailleur, attrait qui existerait *si le travailleur était en même temps le propriétaire*, ce qui n'a pas lieu, même en France, généralement. Tous pensent, avec raison encore, qu'elle nuit, sous certains rapports, aux sentiments de famille, puisqu'elle supprime un des liens qui attachent, par affection pour le champ paternel, le fils au père, et tous les membres d'une famille au sol qui les a nourris. J'ajouterais inutilement ici tous les inconvénients qui semblent inévitables avec une pareille constitution de la propriété; mais une institution qui a été pratiquée par une foule de peuples, et qui l'est encore par plusieurs, ne saurait être privée entièrement de quelque avantage, ne saurait être absolument et intrinsèquement mauvaise. Il faut, pour qu'elle ait été inventée et pratiquée, et pour qu'elle soit restée longtemps en usage, qu'elle s'adapte à certains degrés de civilisation, ou bien à certaines conditions impérieuses, extérieures à l'homme et indépendantes de lui, enfin, qu'elle ait, comme tout ce qui est, sa raison d'être.

Recherchons donc ses avantages.

L'Arabe est avide de *richesse*, et, pour l'obtenir, les plus rudes fatigues, les plus grands dangers ne l'épouvantent pas; il aime vivement la *famille*, le foyer domestique et ses enfants; et le *respect filial* est chez lui plus fort qu'il ne l'est chez tout autre homme. Il semble donc étonnant que l'Arabe ait adopté un mode d'appropriation nuisible aux progrès de la *richesse*, et que ce mode d'appropriation *collective*, généralement considéré comme nuisible au sentiment de *famille*, se rencontre précisément dans la vie *patriarchale* des tribus. — Ces contradictions ne sont qu'apparentes; elles disparaissent, si l'on observe que la propriété collective favorise, au contraire, *certaines cultures*, en même temps qu'elle est un obstacle à *d'autres cultures;* si l'on observe aussi qu'elle ne contrarie pas *certains* sentiments de *famille*, et contribue même puissamment à l'unité, à l'*union* de tous ses membres; tandis qu'elle nuit en effet à d'autres sentiments, utiles au développement de quelques *individualités*, que la propriété *individuelle* exalte même souvent d'une manière fâcheuse.

En un mot, la propriété *collective* donne à la masse

des individus qui la cultivent le caractère *communal*, qui n'existe (très-faiblement même), dans le régime de la propriété *individuelle*, qu'à la condition de beaucoup d'autres causes, tout-à-fait étrangères au mode d'appropriation ; elle donne à la famille le caractère *patriarchal :* autorité du père et respect du fils ; enfin le droit à la culture, assuré à tout homme qui *veut travailler* et qui possède les instruments de travail, donne à l'*individu*, quelle que soit sa naissance, le juste sentiment de sa valeur *personnelle*, que peut dissimuler ou exagérer la propriété par droit de naissance.

Si tout cela est reconnu vrai, et si l'on réfléchit aux nécessités physiques et morales qui pèsent sur les pays et les peuples musulmans, si l'on songe à l'influence qu'exerce sur toute société la longue durée d'institutions respectées, jugées utiles, on sera dans la disposition convenable pour apprécier ce qu'il est possible et avantageux de faire pour la constitution de la propriété en Algérie. Ces réflexions préalables sont nécessaires, pour comprendre comment nous devons constituer la propriété des sujets musulmans de la France, et celle des Européens qui s'établiront sur ce territoire, où la lutte contre la nature exige presque toujours des efforts combinés, puissants et prompts, et qui vivront au milieu d'une population toute communale, patriarchale, dans laquelle le sentiment de la valeur *personnelle* est écrit d'une noble manière sur la face de tous ; d'une population qui, même lorsqu'elle ne nous est pas hostile, ne nous est point tellement associée que nous n'ayons besoin de lui opposer sans cesse, pour notre défense *commune*, pour la sécurité de nos *colonies*, toute la force *collective* que donne l'*association*. Or, cette force n'existe pas avec la *division* des intérêts étroits et égoïstes de la propriété *individuelle*.

CHAPITRE II.

ÉTAT ACTUEL DE LA PROPRIÉTÉ EN FRANCE.

SOMMAIRE DES PRINCIPES DE CE CHAPITRE.

PROPRIÉTÉ FONCIÈRE.

Son caractère général est INDIVIDUEL, incommutable, immobile, et, par exception, COLLECTIF, mais alors plus immuable encore.

INDIVIDUELLE : elle est *libre* ou engagée par *hypothèques*, mais toujours entourée de moyens de favoriser son immutabilité.

COLLECTIVE : elle appartient à l'*État,* aux *communes,* aux *établissements de bienfaisance,* à des *associations;* mais alors, traitée comme propriété de *mineurs,* elle est plus immuable encore.

DROIT SUPÉRIEUR.—*Expropriation* pour cause d'utilité publique.

— Loi des *successions,* favorable à la *division* en petites propriétés et à la petite culture, obstacle à la *réunion* en grandes propriétés et à la grande culture.

PROPRIÉTÉ MOBILIÈRE.

Son caractère général est plus INDIVIDUEL encore, mais elle est facilement aliénable, échangeable, mobile; elle ne prend le caractère COLLECTIF que dans la propriété MIXTE.

INDIVIDUELLE : elle est absolument *libre*, et toujours entourée de moyens de favoriser sa mobilité.

DROIT SUPÉRIEUR ; — aucun. — Pas de *confiscations*. — Facilité d'éluder la loi des *successions*. — *Possession vaut titre.*

PROPRIÉTÉ MIXTE.

Son caractère général est *mobilier* par le *titre*,—et par là INDIVIDUEL; *Foncier* par le *fond*,—et par là COLLECTIF.

Le TITRE, qui est individuel, est une *action*, donnant droit à *part* dans les bénéfices *généraux* d'une ASSOCIATION.

Le FOND, qui est collectif, est confié à la *gestion d'intéressés* dans la société, conformément à des conventions d'ASSOCIATION.

DROIT SUPÉRIEUR : — quant au FOND, l'*expropriation* pour cause d'utilité publique; — quant au TITRE, aucun directement, si ce n'est la loi des *successions*, quand le titre est nominatif.

CHAPITRE II.

ÉTAT ACTUEL DE LA PROPRIÉTÉ EN FRANCE.

I. — J'ai dit que j'exposerais, ou plutôt que je rappellerais ici les principes généraux sur lesquels la propriété est constituée en France.

Et d'abord, il est bon de remarquer que la constitution de la propriété a reçu une forme nouvelle depuis un demi-siècle seulement, et qu'elle est une des expressions les plus puissantes et les plus claires de notre grande révolution. Elle doit donc renfermer, à ce titre, trois éléments distincts, comme toutes les institutions de notre époque : elle doit inévitablement porter encore, dans plusieurs de ses parties, l'empreinte sensible, quoique cachée, de l'institution ancienne; presque partout doit se montrer clairement la haine de cette institution renversée; et enfin, un principe nouveau d'ordre social doit se faire jour et apparaître, dans quelques formes nouvelles que la propriété revêt, à notre époque de rénovation, de réédification.

Ceci devient évident, si l'on examine séparément la propriété *foncière* et la propriété *mobilière*, celle-ci empreinte d'un caractère d'indépendance, de liberté, d'égalité, l'autre, au contraire, marquée encore au coin des servitudes créées par le sentiment de hiérarchie et de conservation.

Ici, comme partout, la féodalité et l'égalité, l'ancien ordre et la liberté luttent encore; néanmoins on est parvenu, par quelques procédés tout-à-fait nouveaux, introduits dans la propriété, procédés qui sont plus particulièrement l'expression de l'époque présente et des besoins vrais de l'avenir, on est parvenu, dis-je, à combiner ces deux sentiments d'ordre et de liberté, de mouvement et de conservation, sous l'influence d'un principe nouveau d'*association*, qui, chaque jour, se développe davantage, et qui paraît destiné à un grand avenir.

Je veux dire que le principe d'*association féodale* n'a pas seulement été détruit par le principe d'*individualité* et d'*égalité*, mais qu'il a été remplacé, sur certains points, par un nouveau principe d'association, le principe d'*association industrielle*.

Ainsi, toutes les grandes entreprises agricoles, commerciales, industrielles, qui dépassent les forces d'un individu, telles que les dessèchements de marais, défrichements de terres, semis de landes, ou bien telles que les chemins de fer, ponts, banques, grands armements maritimes, mines, fabriques, usines, manufactures considérables, toutes ces entreprises, dis-je, se réalisent sous une forme qu'on pourrait nommer un *juste-milieu* entre la propriété *foncière* et la propriété *mobilière*, sous forme de *sociétés* anonymes, en commandite ou en participation, civiles ou commerciales, dans lesquelles le droit de propriété *individuelle* des intéressés ne repose plus directement sur la chose même, mais sur un titre représentatif d'une *part* d'intérêt dans le produit *général* de l'entreprise.

Les différentes formes de la propriété peuvent donc se partager en trois classes :

La propriété *foncière*, où vit encore le principe d'*ordre* ancien.

La propriété *mobilière*, où règne la *liberté* la plus complète.

Enfin, la propriété foncière et mobilière *à la fois*, celle qui est foncière par le *fond* et mobilière par le *titre*, ce qui a fait donner à l'ensemble des faits qui s'y rapportent le nom de *mobilisation de la propriété foncière*; c'est celle que je nommerai propriété MIXTE.

Je dirai peu de choses des deux premières classes, et je m'arrêterai davantage sur la troisième, qui est, je le répète, une création particulière à notre époque.

II. — M. Dupin aîné a dit à la tribune :

« Le sol est ce qui présente le plus de sûreté en apparence; et cependant c'est à ce gage qu'on se fie le moins, c'est celui qu'on redoute le plus. Pourquoi? c'est qu'il y a un *contre-sens dans la législation;* c'est que la loi des HYPOTHÈQUES, qui devrait être faite pour assurer les créances, ne laisse pas les créanciers sans inquiétude sur leur conservation ; et la loi d'EXPROPRIATION, qui aurait dû être conçue pour en assurer le recouvrement, *agit en sens précisément contraire;* c'est-à-dire qu'on *semble* avoir tout fait, tout imaginé *contre le créancier,* pour empêcher qu'il n'ait son argent à l'échéance. Au contraire, le législateur *semble* avoir accumulé les précautions *en faveur du débiteur,* pour favoriser sa mauvaise foi..... Tout est rapide dans le *commerce :* saisie des biens, saisie de la personne, honneur, tout est atteint, quand on ne paie pas à l'échéance ; au contraire, par un préjugé *qui nous vient de la terre,* et qui s'est enraciné à je ne sais quelle époque dans la législation, et qui se perpétue comme le préjugé cruel du duel, c'est le *débiteur civil* qui est l'homme intéressant, et c'est le *créancier hypothécaire* qui a l'odieux de l'expropriation. »

III.—Ne peut-on pas expliquer ce *contre-sens de la législation, ce préjugé qui nous vient de la terre,* et cette différence entre les lois relatives à la propriété du *sol* et celles qui président à la richesse *commerciale,* de la manière suivante?

Les lois relatives à la propriété *foncière* ont toujours

été faites, et sont encore généralement faites, par des *propriétaires fonciers*, et non par les *créanciers* des dits propriétaires. Ces lois doivent donc naturellement avoir été conçues dans l'intérêt exclusif et même aveugle du *propriétaire*, et au détriment du *créancier*. Ces lois ne sont pas des conséquences d'un préjugé *venu de la terre*, qui n'a pas de préjugés, mais d'un préjugé *des propriétaires de terre*, qui faisaient la loi.

D'un autre côté, les lois sur la richesse commerciale, au contraire, ont été inspirées, faites et sont appliquées même, par les plus riches commerçants, qui sont plus habituellement *créanciers* que *débiteurs;* ces lois doivent donc naturellement être favorables au *créancier* et rudes au *débiteur*. En effet, la loi des faillites, et celle sur la contrainte par corps, sont aussi sévères pour le *débiteur*, que notre régime hypothécaire et l'expropriation sont funestes au *créancier*.

N'oublions pas que c'est un riche banquier, Casimir Périer, qui, de nos jours, a le plus fortement réclamé la révision du code hypothécaire; comme c'est à notre plus illustre avocat, à M. Dupin lui-même, que nous devons la plus constante et la plus énergique protestation contre le duel; et espérons que la sage raison de la *toge* triomphera du *préjugé de l'épée*, et que l'irrésistible logique du *coffre-fort* ou de la *bourse* triomphera, de plus en plus, du *préjugé de la terre*.

Pour me servir encore d'une image de M. Dupin, je dirai : Si les lièvres faisaient la loi aux *loups-cerviers*, ils leur imposeraient des muselières ; ainsi firent autrefois les nobles propriétaires du sol, envers les juifs, les lombards, les banquiers, leurs *créanciers ;* de là l'origine de ce préjugé *de la terre* et de cette faveur accordée au *débiteur foncier.*

Et de même, si les *loups-cerviers* faisaient la loi aux lièvres, ils mettraient aux pattes de ceux-ci des entraves, et leur passeraient au cou un nœud coulant, afin de les prendre, de les étouffer, de les *égorger,* comme on dit en langage de bourse ; c'est ce que les capitalistes ont réalisé par la loi des faillites et de la contrainte par corps.

C'est vraiment un des mérites de notre époque, une preuve du sentiment de justice générale qui cherche à s'établir, un témoignage du besoin de substituer, à la domination exclusive d'une ou de quelques classes de la société, la représentation équitable de toutes les classes qui la composent ; c'est, dis-je, un signe de notre équité, que ce besoin de réviser, d'une part, notre régime hypothécaire en faveur du créancier, de l'autre, notre législation commerciale en faveur du débiteur.

Ces réflexions sur la propriété foncière et la propriété mobilière peuvent sembler d'abord étrangères au sujet que je veux traiter ; elles ne le sont pas, parce qu'elles font ressortir l'*esprit* dans lequel la loi a été conçue, et les motifs qui tendent à la modifier. En effet, nous montrerons tout-à-l'heure que ce sont les inconvénients de la législation foncière et ceux de la législation mobilière qui ont le plus contribué à la création de ce que j'ai nommé la mobilisation de la propriété foncière, la création de la propriété mixte.

IV. — Posons donc en principe, comme M. Dupin, que la loi foncière a été faite en faveur du débiteur et contre le créancier, et que la loi commerciale, au contraire, a été faite en faveur du créancier et contre le débiteur.

Mais le rapport de créancier et de débiteur n'est pas le seul que la richesse établisse entre les hommes ; il en existe un bien plus puissant, c'est celui que la richesse établit entre les hommes qui possèdent et ceux qui ne possèdent pas.

De ce point de vue, examinons la législation foncière, telle qu'elle a été formulée sous l'influence de la Révolution française.

V. — Cette révolution a été faite par les hommes qui ne possédaient pas ou qui possédaient peu, et qui d'ailleurs ne possédaient qu'à charge de redevances et servitudes qu'ils ont voulu détruire ; elle a été faite par le tiers-état et le bas clergé séculier, aidés du peuple, contre la noblesse, le haut clergé et le clergé régulier ; elle devait donc, en général, dans l'*état*, être favorable aux non-propriétaires et aux petits propriétaires, et défavorable aux grands, comme dans les *familles* elle serait favorable aux cadets et aux filles, et hostile au droit d'aînesse. — C'est ce qui a eu lieu.

Le principe d'égalité de partage, la destruction des apanages, majorats et substitutions, la liberté donnée, pour ainsi dire, à toute terre d'être vendue, à tout homme d'acquérir, ont favorisé l'accroissement du *nombre* des propriétaires, et, par conséquent, la *division* de plus en plus grande des propriétés, et même la destruction progressive de toutes les grandes propriétés, y compris la plus grande de toutes, le domaine de l'État.

N'y aurait-il pas ici quelque chose d'analogue à ce que nous avons fait remarquer tout-à-l'heure, en parlant du rapport entre le créancier et le débiteur ? N'a-t-on pas exagéré, par réaction contre les *grandes* propriétés et leur *immobilisation* dans les familles, le principe de *division* et la facilité de *mutation* de la terre ? —C'est ce que pensent beaucoup de bons esprits, et l'on ne peut pas se dissimuler qu'en dehors même de la protestation inévitable des héritiers et représentants de l'ancien ordre de choses, beaucoup d'hommes qui ne rêvent pas du tout un retour impossible vers les institutions du passé, cherchent s'il n'y aurait pas un moyen de ne pousser la *division* de la propriété, et de ne favoriser les *mutations* de propriétaires, que dans des limites qui seraient favorables et non contraires à la culture, comme cela arrive si fréquemment aujourd'hui.

VI. — En effet, lorsqu'un observateur s'élève sur un coteau qui domine une commune, il est frappé de l'aspect bizarre et confus que présente aujourd'hui le territoire de la commune ; la terre semble avoir été morcelée de la manière la plus incompatible avec les nécessités du labourage et des plantations, avec les exigences des communications et les besoins d'irrigations ; et les prodiges de production de la culture à la bêche, dans les jardinets qui entourent le village, n'empêchent pas de reconnaître, qu'ici des pentes de montagnes déboisées ne montrent plus qu'un roc nu, que là des ruisseaux qui devraient être entretenus, nettoyés, encaissés, sont desséchés, parce que les nombreux propriétaires riverains ne veulent pas contribuer, même pour leur part, à la réparation *commune*, et se ruinent d'ailleurs entre eux par des *procès* de cours d'eau ; que partout enfin où un grand travail d'utilité commune à *tous* ou utile à *plusieurs* devrait être entrepris, l'*égoïsme* du petit propriétaire l'élude ou s'y refuse.

D'un autre côté, les économistes, les bons agriculteurs prêchent inutilement, par leurs écrits ou par leur exemple, les avantages des baux à long terme, si les mutations des propriétés s'opèrent à terme court, si les habitudes générales des propriétaires les poussent à se réserver toujours la plus grande liberté, pour augmenter, diminuer ou aliéner complètement leur propriété, enfin si le fermier lui-même ne songe qu'au moment où il pourra changer sa position de fermier, contre l'honorable position de propriétaire de quelques hectares, pour l'acquisition desquels il emprunte à gros intérêt et se ruine.

Qu'on ne m'accuse pas de méconnaître les grands avantages de la destruction des propriétés féodales, et ceux qui résultent de la *division* des terres seigneuriales, et même de la facile *mutation* des propriétaires ; mais à côté de ces avantages, sur lesquels je crois inutile de m'arrêter, parce qu'en général on les exagère, il existe des inconvénients que je tiens à signaler, parce qu'ils sont encore, eux aussi, au nombre des motifs qui ont fait chercher et découvrir le moyen d'*associer*, sous forme de propriété *mobilière*, les intérêts de plusieurs propriétaires *fonciers*.

Comme je l'ai déjà dit, pour l'exploitation des mines, l'aménagement et les défrichements des forêts, les semis de landes et dessèchements de marais, et mille autres grandes entreprises qui exigent l'esprit de suite, la persévérance, de grands capitaux, de l'unité dans la direction et l'administration, on a cherché le moyen d'échapper à la *division* de la propriété, par suite d'héritage ou de vente partielle, à la *mutation* des propriétaires, à l'*égoïsme* étroit de chaque intéressé, à la *mobilité* de vue et à l'*inconstance* d'une masse anarchique, comme le serait nécessairement la réunion de propriétaires qui ne confondraient pas leurs propriétés *individuelles* dans une propriété *commune*, sur laquelle aucun d'eux ne conserverait de droit direct.

VII. — Comme toutes les réactions, celle qui a eu

lieu contre le système de la grande propriété féodale a été exagérée, non en ce qu'elle détruisait la féodalité, mais parce qu'elle détruisait aussi la *grande propriété* et la *stabilité* qui lui est nécessaire. Au principe ancien, au principe de *conservation* et d'*immobilisation*, on a substitué avec excès le principe de *division* du sol et de *mutation* de propriétaires, sans songer que certains produits de la terre et certains sols, exigent impérieusement la *grande culture* et la *perpétuité* d'une même pensée dans le cultivateur.

Et l'exagération a produit ici ce qu'elle produit toujours : le principe et les intérêts qui ont voulu dominer outre mesure, souffrent en raison de l'excès où ils sont tombés. De même que notre régime hypothécaire, favorable au propriétaire *débiteur* qui ne peut ou ne veut pas payer, est défavorable au propriétaire qui a besoin d'*emprunter*, de même aussi, en morcelant outre mesure la propriété, on a rendu très-difficiles, pour ne pas dire impossibles, les *réunions* de terres que l'on voudrait effectuer dans l'intérêt de l'agriculture ; de telle sorte que le grand propriétaire peut très-bien gâter une grande propriété en la brisant en miettes, mais qu'il n'est pas possible au petit propriétaire de former une grande propriété par la réunion de parcelles de terre. Tout propriétaire qui lira ceci me comprendra, parce que tous savent ce que c'est que d'acheter un morceau de terre enclavé et de payer la *convenance*.

Résumons tous les inconvénients que je viens de signaler, afin de mieux comprendre ce qui a été imaginé pour les éviter.

Pour la propriété foncière, morcellement indéfini du sol, mutation du propriétaire, inconsistance du fermier cultivateur, obstacle à la grande exploitation agricole ou industrielle; et, d'un autre côté, par le régime hypothécaire, difficulté d'emprunter, et difficulté de réaliser une créance foncière.

Pour la propriété mobilière, responsabilité individuelle terrible, qui compromet la liberté et l'honneur, et par conséquent non-seulement les biens et la *personne*, mais le présent et l'avenir même de la *famille*.

VIII. — La société anonyme et la société en commandite permettent d'échapper à presque tous ces inconvénients, et de profiter des véritables avantages attachés à l'étendue, à la durée, à la stabilité de la propriété foncière, et de ceux qui résultent de la mobilité, de la rapidité, de l'indépendance des richesses commerciales.

Dans ces *associations*, les intéressés n'ont aucune action directe sur l'exploitation et l'administration du capital social, mobilier ou immobilier; ils ne sont pas propriétaires d'une partie déterminée de ce capital, mais seulement d'un *titre* qui leur donne droit à une part des *bénéfices généraux* de l'association.

Je suis loin de prétendre que cette forme convienne aujourd'hui à toute espèce d'entreprise, agricole ou industrielle, mais je désire faire réfléchir à la nature des entreprises auxquelles elle a été appliquée et s'applique chaque jour, et à la qualité des personnes qui la mettent en pratique.

Si tous les hommes qui possèdent un capital foncier ou mobilier mettaient eux-mêmes en œuvre ces instruments de travail, soit comme agriculteurs, soit comme manufacturiers ou négociants, c'est-à-dire s'il n'y avait pas une classe, assez considérable même, d'hommes qui *afferment* leurs terres, *louent* leurs maisons et usines, et *prêtent* leurs capitaux, en un mot une classe de *capitalistes*, restant *étrangers au travail*, la société anonyme et la société en commandite n'existeraient pas sous leur forme actuelle; en effet, des propriétaires *travailleurs* pourraient bien s'associer et mettre en commun leurs capitaux et leur travail, et se distribuer entre eux le bénéfice général de l'entreprise, en proportion de l'apport de chacun, en capital et en travail [1]; mais ces associés seraient en même temps les directeurs, administrateurs, employés de l'entreprise, puisque j'ai supposé que ces propriétaires étaient en même temps des *travailleurs* qui *mettaient en œuvre* leurs capitaux.

---

[1] C'est ce qui a lieu, en général, dans l'association commerciale ordinaire, mais non dans la société en commandite et la société anonyme, dans lesquelles une part des bénéfices est attribuée à des actionnaires *étrangers au travail* de l'entreprise.

Or, dans l'ordre social actuel, il n'en est pas toujours ainsi; une foule d'hommes perçoivent des *fermages*, des *loyers* ou des *intérêts*, de terres, de maisons et de capitaux qui leur appartiennent, mais *qu'ils ne mettent pas en œuvre*. Il en est même beaucoup, parmi eux, dont le seul travail consiste à recevoir et dépenser cette triple espèce de revenu ; enfin, il en existe un assez grand nombre, les *banquiers*, dont l'occupation est de faire passer les instruments de travail, des mains de l'homme qui ne sait ou ne veut pas les mettre en œuvre, dans celles de l'homme qui veut les employer.

Ce sont donc les capitalistes, et ces derniers surtout, les banquiers, qui ont imaginé et qui pratiquent le système des sociétés en commandite et anonymes, et peut-être même cela explique-t-il pourquoi il y a un assez grand nombre de ces sociétés qui n'ont produit que de fort mauvais résultats pour les actionnaires, une grande partie de ceux-ci étant étrangers au travail industriel et même très-souvent à toute espèce de travail. Ce sont des capitalistes qui trouvent que des terres à affermer ou des maisons à louer exigent trop de soins; que des prêts individuels, faits à des négociants, entraînent trop de soucis, et que des prêts hypothécaires sont trop chanceux; ces capitalistes ont préféré employer leurs capitaux de la manière qui leur laisse le plus de loisirs, et qui leur permet de réaliser en un instant, à la Bourse, leur fortune, ce qui n'est pas possible quand cette fortune se compose de terres, de maisons, de créances hypothécaires ou commerciales.

Ce sont les mêmes causes qui ont contribué à l'invention des *emprunts publics,* et qui ont fait, de ces fonds, l'un des rouages les plus importants du mécanisme économique des peuples modernes.

Les capitalistes, en inventant ces différentes manières de placer leurs fonds, faisaient ainsi la critique des lois émises sous l'inspiration des propriétaires *fonciers,* et sous l'inspiration des principaux agents de la richesse *commerciale.*

IX. — C'est qu'il y a en effet, sous le rapport de la richesse, trois classes bien distinctes, dont les intérêts sont très-différents ; savoir : les propriétaires *fonciers,* les *industriels* et les *capitalistes.* De la première classe sont sorties les lois qui régissent la propriété *foncière ;* à la seconde est dû le code de *commerce ;* mais c'est la troisième classe, celle des *capitalistes,* qui, souffrant des excès et des fautes des deux premières, les corrige l'une et l'autre; c'est elle qui fait réformer le régime hypothécaire et la loi des faillites, et améliorer l'expropriation pour cause d'utilité publique; c'est elle aussi qui est vraiment créatrice des fonds publics, des banques, des sociétés par actions, comme ce sont les juifs autrefois qui ont inventé la lettre de change.

X. — La propriété que je nomme propriété MIXTE est donc la régulatrice de la propriété *foncière* et de la propriété *mobilière.* Le BANQUIER est le lien entre le *propriétaire* et l'*industriel;* cette corporation de la banque est en effet l'arbitre suprême de la *richesse* publique et des lois qui la régissent ; et c'est encore un des signes de notre temps, que le rôle politique rempli par les grands noms de la banque, tels que Périer et Laffitte, et, dans un autre ordre, Rotschild et Aguado.

Je demande encore ici au lecteur de vouloir bien ne pas se hâter de croire que ces considérations sur les principaux faits relatifs à la propriété en France, sont inutiles pour ce que je me propose d'écrire sur la constitution de la propriété en Algérie ; et, pour le dire même en passant, je ne crains pas de poser, comme une vérité de toute évidence, que la colonisation de l'Algérie sera tout-à-fait impossible, tant que les *banquiers* n'auront pas *confiance* dans l'avenir de cette colonie.

XI. — Certes, ce n'est pas l'appui que donnent les banquiers à tel ou tel Gouvernement, qui suffit pour assurer à ce Gouvernement force et durée ; mais ils ne donnent leur appui que parce qu'ils sentent que ce Gouvernement a de l'avenir, et alors cet appui devient un élément de plus pour assurer cet avenir. Quelle est la société politique, quelle est même la société commerciale à laquelle on supposerait la moindre chance de vie, si les banquiers lui refusaient leur crédit ?

La *banque*, la *bourgeoisie*, le *commerce*, tels sont les trois *ordres*, sous le rapport de la richesse ; et tout règlement de la propriété qui sera imaginé par l'un quelconque de ces trois ordres, portera le cachet de cet ordre [1] : le *bourgeois* lui donnera le caractère foncier ou féodal, c'est-à-dire supposera toujours, pour la propriété, un titulaire oisif percevant le fermage, et un prolétaire laborieux, mettant en œuvre le fond, et surtout payant un fermage; le *commerçant* sera préoccupé de constituer la propriété de la manière la plus échangeable, vendable, divisible, d'en faire un objet de brocantage facile; tandis que le *banquier* cherchera, avant tout, les conditions qui doivent assurer au travail le plus grand produit, car ce qu'il lui faut pour accorder sa confiance, c'est le succès et l'enrichissement de celui à qui il l'accorde.

Des premiers, ressortira le système de la *grande propriété*; des seconds, celui de la *petite propriété*; des troisièmes, le système *d'association* de *petits propriétaires travailleurs*, formant par leur réunion la *grande propriété*; association qui présenterait ainsi les avantages réels de la grande et de la petite propriété, et qui éviterait leurs inconvénients.

---

[1] Je n'ai pas besoin de dire qu'en me servant de ces trois mots : banque, bourgeoisie, commerce, c'est *l'esprit* qui anime ces trois classes, relativement à la propriété, que je recherche, et que cet esprit se retrouve dans toutes les classes de la société. Bien des hommes envisagent la propriété en banquiers, d'autres en commerçants, d'autres en bourgeois, qui ne sont cependant pas banquiers ou agents de change en titre, ne payent pas patente ou n'ont pas pignon sur rue, ni château à la campagne.

XII. — Remarquons que les deux premiers systèmes ont déjà été proposés et même employés pour l'Algérie, parce qu'en effet, ce sont des *bourgeois* et des *brocanteurs* qui s'en sont occupés, tandis que les *banquiers* n'ont pas encore daigné dire leur mot sur cette difficile et immense entreprise de la France.

Effectivement, les colons algériens peuvent se diviser en deux classes. Les uns se sont fait faire de grandes concessions de terres, ou bien ont acheté de vastes propriétés, sur lesquelles ils ont placé ou voulu placer un nombre assez considérable de petits métayers, espèce de vassaux ou plutôt de serfs de ces barons de l'Algérie; les autres ont acheté, vendu, racheté, revendu, des maisons, des jardins, des terres, sans s'inquiéter de ces maisons, de ces jardins et de ces terres, dévastant les maisons, dépouillant les jardins et laissant en friche les terres.

Certes, la législation qui permettait l'établissement de ces baronies isolées, incapables de se protéger, de se soutenir les unes les autres, de concevoir et de réaliser des travaux d'utilité commune; la législation qui favorisait le jeu désastreux de ces bandes noires d'agioteurs, n'a pas été une lumineuse importation en Algérie. Tout le monde convient du double vice que je viens de signaler, et pourtant peu de personnes pensent que ces deux vices soient les fruits des deux vieilles branches, non de l'arbre de la science, mais de l'arbre de la richesse, tel que nous le cultivons en France; qu'ils soient les fruits de la propriété foncière *féodale* et de la propriété commerciale *anarchique,* tandis qu'il faudrait surtout transplanter en Algérie la branche nouvelle, la propriété des *sociétés industrielles*, véritable association *communale* de propriétaires travailleurs.

Continuons, comme nous l'avons fait à l'égard de l'ancienne propriété d'Algérie, l'examen attentif des causes et des principales conséquences de la constitution actuelle de la propriété en France; nous en déduirons plus tard facilement l'application qu'il est possible d'en faire à la constitution de la propriété dans l'Algérie française.

XIII. — Et d'abord, rappelons ce que nous avons déjà dit ailleurs (*Introduction*) : notre mode d'appropriation est très-exceptionnel sur le globe, il est exceptionnel même en Europe, et il ne date pour nous que d'un demi-siècle. Je suis loin d'en conclure qu'il ait été ni même qu'il soit mauvais pour la France, mais je ne saurais en conclure qu'il soit bon en tout lieu, en tout temps, pour tout peuple, ni qu'il eût été bon pour la France il y a un siècle, ou qu'il soit encore bon pour elle dans un siècle. Je n'ai d'ailleurs à m'occuper ici que de ses causes et de ses conséquences actuelles.

Or, j'ai déjà dit que notre constitution *foncière,* dérivant d'une nécessité d'*ordre,* et même originairement d'un besoin de hiérarchie, avait reçu l'empreinte de la *liberté* et de l'*égalité,* par la destruction d'une partie des entraves mises autrefois à sa *mobilité,* et par la loi des *successions ;* que notre constitution *mobilière* avait pour cause directe le principe de *liberté* et même d'*anarchie*, qui refuse toute intervention d'une autorité quelconque, dans la disposition de cette partie de la richesse ; et enfin ; que la propriété MIXTE, *foncière* et *mobilière* à la fois, était une première tentative de notre époque, vers l'union de l'ordre et de la liberté, de la hiérarchie et de l'égalité, expression très-juste du besoin des esprits et des exigences des intérêts, dans la France actuelle.

L'introduction des principes de liberté et d'égalité dans la propriété foncière, la réalisation du principe d'anarchie, c'est-à-dire du principe du *laissez-faire* des économistes, dans la propriété mobilière, ont été fort utiles et même indispensables pour DÉTRUIRE l'*immobilisation* du sol et les privilèges personnels de *naissance*, qui n'étaient plus justifiés, ni par une différence sensible de race entre vainqueurs et vaincus, entre seigneurs et vilains, ni par le besoin de conservation de castes, nobiliaire ou religieuse, d'origine franque ou d'institution de Rome papale ; et ces principes ont été nécessaires pour DÉTRUIRE aussi une direction et des règlements de travail industriel, commercial et agricole, qui ne ressortissaient pas, en réalité, des industriels, des commerçants et des agriculteurs, mais de seigneurs, étrangers à ces travaux et les méprisant.

Ce fut, en un mot, l'expression de l'avènement du *tiers-état* au rôle politique, par la destruction des deux classes qui, jusque-là, en avaient eu le privilège, la *noblesse* et le *clergé*.

XIV. — Mais ces principes, excellents pour *détruire* ce qui est vieux et passé, peuvent-ils *fonder* et *construire* pour l'avenir? — Ceci commence à être mis assez souvent en doute; ce qui ne signifie pas que l'on considère ces principes comme n'ayant qu'une utilité passagère, car l'humanité a toujours et aura toujours beaucoup de choses passées à détruire, et c'est même parce que, dans les âges précédents, voulant toujours conserver trop longtemps des choses usées, elle n'a pas fait la part assez large aux principes et aux instruments de démolition, qu'elle a été toujours brutalement renouvelée, révolutionnée, dans des crises rares, mais terribles.

Le principe d'ordre et de hiérarchie qui présidait à la conservation de l'ancienne société française ayant été détruit, comme la société, même dans les accès de destruction violente, éprouve toujours le besoin de *conserver* quelque chose, il a bien fallu faire un retour vers le principe ancien et vers quelques unes de ses conséquences; c'est ce qu'on a fait : on a gardé, dans la propriété foncière, et, sous quelques rapports, dans la police de la richesse mobilière, quelques unes des conséquences du principe ancien.

Mais ce n'était pas encore là faire du neuf, construire; c'était simplement conserver une aile, une base, quelques pierres d'un édifice détruit.

Et pourtant l'humanité, qui a besoin de *détruire* et de

conserver, a besoin aussi de CRÉER; c'est même ce besoin qui prédomine, aux époques qui suivent les grandes destructions. Nous avons donc cherché en France, et nous cherchons avec ardeur, en ce moment, à introduire le principe *créateur*, dans le néant que nous avons fait ou dans les ruines qui nous restent.

XV. — Le principe d'*association industrielle* est, sous le rapport de la propriété, l'élément créateur qui germe et grandit, et qui tend à se substituer complètement à l'association ancienne de la féodalité *territoriale*, si imparfaite et si monstrueuse même, puisqu'elle prétendait unir, mettre en une même société, le *propriétaire* qui exploitait et méprisait le *travailleur*, et ce travailleur qui payait et respectait son seigneur et maître.

Ce principe domine déjà dans la richesse *mobilière*, et il embrasse même une importante partie de la propriété *foncière* : les emprunts publics, les banques, les sociétés d'assurances, d'hypothèques, de transports, celles des routes, canaux, mines, forêts, usines, manufactures, emploient la plus puissante et la plus active partie de la richesse mobilière, et la plus riche part de la propriété foncière.

C'est une *féodalité* nouvelle, ce sont des *corporations* nouvelles, dira-t-on. — Oui, c'est une féodalité *industrielle*; mais avec le *droit d'aînesse* de moins, l'admission de tous à l'autorité, quelle que soit la *naissance*, la mobilité du *titre* et pourtant la perpétuité du *fond;* la différence est grande. Oui, c'est le germe d'une hiérarchie nouvelle, d'une direction et d'une règlementation nouvelles du travail, mais d'une hiérarchie ouverte *à tous*, et d'une gestion et administration des travaux confiés à la *capacité* et non à la *naissance;* n'est-ce pas assez pour ne plus regretter l'édifice détruit, et pour travailler avec ardeur à celui qui s'élève ?

En vue de l'Algérie, en vue de cette *création* nouvelle que la France a résolu de faire, songeons donc à la puissance *créatrice* qui se développe en nous, et non pas aux instruments vermoulus du passé ou bien à ceux qui nous ont servi à les réduire en poussière. Songeons à nous servir de la puissance d'*association* industrielle, et non à fonder des *seigneuries* en Algérie, ou de misérables *chaumières*, entourées d'un petit champ cultivé à la bêche.

XVI. — Tel est, en effet, le spectacle que présente la France, là où n'apparaît pas le mode *mixte* d'appropriation par association, là où règne seul le principe du passé, celui de l'immutabilité de la propriété foncière, ou le principe révolutionnaire qui a servi à le détruire, c'est-à-dire l'individualisme anarchique, instable et envieux de la propriété mobilière. En d'autres termes, dans les campagnes dont le sol est possédé par la *bourgeoisie des villes*, ou bien dans les villes où la *concurrence industrielle* se livre des combats à mort, que trouvons-nous ? — D'une part, les *châteaux* des propriétaires de la terre et les sales *chaumières* des cultivateurs de cette terre ; et d'autre part, dans les villes manufacturières et commerciales, *luxe* effréné et pitoyable *indigence*. Voyez la Bretagne ou le cœur de la France, qui sont les lieux où règne particulièrement le principe de la propriété foncière. Visitez aussi toutes les villes de fabrique et la plupart des villes de commerce, et vous serez frappés de voir deux principes contraires produire des résultats analogues ; tant il est vrai que l'ordre et la liberté, lorsqu'ils dégénèrent en despotisme ou en anarchie, sont également funestes à la société.

Je suis loin de prétendre que la propriété MIXTE, création de nos jours, ait déjà rétabli, sur tous les points où on la rencontre, l'harmonie sociale ; qu'elle ait partout apporté, dans la répartition de la richesse, la mesure convenable d'ordre et de liberté ; qu'elle ait donné à la propriété foncière sa part légitime de *stabilité,* et qu'elle n'ait attribué à la propriété mobilière que sa part légitime de *mobilité ;* enfin, qu'elle ait remplacé l'ancienne organisation *féodale* du sol et les anciennes *corporations* industrielles : mais j'affirme qu'en elle est le germe de la future *organisation du travail* industriel et agricole, de la véritable constitution du PEUPLE des *villes* et des *campagnes,* constitution après laquelle nous courons depuis la Révolution, qui a détruit l'ancienne constitution du *peuple* français.

XVII. — C'est la *société anonyme* qui est la forme

la plus avancée de ce mode d'appropriation; elle repose sur des bases si naturelles, si fermes, que l'avenir pourra bâtir sur elle.

En effet, quels sont ses principes?

L'autorité publique doit approuver son but et ses moyens, ses statuts, et en maintenir l'observation par un commissaire nommé à cet effet.

La *gestion* et l'*administration* sont confiées à des *intéressés*, non pas en raison de leur qualité d'intéressés, de *propriétaires* d'une portion de l'avoir social, mais parce qu'ils sont jugés *par leurs collègues* (intéressés comme eux) les plus *capables* de gérer et d'administrer l'œuvre *commune*.

Les associés, en tant que propriétaires, ont la libre disposition de leur *titre* de propriété, leur *action*; ils peuvent l'aliéner promptement, mais ils n'ont aucun droit sur le *fond* et ne peuvent l'altérer en aucune manière, ni intervenir dans la gestion ou l'administration, que pour la nomination ou la révocation des gérants et administrateurs, à des époques ou pour des causes prévues.

La *situation* de ces sociétés est rendue *publique* annuellement, soit par la remise de l'état de situation au Gouvernement, soit par le compte-rendu annuel aux actionnaires, soit même par les formes d'une plus grande publicité.

Telles sont les garanties données par ce mode d'association : 1° à l'État; 2° à la *capacité* personnelle des intéressés ; 3° au capitaliste associé ; 4° à l'association elle-même ; 5° au public, pour ses rapports d'intérêt avec elle.

Il y a là toute la charte d'organisation du travail agricole et industriel, sauf, il est vrai, un point fort important, le seul qui manque pour que l'institution soit parfaite ; je veux dire la charte des droits et des devoirs de l'*ouvrier* employé par l'association.

C'est là, en effet, la question qui occupe aujourd'hui les esprits élevés. Tout le monde sent que c'est seulement par l'*organisation des ouvriers* des villes et de ceux des campagnes, que sera close la crise révolutionnaire qui dure encore ; on voit bien que le seul moyen d'enlever aux partis rétrogrades, ou soi-disant progressifs, la clientèle dont ils exploitent l'ignorance ou la misère, est d'*organiser* cette admirable clientèle, ce *peuple de travailleurs*, d'une manière profitable à son élévation morale, au progrès de son intelligence et de son aisance ; de faire entrer dans une *société* dont il est encore exclu, l'ouvrier, le prolétaire qui en assiège violemment les portes ; de l'*associer*, de l'intéresser au bonheur *public*, au bonheur du *riche* comme à celui du *pauvre*, à la fortune de son maître, disons mieux, de son chef, aussi bien qu'à la sienne propre.

XVIII. — Si l'Algérie pouvait être le lieu d'essai de cette organisation, si nous pouvions réaliser cette précieuse nouveauté dans ce pays où tout est *à faire*, la réaliser loin des obstacles que les droits caducs de notre vieille société ou les prétentions exagérées de notre jeunesse rêveuse d'avenir lui opposeraient en France, que d'actions de grâces ne devrions-nous pas rendre à Dieu pour cet heureux résultat de notre imprévoyante conquête !

Mais avant d'examiner si effectivement nous pouvons ORGANISER LE TRAVAIL, dans les campagnes et les villes de l'Algérie française, il me reste à parler d'un droit qui jouait un rôle important dans l'ancienne constitution de la propriété algérienne, et qui n'est pas nul, à beaucoup près, en France ; je veux dire le droit du *souverain* à l'égard de la propriété.

XIX. — En France, le souverain n'est pas, il est vrai, comme chez les Turcs, un homme ; c'est le gouvernement, l'autorité publique, l'État, la loi et les hommes qui sont chargés de la faire exécuter, depuis le garde-champêtre jusqu'au Roi lui-même.

Or, il existe encore en France, fort heureusement, malgré la grande passion d'*indépendance* qui nous a fait rompre les liens de l'ancienne constitution française, une part très-sensible de droit sur la propriété, attribuée au souverain, à l'autorité publique, à la loi.

XX. — L'État possède lui-même des biens considérables, les communes en possèdent aussi ; et, sous ce rapport, l'État et les communes, considérés comme *mineurs*, ne peuvent aliéner le fond que par autorisation d'une loi spéciale qui permette cette aliénation ; de même aussi, les établissements de bienfaisance, quelques congrégations religieuses, et, comme nous l'avons déjà dit, les sociétés anonymes, sont soumis, dans la gestion, l'administration, la disposition de leurs propriétés, à des obligations que la loi ou des ordonnances, ou des arrêtés leur imposent, et qui certainement privent ces propriétés du caractère d'*indépendance*.

Mais, même pour la propriété foncière *individuelle*, où la liberté a fait tant d'efforts pour s'affranchir de ses anciens liens avec l'État, il en existe encore de fort puissants. Ainsi, la loi des *successions* contraint la volonté du testateur; il ne peut disposer de ses biens que dans des proportions qui lui sont imposées, et d'après un principe d'ordre public qui peut fort bien contrarier ses intentions particulières, sa *liberté*. La loi d'*expropriation* pour cause d'utilité publique dépossède, bon gré, mal gré, le propriétaire; et des règlements de police ou des arrêtés administratifs autorisent ou défendent l'usage, la forme, l'exploitation de certaines propriétés, en vue de l'hygiène, de la sécurité et de la moralité publiques.

Enfin, même pour la propriété *mobilière*, qui est vraiment le domaine de la *liberté*, l'État n'a pas été dépossédé, il s'en faut, de toute influence; et, par exemple, les *douanes* prohibent, permettent ou bien imposent, ou au contraire encouragent par des primes, tels ou tels produits du travail. L'État, sous ce rapport, est donc, en partie, *directeur* du travail industriel, commercial, agricole. Il l'est plus particulièrement encore pour les *eaux et forêts*, pour la *pêche* fluviale ou maritime, et pour les *mines*; l'État peut même s'attribuer (bien entendu avec le secours de la loi) beaucoup de monopoles, tels que ceux des *poudres*, du *tabac*, du *sel*, de la *poste*, de la fabrication des *monnaies*, de la confection des *routes*, des *canaux*, etc.; et remarquons que, pour toutes ces diverses attributions de l'autorité publique, il y a des corps spéciaux d'employés *publics* (ponts-et-chaussées, mines, poudres, tabacs, douanes, postes, manufactures royales, eaux et forêts, haras, etc.) qui sont, sans qu'il y paraisse, mais il est bon de le dire, de belles et bonnes *corporations*, où l'on n'entre qu'après *apprentissage*, après *capacité* reconnue par les *maîtres*, dans lesquelles une *hiérarchie* forte est établie, et qui assurent une honorable *retraite* au travail de l'employé.

Enfin, la police des marchés, les privilèges des officiers publics préposés à une foule de services qui intéressent les transactions de la richesse privée (notaires, huissiers, commissaires-priseurs, agents de change, courtiers, etc.); ceux de certaines professions industrielles dans les villes (bouchers, boulangers, porte-faix, porteurs d'eau et de charbon, cochers, etc.); et les octrois municipaux, sont de nombreuses dérogations au principe du *laissez-faire*.

On voit donc que le principe de liberté n'a pas eu un succès complet dans le régime de la propriété, même à l'égard de la propriété mobilière; et c'est fort heureux, quoique ces dérogations au principe de *liberté* ne soient certainement pas toutes aussi favorables que possible à l'*ordre* et surtout au *progrès*. Toutefois, si je voulais faire le tableau inverse des circonstances où l'autorité n'intervient pas du tout dans la direction et l'usage de la richesse, il me serait facile de les trouver nombreuses et déplorables par l'anarchie qui y règne, anarchie dont souffre surtout la classe la plus nombreuse et la plus pauvre, l'ouvrier, le peuple, pour qui cependant les partisans sincères de la liberté croient travailler.

Mais il me suffit de constater que l'autorité publique n'est pas aussi dépourvue qu'on pourrait le croire de pouvoir actif et d'influence sur la direction et l'administration de la propriété, et qu'elle peut même, assez facilement, accroître sa part d'influence légale et effective, toutes les fois que l'administration démontre à la législature un besoin réel d'*ordre* à satisfaire.

XXI. — Or, il est évident qu'en Algérie, comme dans tous les lieux où l'on veut *fonder* quelque chose, c'est surtout d'*ordre* qu'il doit être question ; c'est un *plan* qu'il faut trouver et des *bases* qu'il faut creuser et établir ; les fantaisies et les ornements viendront plus tard, et la jouissance plus tard encore.

Il est donc nécessaire que, là, ce soit le *pouvoir* de l'architecte qui ait beaucoup de *liberté*, et que *l'ouvrier* obéisse à une *hiérarchie* puissante ; qu'il y ait, en un mot, ce que les militaires seuls, de nos jours, connaissent et respectent encore, un *ordre*

Je viens de dire les militaires, et ce grand nom, qui paraît étranger à la question qui m'occupe en ce moment, étranger à la *propriété*, à la direction et à l'administration du *travail productif* de la richesse, s'y rattache cependant d'une manière très-positive, surtout quand il s'agit de l'Algérie, pour laquelle il a été déjà si souvent question de *colonies militaires*.

XXII. — Eh bien! tous les ans, la France dit à soixante mille jeunes hommes vigoureux : laissez-là votre charrue, quittez l'atelier, prenez un fusil; pendant huit années vous ne travaillerez pas à la *terre*, vous ne travaillerez pas à votre *métier*, vous me défendrez, vous me protégerez, vous donnerez votre sang, votre vie pour moi, pour moi votre mère, et je vous nourrirai. — Enlever tous les ans quatre-vingt mille ouvriers au travail, certes c'est bien là intervenir dans l'exploitation de la richesse ; et cependant, les plus enthousiastes amants de la *liberté* trouvent la chose légitime autant que nécessaire, et même leur nature belliqueuse et leurs habitudes de lutte, de combat, les rendent plus généreux que d'autres, lorsqu'il est question d'augmenter ce nombre d'hommes enlevés au *travail;* et cependant encore, chose merveilleuse! cette grande corporation de quatre cent mille Français, plus nombreuse, plus forte que ne l'a jamais été la plus nombreuse et la plus forte congrégation religieuse du passé, cette corporation de *célibataires*, dont la *discipline* est plus autocratique que celle des jésuites, où l'*obéissance*, l'obéissance *passive*, est le plus saint des devoirs, où l'homme, sans hésiter, fusille son camarade condamné par ses chefs ; cette corporation, l'alliée naturelle du *pouvoir*, qui l'organise et la dirige et dont elle est l'*arme*, non-seulement est restée debout sur nos ruines, mais elle a grandi prodigieusement, sous le rapport de l'*ordre*, en substituant en elle, jusqu'au dernier rang, le droit du *mérite* à celui de la *naissance*.

Voici donc quatre cent mille hommes que la France organise pour la *guerre* et qu'elle enlève au *travail*, sans réclamation sensible.

Lui serait-il permis d'en organiser, d'en discipliner, d'en diriger quatre cent mille pour le *travail ?* C'est douteux, mais ce n'est pas impossible ; car il est clair que cela peut, un jour, ne pas paraître déraisonnable et même sembler utile.

XXIII. — Remarquons en effet qu'une idée intermédiaire et préparatoire s'est fait jour depuis quelques années ; une idée mixte, et pour ainsi dire un peu bâtarde, celle de l'*application de l'armée aux travaux publics*, dont la *colonisation militaire* de l'Algérie n'est, à vrai dire, qu'une conséquence. Sans doute cette idée n'est qu'une transition entre deux autres idées très-distinctes, qui se traduiraient fort clairement en langage politique, en donnant au ministre des *travaux* publics une armée de *travailleurs*, comme le ministre de la guerre et celui de la marine ont une armée de *soldats* et de *matelots;* mais elle achemine l'opinion et les faits vers un pareil résultat.

L'exécution du *réseau des chemins de fer* en France, et l'organisation du *réseau colonial* en Algérie, sont deux belles occasions.

XXIV. — Et maintenant que j'ai dit la constitution ancienne de l'Algérie et la constitution actuelle de la France, sous le rapport de la propriété, je puis rechercher ce qu'il nous est possible de faire dans l'Algérie française, pour constituer la *propriété* et le *travail*, dans les villes et dans les campagnes, c'est-à-dire pour poser les bases matérielles de l'organisation politique et civile des indigènes et des colons européens, gouvernés par l'autorité française.

Avant de passer à ce troisième chapitre, je désire finir celui-ci comme je l'ai commencé, par une citation d'un grand maître en pareille matière, citation qui résumera ce que j'ai dit sur la propriété arabe et sur la propriété française.

M. Dupin aîné, dans une petite brochure intitulée *Excursion dans la Nièvre*, raconte qu'il a retrouvé encore florissante une de ces communautés agricoles, nombreuses autrefois parmi les laboureurs du Nivernais. Les statuts règlementaires de cette communauté de familles remontent à l'an 1500, et ont survécu à tous les orages qui ont bouleversé la France depuis cette époque. Voici ce que dit M. Dupin de cette communauté de Jault.

« Le régime de cette maîtrise est fort doux, et le commandement y est presque nul. Chacun, disait Claude Le Jault, connaît son ouvrage, et il le fait. Cette réunion de familles exerce en commun, très-largement, la charité, et ses habitudes morales sont telles qu'il est sans exemple qu'*aucun de ses membres ait été condamné pour un délit quelconque.*

« On s'étonne qu'un régime si extraordinaire et si exorbitant du droit commun actuel, ait pu résister aux lois de 1789 et de 1790, à celles de l'an II sur les successions, et à l'esprit de *partage égalitaire jusqu'au dernier degré de morcellement.* Et cependant, telle est la force des mœurs, quand elles sont bonnes [1], que cette association s'est maintenue par la seule force de *l'esprit de famille* [2], malgré toutes les suggestions des *praticiens amoureux de partages et de licitations.* »

Dans le reste de son voyage, M. Dupin vit la contre-partie. Il s'informa de ce qu'était devenue, dans le village de Préporché, la communauté des *Garriots*, autrefois célèbre et fort considérable ; elle avait prospéré

---

[1] Si ces bonnes mœurs ont maintenu l'association, cette association n'aurait-elle pas contribué elle-même, pour beaucoup, au maintien des bonnes mœurs ?

[2] Selon M. Dupin, l'esprit de famille pousse donc à l'association et non aux *licitations* et au *morcellement*, comme beaucoup de praticiens et non-praticiens le pensent.

jusqu'à la Révolution. A cette époque on voulut *partager*. Le dénuement de chaque *individu* ne tarda pas à succéder à la richesse *collective* de tous. « A Jault, dit M. Dupin, c'était l'aisance, la gaîté, la santé ; aux Garriots c'était la misère, la tristesse et la maladie. »

CHAPITRE III.

CONSTITUTION DE LA PROPRIÉTÉ POUR L'ALGÉRIE FRANÇAISE.

SOMMAIRE DES PRINCIPES DE CE CHAPITRE.

Conserver les principes *communs* à l'Algérie et à la France.

Détruire les principes *contraires* à l'union des indigènes et des Européens.

Introduire des principes *nouveaux* pour les uns ou les autres, avantageux à tous deux, et dont les germes sont déjà en Algérie ou en France.

> Altius egressus cælestia tecta cremabis;
> Inferius terras: *medio tutissimus ibis*
> Neu te dexterior tortum declinet ad anguem,
> Neve sinisterior pressam rota ducat ad aram;
> *Inter utrumque tene.* »
>
> Ovid., *Metam.*, lib. II, v. 135.

CHAPITRE III.

CONSTITUTION DE LA PROPRIÉTÉ POUR L'ALGÉRIE FRANÇAISE.

I. — Quel doit être le régime de la propriété dans notre possession française d'Afrique ? Telle est la question que je me propose de résoudre, après avoir fait connaître l'état de la propriété chez les indigènes, et rappelé les principes de la propriété en France.

Mais d'abord, y a-t-il là vraiment une question à résoudre ? N'est-il pas possible et naturel de conserver entièrement la législation et les coutumes des indigènes aux indigènes, et de transporter purement et simplement la législation et la coutume des Européens pour les Européens ? — Évidemment, ce n'est pas possible ; cela le serait à peine si notre intention était de refouler tous les Arabes en dehors de la zône que nous voudrions consacrer à notre colonisation, si, en outre, nous les laissions se gouverner et s'administrer eux-mêmes, si nous les traitions, en un mot, comme un peuple voisin, comme Maroc ou Tunis, par exemple, et non comme un peuple soumis à la France ; et nous ne pourrions nous-mêmes conserver les lois et les coutumes de France, que s'il y avait en Algérie les mêmes conditions de climat, de sol, de sécurité que celles qui existent en France.

Si, au contraire, les deux populations doivent avoir un même gouvernement, il est clair qu'il s'établira entre elles, sous le rapport de la propriété, des relations qui les modifieraient inévitablement l'une et l'autre ; et le Gouvernement doit prévoir dans quel sens auront lieu ces modifications réciproques, afin de les favoriser, ou du moins de ne pas les contrarier, et afin d'éviter les inconvénients qui en résulteraient, si on les abandonnait, comme on dit, au temps et à la force des choses, c'est-à-dire si l'on faisait oubli de l'une des plus belles facultés humaines, de la plus utile chez les gouvernants, de la *prévoyance*.

La question est donc : Dans quel sens le contact des Européens et des Africains, sur le sol d'Afrique et sous un gouvernement français, modifiera-t-il la manière de concevoir la propriété, en Algérie, soit dans l'esprit des indigènes gouvernés par des Français, soit dans l'esprit des Européens transplantés en Afrique ?

Jusqu'ici, le problème politique a été généralement

posé d'une autre manière; on s'est demandé : Comment transplanter en Algérie les mœurs, les usages, la législation de France, et, par conséquent, son régime de la propriété? Il n'est pas étonnant qu'un problème posé ainsi n'ait donné que des solutions pitoyables.

J'admets, pour un moment, que nous ayons tout à enseigner aux Africains, et que nous n'ayons rien à apprendre d'eux qui puisse nous être utile en France ; je l'admets, dis-je, quoique je sois parfaitement convaincu du contraire : toujours est-il qu'il serait merveilleux que nous n'eussions rien à apprendre qui fût utile, nécessaire et même indispensable à ceux d'entre nous qui veulent vivre avec eux, dans leur patrie, sous leur soleil, et surtout qui nous fût utile pour bien gouverner des Africains.

Ne peut-on pas, par exemple, sans exagérer l'admiration pour les Algériens, conseiller aux Français qui veulent s'établir en Algérie, d'apprendre l'arabe, tout en cherchant à enseigner le français aux indigènes? La langue française est certainement fort belle, et je la crois même supérieure, en thèse générale de philologie, à la langue arabe, quoique ceci soit contesté par les orientalistes ; mais, au cas particulier, je crois qu'il vaut mieux savoir l'arabe que le français, pour habiter l'Afrique aussi bien que l'Asie; et c'est pourquoi les Maltais sont plus facilement colons d'Algérie que les Français.

J'en appelle d'ailleurs aux militaires qui ont fait la

guerre contre les Arabes, aux agriculteurs européens qui ont voulu cultiver la terre dans ce pays, à tous les Français qui ont essayé simplement de vivre sans fièvre, sans dyssenterie, sans ophthalmie, dans un climat si différent de celui de la France ; tous diront franchement qu'ils ont appris des Arabes beaucoup de choses excellentes pour la guerre, pour l'agriculture et pour l'hygiène *africaines*.

II. — Il en est de même pour la question qui nous occupe. Je crois que notre constitution de la propriété convient peu, je ne dis pas seulement aux indigènes, mais à nos colons européens. Elle ne leur convient pas plus que notre costume étriqué, que notre alimentation excitante, que nos maisons, espèces de serres chaudes, que.... mais je m'arrête, afin de ne pas toucher trop rapidement à des choses délicates qui ne doivent être abordées que lorsqu'on est décidé à les exprimer entièrement.

Examinons, en effet, les principales raisons qui expliquent et légitiment même, en France, l'état actuel de la propriété. Je parle ici uniquement de la propriété *foncière*.

Population tout-à-fait homogène ; inutilité absolue de précautions de défense commune contre des attaques à main armée, contre la dévastation et le brigandage ; hygiène publique facile, vu la douceur d'un climat tempéré et salubre; petite culture favorisée par cette température, par l'abondance des eaux, par la longue préparation donnée à la terre, sans interruption, depuis des siècles; habitude générale d'indépendance personnelle qu'on peut tout au moins nommer égoïsme de *famille,* indépendance qui n'exclue pas précisément le *patriotisme,* mais qui a détruit le sentiment *communal,* et qui, sous ce rapport, place un de nos *villages* à une distance immense d'une *tribu;* enfin, mœurs sédentaires et habitudes d'ordre, chez les hommes qui sont propriétaires dans leur patrie, qualités difficiles à rencontrer dans les hommes qui consentent à se dépayser, à tenter l'aventure d'un établissement colonial, et surtout à transplanter, du nord dans le midi, leur chaude nature, leur bouillant caractère, qui gèlent dans nos brouillards et cherchent le soleil.

En réfléchissant à ceci, on conçoit que la propriété puisse avoir, en France, un caractère très-individuel et morcelé, et qu'elle soit abandonnée au fameux *laissez-faire* des économistes de la vieille école; on conçoit aussi que les administrateurs des *communes* ne soient à peu près que des *enregistreurs* de naissances, de mariages et de morts, et des teneurs de listes de conscrits. Nos maires ne sont pas des Cheiks, il s'en faut, et je m'en féliciterai, si l'on veut, pour la France; mais je serais désolé si les Cheiks français que nous donnerons à nos tribus françaises, à nos colonies de l'Algérie, n'étaient que des maires : ce serait pitoyable.

Ceci exige un développement que j'aurais déjà pu donner, lorsque j'ai parlé de l'état de la propriété en France; mais, ici, je le crois mieux à sa place.

III. — Aux vieux temps de la propriété féodale (il n'y a, de ces temps au nôtre, que l'espace d'un demi-siècle), le seigneur, qui était le *propriétaire* de sa seigneurie, exerçait une influence directrice, gouvernementale et administrative sur la distribution, la culture et la jouissance de la terre. Je n'examine pas si cette influence était bonne ou mauvaise, quoique ce soit une question assez intéressante qui reçoit deux solutions contraires, selon les époques que l'on étudie; je constate simplement un fait, et je dis que le seigneur gouvernait et administrait la population et même la culture de sa seigneurie. A cette époque, les principales fonctions qui occupent aujourd'hui le temps des maires étaient une des attributions du curé, qui enregistrait les naissances, les mariages et les morts. C'était le seigneur qui distribuait le sol comme il l'entendait, qui prescrivait même les cultures, c'est-à-dire qui indiquait quelles terres et combien de terres seraient consacrées aux pâturages, aux bois, aux labours; c'était encore lui qui distribuait les eaux et garantissait leur jouissance; il faisait faire les travaux d'utilité commune, de communication, d'irrigation, d'assainissement, selon son bon plaisir ou son intelligence; enfin, la commune avait en lui un vrai directeur de travail, un *administrateur*.

Le maire, assisté même de tout son conseil municipal, n'est rien de tout cela aujourd'hui.

Sans doute, les temps sont différents, les hommes ne pensent plus de même ; personne ne voudrait être serf, et l'on ne veut plus de seigneur; *chacun chez soi, chacun son droit!* Rien de mieux, peut-être.... pour la France.

IV. — Mais qui donc pourrait croire qu'il nous sera possible d'établir en Algérie des villages européens, si nous ne leur donnons pas un gouvernement qui ait *autorité*, une administration qui ait *puissance?* Dieu nous garde de ces administrateurs ! qui n'ont d'autre pouvoir que celui de faire balayer le devant de chaque maison et allumer des réverbères ! Que nos maires algériens ne soient pas des Cheiks autocrates, je ne demande pas mieux, mais qu'ils soient un peu Cheiks ; car nos gouvernants ont besoin d'apprendre ici à *commander* et nos gouvernés d'apprendre à *obéir*, et, sans contredit, les Français ont beaucoup à apprendre, sous ce double rapport, des Arabes.

Revenons aux deux opinions que je réfutais tout-à-l'heure.

En résumé, conserver intact le régime de propriété des indigènes, et importer fidèlement, pour les Européens, le système de la propriété française, ce serait faire preuve d'un optimisme arabe et français qui accuserait tout simplement peu d'efforts d'intelligence et une grande paresse d'esprit ; — et vouloir soumettre la population indigène à la loi française dans toute sa pureté, ce serait un travers de vanité française et une injustice à l'égard des Arabes.

Nous avons vu que la propriété foncière, en Algérie, existait sous deux formes très-différentes, selon qu'on l'examinait dans les villes et leur banlieue, circonstance exceptionnelle dans ce pays, ou bien dans les campagnes, ce qui est le cas général ; nous aurons donc à rechercher les modifications que le gouvernement français de l'Algérie devra faire subir, immédiatement et progressivement, à la propriété selon les Maures, et à la propriété selon les Arabes.

Déjà nous avons fait remarquer que la propriété foncière selon les Maures se rapprochait beaucoup de notre propriété foncière, et qu'elle n'en différait que par le *habous*, la loi des successions et le régime hypothécaire. Elle consacre le droit privatif individuel, la transmission par vente, échange, héritage et donation, et, quoiqu'en droit suprême musulman, en droit religieux et politique, le souverain soit le vrai et universel propriétaire, en fait, et sauf les confiscations politiques, il n'usait pas de ce droit.

Nous avons moins parlé de la propriété mobilière et de la législation et des coutumes des habitants des villes et de ceux des campagnes sous ce rapport, parce que nous avons craint que, malgré l'intérêt de cette question, elle n'agrandît encore notre cadre, déjà bien vaste. Quoique nous ayons exprimé l'espoir de voir modifier, même en France, et à plus forte raison en Algérie, une portion importante des lois relatives à la richesse commerciale, et malgré le désir que nous aurions de traiter ici la question des douanes, celles des patentes, de l'impôt personnel, ainsi que les monopoles du gouvernement turc, et la pénalité arabe pour la dette, le vol et même pour *le prix du sang*, nous pensons qu'on nous permettra de renvoyer à un travail spécial ce qui touche à la richesse mobilière.

Nous nous occuperons donc surtout de la constitution de la propriété foncière; c'est la question pressante, celle qui aurait dû précéder toute tentative de colonisation, et qui doit présider aux nouvelles tentatives que l'on se proposerait de faire.

VI. — Il nous tarde même de nous délivrer des questions secondaires, pour nous occuper exclusivement de la propriété *rurale*, de celle qui peut être l'objet de concessions à des Européens, ou qui doit continuer à être occupée par des tribus indigènes, et qui exige, à ce double titre, une prompte règlementation; car c'est là réellement la propriété *coloniale*, le sol *productif* de l'Algérie, tandis que les banlieues des villes sont et seront de plus en plus, des jardins, des lieux de repos, d'agréables et coûteuses fantaisies individuelles, des maisons de plaisance de bourgeois.

Dans ce but, examinons vite l'état de la propriété foncière, dans les villes et leur banlieue.

Ici, nous avons déjà en présence les deux législations dans leur intégralité; aussi n'est-il pas étonnant que l'état de cette propriété urbaine ait fait penser à plusieurs personnes qu'on sera obligé d'employer des moyens violents, pour sortir de la confusion produite par le mélange de ces deux législations, qui pourtant se ressemblent beaucoup.

Je ne le crois pas, parce que je suis convaincu que notre loi sur l'expropriation pour cause d'utilité publique, largement comprise, nous permet de réparer sans violence, progressivement et à mesure que se développerait la colonisation, les inconvénients qui résultent des écarts que l'on a laissé commettre à la spéculation individuelle, dans la propriété acquise par des Français, et que c'est la seule manière de nous délivrer des difficultés que ces spéculations désordonnées ont déjà opposées et opposeraient encore à toute colonisation.

Je m'explique, car je crains qu'on ne m'accuse de provoquer la réalisation de la triste prophétie de M. Desjobert, et de réclamer pour les colons de la Mitidja une part du budget, comme indemnité de leurs aventureuses acquisitions.

D'abord je ne suppose pas, comme M. Desjobert [1], qu'une indemnité serait donnée *parce que nous abandonnerions l'Algérie*, ni même parce que nous ne protégerions pas les colons dans leurs propriétés de la plaine ; je parle de les exproprier *pour cause d'utilité publique*. Ceci implique, je le sais, l'appréciation d'une indemnité ; or, voici comment je la conçois.

---

[1] *Question d'Alger*, ch. x, p. 260.

Je suppose que le sol où se trouve une propriété *privée* soit jugé convenable pour établir une *commune* rurale, et que le Gouvernement impose, aux habitants futurs de cette *commune*, un règlement sur la propriété qui lui paraisse conforme aux besoins de la colonisation algérienne. Je suppose, en outre, que le Gouvernement fasse dresser le plan du village futur et du territoire entier de la commune, avec désignation de lots, pour la place des habitations et des terres à cultiver, comme si tout appartenait à l'*État*, comme si le propriétaire *particulier* n'existait pas.

L'adjudication est ouverte; les concessionnaires font des offres.

Si le propriétaire dont il est question trouve insuffisantes les offres faites pour les lots dépendant de *sa* terre, il est libre de surenchérir et de se trouver ainsi concessionnaire de sa propre terre; mais au moins alors il est soumis lui-même au règlement imposé à la propriété. Si, au contraire, les offres le satisfont, il livre sa terre et en touche le prix offert. C'est ainsi seulement que je comprends l'indemnité dont je viens de parler.

Toute la question est donc de savoir s'il est d'*utilité publique*, en Algérie, de constituer la propriété selon la fantaisie des propriétaires, sans s'inquiéter s'il en résultera des fermes isolées, des habitations malsaines, des impasses sans communication, une population désunie et facile à piller et à détruire, incapable de se défendre ; ou bien, au contraire, s'il est, non-seulement utile, mais indispensable, que le Gouvernement détermine l'emplacement et la forme des villages, l'étendue des terres qui en dépendront et leur population probable, la manière dont ces terres seront divisées, pour que cette division, immuable sauf autorisation gouvernementale, facilite les communications, les irrigations, la culture, et aussi la défense et la salubrité ; enfin, s'il faut dire ici : *laissez faire* l'individu, *laissez faire* l'égoïsme, ou bien, au contraire, *faisons* en commun, l'*union* fait la force.

Si le Gouvernement *doit* présider ainsi à la colonisation, c'est dire, qu'il a le *droit* de soumettre les colons à des obligations qui pourraient nous paraître très-despotiques et arbitraires en France, mais qui sont légitimes et sages en Algérie.

Et d'ailleurs, ne serait-ce pas une véritable plaisanterie que de vouloir appliquer à la lettre, dans l'Algérie, la loi sur l'expropriation faite pour la France ? Comment composer ce jury de notables propriétaires voisins, là où les propriétaires n'ont pas de voisins et possèdent une terre entourée de quelques lieues de terrains vagues et de bruyères, une terre qui, elle-même, est un affreux champ de mauvaises herbes ? Comment fixer le prix d'une propriété qui n'aura précisément de valeur que si l'on y forme un village, si on la rattache à d'autres villages déjà formés, et si on lui amène ainsi des voisins ? Et alors, n'est-ce pas d'après la valeur que ces voisins futurs attribuent à cette propriété, qu'on peut équitablement indemniser l'exproprié, qui, d'ailleurs, n'est pas contraint de se laisser exproprier, s'il veut se soumettre lui-même à la loi *commune*, à la loi suprême, au salut du peuple?

Je le répète, la loi sur l'expropriation, largement comprise, et appliquée à l'Algérie, suffit pour réparer l'imprévoyance des spéculations individuelles, et, il faut le dire, l'imprévoyance plus grande encore du Gouvernement, qui a toléré et quelquefois excité, par l'exemple de ses représentants, ces malheureuses spéculations.

VII. — Ce que je viens de dire ne s'applique qu'aux propriétés qui gêneraient les dispositions reconnues bonnes à prendre dans l'intérêt colonial; or, il est possible que ces dispositions n'atteignent pas du tout la propriété urbaine, et fort peu les campagnes des citadins, et qu'ici la propriété puisse, sans inconvénient, conserver le caractère d'individualité et d'indépendance que lui donnent notre législation de France et celle des Maures. En effet, il y a entre les villes d'Algérie et celles de France d'assez faibles différences, tandis que le village de France ne ressemble pas du tout à la tribu. Partout, d'ailleurs, la propriété *urbaine* pourra, sans inconvénient, et devra même, pour l'utilité générale, avoir le caractère d'*individualité;* il faut bien que cette compensation du foyer domestique soit donnée à des familles qui forment cité, et qui, pour se réunir ainsi, sont obligées de subordonner si souvent leur personnalité à la volonté générale.

Si donc la législation de la propriété urbaine doit être modifiée, je ne pense pas que ce doive être dans le même sens que la propriété rurale ; il me semble, au contraire, que, dans les villes, l'égoïsme de la famille et celui des individus peuvent avoir librement leur cours, et n'être soumis qu'à des mesures générales de police urbaine.

Les modifications que la loi maure et la loi française auraient à subir, sous ce rapport, me paraissent donc celles qui auraient pour but de supprimer les dispositions qui, dans l'une et dans l'autre, restreindraient, gêneraient la *liberté* du propriétaire foncier, surtout quant à l'achat et la vente de la propriété.

VIII. — Et, par exemple, les *habous* ou biens *engagés* de la loi maure, et l'*hypothèque légale*, forme obscure des biens *engagés* de la loi française, sont deux institutions qui doivent disparaître, afin de dégager la propriété de deux conditions occultes qui la troublent et la rendent incertaine. Déjà plusieurs écrivains ont provoqué l'abolition du *habous* ; M. Blondel, directeur des finances, et M. Jiacobi, conseiller à la cour d'Alger, ont fait des travaux spéciaux sur ce sujet et présenté des projets d'arrêté ; enfin le Gouvernement s'en occupe, et certainement ce progrès s'accomplira. Je crains qu'il n'en soit pas aussi facilement et aussi promptement de même pour la révision de notre régime hypothécaire.

L'hypothèque *légale*, et, par suite, les formalités de l'expropriation pour remboursement de créances hypothécaires, n'est-ce pas l'occasion de délivrer notre législation de ces deux sources de procès et de ruines, et de faire au moins l'*expérience* des modifications si généralement réclamées pour notre régime hypothécaire en France? Le moment et le lieu sont favorables; car l'Algérie peut souvent être considérée par la France comme une terre d'épreuves, où doivent être semées bien des idées qui germent en France sans pouvoir éclore, parce qu'il faudrait un sol neuf pour les recevoir; tout est à créer ici; et même, malgré ce que depuis douze ans nous avons déjà introduit de vieux en Algérie, nous sommes mille fois plus libres d'y essayer du neuf que nous ne le sommes en France.

Ainsi donc, révision du régime hypothécaire et abolition du habous, telles sont les modifications que devraient recevoir promptement la législation française et la législation des Maures, tel est le sens dans lequel doit être modifiée la propriété *urbaine*. C'est le principe de liberté, d'individualité, de *mutabilité* qu'il faut favoriser dans les villes; nous verrons plus tard qu'il n'en est pas ainsi pour le sol des campagnes.

Je ne saurais trop insister sur cette différence qui existe entre les propriétés et propriétaires des villes, et les propriétés et propriétaires des campagnes; j'y reviens encore.

X. — En Algérie surtout, les villes ne sont occupées

que par des commerçants, et par des bourgeois, propriétaires des maisons occupées par ces commerçants et des capitaux employés par ces mêmes commerçants ; ces bourgeois vivent du loyer de ces maisons et de l'intérêt de ces capitaux. Je ne parle pas de la population militaire et administrative, qui est étrangère à la question. Les villes ne renferment pas d'*agriculteurs* proprement dits, quoiqu'il y ait quelques bourgeois *amateurs* d'agriculture. Il est donc naturel que la propriété des villes ait le caractère d'une richesse *commerciale* ou mobilière, tandis qu'au contraire le sol, cultivé ou cultivable, doit avoir le caractère de richesse *immobilière*.

Malgré la confusion que notre législation française établit entre ces deux propriétés, *urbaine* et *rurale*, en leur attribuant le nom commun de propriété *foncière*, il est évident qu'il existe une différence radicale entre l'*habitation* d'un citadin et la *terre* d'un cultivateur, quand bien même il y aurait, sur cette *terre*, une *habitation* pour le cultivateur, ou quand bien même il y aurait, près de la *maison* du citadin, un *jardin* pour prendre le frais, ou cueillir des oranges ou des fleurs. Pour le citadin, l'habitation est le principal ; et le sol l'accessoire ; pour l'agriculteur, c'est le contraire. Appliquer absolument les mêmes principes à deux choses si complètement différentes, c'est une erreur qui peut ne pas choquer en France, vu la longue habitude, quoiqu'elle soit la cause de tous les inconvénients que nous avons signalés et que d'autres ont signalés dans notre constitution de la propriété ; c'est cette cause qui a engendré, par l'influence des *citadins*, le régime hypothécaire, et, par l'influence des *campagnards*, la division excessive du sol.

J'espère que cette erreur choquera en Algérie, parce que les conditions dans lesquelles les agriculteurs peuvent vivre et prospérer sont très-différentes de celles que l'on rencontre dans les villes, et parce qu'on devra naturellement rechercher quelle est la forme qu'il faut donner à la propriété, pour que les agriculteurs soient constitués en un *corps* vigoureux, en association vraiment *communale*, et pour ainsi dire en *tribu*, capable de se mesurer avec les tribus indigènes.

XI. — Et en effet, combien de personnes, par ce motif, ont songé à fonder des *colonies militaires!* Or, tous ceux qui pensent que des colonies militaires comporteraient notre droit individuel, absolu, direct, de propriété, commettent une erreur des plus grossières. Qu'ils jettent les yeux sur nos villages de France, même en supposant que chaque paysan sache faire l'exercice, ait un fusil, s'appelle soldat, et que les adjoints et le maire s'appellent lieutenants et capitaine; je leur défie de concevoir une discipline vigoureuse, une autorité forte et prompte, dans cet assemblage anarchique d'intérêts égoïstes, que l'on a tant de peine à réunir pour des travaux d'une utilité *générale*, et qui résistent à toute mesure *collective*, pour s'occuper uniquement de leur bien-être *individuel*.

Ainsi donc, que l'on forme des colonies militaires ou des colonies civiles, la question est toujours la même : il faut constituer la propriété, de sorte que les agriculteurs qui occuperont et cultiveront le sol, forment une *société* forte et productive.

Ceci me fait presque toucher l'objet que j'ai spécialement en vue dans ce chapitre, la constitution de la propriété coloniale; mais avant de le traiter directement et d'exposer les moyens qui me paraissent propres à assurer, sous ce rapport, un heureux avenir pour l'Algérie, j'ai besoin de jeter un nouveau coup d'œil sur l'état actuel de la propriété du sol occupé par les *tribus* indigènes.

XII. — J'ai lu dans plusieurs ouvrages, où d'ailleurs n'était pas signalée l'absence d'appropriation *individuelle*, en droit comme en fait, dans les tribus, que les efforts du Gouvernement français de l'Algérie devaient tendre à encourager les Arabes à planter et à bâtir, parce que, disait-on, cela leur inspirerait l'amour de la *propriété*.

Je suis complètement de cet avis, pourvu toutefois que l'on définisse ce qu'on entend par l'amour de la propriété. Or, les personnes qui ont émis cette opinion entendent toutes par ces mots, l'amour de la propriété *telle que nous l'entendons en France*, de la propriété individuelle, pouvant être achetée, vendue, échangée, transmise, cultivée même, selon la volonté absolue et unique du propriétaire, lequel propriétaire peut même ne pas cultiver, être tout-à-fait étranger à la culture, vivre à la ville, n'avoir aucune autre relation avec la terre et ses cultivateurs que celle du fermage qu'il perçoit.

Certes, il serait fort heureux que les Arabes fissent des maisons et des plantations, qui leur donneraient l'amour *du sol,* leur feraient perdre leur caractère *nomade* et augmenteraient les produits de la terre. S'ils ne plantent pas et ne bâtissent pas, c'est même, en grande partie et dans plusieurs lieux, parce qu'ils n'ont pas été gouvernés par un pouvoir qui leur inspirât confiance et leur garantît la sécurité ; c'est, en d'autres termes, parce qu'on transporte facilement sa tente et ses bestiaux, c'est-à-dire toute la fortune de l'Arabe, tandis qu'on ne transporte pas les maisons et les plantations. Il est donc certain qu'avec un gouvernement régulier, équitable et non spoliateur, et avec une force publique qui maintiendrait l'ordre et la paix entre les tribus, les Arabes, qui sont fort intéressés d'ailleurs, et qui aiment leurs aises, planteraient et bâtiraient. Est-ce à dire, pour cela, qu'ils parviendraient ainsi à concevoir la propriété comme l'a décrétée l'Assemblée Constituante, en haine de la propriété *féodale,* comme l'a organisée notre code civil, en vue de la *division* des *grandes propriétés,* et par conséquent en contradiction avec les exigences de la *grande culture?* — Je ne le pense pas.

XIII. — Le beau nom de *commune* convient infiniment mieux à une *tribu* arabe qu'à un *village* français; si nos paysans vivent entre eux d'une manière plus *sociable* que les Arabes d'une même tribu, ce qui est fort contestable sous bien des rapports, ce n'est certes pas par suite de la manière dont la propriété est constituée en France, car c'est précisément la propriété qui engendre parmi eux les procès, les haines, le vol et même les crimes contre les personnes ; nos villages sont des égoïsmes *rapprochés*, mais non *associés*, et par conséquent toujours prêts à entrer en lutte les uns contre les autres, et très-peu disposés à se donner généreusement, socialement, aide et secours. D'autres causes, morales et intellectuelles, contribuent sans doute à produire cet effet ; mais il est impossible de ne pas en attribuer une bonne partie à cette cause purement matérielle, la propriété *individuelle*; et, quelqu'effort que l'on fasse pour élever la moralité et développer l'intelligence de nos paysans, je défie de réussir à perfectionner leur association *communale*, si l'on ne modifie pas aussi la constitution de la propriété, qui est la représentation matérielle très-exacte de leur égoïsme et de leur inintelligence.

Cette nécessité est bien plus évidente encore, s'il s'agit de constituer la propriété dans des villages de Français en Algérie, c'est-à-dire à côté de tribus prétendues barbares. D'un autre côté, il est évident aussi que ces tribus doivent posséder, dans leurs vieilles coutumes, le principe *communal* le plus conforme aux nécessités de culture et aux exigences du sol et du climat de l'Algérie, et à la civilisation que la religion et les mœurs musulmanes ont établie et maintiendront encore longtemps.

XIV. — Nous devons, dit-on, exciter ces tribus à bâtir et planter, afin de leur donner l'amour du sol, le besoin de la paix entre elles, et pour améliorer la culture de la terre et le sort du cultivateur. Mais faut-il pour cela que la propriété devienne individuelle, absolue, elle qui est aujourd'hui collective, sociale, *communale ?*

En France nous avons aussi des biens *communaux*, c'est l'exception ; le cas général est celui de la propriété *individuelle;* en Algérie, n'est-ce pas précisément le contraire qu'il faudrait chercher à établir, si déjà il n'existait pas ? Que les Arabes bâtissent des maisons et construisent des villages ; qu'ils entourent ces maisons ou ces villages de jardins bien plantés, comme ceux de Blida ; que ces maisons et ces jardins soient alors considérés de la même manière que les maisons et les jardins des villes, c'est-à-dire soient propriétés *individuelles*, il n'y aurait rien là d'étonnant, ni même de nouveau, puisque les choses se passaient ainsi, avant nous, en Algérie, lorsque se fondait une *ville,* là où vivait précédemment une *tribu.* Mais faut-il en conclure qu'il soit utile de faire perdre au reste du territoire de la tribu son caractère *communal*, son gouvernement et son administration *unitaires*, les grands avantages de l'*association* pour la *grande culture*, et que nous devions livrer son agriculture, sa sécurité, sa moralité même à toute l'*anarchie* des intérêts *individuels*?

Je le dis encore, la France n'a pas tout à enseigner en Algérie, elle a quelque chose à apprendre des Arabes, au moins pour l'Algérie. Il y a de belles et bonnes choses dans le gouvernement et l'administration des tribus : elles attendent de nous une vigoureuse police qui les maintienne en paix, une administration probe et vigilante qui ne les spolie pas, et qui les excite au travail; mais si nous donnons aux Arabes, avec notre propriété individuelle de maisons et de jardins, une partie de l'égoïsme qui nous ronge, pour Dieu! ne forçons pas la dose, et respectons ce sentiment *communal* que nous avons perdu et que l'Algérie est peut-être destinée à nous rendre.

Non-seulement nous devons encourager les Arabes à bâtir et à planter, mais, dans certaines limites, nous pouvons et devons progressivement les y contraindre. Ainsi, lorsque déjà nous avons institué des Kalifats, des Kaids et des Cheiks, nous aurions dû, si cette institution n'avait pas été jusqu'ici à peu près illusoire, nous aurions dû leur imposer l'obligation d'avoir une *habitation fixe*, pouvant être défendue, placée au centre du district dont nous les chargions, lieu de *justice* et de *prière*, *source* abondante.

Quand nous aurons le *castel* du Cheik, le *tribunal*

du Cadi, la *mosquée* et la *fontaine*, nous ne tarderons pas à avoir le VILLAGE; et le peuple *nomade* et *pasteur* sera transformé en peuple *agriculteur*.

C'est là le progrès que nous devons faire faire aux Arabes, et certainement c'est l'un des deux motifs providentiels qui peuvent expliquer et légitimer notre occupation de l'Agérie et tout le sang arabe que nous y avons versé. L'autre motif providentiel est le progrès que nous devons faire nous-mêmes, par le contact avec ces populations énergiques; car il faut bien que nous ayons, nous aussi, le prix de notre sang. Ce serait à désespérer presque de Dieu, et surtout à désespérer tout-à-fait de la France, si nous ne devions ou ne savions pas trouver ici une compensation de nos immenses sacrifices.

Rome n'a connu la poésie et les arts que lorsqu'elle a pu s'y essayer dans la Grèce conquise par ses armes; nous-mêmes, nous ne sommes sortis du mutisme du moyen âge, qu'après avoir essayé de parler en Italie et d'y préparer notre *renaissance*. Aujourd'hui, après les immenses progrès que nous avons faits dans l'industrie, le commerce, les manufactures, après les prodigieux accroissements de la population et de la richesse de nos *villes*, songeons à la *campagne*, songeons au *labourage* et surtout au *pâturage*, ces deux mamelles de l'État, selon Sully. Nous les laissons s'épuiser et tarir; nos paysans se font ouvriers citadins, et notre agriculture devient horticulture; nous n'avons plus de bestiaux, et nous élevons des chevaux de course, non pas pour des tournois, mais pour les jeux et les paris de bourgeois ennuyés. — Homère inspira l'Italie, et Dante la France ; or l'Algérie possède le grand poème du *pasteur*, la poésie du plus ardent amant de la *nature*, du plus brillant peintre des richesses et des splendeurs de la terre. Châteaubriand et Lamartine, depuis longtemps, sont allés lire, en Orient, ce grand livre qu'avant eux Napoléon avait ouvert pour finir le xviiie siècle et commencer le nouveau ; Hugo s'en est inspiré ; et tous les peuples d'Europe, écoutant la voix de ces grands prophètes, ont marché, les uns vers la Perse, d'autres vers la Syrie, nous vers l'Afrique, où nous nous sommes établis ; tous vers les peuples enfantés par un chef de *tribu*, par un *pasteur*; et qui portent son nom, le nom de MAHOMET.

XV. — J'ai indiqué, mais seulement indiqué ma pensée sur les modifications à introduire dans la constitution de la propriété des tribus arabes ; j'aurai besoin d'y revenir et de développer cette pensée, en l'appuyant de considérations sur le gouvernement et l'administration des tribus : je ne pourrai le faire qu'après avoir parlé de l'établissement de nos villages européens et de la propriété coloniale ; ce que je viens de dire sur les tribus m'y conduit.

J'ai posé, en tête de ce chapitre, trois règles générales qui s'appliquent au sujet qui m'occupe en ce moment, et aussi à toutes les institutions que nous voulons fonder en Algérie. Conserver les principes communs aux indigènes et aux Européens ; détruire les principes contraires à l'union et à la prospérité de ces deux populations ; introduire et développer les principes avantageux à toutes deux et qui sont déjà en germe chez l'une et chez l'autre ; telles sont les lois qui nous sont imposées, la première par la raison, la seconde par la nécessité, la troisième par l'humanité.

Appliquons-les à la constitution de la propriété dans les villages coloniaux, civils ou militaires, qu'on se proposerait de fonder.

XVI. — Et d'abord, pour les COLONIES MILITAIRES. Conservons avec soin le caractère *collectif* et *hiérarchique* de l'armée, son esprit de *corps*, ses principes d'*honneur*, de *dévouement*, de *désintéressement* personnel ; mais aussi la noble ambition d'un *avancement* acquis uniquement par des actes glorieux ou avantageux pour le *corps* et pour la *patrie*.

Détruisons, au contraire, l'éloignement habituel et l'ignorance même des soldats ou de leurs chefs pour les *travaux productifs,* et leur disposition aux actes de pure *destruction ;* combattons l'*oisiveté* ordinaire des garnisons et les vices qui en sont la suite, surtout l'*intempérance*, si funeste en Algérie.

Introduisons des habitudes de *culture*, des procédés d'*hygiène*, des exercices *militaires* même, propres particulièrement à l'Algérie, et dont, par conséquent, les germes doivent se trouver chez les indigènes.

Pour atteindre ce triple but, il faut :

1° Que la propriété soit *collective*, qu'elle soit propriété du *corps*, qu'elle soit dirigée et administrée *hiérarchiquement*, conformément aux *grades* obtenus pour services rendus à l'utilité et à la gloire *communes*; que la discipline soit aidée par des *travaux* et *ateliers communs*, par des corvées et des gardes, en un mot, par un *service* réparti également sur *tous*; enfin, par l'*uniforme* et les *armes*.

2° Que tout motif de tendance à la propriété *individuelle*, à l'égoïsme des intérêts *particuliers*, à l'avancement par la *naissance*, par la *fortune* ou même par l'*ancienneté*, lorsqu'elle est le seul titre, soit combattu et ne trouble pas l'esprit de corps et la discipline, indispensables à la force, à la sécurité des colonies militaires ; que, par conséquent, la *gestion* de la propriété *commune* soit l'objet d'une éducation, d'un règlement, d'un service, aussi obligatoires que le sont en France l'*instruction*, le *règlement* et le *service*, pour l'officier et pour le soldat; que tous apprennent à respecter la propriété *commune* comme une propriété du *drapeau*, comme le signe de la bravoure et de la force du *corps*, et qu'ils soient excités ainsi à la cultiver, à l'améliorer, à l'enrichir, et à ne jamais lui causer *dommage*, en même temps qu'ils y seront encouragés individuellement par un équitable avancement, récompense de leurs travaux *personnels*.

3° Enfin, que le casernement, le vêtement, la nourriture, les travaux, le service, soient conçus et réglés en vue du sol et du climat nouveaux où les Européens doivent vivre, où ils doivent être aussi bien *cultivateurs* que *militaires*; et, par conséquent, qu'on en prenne l'inspiration dans l'observation attentive des habitudes arabes sous tous ces rapports; que l'étude de *la langue* arabe soit encouragée par un avancement promis depuis longtemps, et qui n'a pas encore été accordé, parce qu'il est, en effet, difficile dans l'armée *combattante*, qui n'y voit pas un titre suffisant à l'assimilation avec les actes de guerre; mais la légitimité de cet avancement sera bien promptement sentie par des colonies, dont le principal intérêt consistera dans des relations d'*échange* et de *bon voisinage* avec les tribus voisines. — Que la *sobriété* des Arabes serve de leçon et d'exemple.

En d'autres termes, il s'agit de conserver à l'armée colonisatrice les vertus que notre organisation militaire encourage déjà; de combattre en elle d'autres dispositions, propres à l'homme sans doute, mais qu'on a jugées impropres, de tout temps, aux *corps militaires*; enfin, d'introduire dans cette portion de l'armée française deux choses nouvelles pour notre armée et pour des Français, le *travail agricole* et ce travail *en Algérie*. — Ce sont principalement ces deux points *nou-*

veaux qui devront être sans cesse présents aux chefs des colonies militaires.

Mais renfermons-nous dans la constitution de la *propriété* de ces colonies, et, pour cela, nous n'avons plus qu'à justifier ce que nous venons de dire sur ce qu'il faut conserver ou détruire.

Conserver au territoire de la colonie militaire le caractère *collectif*, serait-ce seulement affecter à un bataillon cet emplacement, comme on lui affecte une caserne, une place d'exercice, un polygone? — Telle n'est pas du tout ma pensée. Une caserne et une place d'armes sont des lieux qui ne *produisent* rien, et l'emploi de ces lieux est ce que les économistes appellent un emploi improductif, quoiqu'il ait pour résultat de produire très-réellement des soldats ; cela signifie du moins qu'ils ne produisent pas plus de richesse vendable, échangeable, que n'en produisent les écoles, les églises, les hôpitaux ; or, tous ces établissements sont, moralement, humainement, très-productifs. Le territoire de la colonie sera, en outre, *matériellement* productif.

Le *produit du travail* du bataillon devrait être distribué, après réserve des semences et de l'entretien des instruments de travail, en trois parts égales :

La première, affectée à l'amortissement des premiers frais d'établissement, et en partie aux travaux d'utilité publique.

La seconde, venant en déduction de la somme annuellement consacrée à l'entretien du bataillon.

La troisième, divisée en deux parts égales, l'une consacrée à la *retraite* des soldats colons, l'autre pour *haute-paie,* ou supplément de solde, distribué dans des proportions déterminées, aux soldats, aux sous-officiers et aux officiers, et pour *primes* décernées aux soldats et sous-officiers, par le corps d'officiers présidé par leur chef, directeur de la colonie.

Ces détails touchent à l'organisation intérieure des colonies, et ce n'est pas encore le moment de nous en occuper ; j'ai voulu seulement établir, par cet exemple, ce que j'entendais par cette propriété *collective* du bataillon, et montrer en même temps le côté de la question qui tient à l'intérêt personnel, non pas de la *propriété privée,* mais de la *jouissance individuelle.*

Il ne faut pas se le dissimuler, nous ne fonderons pas des colonies, même des colonies *militaires,* uniquement avec la rétribution habituelle du militaire, avec les honneurs et la gloire ; non-seulement nos efforts seraient vains, mais ils produiraient un effet désastreux qui n'est déjà que trop sensible en Algérie : l'*avancement* qui donne les honneurs, mais aussi l'*argent*, deviendrait une passion effrénée, insatiable, si l'intérêt personnel, sentiment fort légitime, ne trouvait pas en Algérie une juste compensation des fatigues, des privations, des dangers de tous genres auxquels sont exposés les Européens ; et cette passion, qui est d'ailleurs étrangère à l'immense majorité des soldats, leur est souvent bien funeste, et funeste à la France, quand elle s'empare de leurs officiers.

Ce n'est donc pas le désir de la *richesse personnelle* que nous avons à combattre en Algérie, Dieu nous en garde ! pourvu que cette richesse soit le prix du *travail;* car elle est alors un des plus puissants excitants du travail et même de la moralité, malgré les écarts auxquels conduit le désir *excessif* de la posséder. Nous voudrions surtout que le soldat, qui est généralement propre au travail agricole, pût avoir en Algérie l'ambition et l'espoir au moins de s'enrichir *par son travail*, puisque, *par sa bravoure*, il n'a généralement d'autre avenir heureux que le retour au village, sain et sauf, mais avec quatre années d'Algérie qui l'ont vieilli de dix ans et lui ont fait oublier son état. — Ce qui est à craindre, c'est la *propriété personnelle* du sol et des instruments de travail, car la propriété individuelle donne droit à celui qui la possède d'en *user* et d'en *abuser;* c'est le mot, et il est vrai.

Je pense que ceci paraîtra évident pour des colonies *militaires,* et que personne ne songe à donner à chaque soldat colon, *en toute propriété*, une parcelle du territoire colonial ; mais comme ce sera moins évident et plus contesté pour des colonies *civiles,* nous y reviendrons tout-à-l'heure, en nous occupant de celles-ci, et de l'importance que doit y jouer le principe de propriété *collective;* toutefois, disons-le dès à présent, la première conséquence qui découlerait d'une semblable constitution de la propriété, dans les colonies *militaires*, c'est qu'elle se prêterait peu à la *petite culture*, et qu'elle conviendrait uniquement à la *grande*. Or, nous verrons, lorsque nous traiterons des *lieux* que doivent occuper les colonies militaires, nous verrons que, dans ces lieux et pour les besoins de ces colonies, la *grande culture* est nécessaire et seule praticable, économiquement et politiquement.

Une autre conséquence aussi immédiate, c'est que les travaux de défense, de conservation, ceux d'irrigation et de communication, pourraient bien rencontrer quelquefois une mollesse *générale*, dépendant presque toujours de la mollesse du chef (comme cela arrive pour la guerre, dans un même régiment qui brille ou s'éclipse, selon la valeur de son colonel, ou bien entre divers régiments inégalement célèbres, quoique la composition des soldats soit dans tous la même); mais ces travaux d'intérêt *commun* ne rencontreraient jamais les mille obstacles que les petits intérêts individuels opposent inévitablement à l'intérêt *général*, lorsqu'ils ont un droit absolu, lorsque chacun d'eux est, selon l'expression de M. Cousin, *une liberté*, lorsque leur titre de propriété ne prouve d'ailleurs, par lui-même, aucune valeur réelle de capacité, de moralité, de sociabilité.

Enfin, une troisième conséquence, c'est l'économie et l'aisance de la vie *collective*, comparée à la vie individuelle, et l'avantage d'une nombreuse et prompte *réunion* d'efforts, dans un pays et pour des travaux agricoles qui exigent, à l'égard des hommes et à l'égard de la nature, ces deux conditions, *nombre* et *rapidité*.

Je le répète, je n'ai en vue pour le moment que la constitution de *la propriété* dans les colonies militaires; ce sujet soulève naturellement toutes les autres questions d'organisation de ces colonies : j'en ai indiqué ici quelques unes, mais on aurait tort d'y chercher celles qui feront l'objet de la deuxième partie, qui a pour but, directement, *l'organisation des colonies*.

XVII. — Appliquons maintenant les trois règles générales à la constitution de la propriété dans les COLONIES CIVILES.

Ici, je renverserai l'ordre dans lequel j'ai présenté les trois règles pour les colonies militaires, où, selon moi, il y avait beaucoup à *conserver*, peu à *détruire* et fort peu à *innover*, du moins quant à la constitution de la propriété. Dans les colonies civiles, au contraire, je crois qu'il y a considérablement à *innover*, beaucoup à *détruire* et fort peu à *conserver*.

Mais remarquons, ainsi que je l'ai déjà dit, que l'innovation ne doit avoir lieu, pour les Européens, que si le principe qu'on veut introduire parmi eux n'est pas contraire au contact ou à l'association avec les indigènes, ou même s'il est déjà régnant chez les indigènes; ou bien si ce principe existe déjà en France. Je crois, dans ce que je vais dire, satisfaire à toutes ces conditions.

Ce qu'il faut introduire dans nos villages coloniaux, c'est une chose qui n'est pas, il est vrai, dominante dans nos villages de France, quoiqu'elle y existe ; on la rencontre d'ailleurs souvent dans l'industrie française ; et cette chose ne blesse les Arabes en aucune façon, car elle est générale chez eux : c'est la propriété *collective de la terre.*

Ce qu'il faut détruire, au moins dans son absolutisme, et réduire à des limites infranchissables, c'est la *propriété individuelle de la terre.*

Ce qu'il faut conserver, c'est l'élément d'activité et d'attachement au pays, que donne la libre *disposition* de la *maison* bâtie et du *jardin*[1] planté par le colon, sauf cependant quelques limites, imposées par l'intérêt général, à cette disposition individuelle qui n'est pas absolue, même en France.

La propriété collective existe déjà en France, viens-je de dire, peu pour l'agriculture, mais beaucoup ailleurs ; en effet, j'ai déjà rappelé que pour les défrichements, les semis de landes, les exploitations de forêts et de mines, les canaux d'irrigation et de communication, les routes et les ponts[2], la terre est possédée *col-*

---

[1] « In xii tabulis legum nostrarum nusquam nominatur *villa,* semper in significatione eâ *hortus : in horto vere hæredium.* » Pline, *Jardins.*

[2] Je rappelle fréquemment ces diverses entreprises, parce que

lectivement par des *associations*, et que, dans l'industrie manufacturière et commerciale, le nombre de ces associations possédant une propriété foncière *commune*, était très-considérable; et enfin j'ai parlé des biens *communaux*.

La chose ne serait donc pas, à beaucoup près, neuve pour nous, le germe a déjà de vigoureuses racines dans la terre de France, et il lève haut la tête; elle le serait encore moins pour les indigènes. Toutefois, je conçois qu'au premier aspect on soit surpris de la proposition de ce mode de propriété, pour la fondation des villages coloniaux de l'Algérie, et ce qui me le fait croire et redouter, c'est que les personnes qui ont parlé ou écrit sur la colonisation, ont toutes proposé simplement de petites concessions de quelques hectares, à des *individus* ramassés au hasard, concessions à *perpétuité*, incommutables, libres, comme le sont nos propriétés en France; ce qui me le fait craindre par-dessus tout, c'est que de pareilles concessions sont déjà faites, et que des villages, fort heureusement peu nombreux et près de la capitale, sont fondés sur ce principe de *liberté*, de *divisibilité*, de *mobilité*, que je crois tout-à-fait incompatible avec l'*ordre*, l'*union*, la *constance* que nous devons avoir en Algérie, et qui sont nécessaires partout pour *fonder*.

---

ce sont précisément celles que réclame l'état de l'Algérie, et, en général, toute fondation coloniale.

XVIII. — M. Dureau de la Malle, dans un ouvrage où je regrette vivement de n'avoir pas trouvé un chapitre spécial sur l'organisation des colonies romaines, mais qui est rempli de recherches précieuses sur l'économie politique des Romains, dit, en parlant du cadastre[1] :

« Niebuhr pense qu'avec un cadastre et des règlements semblables, la faculté de *vendre* des morceaux d'une mesure arbitraire était interdite. Ce mode de vente auquel nous sommes habitués, eut, dit-il, fait échouer tout l'art et toute l'habileté que les agrimensores apportaient dans l'arpentage et dans la détermination de l'étendue et des limites primitives. D'après le savant allemand, les *partages* et les *ventes*, lorsque le fonds n'était pas aliéné en entier, avaient toujours lieu sur le pied duodécimal, et c'est ce qui explique pourquoi, dans le Digeste, il est si souvent parlé de *plusieurs* propriétaires du *même* FUNDUS. Nous n'oserions affirmer que, dans les fractions du *fundus*, on ait toujours observé la proportion duodécimale .... Mais

---

[1] *Écon. pol. des Rom.*, t. I, p. 181. Il est intéressant de lire, dans cet ouvrage, les détails des soins prodigieux que les Romains apportaient dans l'opération complète du *cadastre*; c'était sur cette base que reposait toute l'administration romaine. Le *cadastre* était la base, et le *cens* était l'édifice hors de terre, reposant sur cette base. En Algérie, le *cadastre* est imperceptible et le *cens* n'existe pas.

je n'hésite pas à admettre avec Niebuhr qu'un *fundus*, assigné par l'État ou possédé par un particulier, était considéré comme une ferme close, comme *un tout dans des limites invariables.* »

M. le Maréchal duc de Raguse, traitant un sujet qui a un rapport plus direct avec celui qui nous occupe, s'exprime ainsi sur la propriété dans les *colonies militaires* d'Autriche [1].

« Les familles sont nombreuses et possèdent *collectivement*; les *individus ne possèdent pas*, tout est *commun* entre eux. Une famille se compose de plusieurs ménages, et s'élève quelquefois au-delà de soixante individus [2]. »

M. Michel Chevalier, dans ses lettres sur l'Allemagne, écrit :

« En Bohême, la pensée dominante de l'autorité est d'améliorer la condition des paysans, qui, il y a un demi-siècle, était misérable.... Dans le but de fonder cette classe de propriétaires fonciers possédant une suffisante indépendance vis-à-vis des seigneurs, on a interdit à ceux-ci la faculté *d'acheter* les terres des paysans; mais l'on ne s'est pas borné là. Il était probable que les paysans voudraient *diviser* indéfiniment

---

[1] *Voyage*, tom. I, p. 84.
[2] C'est à peu près la force habituelle d'un douar de tribu arabe; nous verrons, plus tard, que c'est aussi celle qui convient à nos *fundi* ou fermes, dans nos colonies civiles.

leurs terres entre leurs enfants. Ainsi, le sol eût été *morcelé*, réduit en poudre ; la population des campagnes, condamnée à végéter comme les Irlandais sur un sol en lambeaux, fût restée à la merci des nobles. Il fallait donc arrêter le *morcellement* du territoire au-delà d'un certain point, et c'est le parti que l'on a pris. Toute propriété dont la contenance n'est que de quarante metzen (sept hectares et demi) est *indivisible* même par *héritage* ; cela ne veut pas dire que le père soit forcé de la léguer à un seul de ses enfants au détriment des autres ; cette restriction, relative à l'*exploitation*, n'a aucun rapport avec le *partage de la fortune* paternelle. »

Je cite ces trois exemples, non pour prouver que des obstacles à la liberté individuelle ont été ou sont encore jugés utiles, dans des temps ou des lieux différents de ceux où nous sommes ; ceci n'a pas besoin de preuves, personne n'en doute en France, puisque notre révolution a été faite, en grande partie, pour détruire ceux de ces obstacles qui existaient dans l'ancienne constitution française, et puisque, jamais et nulle part, chez aucun peuple passé ou présent, la propriété individuelle de la terre n'a été aussi libre qu'elle l'est en France, où elle trouve pourtant encore d'assez grands obstacles, sinon à sa *divisibilité*, au moins à sa *mobilité* et même à la libre *disposition* par testament. Mais j'ai cité ces trois faits, parce qu'ils complètent, avec ce que j'ai déjà dit sur notre propriété MIXTE, tout ce que je dois appliquer à la constitution de la propriété foncière dans les colonies civiles de l'Algérie.

Un arrondissement colonial doit être une *association*, ayant pour but l'exploitation du territoire ; c'est une *tribu* européenne, analogue, sous ce rapport, à la *société anonyme* d'Arcachon, près de La Teste.

Cette ASSOCIATION se composerait (selon la disposition des lieux et la nature des cultures, et en raison des conditions de sécurité et de salubrité) de *villages* et de *fermes*, ou de villages seulement, ou de fermes seulement.

Les *villages* seraient, dans la grande association de l'arrondissement, une ASSOCIATION spéciale de *fermes*, réunies dans une même enceinte, fermes dont le territoire *propre* serait parfaitement délimité.

La *ferme*, élément de la *commune*, qui elle-même est l'élément de l'*arrondissement*, serait encore une ASSOCIATION de *familles*, un *fundus*, un *douar*, et son territoire, cadastré et limité, serait *commun* quant à la culture, sauf celui consacré à chaque famille pour son jardin, dont elle aurait seule le soin, la jouissance, et même, à certaines conditions d'*ordre public*, la propriété.

En d'autres termes, pas de *familles* et de *maisons isolées;*

Pas de propriété *individuelle* du sol propre à la culture *commune*.

Culture *commune*, obligatoire pour tous, des terres de la ferme, par les familles qui la composent.

Jouissance *individuelle* des jardins et des habitations des familles.

Liberté de *vendre* et *transmettre* les maisons et les jardins, sauf adoption par l'autorité publique de l'acquéreur ou successeur, comme membre de la ferme.

Faculté laissée à l'association d'aliéner de nouveaux *jardins* et emplacements *d'habitation*, situés dans un territoire destiné à cet usage, dans le cas d'accroissement de population, soit directement dans le sein des familles, soit par l'adjonction de nouvelles familles, jugées nécessaires ou utiles, ou même agréables à la commune.

Ainsi, le territoire *agricole* de l'arrondissement, du village, de la ferme, remplirait la condition du *fundus* romain ; il serait *un tout dans des limites invariables*, posées par l'État, et ne pouvant être modifiées que par lui.

Comme dans les colonies militaires d'Autriche, l'élément social serait une association de familles, semblable au douar, et cet élément ne serait pas l'*individu*, comme en France.

Et, de même qu'en Bohême, la part de liberté serait faite à la faculté de *vendre* et *transmettre*, tout en limitant l'étendue de la propriété *individuelle* et empêchant la *divisibilité* de la terre.

Enfin, comme dans les sociétés anonymes de France, la propriété aurait le caractère *foncier* quant au *fond*, et *mobilier* quant au *titre*; elle serait *gérée* et *admi-*

nistrée par des *intéressés* dans l'association, sous la surveillance des délégués de l'autorité publique, et conformément à des *statuts* autorisés par le Gouvernement, acceptés par les intéressés et publiés officiellement.

Lors donc que des colons se présentent ou que le Gouvernement les appelle, la première chose n'est pas de leur distribuer *individuellement* des terres, comme on le fait aujourd'hui; c'est de les former en SOCIÉTÉ, de fixer les bases de leur association, de déterminer le nombre convenable de familles pour telle localité, l'étendue du territoire qu'elles occuperont, la forme de leurs villages et de leurs fermes, leur mode d'organisation et leur règlement de travail; en un mot, de les constituer en *corps* et de composer leur personnel *administratif*. Et j'entends ce mot comme il est compris dans les *sociétés anonymes*, et non pas comme s'il n'était question, ainsi que cela se passe dans l'*administration civile*, que des registres de l'état civil et de ceux du percepteur d'impôt.

Nous agissons à peu près d'une manière inverse; nous n'établissons jusqu'à présent, en Algérie, que des *individus* pris au hasard, n'ayant aucun lien entre eux; et lorsque nous leur avons donné des terres, un maire, des gendarmes et même un percepteur, et quelquefois un curé, nous croyons avoir fondé un *village colonial!* Il faut avouer que ce serait jouer de bonheur, si le percepteur était satisfait de l'*impôt*, le gendarme de la *police*, le maire de l'*ordre*, et le curé de la *moralité*, dans de pareils villages.

Et surtout, quel miracle! si de semblables agglomérations d'*individus* avaient la moindre force *collective* pour résister aux Arabes, ou pour combattre avec succès les puissantes exigences du sol et du climat! La plus faible tribu arabe dépouillerait facilement le plus *gros*, je ne peux pas dire le plus fort de ces villages; quelques maraudeurs suffiraient pour mettre sur pied, nuit et jour, tous ces petits bourgeois campagnards, gardant chacun son lopin de terre et sa gerbe de blé.

En Algérie, les grands travaux de la terre, labours, semailles, moissons, doivent se faire à peu près deux fois plus vite qu'en France; le climat l'exige. C'est pourquoi, à ces époques, les luttes entre les tribus cessaient, les caravanes n'avaient pas lieu, les villes se dépeuplaient, et enfin tous les bras se mettaient à l'œuvre agricole. Dans ces moments, les soins des troupeaux étaient même un peu négligés, et souvent la *grande culture* exigeait un déplacement de toute la tribu qui n'était pas favorable à la *pâture*. Réciproquement, chez les tribus où l'éducation des bestiaux était dominante, la culture de la terre était souvent sacrifiée aux exigences du pâturage. Comment concevoir un moyen de remplir ces conditions obligées de culture, avec la propriété *individuelle*, avec ce mode soi-disant d'*association*, où les associés disent: *Chacun pour soi?*

Nous qui habitons un climat fort doux et très-patient,

une bonne terre qui n'a pas une vigueur excessive, mais qui se prête à des milliers de cultures diverses, et qui d'ailleurs est préparée, éduquée, disciplinée par un travail possible toute l'année, et pratiqué, sinon avec art, du moins avec persévérance, depuis des siècles, une terre bien arrosée, saine, décorée par la main de l'homme beaucoup plus que par celle de la nature; nous qui n'avons pas, aux portes de nos villages, des tribus ennemies, et dans nos buissons des maraudeurs incendiaires et coupeurs de tête, nous pouvons, sans inconvénient trop grave, laisser à *l'individu* le soin de se battre avec la pacifique nature, et au *garde-champêtre* le soin de protéger les moissons; nous pouvons, le jour, affronter le soleil et les hommes, et la nuit reposer notre tête sur le chevet sans songer au yatagan. — Il n'en est pas de même en Algérie.

Ici surtout, puisque nous nous occupons de colonies *civiles*, par conséquent de réunions d'hommes ou plutôt de familles qui recherchent avant tout le plus de *sécurité* et la culture la plus *productive*, qui sont nécessairement *pacifiques* et *intéressés*, cherchons, encore plus que pour les colonies *militaires*, composées au contraire d'hommes habitués au *combat*, élevés au dévouement, et qui se livrent au travail agricole plutôt par *devoir* que par *goût* et *intérêt*, cherchons, dis-je, le moyen d'organiser ces familles pacifiques et intéressées, aussi *sûrement* et aussi *productivement* que le permettent la nature des lieux et le caractère des indigènes.

Et d'ailleurs, faisons remarquer un fait, auquel on n'attache pas en général assez d'importance. Si la nature du sol, du climat et de la population de l'Algérie s'oppose à la propriété individuelle, j'ajoute que la population européenne qui s'y est déjà portée et qui s'y portera, pour y cultiver le sol, *n'a pas besoin* de ce mode d'appropriation et *n'y songe même pas*.

Ceci paraîtra faux sans doute, et l'on opposera facilement à mon affirmation le désir très-connu de MM. les colons d'Alger et de Bône, qui tiennent beaucoup à la propriété *individuelle* de leur terre. Aussi n'ai-je pas parlé de ces messieurs, j'ai parlé de la population qui vient *pour cultiver*. Or, ces messieurs ne cultivent pas ; tous ont fait venir ou voulaient faire venir des familles européennes qui auraient *cultivé* leurs propriétés, mais qui n'auraient pas du tout été *propriétaires* de ce qu'elles auraient cultivé. Les colons d'Alger pensaient donc eux-mêmes, et ils pensent encore, qu'il est possible de trouver de ces familles de *vrais* cultivateurs, non propriétaires, qui peupleraient les campagnes de l'Algérie. Je ne dis pas autre chose ; j'ajoute seulement que, si c'est possible, c'est aussi nécessaire, c'est le seul moyen de coloniser. Les colons d'Alger croient que la propriété *individuelle* de la terre est une excellente chose, pour ceux qui *ne cultivent pas* la terre et qui en touchent le fermage ; mais que le *vrai* cultivateur peut s'en passer. La première partie de cette croyance est naïve, la seconde est vraie, de toute vérité; oui, même à Alger, aujourd'hui, le vrai cultivateur (il y en a peu) n'est pas *propriétaire*.

Quel est donc le changement que je propose d'apporter au mode d'appropriation pratiqué jusqu'ici ? C'est uniquement la transformation de la propriété *civile individuelle* en propriété *commerciale collective*; c'est la distinction entre le droit par le *titre* et le droit sur le *fond*. Je ne crois ni utile, ni juste de déposséder, de ruiner qui que ce soit; mais je crois juste et utile de soumettre à une forme *collective, sociale*, des intérêts *individuels* qui ont déjà ressenti eux-mêmes, et ont fait ressentir à la France, d'une terrible façon, les dangers de leur *isolement*.

Mais, dira-t-on peut-être, la propriété de la Rassauta était une société en commandite, dont le prince de Mir était gérant; elle n'a pourtant pas prospéré. — D'abord, aucune propriété n'a prospéré en Algérie, il n'est donc pas surprenant que celle de la Rassauta n'ait pas prospéré non plus; ensuite, la concession avait été faite non à une société, mais à un seul concessionnaire personnellement nommé; et d'ailleurs, cette propriété avait, comme toutes les propriétés de la Mitidja, le malheur d'être *isolée*, de n'être reliée par aucun système colonial à d'autres propriétés, d'être dirigée par un homme qui serait, je le crois, beaucoup plus propre au gouvernement *politique* de colonies européennes ou même de tribus indigènes, qu'à la direction *économique* d'un grand travail agricole. En outre, cette vaste exploitation était entreprise avec un *capital* insuffisant, sans *règlement d'administration*, sans *surveillance* directe du Gouvernement. Tout cela n'aurait pas eu lieu si, la société étant anonyme, comme je le propose, le Gouvernement avait examiné et approuvé ses *statuts*, et veillé à leur exécution. Enfin, et ceci est le point capital, les *employés* de cette association, c'est-à-dire les *fermiers*, n'étaient pas *intéressés* au succès et à la durée de l'entreprise; tandis qu'ils le seraient si, comme je le propose encore, le cultivateur était propriétaire du *titre* représentatif de la valeur éventuelle du fonds de terre *cultivé par lui*, et s'il était propriétaire incommutable de la maison *bâtie* et du jardin *planté par lui*.

Cette dernière condition, relative au cultivateur, exige un développement.

La base de l'organisation financière de la société serait celle-ci :

Création d'actions représentatives de la valeur *foncière;*

Création d'actions représentatives de la valeur *mobilière.*

Les premières, égales en nombre à celui des *fermes*, et divisibles par coupons pour chaque famille composant la ferme (deux coupons affectés au chef de ferme), et donnant pour jouissance une part correspondante dans les produits du travail de la ferme, déduction faite des frais généraux.

Les secondes, représentant le capital versé sur la terre par la société, pour les premiers frais d'établissement, d'assainissement, de défrichement et de mobilier agricole ; celles-ci, portant intérêt prélevé sur les bénéfices généraux de l'association, seraient remboursées successivement et par tirage, et au prix de fondation, d'une part, au moyen du prix des ventes faites par la société, du sol des jardins et des maisons ; de l'autre, par un amortissement pris sur les bénéfices généraux, dès que ceux-ci permettraient d'allouer aux actions mobilières un intérêt de cinq pour cent, le surplus étant partagé également avec cet amortissement.

Les *frais généraux* de chaque ferme comprendraient donc, outre les dépenses de culture de la ferme, une part due à la caisse générale de l'association, pour faire face, 1° aux *dépenses d'utilité générale* ; 2° à l'*intérêt*, et, dans certains cas, à l'*amortissement* des actions mobilières ; 3° enfin à l'*impôt* prélevé par l'État, impôt qui serait proportionnel aux progrès de la colonie.

Les *recettes générales* comprendraient, outre les fruits du travail, le produit des lots de terre, vendus, pour jardins ou maisons, à des cultivateurs ou des artisans qui viendraient se fixer sur le territoire de la société.

Rien de tout ceci ne paraîtrait impraticable en France, où il existe même des sociétés fondées à peu près sur ces bases ; mais est-ce possible en Algérie ? Trouvera-t-on des capitalistes qui consentent à courir de pareilles chances, dans un tel pays ? — C'est ce que nous examinerons dans les chapitres suivants, lorsque nous traiterons directement de l'organisation des colonies.

XIX. — J'ai promis de revenir sur les modifications à introduire dans la constitution de la propriété des tribus indigènes, quand j'aurais parlé de celle des colonies civiles et militaires ; reprenons donc ce sujet.

Nous verrons plus tard que l'Algérie peut être divisée en deux zônes distinctes, et nous justifierons cette division par les différences de race, de sol, de coutumes, de mœurs, et par les considérations politiques que fournit l'histoire. En ce moment, supposons admise cette division en une zône *intérieure*, généralement composée d'*Arabes* belliqueux, nomades, pasteurs surtout, et peu agriculteurs, et vivant sous la tente ; et en une zône *littorale*, généralement composée de *Kabiles*, pasteurs et agriculteurs, industrieux même et commerçants, vivant dans des chaumières et formant des villages et quelques villes.

On conçoit qu'il nous serait difficile de *détruire* ce que nous jugerions mauvais dans les coutumes des tribus de la zône intérieure, et que c'est une nécessité pour nous de *conserver* provisoirement leur constitution actuelle. Mais si nous voulons y *introduire* quelque chose de nouveau, n'oublions pas qu'il faut, pour cela, que cette création ne blesse point leurs *idées*, qu'elle y soit même conforme, et surtout qu'elle soit favorable à leur *intérêt*.

Ce serait donc folie que de chercher à porter atteinte au caractère *collectif* de la propriété dans ces tribus ; et, si nous voulions introduire la possession (je ne dis pas la propriété) *individuelle*, prenons garde de nuire à *l'unité* de la tribu, et cherchons si certaine possession de ce genre ne serait pas de nature à intéresser les Cheiks, les principaux chefs de famille, la tribu entière à la *stabilité*.

Voilà pourquoi la seule chose neuve qu'il y ait à faire dans ces tribus, me paraît être ce que j'ai dit : bâtir le manoir du Cheik, la mosquée, le tribunal du cadi et la fontaine ; faire planter des jardins.

Toutefois, notre prétention à *gouverner* les Arabes nous oblige et nous permet de *conserver* et de *détruire* beaucoup de choses qu'ils auraient désiré que le gouvernement turc conservât ou détruisît ; ce que celui-ci n'a jamais voulu ou su faire.

Il faut conserver, garantir leur richesse et leur vie ; il faut détruire et combattre les motifs de lutte entre les tribus ; or, l'administration des Turcs les dépouillait, et la politique des Turcs était fondée sur le principe : *diviser pour régner*, dont il est facile de faire ressortir l'absurdité, en donnant au mot régner sa véritable acception française, puisqu'alors ce principe se traduirait ainsi : *diviser pour associer*. Néanmoins, ne faisons pas les Turcs plus ignorants en politique qu'ils ne le sont ; ce n'est pas de ce côté qu'ils pèchent. Exciter la division est un principe propre à tenir dans la soumission et à exploiter facilement des *esclaves*; les Turcs, qui voulaient que leurs *sujets* fussent des *esclaves* ou tout au moins des serfs, faisaient donc preuve d'intelligence en le mettant en pratique. Pour nous, qui ne voulons plus d'esclaves, de serfs, et pour ainsi dire plus de *sujets*, la position est différente; or, si ce n'est pas, à beaucoup près, la mission *principale* d'un gouvernement français de *semer* et d'*exciter* la division, mais au contraire de la *prévenir* et de la *réprimer*, il sera bon cependant que nous sachions profiter de celle qui existe entre les races et les tribus de l'Algérie, pour entretenir une émulation, une rivalité, un contrôle réciproque, qui, contenus dans de justes limites, seront même utiles au progrès de l'harmonie sociale. Nous aurons plusieurs occasions de signaler ce principe comme très-légitimement applicable aux rivalités naturelles et anciennes des diverses classes de la population indigène.

Donnons protection et sécurité aux tribus amies, et opposons-nous aux luttes qu'elles se font entre elles, et qui les ruinent et les déciment. Ce doit être le principal but des colonies militaires, dont le but *secondaire* serait de soumettre par la force les tribus qui nous sont hostiles. Jusqu'à présent, nous n'avons songé à atteindre que ce second but, et nous avons complètement négligé l'autre; c'était le moyen de n'en atteindre aucun.

Lorsque nous nous occuperons de l'organisation des colonies militaires et de leurs rapports avec les tribus de l'intérieur, nous aurons lieu d'indiquer comment cette protection doit être organisée ; mais dès à présent nous devons dire que l'un des principaux motifs de lutte entre les tribus étant l'imparfaite délimitation de leur territoire, on préviendrait ces petites guerres civiles, en régularisant ces limites d'une manière officielle et bien claire, en les faisant respecter avec grande sévérité, en profitant avec art des limites naturelles, enfin, en plaçant nos propres colonies entre les tribus, ou du moins de manière à dominer ces larges territoires neutres qui forment leurs limites aujourd'hui, et qui sont par conséquent incultes et leur servent de champ de bataille[1]. Telle est la plus grande modification à introduire dans le régime de la propriété des tribus de *l'intérieur*.

Les tribus du *littoral* permettent et exigent des modifications plus profondes au *droit* de la propriété musulmane. J'ai déjà dit qu'en *fait* l'organisation de la propriété chez les Kabiles, qui sont sédentaires, villageois même, industrieux, se rapprochait de la *coutume* des villes, et que *l'usage* consacrait souvent la

---

[1] Dans la plaine de Sétif, dans la Medjana et dans l'Est de la province de Constantine, il y a des espaces de trois lieues de large entre des tribus qui n'oseraient, ni l'une ni l'autre, y faire paître un mouton, et dans lesquels un troupeau qui s'y aventurerait serait inévitablement volé par la tribu voisine ; et, de là, la guerre.

location, la *transmission* par héritage, et quelquefois la *vente* de la propriété foncière ; mais dans cette zône, et généralement dans les plaines et vallées qui aboutissent à la mer, par conséquent dans les lieux que nous occupons principalement, se trouvent, en général, des tribus *arabes*, assez faibles relativement aux tribus de la zône intérieure, peu belliqueuses, habituées de longue main à la soumission, parce que leur territoire ouvert les laissait à la merci des Turcs ; ces tribus nous sont soumises par la même raison ; ce sont celles que déjà nous gouvernons, ou du moins celles qui nous payent un léger impôt, nous fournissent nos troupes indigènes et alimentent nos marchés. Ce sont donc ces tribus que nous devons *organiser*, que nous pouvons le plus facilement modifier, qui en ont même un besoin pressant, dans leur propre intérêt, et pour leur défense contre les tribus *arabes* de l'intérieur et contre les *Kabiles* du littoral, qui, de tout temps, les ont pillées.

Or, ces tribus vivent, comme les Arabes de la zône intérieure, sous la tente ; chez elles la propriété est *collective;* plusieurs de leurs douars, autrefois, cultivaient comme *quinteniers*[1] les biens *melks*, des citadins et les terres du beylik ; mais, dans le sein de la tribu, la propriété *individuelle* était ignorée. Ces tribus

---

[1] Fermier au cinquième, comme le métayer l'est à la moitié.

avaient très-peu de jardins et de plantations, ne cultivaient que des céréales, et ne possédaient pas de grands troupeaux qui auraient tenté la cupidité de leurs voisins Kabiles ou Arabes, bien plus riches qu'elles sous ce rapport.

Evidemment, dans ces lieux, une pareille manière de vivre était bien plutôt la conséquence de l'état politique du pays que de la nature du sol et même du caractère des habitants. Remarquons, en effet, que ces tribus occupent des contrées, qui, dans tous les temps, sous les Carthaginois, sous les Romains, sous les Turcs, ont été les grandes routes de l'Algérie. Sans prétendre que leurs ancêtres aient été jadis les riches bourgeois de ces villes romaines, dont on rencontre partout les traces, on doit penser, en voyant ces nombreuses ruines, que le sol et le climat n'exigent pas impérieusement la tente et le douar de vingt à trente tentes, et que ces plaines, dépouillées et desséchées aujourd'hui, ont dû et peuvent encore être plantées et arrosées. Et si l'on songe aussi que les Turcs, les Arabes et les Kabiles prennent tout ce qu'ils peuvent prendre, et détruisent tout ce qu'ils touchent, on s'expliquera facilement comment ces grandes routes sont aujourd'hui dans un tel état de nudité et de misère; mais on ne désespérera pas de l'avenir.

Ces tribus arabes, pacifiques, soumises, formeront villages quand nous voudrons, et je dirais presque où nous voudrons; mais évidemment il faudra les y aider.

L'un de ces Arabes, devant qui je m'étonnais de ce qu'il n'habitait pas, avec son douar, des maisons que, sous le règne très-exceptionnel de Salah, Bey de Constantine, un de ses pères avait fait construire, me répondit : Il en a trop coûté à mon père de les habiter ; il a voulu les *défendre*, il y a été tué ; s'il était parti à cheval, avec ses troupeaux chargés de ses tentes et de ses richesses, mieux eût valu pour lui. — Ces tribus, plus sages que nous dans la Mitidja, ne bâtiront pas, ne planteront pas, tant qu'elles ne seront pas sûres d'être *protégées* ; c'est sous ce rapport, je le répète, que nous devons les *aider* à former des villages.

Chez elles, ne craignons pas d'introduire le besoin de la *possession* individuelle, par la *disposition* libre des jardins et habitations, et par la *jouissance* assurée des terres cultivées, plantées, jouissance qui est aujourd'hui à la merci du Cheik ; combattons et limitons avec soin, dans ces tribus, l'autocratie *administrative* et *judiciaire* du Cheik, elle est trop spoliatrice ; mais conservons son autorité *politique* et de *police*, qui est généralement protectrice et patriarchale. Conservons aussi, du caractère *collectif* de la propriété, ce qui ne s'oppose pas à un partage égal entre la grande et la petite culture, et à l'indépendance de famille. Le douar donne bien cette indépendance, mais elle serait perdue dans un village où plusieurs douars seraient réunis, si l'autorité du Cheik devenait immédiate sans être tempérée, s'il était distributeur absolu de la terre, seul percepteur de l'impôt et juge unique ; qu'il soit très-puissant comme directeur du *travail*, comme régulateur de l'*ordre*, c'est assez ; enfin, donnons à la *possession* de la terre et à la *jouissance* de ses fruits, des garanties *individuelles*, et au travail une grande puissance *collective*.

Ces tribus indigènes sont celles qui se rapprocheront le plus facilement de notre *civilisation*, et ce sont elles qui avoisineront de plus près nos colonies *civiles* ; ces dernières doivent donc être les modèles que nous chercherons à leur faire imiter ; de même (ceci est difficile à dire, mais cela est vrai), de même que la tribu arabe de l'intérieur est, sous bien des rapports, le modèle que nos colonies militaires devront s'efforcer de surpasser. Vienne le jour où une colonie militaire française surpassera en nombreux troupeaux la tribu des Harakta ou celle des Abd-el-Nour, en riches moissons les Hachem, en tempérance une tribu quelconque, en promptitude à la guerre tous ces Numides, en résignation pleine d'espérance devant le malheur, devant les souffrances et la mort même, ces fidèles croyants !

Enfin, pour les tribus *Kabiles*, quoique nous ayons encore fort peu d'influence sur celles qui, protégées contre les Turcs par leurs montagnes, sont établies dans des villages bâtis, sur des terres plantées, et forment même des villes, l'exemple de celles-ci nous prouve que les Kabiles qui nous avoisinent sont également propres à former ces réunions *fixes* de bourgs agricoles et industrieux, qui ont besoin, en Algérie comme en France, comme partout, de plus de liberté dans les *choses,* par compensation de l'indépendance dont elles privent en partie les *personnes.* C'est donc la constitution de la propriété dans les *villes* de l'Algérie qu'il faudra avoir en vue de réaliser progressivement dans ces tribus, en facilitant surtout la mobilité de leur richesse industrielle et commerciale, et en donnant sécurité à leur richesse foncière.

Je puis aborder maintenant, d'une manière plus générale, la COLONISATION EUROPÉENNE, et l'ORGANISATION DES INDIGÈNES des villes et des campagnes, en m'appuyant sur les principes qui m'ont servi pour asseoir la CONSTITUTION DE LA PROPRIÉTÉ DANS L'ALGÉRIE FRANÇAISE.

IIe PARTIE.

COLONISATION EUROPÉENNE *.

AVANT-PROPOS. La colonisation, anarchique jusqu'ici, doit être régulière.

Ier CHAP. Lieux et ordre favorables à la fondation des colonies civiles et militaires.

IIe CHAP. Personnel et matériel des colonies civiles et militaires.

* Voir à la Conclusion ce qui concerne la population européenne des villes.

AVANT-PROPOS.

LA COLONISATION, ANARCHIQUE JUSQU'ICI, DOIT ÊTRE RÉGULIÈRE

I. — Depuis la frontière de Maroc jusqu'à celle de Tunis, sur une longueur de deux cent cinquante lieues et une profondeur de vingt-cinq à trente, nous avons, depuis douze ans, déterminé successivement les points dont nous devions nous emparer et qu'il fallait occuper militairement. Ce fut d'abord Alger, puis Oran, puis Bône et Bougie; ensuite Constantine, Jigelli et Cherchel; quelque temps après, Médéa et Miliana, et en dernier lieu Mascara et Tlemcen. Je n'ai pas à examiner si cette succession d'entreprises et d'établissements militaires a été l'effet d'un système bien médité; il me suffit de faire remarquer que cette occupation de l'Algérie n'a pas été simultanée, et que l'on n'a pas cru indifférent de commencer par tel point plutôt que par tel autre.

Et lorsque chacune de ces villes a été prise, on a immédiatement arrêté et exécuté un système de défense de ces villes, on a fixé le nombre des troupes qu'on y laisserait, on a vite entrepris la construction de redoutes, de forts, de blockhaus, dans *les points* jugés les meilleurs pour en assurer la sécurité.

Je crois qu'il serait prudent d'employer des mesures analogues à ces procédés de conquête et d'occupation, quand nous songerons réellement à coloniser.

Nous ne pouvons pas coloniser d'un seul coup toute l'Algérie ; nous devons donc décider *par quels points* il est bien de commencer ; il faut aussi déterminer le chiffre et la nature de la population coloniale que nous devons appeler sur ces points ; il faut arrêter comment nous devons la placer, l'organiser, et quels sont les travaux qu'elle doit entreprendre, pour que cette population soit, s'il est possible, une nouvelle condition de force et de richesse pour nous, et non pas une cause d'affaiblissement et de ruine.

Nous sommes loin d'avoir eu jusqu'ici cette prévoyance générale ; aussi tout le monde sait le résultat des tentatives coloniales que nous avons *laissé faire*, au hasard, en désordre, ici, là, dans des lieux malsains, sur des points sans cesse menacés, par des hommes qui n'avaient aucun lien entre eux, et qui se perdaient à l'aventure ou nous imposaient d'immenses sacrifices pour protéger leur folle entreprise et sauver leur propre personne.

II. — Nous avons cru, nous qui éprouvions pourtant de si grandes difficultés, pour nous établir en Algérie *militairement*, avec l'ordre et la discipline qui règnent dans l'armée, avec la force dont elle dispose, nous avons cru qu'en disant aux colons : Placez-vous où vous voudrez, comme vous voudrez, isolés si cela vous plaît, réunis si cela vous arrange ; allez en liberté cultiver un pays où nous ne pouvons nous maintenir, nous autres soldats, qu'en rangs serrés et l'arme au bras; nous avons cru, dis-je, que nous formerions ainsi une colonie!

Un de nos gouverneurs, M. le maréchal Valée, qui avait été frappé, à ce qu'il paraît, des tristes résultats obtenus par cette absence de principe d'ordre, ou mieux encore par ce principe de désordre, réagit, dès qu'il prit le gouvernement de l'Algérie, contre cette colonisation désordonnée; la réaction alla même jusqu'à défendre absolument la vente de la terre dans la province de Constantine ; plus tard, dans la province d'Alger, lorsque la guerre recommença, le Gouverneur prévint les colons aventurés dans la plaine qu'ils ne devaient pas compter sur lui pour défendre leurs propriétés; et cependant, plus tard encore, forcé de songer à la colonisation, autrement que pour *l'empêcher* dans la province de Constantine et *ne pas la protéger* dans la province d'Alger, il s'occupa lui-même de colonisation, mais voulut y apporter des principes d'ordre et de prévoyance; il fixa *les points* qu'il voulait coloniser, le *nombre de familles* qui y seraient appelées, et imposa quelques conditions d'*appropriation individuelle* et de *services communs*, qui annonçaient que l'époque de la colonisation *anarchique* était finie. Je n'examine pas maintenant si ces points étaient bien choisis, si c'est par Blida, Koléa et Cherchel qu'il est le plus utile de *commencer* à coloniser, si les conditions imposées aux colons étaient celles qui conviennent; je remarque seulement que, par cette mesure, le Gouvernement a *commencé* à remplir son rôle, qu'il a commencé à *gouverner* la colonisation.

III. — Je le répète, c'est à ces derniers actes du gouvernement de M. le maréchal Valée, que se termine réellement une longue période d'anarchie coloniale, et que commence pour l'Algérie une ère nouvelle. Jusqu'à cette époque, tout le monde a fait de la colonisation où il a voulu et comme il l'a voulu ; une seule *personne* n'en avait pas fait, et n'avait pas même dit comment elle voulait la faire ; cette personne, c'était le Gouverneur général de l'Algérie.

M. le maréchal Clauzel a fait, il est vrai, de la colonisation, et a montré comment il voulait la faire; mais il ne l'a pas faite en sa qualité de Gouverneur, et n'a pas dit qu'elle dût être faite *sous la direction* éclairée et prévoyante du Gouvernement; il a professé et pratiqué le système de colonisation *libre, individuelle*, ce fameux système du *laissez-faire* qui a été inventé à l'usage des peuples qui ont un Gouvernement incapable et corrompu. Ce système est inapplicable à la colonisation de l'Algérie, et cela par une raison fort simple; c'est que cette colonisation est impossible, tout-à-fait impossible, avec un Gouvernement incapable et corrompu.

A ce titre, félicitons-nous encore de l'admirable instinct qui nous a fait prendre et conserver l'Algérie, puisque l'indispensable nécessité d'apporter, dans notre gouvernement d'Afrique, capacité et moralité, contribuera certainement à donner au gouvernement de la France elle-même ces deux conditions de force et de durée.

IV. — Les idées que je vais émettre sur la colonisation de l'Algérie supposent donc, j'en conviens à l'avance, que le gouvernement de l'Algérie, et pour parler sans figure, que le Gouverneur et les hommes qui l'entourent, ont un *système* de colonisation étudié et réfléchi; que leur position les met à même de *savoir, mieux que tous*, comment doit être *dirigée* cette colonisation; et que cette même position leur donne, *plus qu'à tous*, le *pouvoir* de la bien diriger. Je suppose, en outre, qu'ils sont pénétrés, *plus que tous*, de l'importance française de cette grande entreprise, et que l'intérêt de leur propre réputation, de leur gloire, de leur *fortune* même, les sollicite, *plus encore que tous les colons*, à contribuer au succès général de la colonie.

Peut-être dira-t-on que toutes ces hypothèses sont des utopies, et qu'en réalité les choses ne se passent pas et ne sauraient se passer ainsi. A cela je répondrai que si toutes mes suppositions ne deviennent pas des réalités, c'est-à-dire si nous avons un gouvernement *sans système*, une administration qui *sache moins* et qui *puisse moins* que les administrés, une autorité moins soucieuse que les colons du *succès* de la colonie, nous ne fonderons rien en Algérie, et nous continuerons à y prodiguer inutilement et puérilement notre argent et notre sang.

J'admets très-bien qu'une vieille société puisse vivoter au jour le jour un certain espace de temps, quand bien même les hommes qui *savent* et qui *peuvent* seraient gouvernés, tandis que l'*ignorance* et l'*impuissance* trôneraient; mais avec de pareilles conditions, il est impossible de rien *fonder*, de rien entreprendre de *neuf;* c'est l'anarchie, c'est le monde renversé; ce qui est en haut devrait être en bas, ce qui est en bas en haut; c'est, en un mot, l'âge social où se font les *révolutions qui détruisent*, mais non pas celles qui *créent;* c'est la France de 1780 à 1793.

Or, longtemps encore après que ce renversement inévitable est opéré, et que la société s'est, pour ainsi dire, *retournée*, beaucoup d'hommes conservent, par éducation et par habitude, le principe qui a très-légitimement provoqué et favorisé ce bouleversement. Bien des gouvernés prétendent *savoir* et *pouvoir* plus que les gouvernants, et quelques gouvernants eux-mêmes sont souvent disposés à croire qu'en effet il doit en être ainsi; c'est ce qui s'appelle, dans l'histoire des nations, l'époque de la *souveraineté du peuple,* pendant laquelle, en effet, les gouvernants marchent à la remorque des gouvernés, ou du moins sont obligés d'employer des moyens détournés [1] pour les entraîner, et, s'il faut le dire, de paraître vouloir le contraire de ce qu'ils désirent leur faire faire [2].

En pareille circonstance, la société est divisée en deux parties à peu près égales, qui se font contre-poids ; le gouvernement à *bascule* est inventé, on cherche entre le parti du *pouvoir* et celui de *l'opposition,* entre le *oui* et le *non,* un certain équilibre impossible, puisqu'il n'est ni oui ni non ; on oscille, mais on ne marche pas ; on hésite, on doute, on ne fait rien, mais l'on *parle* beaucoup. Cette époque est nommée *parlementaire.*

---

[1] Ainsi, les fortifications de Paris ont été votées par l'opposition, non pas pour elles-mêmes, mais parce que l'opposition a pu espérer que le Gouvernement était prêt à déclarer et faire la guerre que demandait l'opposition.

[2] Je demande, par exemple, si la conservation de l'Algérie, depuis 1830, n'est pas due, en grande partie, à ce que l'opposition a cru que l'intention du Gouvernement était de l'abandonner. Ce fut une réaction contre l'opinion supposée au pouvoir, et contre les intentions connues d'une nation rivale ; ce n'était pas, pour l'opposition, une conviction motivée. L'Algérie, d'ailleurs, était un legs de la Restauration, dont bien des gens n'auraient pas voulu se charger, s'ils avaient cru que la dynastie nouvelle voulût sincèrement l'accepter.

Enfin il arrive un moment où l'on commence généralement à rougir de l'impuissance d'un grand peuple qui ne peut plus rien faire de grand ; où l'on réfléchit, en bas comme en haut, à la cause réelle de cette impuissance ; où l'on s'aperçoit que les gouvernants *n'osent pas gouverner*, et que les gouvernés *ne veulent pas obéir*, parce que, des deux côtés, on ignore également ce que l'*intérêt de tous* réclame ; et alors les hommes qui brûlent de rendre à leur patrie sa grandeur perdue, qui souffrent de la voir s'épuiser dans des luttes intestines, dans des entreprises mesquines ou entravées si elles sont capitales, qui sont ennuyés de son vain *parlage*, et honteux de la voir déchue du rang qu'elle occupait dans l'assemblée des peuples ; ces hommes appellent de tous leurs vœux le moment où un gouvernement, digne représentant des destinées sociales, *osera commander*, et où le peuple s'empressera et se glorifiera d'*obéir*.

Pour l'Algérie en particulier, j'espère qu'il en sera ainsi, sans cela je ne prendrais pas la plume ; j'espère que le Gouvernement *saura* ce qu'il faut faire pour coloniser, qu'il *osera* l'ordonner avec vigueur et l'accomplir avec persévérance, et qu'il inspirera ainsi l'*obéissance* ; parce que, pour une pareille œuvre, pour fonder une société nouvelle, et surtout une société composée de deux populations très-différentes, il faut, plus que dans toute autre circonstance, j'en ai la conviction profonde, il faut à un très-haut degré un pouvoir intelligent, vigoureux, unitaire, despotique même, et non pas un gouvernement parlementaire.

Cet *avant-propos* m'a paru nécessaire, parce qu'il m'arrivera sans doute plus d'une fois de blesser ce que je ne crains pas d'appeler les préjugés des hommes qui pensent que, partout et toujours, il est bien d'entourer le pouvoir d'une surveillante défiance, de le contrôler, de lui lier les bras, enfin d'empêcher le *pouvoir* de *pouvoir;* ces mêmes personnes veillent avec un soin extrême à l'*indépendance* presque absolue du citoyen, c'est-à-dire de l'homme qui doit être *dépendant*, par définition et par position, puisque ce n'est pas lui qui *gouverne et commande*, mais, au contraire, lui qui *est gouverné et doit obéir.*

Pour l'Algérie, et en présence d'un peuple qui sait très-bien commander et très-bien obéir, mais qui attend, lui aussi, qu'on lui dise ce qu'il faut commander et à qui il doit obéir, il est indispensable que l'autorité française sache commander, car elle n'inspirerait pas sans cela le respect aux Arabes ; et que la population européenne sache obéir, car les Arabes sentent très-bien ce que donne de force l'obéissance, et il faut qu'ils nous sentent forts comme *peuple*, aussi bien qu'ils nous ont senti forts comme *soldats disciplinés et obéissants.* Il faut que nos villages en imposent à leurs tribus, et, je le répéterai à satiété, il n'y a pas un village de France qui ne parût et qui ne fût une proie facile pour la moindre tribu arabe.

Je serais donc tenté de solliciter l'indulgence des hommes auxquels le pouvoir, quel qu'il soit, inspire la défiance ; leur indulgence pour le pouvoir français, *en Algérie*. Je voudrais qu'ils consentissent, au moins comme à une nécessité temporaire, mais enfin une nécessité, à l'établissement d'une autorité coloniale, qui ne serait pas calquée sur la pâle autorité que nous possédons en France, quitte à limiter, balancer, contrôler, enchaîner ce pouvoir, lorsque les fondations de la colonie seront largement creusées et solidement bâties, ou bien dès que les Arabes seront convertis à la foi parlementaire ; nous aurions du temps devant nous.

Mais c'est assez et peut-être trop de préambules, arrivons à la question.

V. — L'établissement de la colonie européenne, ai-je dit, ne peut pas être instantané ; nous ne pouvons pas transporter immédiatement en Algérie la population qui devra successivement s'y fixer ; il faut donc, avant toutes choses, déterminer *les points* par lesquels il convient de commencer, et indiquer progressivement, à mesure que ces premiers points seront solidement occupés, quels sont ceux qui doivent, à leur tour, être livrés à la colonisation.

Cette question préalable une fois résolue, le Gouvernement devra fixer lui-même la position des villages, leur forme, le nombre des familles et des maisons qu'ils doivent renfermer, l'étendue des terres qui composeront le territoire de la commune, la division de ces terres, conformément aux besoins de sécurité, de salubrité, de communications, d'irrigations et de culture ; il déterminera le nombre et la nature des édifices publics, les routes et canaux, les travaux généraux d'assainissement, de défense et de défrichement ; il fera dresser le plan de cette commune, avec toutes les indications ci-dessus.

S'il procède ensuite à la concession des territoires *cadastrés* et *préparés* par lui, il aura dû publier à l'avance ses intentions sur la manière dont le village sera non-seulement *administré* mais *gouverné,* sur les obligations *communales* imposées à tous les habitants, pour la garde des terres, la défense du village et les travaux d'intérêt général ; enfin sur la nature du droit qu'il concède et des obligations que contractent les concessionnaires, soit pour l'espèce et l'étendue de la culture, soit pour la durée de la concession et les conditions de résiliation ou d'annulation, soit pour la conservation et l'observation des formes *administratives* et *directrices* qu'il établira.

Les conditions qui précèdent peuvent être résumées de la manière suivante :

Dans quels *lieux* et dans quel *ordre* faut-il procéder à la fondation des colonies ?

Quel sera le personnel et le matériel de ces établissements civils ou militaires ?

L'examen de ces deux questions fait l'objet des deux chapitres de cette seconde partie.

CHAPITRE PREMIER.

LIEUX ET ORDRE FAVORABLES A LA FONDATION DES COLONIES CIVILES ET MILITAIRES

I. — *Sécurité*, *salubrité*, *fertilité*, telles sont les trois conditions qui doivent déterminer le choix d'un établissement colonial. Lutter sans cesse contre des *hommes* ennemis, contre un *climat* mortel ou contre un *sol* aride, c'est se condamner à l'*inquiétude*, à la *maladie*, à la *misère*. Les travaux *militaires*, ceux d'*assainissement* et enfin de *défrichement*, sont donc trois mesures GÉNÉRALES qui doivent précéder tout établissement, et ces travaux doivent être naturellement entrepris d'après un système *politique, hygiéni-*

que et *agricole*, qui soit basé sur l'état des *populations*, du *climat* et du *sol*. Telle est l'œuvre préparatoire qui appartient d'une manière spéciale au GOUVERNEMENT, et qu'il doit accomplir avant d'autoriser des tentatives *individuelles*, qui seraient impuissantes à concevoir et à réaliser ces trois premières conditions GÉNÉRALES d'établissement.

Si ces trois mesures sont nécessaires au bien-être futur de la colonie, si l'on peut apprécier par elles les probabilités de succès ou de revers qui l'attendent, elles ont déjà dû porter leur fruit dans les temps qui nous ont précédés, elles ont dû être déjà en rapport avec la fortune diverse des populations qui ont habité l'Algérie, comme aborigènes ou par droit de conquête; en un mot, l'histoire peut nous dire, aussi bien que la statistique actuelle du pays, dans quels *lieux* se sont placées les populations les plus *sociables*, quels sont ceux où l'on trouve le climat le plus *sain* et la terre la plus *fertile*.

Remarquons-le d'ailleurs, il existe entre ces trois choses un lien nécessaire qui permet de les découvrir toutes trois en ne recherchant que l'une d'entre elles, puisque, de tout temps, les populations les plus sociables ont occupé généralement les parties les plus saines et les plus fertiles des territoires qu'elles possédaient.

Toutefois, les données de l'*histoire*, qui nous raconte la vie des peuples, doivent être appuyées de considérations *géographiques* et *économiques* qui confirment qu'en effet, là où étaient fixées les sociétés les plus civilisées, là aussi la configuration du sol et la nature du climat se prêtaient à leur développement, là aussi la fertilité de la terre favorisait leur richesse; car des circonstances *politiques* pourraient avoir gêné leurs dispositions naturelles dans le choix de leur habitation.

Depuis l'occupation romaine, l'Afrique carthaginoise nous est assez connue; nous savons la forme générale que cette conquête lui a donnée; et, depuis lors, deux grands évènements, l'invasion arabe et l'établissement du gouvernement des Turcs, sont encore venus nous révéler clairement les principales conditions de sa vie.

II. — Une circonstance commune à ces trois phases de l'histoire de l'Afrique Septentrionale, circonstance qui tient, il est vrai, en grande partie à la position des contrées d'où venaient les conquérants, mais qui ne tient pas seulement à cette cause, ainsi que nous le montrerons tout-à-l'heure, c'est que la *conquête*, l'*occupation*, et je dirais aussi la *colonisation* (quoique ce mot ne puisse s'appliquer que par extension forcée à la période de l'administration turque), se sont faites de l'est à l'ouest. Non-seulement les conquérants marchaient dans cette direction avec leurs armées, mais ils suivaient la même route pour organiser et civiliser progressivement le pays conquis.

Si bien que Rome, par exemple, pendant sa longue domination d'Afrique, a toujours conservé (depuis

Carthage jusqu'à l'Océan) son caractère purement *militaire* dans l'ouest, tandis qu'elle avait porté tout son ordre *civil* dans l'est. De même, les Arabes, après avoir fondé passagèrement leur capitale d'invasion à Kairouan, à mi-chemin d'Égypte en Espagne, n'organisèrent solidement leur gouvernement qu'en Espagne même, tandis qu'ils étaient harcelés en Afrique, à Fez, à Maroc, à Tlemcen, par les révoltes continuelles des tribus indigènes. Et enfin les Turcs, qui ont successivement étendu leur empire sur toute la côte de la Méditerranée, depuis l'Asie-Mineure jusqu'à Oran, se sont arrêtés à ce dernier point, et le Sultan de Constantinople a trouvé, dans Maroc, un Sultan rival, de race indigène, qui a limité l'empire, soi-disant universel, du successeur du prophète.

J'ai dit que cette marche des conquérants n'était pas due seulement à ce que ceux-ci partaient des contrées orientales, et s'éloignaient par conséquent de la mère-patrie à mesure qu'ils marchaient vers l'ouest; la preuve en est dans l'établissement brillant des Arabes en Espagne. Certes, si l'Algérie avait semblé aussi favorable que l'Espagne à leur établissement, ils l'auraient préférée, puisqu'elle était moins éloignée des villes saintes; tandis qu'au contraire, sur toute la ligne qui joint le Caire à Cordoue, les Califes n'ont posé qu'en passant leur tente à Kairouan, et les Arabes n'ont pas laissé, sur cette longue route, un seul monument qui annonçât la volonté de s'y fixer pour des siècles. C'est donc par d'autres considérations que celle de l'éloignement de la mère-patrie, que se forment les établissements fixes d'une conquête.

Quant aux Romains, si Carthage est le point de l'Afrique le plus rapproché de Rome, *Saldœ* n'était guère plus loin de Rome qu'*Adrumette; Césarée* n'en était pas plus éloignée que *Gabes*, et enfin *Lambesa* était plus difficile à atteindre qu'Oran; et pourtant, nous voyons les Romains former leur première province du territoire qui est aujourd'hui une partie de la régence de Tunis, puis organiser la Numidie, ensuite coloniser la Mauritanie de Sétif, mais rester en armes dans la Mauritanie Césarienne et dans la Tingitane. Le christianisme lui-même confirme, par l'histoire de l'Église d'Afrique, cette marche de la civilisation de l'est à l'ouest; après Carthage, Hippone, Cirta et Mila, quelles sont les villes dont l'Église a rendu le nom célèbre? — Dans un mémoire sur la *division territoriale établie en Afrique par les Romains*[1], mon collègue et ami, M. Carette, a fait remarquer que le nombre des évêchés diminuait dans une progression très-rapide, en allant de l'est à l'ouest; que le nombre des villes portant le nom de *colonia* diminuait également dans cette direction, à mesure que croissait, au

---

[1] Tableau de la situation des établissements français dans l'Algérie en 1840, publié par le Ministre de la guerre. *Appendice*, p. 305.

contraire, le nombre des noms indicateurs de camps, de forteresses, d'établissements militaires ; que l'est renfermait plusieurs lieux désignés par le nom d'*horrea*, tandis que l'ouest n'en renfermait aucun ; que, dans tous les écrivains anciens, les mots qui rappelaient la fertilité de la terre et la facile soumission des habitants, s'appliquaient à la partie orientale, et que ceux qui rappelaient au contraire la rigueur du climat, l'aridité du sol et la férocité des habitants, s'appliquaient surtout à la partie occidentale [1] ; enfin, que les révoltes principales contre l'autorité romaine partaient toujours de l'ouest.

---

[1] Les citations suivantes, d'Horace seul, résumeront l'opinion des anciens.

Od. 22, lib. I :

..... *Jubæ tellus*..... leonum
Arida nutrix.

Od. 23, lib. I :

Atqui non ego te, tigris ut aspera,
Gœtulusve leo, frangere persequor.

Od. 10, lib. III :

Nec *Mauris* ...... mitior anguibus.

Od. 1, lib. I :

... . Si proprio condidit horreo
Quidquid de *libycis* verritur areis.

Od. 2, lib. II :

Latius regnes avidum domando
Spiritum, quam si *libyam* remotis

Et quant aux Turcs, outre ce que j'ai déjà dit de leur envahissement successif des côtes orientale et méridionale de la Méditerranée, jusqu'à Oran, si nous limitons même la question à leur établissement dans la régence d'Alger, toujours bien moins soumise à la Porte que celles de Tunis et de Tripoli, et infiniment moins que le pachalik d'Égypte et celui de Syrie, nous reconnaîtrons qu'indépendamment de l'importance du port d'Alger, comme capitale d'un Gouvernement dont la piraterie était une des principales ressources, les trois grandes divisions de la régence, Constantine, Titteri et Oran, étaient entre elles dans un rapport conforme à la thèse que je soutiens. Le beylik de Constantine était un vrai royaume dans le royaume; sa nombreuse population, l'étendue et la richesse de son territoire, ses relations faciles avec la fertile régence de Tunis, sa profondeur dans l'intérieur des terres, l'élévation, et par conséquent la température de la plus grande partie des terres cultivables, enfin la douceur

---

Gadibus jungas, et uterque Pœnus
Serviat uni.

Od. 16, lib. III :

Puræ rivus aquæ, sylvæque jugerum
Paucorum, et segetis certa fides meæ
Fulgentem imperio *fertilis Africæ*
Fallit sorte beatior.

D'un côté, les lions, les serpents, la férocité, l'aridité; de l'autre, la richesse, la fertilité, la puissance.

d'une population qui se laissait gouverner par quelques centaines de Turcs, faisant chaque année une promenade de perception d'impôts, rendaient cette province et son bey incomparablement supérieurs aux beyliks et aux beys de Titteri et d'Oran. Et ajoutons aussi ce qui a été souvent signalé, à propos d'Abd-el-Kader et de son père Maheddin, que c'est toujours dans l'ouest qu'ont eu lieu des protestations de tribus indépendantes et belliqueuses, et des tentatives de révolte contre la domination des Turcs.

III. — Si ces considérations générales sur les trois grandes conquêtes de ce pays que nous possédons aujourd'hui sont vraies, ne devons-nous pas profiter pour nous-mêmes d'un pareil enseignement, surtout si nous y ajoutons, pour la France et pour notre époque, d'autres motifs encore qui doivent nous faire suivre la même route?

Pour la France, la considération de la distance de la métropole est à peu près indifférente; néanmoins les trois ports de Toulon, Marseille et Cette sont plus rapprochés de Bône et de Bougie que d'Alger et d'Oran; et Port-Vendres, qui n'est pas toujours facile à aborder, n'est point un débouché ni un lieu d'approvisionnement. Mais une puissante considération de politique générale indique, ce me semble, notre route. L'humanité ne marche plus aujourd'hui d'Orient en Occident; c'est vers l'Orient, au contraire, que toute l'Europe tourne les yeux et s'avance. J'ignore si les évènements politiques dont notre époque est grosse nous porteront vers l'Asie-Mineure, vers la Syrie ou vers l'Égypte, nous qui, dernièrement, avons vu tous les peuples de l'Europe y aller sans nous ; mais ce dont je suis convaincu, c'est que cet avenir nous force à attacher plus d'importance à Tunis qu'à Maroc.

Nous échangerions avec l'Espagne son vieil Oran contre Mahon, que je n'en serais ni surpris ni affligé ; et même, si l'*esprit* du traité Desmichels et du traité de la Tafna pouvait prendre *corps*, s'il était possible que les *Arabes* et les *Kabiles* de l'Ouest organisassent une nationalité, je crois qu'avec certaines précautions on pourrait en prendre son parti et peut-être tirer avantage de cette union prématurée. Mais ce dont je ne saurais me consoler, ce serait de voir porter nos efforts de colonisation de ce côté, et négliger notre belle frontière de Tunis, les lacs et les forêts de La Calle, la riche vallée de la Seybouse, les immenses plaines à l'est et à l'ouest de Constantine, et même les vallées de l'Aurès et les plaines méridionales, où sont encore debout de si belles et de si nombreuses ruines romaines.

Oui, c'est par l'*est* de l'Algérie que nous devons commencer notre colonisation ; c'est de ce côté que nous trouverons, comme les Romains, les Arabes et les Turcs, le plus de facilités pour nous établir, sous le triple rapport de la nature des populations, du climat et du sol.

Mais comment se fait-il que je me croie obligé de démontrer une vérité aussi palpable? Que possédons-nous à Oran, pour songer à coloniser? Que possédons-nous même dans la province d'Alger? — Dans la province d'Oran, absence complète de sécurité; dans celle d'Alger, insécurité presque partout, et demi-sécurité dans des lieux empestés! Et voilà douze ans que nous bataillons à Alger, à Oran, tandis que si nous avons quelques escarmouches dans la province de Constantine, c'est parce que notre armée et surtout nos officiers se lassent de n'y rien faire.

Cette démonstration est pourtant nécessaire; car n'est-il pas vrai que, lorsqu'on parle de colonisation de l'Algérie, presque tout le monde croit, si l'on dit colonies *civiles*, que c'est de la Mitidja qu'il s'agit; et que c'est d'Oran qu'il est question, si l'on dit colonies *militaires?* Et ceci vient de ce que les hommes qui parlent le plus de colonies civiles sont des *colons* d'Alger, désappointés, qui voudraient voir revivre leurs mortelles espérances, et que ceux qui ont parlé le plus haut de colonies militaires sont des *militaires* qui n'ont fait la guerre qu'à Alger et Oran, et ne connaissent pas Constantine!

IV. — Au reste, je me hâte d'ajouter qu'on aurait tort de voir, dans cette *initiative* que j'attribue à la province de Constantine, une opinion *exclusive* de toute tentative coloniale, immédiate et simultanée, dans les deux autres provinces. Non-seulement je crois indispensable de tenir compte des choses commencées, qu'on ne saurait abandonner sans imprudence et sans injustice, et même d'avoir égard à des préjugés nombreux, soutenus par des intérêts vivaces et puissants ; mais je crois aussi qu'il y a une partie de notre œuvre coloniale qui doit toujours marcher, autant et aussi vite que possible, à côté de notre occupation militaire, et qui est de la plus haute importance pour le bien-être physique et moral de notre armée. Je crois, en d'autres termes, que dans les points occupés militairement et jugés utiles à la sécurité générale de la colonie, nous devons nous efforcer de grouper, auprès de nos soldats, une population, je ne dis pas de cantiniers et cabaretiers, mais d'*agriculteurs*, soit que ces agriculteurs sortent eux-mêmes de l'armée, soit qu'ils viennent directement des fermes de France, pourvu qu'ils forment *familles* et *villages*; c'est l'absence de cette condition d'existence, indispensable pour tout Français, qui est la vraie cause de la nostalgie africaine.

C'est même par de pareilles créations qu'il faut, avant tout, *commencer* la colonisation. Or, cette idée s'applique à tous les points que nous voulons occuper d'une manière définitive; et comme nous occupons militairement une bien plus vaste étendue de terre dans la province de Constantine que dans les deux autres, la proportion que j'ai signalée reste toujours la même; c'est-à-dire que c'est la province de Constantine qui appelle *le plus* d'efforts de colonisation combinée avec l'occupation.

Remarquons d'ailleurs qu'il ne suffit pas, pour la fondation de ces *villages*, voisins des points occupés par nos troupes, que la sécurité des personnes soit garantie dans l'enceinte des villages, mais qu'il faut, en outre, que la culture soit praticable, et la récolte suffisamment protégée, et qu'il faut encore que la communication de ces villages, avec les lieux de débouché des produits et d'achat des instruments et provisions, soit facile et sûre. C'est dans la province de Constantine et dans la banlieue d'Alger que toutes ces conditions indispensables d'établissement colonial se rencontrent aujourd'hui.

Je le répète, on ne saurait trop se hâter de fonder des villages de cultivateurs près des lieux occupés militairement; le Gouvernement a même plusieurs motifs pour faire des sacrifices considérables dans ce but. Ainsi, j'ai parlé du bien-être physique et moral qui résulterait, pour le soldat, de ce voisinage; c'est donc, pour réduire cette pensée en calculs administratifs, diminuer la consommation d'hommes et les frais d'hôpital. Mais il y a plus, ces villages ne fourniront-ils pas bientôt, en partie du moins, le foin, l'orge, le froment, la paille, les légumes, le bois, la viande, le vin même, nécessaires à la consommation des troupes en garnison, à meilleur prix que ne peut les leur procurer l'administration, avec ses achats au loin et ses transports ruineux? D'un autre côté, les villageois ne trouveront-ils pas, dans le travail du soldat, un secours peu coûteux, indispensable dans un pays où la chaleur force à faire les labours et les récoltes deux fois plus vite que chez nous, travail qui sera favorable à la santé et à la bourse du soldat? Enfin, même sous le rapport de la *sécurité* générale, et en vue de faciliter notre domination sur les Arabes, ne sent-on pas que cet accroissement de population française aurait une influence favorable, quand bien même cette population ne serait pas militaire?

Malheureusement, toutes ces considérations ne sauraient entrer pour rien dans la détermination de la plupart des *individus* qu'on appellerait à former des villages, parce que l'intérêt *individuel* n'apprécie de pareils résultats qu'à l'époque où ils sont effectivement réalisables ou même réalisés. Aucun cultivateur ne se décidera à s'établir près de Guelma, par exemple, avec le seul espoir de vendre ses blés et ses bœufs, dans quatre ou cinq ans, à l'intendant de Guelma, pour la garnison de Guelma; et surtout il ne calculera pour rien, dans ses bénéfices probables, l'influence politique que son établissement personnel pourrait avoir sur les tribus voisines, résultat dont pourtant il profitera, quand la réunion de plusieurs colons, formant un village, et celle de plusieurs villages, fondés sur une route, auront rendu ses rapports avec les Arabes plus fréquents et plus sûrs. C'est donc au Gouvernement à prévoir ces avantages et à faire quelques sacrifices qui encourageraient immédiatement le colon à se fixer, le village à s'établir ; il retrouverait plus tard une compensation de ces sacrifices, dans le secours d'hommes et d'impôt que l'État pourrait en tirer.

V. — Ces sacrifices généraux dont je parle, et que le Gouvernement doit s'imposer, s'il veut fonder des villages près des points militaires, dans des lieux que l'intérêt *individuel* ne ferait pas choisir, et auxquels on préférerait souvent des points plus rapprochés des ports ou mieux placés pour la culture, ces sacrifices généraux, dis-je, consistent, comme je l'ai déjà indiqué, dans les travaux de défense, d'assainissement, de défrichement, de communication, d'irrigation et d'établissements publics. Dans certains cas, il faudra même construire les habitations, distribuer des arbres et des semences, et faire l'avance du bétail, restituable à époques convenues.

Lorsqu'on parle de sacrifices de ce genre, je le sais, on est généralement peu écouté. Autant il paraît naturel que le Gouvernement dépense des millions pour l'armée qui doit *conquérir* l'Algérie et *défendre* cette conquête, autant on craindrait qu'il en dépensât quelques uns pour faire *cultiver*, pour rendre *productive* cette coûteuse conquête; on lui permet d'avoir 60, 80, 100,000 hommes à sa *solde*, parce que ces hommes s'appellent *soldats*; mais s'il demandait seulement 10,000 hommes, pour les employer, non à tuer des Arabes, à brûler leurs tentes, leurs chaumières et leurs moissons, mais à bâtir des villages et cultiver la terre, on jeterait les hauts cris.

Et pourtant il me paraît évident que si, depuis douze ans, nous avions envoyé en Algérie autant d'*agriculteurs* que nous y avons envoyé de soldats, si nous avions même dépensé pour ces agriculteurs la même somme que nous avons dépensée pour nos soldats, l'Algérie nous aurait coûté en argent le double de ce qu'elle nous coûte, mais elle serait complètement à nous depuis longtemps.

Sans doute cela aurait été coûteux; mais qui ne voit pas de suite l'oubli que je fais volontairement dans cette hypothèse?

Les soldats venus en Algérie ont *consommé* leurs rations, leurs armes, leurs chevaux, tout leur matériel et leur propre personne; de plus, ils ont *détruit*, tant qu'ils ont pu, par devoir, par état, par habitude, la richesse des Arabes; les agriculteurs auraient bien aussi *consommé* beaucoup de choses, pour leur vie et pour leurs travaux, mais ils auraient PRODUIT; ils auraient *planté* plus d'arbres que nous n'en avons coupés et brûlés; ils auraient *bâti* plus de maisons françaises que nous n'avons démoli de maisons maures et de *gourbis* kabiles, ou déchiré de tentes arabes; enfin ils auraient certainement *produit*, en partie du moins, le grain, la viande, le lait, les fruits nécessaires à leur nourriture. Ils seraient donc riches, aujourd'hui, de tous les sacrifices faits par la France; tandis que nos pauvres soldats, ceux du moins qui ont eu le bonheur de revoir la patrie, y sont rentrés épuisés, vieillis de campagnes qui comptent plus que double dans la vie, et pauvres comme auparavant.

Les sacrifices que ferait le Gouvernement pour l'appel des colons et l'établissement de leurs villages, seraient loin d'ailleurs d'égaler les dépenses qu'un même nombre de soldats exige; il n'est pas un colon, quelque peu intelligent, qui ne s'engagerait à établir, non pas mille *hommes*, mais mille *familles*, avec une dotation annuelle, égale à la dépense annuelle de mille soldats, y compris celle de l'état-major et du matériel que ce nombre de soldats comporte; et encore se contenterait-il de cette dotation, pour un temps fort limité, une année ou deux au plus, c'est-à-dire pour les frais de premier établissement. Je suis convaincu que M. de Stockmart aurait accepté du Gouvernement des conditions semblables et les aurait tenues.

VI. — Reprenons l'exposé de notre opinion sur *l'ordre* selon lequel il faut procéder à la colonisation.

Nous avons montré, par l'histoire des trois invasions qui ont précédé la nôtre, que les conquérants ont importé leur civilisation en Algérie dans un ordre constant, de *l'est à l'ouest*, s'établissant pacifiquement à l'Est, lorsqu'ils étaient encore et restaient même toujours en guerre ou sur la défensive dans l'Ouest; et nous nous sommes laissé détourner de ce mode d'argumentation, par une réflexion sur la situation où nous nous trouvons nous-mêmes, depuis douze ans que la France a commencé la conquête de l'Algérie. N'est-il pas remarquable, en effet, qu'il nous ait suffi de prendre Constantine pour assurer la tranquillité, au moins relative, d'une province qui a près de cent lieues de plus grande largeur, sur soixante ou quatre-vingts de profondeur, tandis que nous avons pris plusieurs fois Médéa et Miliana, Mascara et Tlemcen, sans obtenir plus de sécurité à Alger, à Cherchel, à Mostaghanem, à Oran; au contraire! Je suis très-éloigné d'en conclure que cette grande ligne, de Constantine à Tlemcen par Médéa, ne soit pas, ainsi que l'ont pensé nos généraux les plus habiles, la véritable ligne stratégique de l'Algérie; cette pensée a été, selon moi, heureusement exprimée par M. le colonel Cavaignac, lorsqu'il a écrit que, pour être maître du littoral, il faut y arriver par l'intérieur et non par la mer. Notre tranquillité dans l'Est, comparée à notre insécurité de l'Ouest, ne tiendrait-elle donc pas aussi, en partie, à ce que notre établissement de Constantine est capital, et domine réellement la province; tandis que nos établissements de Médéa et de Mascara ont toujours été faibles et provisoires, comme des avant-postes, et que le siège de notre force restait à Alger et Oran?

Je suis convaincu qu'il existe d'autres causes de la différence entre les trois provinces; cependant celle-ci n'est pas sans effet; il est bon de l'examiner.

Si Alger était, par rapport à Médéa ou Miliana, et Oran par rapport à Tlemcen ou Mascara, ce que Philippeville est pour Constantine, c'est-à-dire si Miliana ou Médéa était la capitale de la province d'Alger, et Mascara ou Tlemcen la capitale de celle d'Oran ; si ces villes étaient le siège du gouvernement et de l'administration des deux provinces, le centre de leur force, cette situation, très-différente de ce qui a existé jusqu'ici, produirait nécessairement un résultat différent.

De ce point de vue, l'importance que Blida a prise, le projet de coloniser cette ville, l'obligation de ravitailler Miliana et Médéa, les travaux faits pour lier par des routes ces divers points, enfin le nombre des troupes que ces trois places exigent pour leur défense, sont des éléments qui tendent à réaliser, pour la province d'Alger, une partie de la supposition que je viens de faire, c'est-à-dire qui tendent à constituer, dans *l'intérieur*, un point central de force qui n'a été jusqu'ici que sur la *côte;* mais est-ce tout ce qu'il y a à faire?

VII. — Je suppose, pour un instant, que notre gouvernement de l'Algérie soit confié à un Gouverneur civil, qui aurait sous ses ordres un lieutenant général, commandant supérieur de l'armée d'Algérie. Naturellement, la mission de ce général en chef serait d'organiser le système de protection militaire, et sans doute, en ce moment, il serait uniquement occupé de notre lutte avec Abd-el-Kader, c'est-à-dire avec les Arabes qui occupent le pays, *depuis Hamza jusqu'à Tlemcen.*

Je conçois parfaitement que le Gouverneur général

aurait encore sa résidence habituelle à Alger, au milieu de la côte d'Algérie, à deux ou trois jours de Toulon, quoique je pense qu'il passerait une grande partie de l'année dans la province de Constantine, uniquement parce que je suppose qu'il serait Gouverneur *civil*.

Mais où serait la résidence du commandant militaire, général en chef de l'armée ; où serait son état-major, son quartier général habituel ; où voudrait-il avoir une forte colonne toujours disponible et des approvisionnements considérables ; quel serait, à ses yeux, le point stratégique, d'attaque et de défense contre les Arabes ?

Je ne crains pas de le dire, le général en chef de l'armée serait à Médéa ou à Miliana, ou tout au moins à Blida, et l'un de ses lieutenants serait à Mascara, l'autre à Constantine ; et bientôt le beau rêve que le maréchal Clauzel n'a pas pu réaliser, lorsqu'après avoir pris Mascara et Tlemcen, il est venu échouer devant Constantine ; ce rêve que M. le maréchal Valée a continué, lorsqu'après avoir pris Constantine il a passé les Portes-de-Fer et occupé Médéa et Miliana ; ce rêve que M. le général Bugeaud a continué encore, en reprenant Mascara et Tlemcen, en faisant de Sétif un point militaire de première importance, et en parcourant la belle vallée du Chélif [1] ; enfin, la grande ligne stratégique de l'Algérie, serait définitivement tracée.

---

[1] Enfin voici un Gouverneur général et un grand maître en

VIII. — Lorsque notre armée sera fortement *établie* sur cette ligne, nos villes de la côte seront presque suffisamment gardées par leur milice, et nos villages par leurs habitants. Ceci me ramène à la colonisation et justifie la nécessité de cette digression militaire.

Et en effet, voici la question coloniale nettement tranchée en deux ; si une partie de notre colonisation doit se rattacher à nos points militaires et se former à côté d'eux, nous comprenons maintenant vers quels lieux il faut diriger les hommes que l'on supposera le plus propres à cette partie de la colonisation ; et si, par exemple, on décide que les deux formes, la colonisation civile et la colonisation militaire, doivent être employées, on saura, d'une manière générale, d'après ce que nous venons de dire, quelles sont les localités où chacune de ces formes devrait être spécialement employée. Si, de plus, on reconnaissait que le Gouvernement doit faire des sacrifices pour les établissements coloniaux qui seraient d'une utilité *géné-*

---

agriculture, qui affirme (Rapport de M. le général Bugeaud, 13 juin 1842) que la vallée du Chélif est *cent fois préférable à la Mitidja*. Dieu soit loué ! — Pourquoi faut-il que M. le général Bugeaud n'ait pu encore passer que six ou huit jours au galop dans la province de Constantine ! Il y aurait vu aussi des lieux préférables à la Mitidja, et une population cent fois préférable à celle du Chélif, non pour le combat sans doute, mais pour la soumission et la paix.

rale, et qui, par eux-mêmes, ne présenteraient pas assez de chances de succès individuels pour attirer des colons, on consacrerait la plus forte partie de ces sacrifices à l'établissement des *colonies militaires*, compagnes hardies et aventureuses de nos braves soldats, instruments puissants de la sécurité générale.

Et ces colonies seraient sous le commandement spécial du général en chef de l'armée.

Mais ne confondons pas; ne faisons pas des colonies militaires aux portes d'Alger et surtout de Bône, et des colonies civiles à Mascara ni même à Blida; je dirais presque, ne faisons pas même de ces dernières à Constantine, quoique ce ne soit ici qu'une affaire de temps, et qu'il faille négliger, sous ce rapport, la ville de Constantine, parce que la province présente une foule de points plus favorables à la colonisation civile.

Si la résidence du commandant militaire, du vainqueur futur d'Abd-el-Kader et des Arabes de l'Ouest, était à Médéa, peut-être la route de Médéa à Alger ne serait-elle pas encore aussi sûre que celle de Constantine à Philippeville; peut-être n'irait-on pas de Miliana à Mascara, et de Médéa à Sétif, aussi facilement que de Constantine à Sétif ou à Guelma; mais du moins on serait sur la seule voie qui puisse faire obtenir dans l'Ouest, avec le temps, des résultats analogues à ceux qu'on a obtenus très-vite dans l'Est; on serait sur la seule voie qui puisse conduire à la pacification de l'Algérie, à son entière soumission.

IX. — Résumons les points capitaux que nous venons d'indiquer, et qui ont pour but d'établir un système ordonné de colonisation.

Deux modes différents de colonisation, savoir : colonisation *militaire* sur notre ligne *intérieure* de défense, et à côté de nos postes militaires; colonisation *civile* entre cette ligne et la côte, en marchant du littoral vers la ligne intérieure.

Commencer la colonisation *militaire* par les points qui ont militairement la plus grande importance, et consentir pour cela à des sacrifices de premier établissement, et même à des sacrifices qui n'auront de terme que par la pacification du pays, c'est-à-dire lorsque le littoral et la ligne de défense seront réunis par des communications faciles et sûres.

Commencer la colonisation *civile* par les points qui présentent le plus de sécurité, de salubrité, de fertilité, c'est-à-dire qui seraient naturellement recherchés par de véritables colons, et non d'aveugles et aventureux spéculateurs; et, par conséquent, commencer par la province de Constantine, sans exclure néanmoins les entreprises de ce genre qui auraient chances de succès dans celle d'Alger et même dans celle d'Oran.

X. — Pour préciser davantage la marche que doivent prendre ces deux modes différents de colonisation, jetons un coup d'œil rapide sur la constitution géographique de l'Algérie et sur les principales classes de la population qui l'habite.

En traçant sur la carte, parallèlement à la mer, et à quinze ou vingt lieues de distance, une zône également de 15 à 20 lieues de large, on dessinerait, pour ainsi dire, le second gradin du seuil septentrional de l'Afrique. Cette zône serait un plateau coupé, de temps à autre, par les contreforts qui rejoignent les deux Atlas ; elle comprendrait cette ligne stratégique dont j'ai parlé, depuis Tébessa, frontière de Tunis, jusqu'à Tlemcen, frontière de Maroc ; les principales rivières qui se jettent à la mer y prennent leur source : le Medjerda, la Seybouse, le Roummel, la Semmam (rivière de Bougie), le Chélif et la Tafna ; son élévation au-dessus du niveau de la mer, et entre deux chaînes de montagnes souvent assez hautes, lui donne une température agréable, un climat sain et une fertilité tout-à-fait supérieure.

Si les considérations géographiques déterminaient seules l'ordre dans lequel la colonisation agricole devrait se faire, ce serait par cette zône qu'on commencerait à la former. Aujourd'hui, en effet, et sous la domination des Turcs, elle est et elle a été occupée par les tribus les plus riches et les plus nombreuses, qui elles-mêmes s'y étaient fixées lors de l'invasion des Arabes, ou depuis cette époque ; et la prodigieuse quantité de ruines romaines que l'on y rencontre, surtout dans la partie de cette zône qui dépend de la province de Constantine, annonce qu'à cette époque encore, c'était là que se trouvait la richesse africaine, le bien-être des colonies.

C'est donc une nécessité politique seule, nécessité

qui tient non-seulement à ce que la libre possession de l'Algérie nous est encore contestée par les armes, mais qui tient aussi à ce que, dans la partie de la zône littorale qui nous est soumise, il y a des droits de premier occupant que nous devons respecter et même protéger; c'est parce que l'Algérie, possession française, a déjà une population indigène, ici notre ennemie et là notre sujette, que j'ai parlé d'établir notre colonisation *militaire* dans la zône *intérieure*, et la colonie *civile* dans celle du *littoral*.

Par ce moyen, la double population, indigène et européenne, se diviserait naturellement, peu à peu, de la manière suivante : les plus pacifiques des indigènes seraient dans la zône du littoral, *au milieu* de la population civile européenne, et les plus militaires des colons européens vivraient dans la zône intérieure, *à côté* des tribus indigènes les plus belliqueuses; ou, en d'autres termes, les tribus les plus soumises, celles qui pourraient le mieux s'associer à nous, tendraient à se rapprocher de la côte; tandis qu'au contraire nous aurions toujours, près des tribus le plus indépendantes, le plus turbulentes, une population européenne *militaire*, composée de *soldats colons*, qui maintiendrait ces tribus dans l'ordre et la soumission.

Si donc c'est généralement de l'Est à l'Ouest que doit marcher la colonisation *civile*, c'est par l'Ouest, au contraire, que doit commencer la colonisation *militaire*.

Et remarquons encore que ceci n'est pas exclusif de

ce que l'on doit faire immédiatement, comme colonisation civile et militaire, dans la province d'Alger. En effet, les considérations politiques les plus incontestables établissent que la province d'Alger est la province *gouvernementale*, qu'Alger est et doit être la *capitale* de l'Algérie, et que cette province est le foyer de *défense* pour l'Est et d'*attaque* contre l'Ouest.

Mais, dira-t-on peut-être, après avoir soutenu qu'il fallait avoir un système arrêté sur l'*ordre* à suivre dans la colonisation, après avoir prétendu que je dirais *par où* l'on doit commencer, voici que je semble approuver que l'on commence partout, ce qui serait ne commencer nulle part, c'est-à-dire ne rien faire.

L'objection n'est pas juste : je pense qu'on ne doit se croiser les bras dans aucune des trois provinces; que, dans toutes les trois on doit appliquer les principes généraux que je viens de poser, relativement aux deux modes de colonisation; mais qu'il y aura seulement une différence dans la quantité de force colonisatrice, civile ou militaire, qu'on appliquera à chaque province, et qu'il faut, par exemple, presser autant la colonisation *civile* de l'Est que la colonisation *militaire* de l'Ouest, et faire à Alger, sous ces deux rapports, et dans des proportions à peu près égales, autant qu'on aura fait à Oran et dans la province de Constantine.

Des chiffres feront mieux comprendre ma pensée.

Je suppose que six millions soient consacrés à fonder

des colonies militaires, et six millions à des colonies civiles;

Que les fonds des colonies militaires soient répartis ainsi :

    Oran. . . . . 3 millions.
    Alger. . . . . 2 *id.*
    Constantine. . . . . 1 *id.*

Et les fonds des colonies civiles dans l'ordre inverse :

    Oran. . . . . 1 million.
    Alger. . . . . 2 *id.*
    Constantine. . . . . 3 *id.*

Chaque province aurait une part égale de quatre millions, chaque province commencerait la colonisation; mais elle la commencerait selon les principes et dans l'ordre que j'ai indiqués; de telle sorte que, au bout d'un certain temps, la colonisation militaire se serait étendue, depuis Mascara et Tlemcen, presque jusqu'aux portes de Mostaghanem et d'Oran, tandis que la colonisation civile de l'Est aurait rejoint, de Bône les murs de Guelma, et de Philippeville la banlieue de Constantine, et que les deux colonisations de la province d'Alger se donneraient la main près de Blida, au beau milieu de cette perfide Mitidja, qui ne sera jamais colonisée que par ce double procédé, civil et militaire, militaire au sud et civil au nord.

XI. — Après avoir indiqué, en termes généraux et en masse, la part relative de chaque province dans l'œuvre de colonisation civile ou militaire, il me reste à désigner, pour chacune d'elles, les lieux dans lesquels ces deux modes de colonisation sont appelés ou commandés par les facilités ou les difficultés que présentent le sol et les habitants.

Je crois que Mascara doit être colonisé militairement, et que la route qui conduit de cette ville à la mer doit être établie comme celle de Philippeville à Constantine, mais avec des *colonies* intermédiaires et non des camps, comme ceux d'Ed-Dis, d'El-Harrouch, des Toumiet et du Sméndou, et que ceci exige dix mille colons militaires.

Je crois que Blida devrait avoir trois mille colons militaires, et non trois cents familles civiles, comme l'avait arrêté M. le maréchal Valée; que Médéa et Miliana devraient en avoir, l'une et l'autre, deux mille.

Je crois enfin que les deux routes, Sud et Nord, de Constantine à Sétif, devraient avoir deux mille colons militaires, et Guelma autant, pour la partie de son cercle qui est tournée vers les Harakta.

C'est donc en tout vingt-un mille *colons militaires*[1] qui seraient nécessaires, je ne dis pas pour

---

[1] Province d'Oran. 10,000
Province d'Alger. 7,000
Province de Constantine. 4,000

21,000 colons milit.

une colonisation militaire définitive, mais pour une colonisation militaire immédiate.

Cette population coloniale devrait être égale en nombre aux troupes auprès desquelles elle serait groupée, qui s'élèveraient ainsi à vingt-un mille hommes.

En outre, la province de Constantine aurait six mille hommes, distribués dans les trois places principales de Constantine, Sétif et Guelma; il y aurait dans les provinces d'Alger et d'Oran deux colonnes mobiles d'un même effectif de six mille hommes toujours disponibles, dont les quartiers principaux seraient à Médéa et Miliana, et à Mascara et Tlemcen.

C'est donc en tout soixante mille hommes [1] qui se-

	Oran.	Alger.	Constantine.
Armée active dans les places.	10,000 »	7,000 »	4,000 6,000
Colonnes mobiles............	6,000	6,000	»
	16,000	13,000	10,000
Colonies militaires..........	10,000	7,000	4,000
	26,000	20,000	14,000
		60,000	

raient placés sur notre ligne intérieure, soixante mille hommes à la solde de l'Etat, dont vingt-un mille cependant seraient spécialement *cultivateurs*.

Pour la zône du *littoral*, vingt mille soldats seraient plus que suffisants, si la colonisation civile était pressée aussi activement dans cette zône que la colonisation militaire dans la zône intérieure.

Province d'Oran..... 7,000	{	5,000 hommes	à Oran et sur les routes d'Oran à Tlemcen et Mostaghanem ;
		2,000 —	à Mostaghanem et sa banlieue ;
Province d'Alger..... 5,000	{	3,000 —	pour les places de Cherchel, Bou-Farik, Koléa et le fossé d'enceinte ;
		2,000 —	pour Alger et banlieue ;
Province de Bône 8,000	{	2,000 —	à Bougie et Jigelli ;
		3,000 —	à Philippeville et route d'El-Harrouch ;
		3,000 —	à Bône et La Calle.

20,000 hommes.

Maintenant je dois justifier tous ces chiffres. Mais

d'abord un mot sur ces quatre-vingt mille hommes [1] que je suppose nourris aux dépens du budget.

J'ai pris ce chiffre de quatre-vingt mille, parce que je le crois nécessaire, et aussi parce que j'ai supposé qu'on l'accorderait encore à l'Algérie, en 1843 comme en 1842; j'avoue même que ces quatre-vingt mille hommes, disposés comme je l'indique, coûteraient *peut-être* plus, dans la première année, que le même nombre d'hommes placés comme on l'a fait générale-

---

[1] RÉCAPITULATION.

	Oran.	Alger.	Constantine.
Armée active dans les places.	10,000	7,000	10,000
Colonnes mobiles.	6,000	6,000	
Colonies militaires.	10,000	7,000	4,000
Armée sédentaire du littoral.	7,000	5,000	8,000
	33,000	25,000	22,000

80,000

Armée active.	39,000	
Colonies militaires.	21,000	80,000
Troupes du littoral.	20,000	

ment jusqu'ici, puisqu'il y en aurait dans la zône intérieure un nombre plus considérable que le nombre habituel; cependant, pour qu'il en soit ainsi, je fais abstraction du fruit du travail des vingt-un mille colons militaires, pendant cette première année; ensuite, je ferai remarquer que si les colonies militaires étaient restreintes à ne cultiver que de l'orge et du froment, à faire des foins et élever des bestiaux, et surtout des chevaux et mulets, elles diminueraient rapidement les effroyables dépenses que nous occasionnent nos achats à l'étranger, nos transports à l'intérieur et la remonte de la cavalerie et du train; et si, comme j'en ai la conviction, cette nouvelle distribution de quatre-vingt mille hommes diminue les occasions et la nécessité des expéditions, des ghazia, des combats, elle sera moins *coûteuse* et *destructive* que la distribution actuelle, et permettra même aux troupes de l'armée active de se livrer, comme les armées romaines, aux travaux de routes et d'édifices publics.

J'aurais pu argumenter sur le budget de 1842, en montrant que si cette année et les précédentes on avait fait ou préparé la distribution de nos forces comme je l'indique, on aurait eu probablement de meilleurs résultats; mais le passé est passé; je préfère raisonner en vue du budget de 1843 que contre celui de 1842; malheureusement le budget définitif de 1843 sera plus près de cent mille hommes que de soixante mille.

La colonisation militaire de Mascara et de la route de cette ville à la mer est nécessaire, ai-je dit, et exige dix mille colons militaires; il en faut trois mille dans les plaines du Sig, de l'Habra et de la Mina, à la hauteur du fort Pérégaux; trois mille du fort Pérégaux jusque près de Mascara, soit que la route passe par le Bordj, soit qu'elle traverse le défilé où a eu lieu l'affaire d'arrière-garde du 1er juin 1841; et enfin quatre mille dans Mascara et autour de cette ville.

Rappelons-nous que ces dix mille colons sont appuyés de dix mille soldats, et je demande si vingt mille hommes, habilement placés sur une route aussi courte, n'en seront pas maîtres, surtout en observant que Mostaghanem aura une garnison de deux mille hommes, très-suffisante pour défendre la ville et sa banlieue à une assez grande distance, et que les colonies, étant militaires, pourraient garder leurs villages et même les postes militaires, pendant que les garnisons de ces postes rayonneraient ou se réuniraient par fortes colonnes, si des expéditions étaient nécessaires. N'oublions pas, en outre, que nous avons supposé, sur la route de Médéa à Tlemcen, deux colonnes mobiles de six mille hommes, toujours disponibles.

Telle est l'œuvre militaire et coloniale la plus importante qui doive être accomplie immédiatement, selon moi, dans la province d'Oran.

Blida, ai-je dit encore, doit avoir trois mille colons militaires, Médéa deux mille et Miliana deux mille, et un même nombre de soldats comme garnisons, indépendamment de la colonne de six mille hommes que j'ai supposée disponible entre Médéa et Miliana, et sous les ordres immédiats du général en chef de toutes les troupes algériennes, gouverneur *des colonies militaires*.

Ce général aurait donc en tout vingt mille hommes groupés autour de lui, sur un territoire de cinquante à soixante lieues carrées environ, au centre de notre zône intérieure; il serait également éloigné de la province de Constantine et de celle d'Oran, et pourrait consacrer treize mille hommes à des expéditions, tandis que les sept mille colons militaires garderaient les postes et les villages, et que les colonnes de Mascara ou de Constantine soutiendraient ses mouvements, à l'Ouest ou à l'Est. J'ai déjà dit ailleurs que, par ce moyen, la communication de Médéa et de Miliana avec Alger serait assurée, et cela devient évident si l'on songe que les points occupés, dans l'intérieur du fossé d'enceinte, renfermeraient encore près de cinq mille soldats.

Enfin, pour la province de Constantine, j'ai supposé deux mille colons militaires vers Sétif, et deux mille vers Guelma, avec un nombre égal de troupes; c'est qu'ici aucune expédition militaire de quelque importance ne paraît probable et nécessaire, et que les six mille hommes que j'ai attribués à Constantine, suffiraient pour augmenter, selon l'urgence, la force de Sétif ou de Guelma. Je suis convaincu d'ailleurs que, dans cette province, ce qui nous donnera le plus d'ascendant sur les Arabes, ce qui les soumettra le mieux à nous, c'est plutôt l'augmentation de notre population *civile* et l'accroissement de richesses qui en résultera, pour les indigènes comme pour nous, que le développement de notre force militaire, qui *n'a pas d'autre but à atteindre* que de maintenir la paix entre les tribus et les protéger les unes contre les autres.

Quant aux communications de la zône intérieure avec le littoral, c'est-à-dire la jonction de Guelma avec Bône, de Constantine avec Philippeville, de Sétif avec Bougie, j'ai dit que c'était surtout l'œuvre de la colonisation *civile;* lors donc que je m'occuperai d'elle, je parlerai de ces trois routes importantes.

XII. — Après avoir tracé le cadre de notre établissement *militaire* en Algérie, qu'on me permette de dire quelques mots sur la composition de l'armée. Elle renferme aujourd'hui trois classes d'hommes très-distinctes : des *indigènes* à notre solde; des corps *français* qui portent le nom de corps d'Afrique; enfin des corps qui, après un certain temps de service, rentrent en France et sont remplacés.

Il n'y a pas de doute que ces trois classes doivent exister; mais l'on peut se demander si leur proportion relative est bonne, et, dans le cas contraire, comment la modifier; et aussi comment il faudrait répartir ces trois classes d'hommes dans les trois provinces.

C'est une opinion générale, que le nombre des troupes

françaises d'Afrique est trop faible, et que cette faiblesse exige d'augmenter le nombre de celles qui viennent successivement de France et y retournent, après avoir perdu une bonne partie de leurs hommes, par suite des funestes écoles faites pour s'acclimater et se faire à la guerre et au service de l'Algérie.

Cette opinion est juste ; toute la cavalerie d'Algérie est pourtant déjà cavalerie d'Afrique ; mais l'infanterie n'a que les Zouaves, corps mixte de Français et d'indigènes ; et les bataillons d'Afrique, qui, malgré leur origine, se sont si souvent distingués d'une manière brillante ; et la légion étrangère, création temporaire qui se rapproche d'ailleurs de la classe indigène, en ce sens que les hommes ne sont pas Français.

Quant aux tirailleurs de Vincennes, leur organisation a bien été faite en vue de la guerre d'Algérie, mais ils ne sont pas reconnus comme corps spéciaux d'Afrique.

Je crois que le principe d'après lequel on devrait fixer la proportion des troupes françaises d'Afrique, et de celles qui viendraient faire un service temporaire en Algérie, devrait être celui-ci :

Toutes les troupes françaises de la *zône intérieure* seraient *corps d'Afrique*.

Toutes les troupes françaises du *littoral* seraient des *corps français*, renouvelés tous les quatre ans, sauf la gendarmerie, qui serait gendarmerie d'Afrique.

Et pour les troupes indigènes, cavaliers et fantassins, qui se divisent en réguliers et irréguliers, leur nombre ne me paraît devoir être limité que par cette considération : qu'il *faut* employer peu de spahis réguliers dans la province d'Oran, qu'on *peut* en employer davantage dans celle d'Alger, et qu'on *doit* en employer beaucoup dans celle de Constantine.

Toutefois j'ajoute, quant à la place qu'on doit leur donner dans notre établissement militaire, que les indigènes *réguliers* doivent être près du littoral dans la province d'Oran, tandis qu'ils seraient, au contraire, dans la zône intérieure du côté de Constantine ; et l'inverse pour les *irréguliers*. Cette observation serait indifférente pour la province d'Alger.

J'ajoute en outre que ces indigènes seraient surtout fantassins dans la province d'Oran, et surtout cavaliers dans celle de Constantine. Ces idées seront justifiées plus loin.

Il m'appartient peu, je le sais, d'émettre une opinion sur la proportion des différentes armes. J'ai bien peu vu la guerre d'Afrique, mais j'ai beaucoup interrogé et écouté les militaires sur ce sujet ; j'oserai donc parler.

L'opinion générale était, il est vrai avant la venue de M. le général Bugeaud, que nous avions trop peu de cavalerie.

Je crois que cette opinion serait juste, si nous avions des colonies militaires et civiles faisant des foins et récoltant de l'orge, là où serait notre cavalerie ; mais tant que nous serons obligés de faire venir des foins d'Europe, et de les porter à vingt-cinq et trente lieues, quelquefois plus, de la côte[1], nous aurons assez, si même nous n'avons pas trop de cavalerie, surtout si nous ne nous occupons pas de faire produire à l'Algérie ce qu'elle a toujours produit en assez grande abondance, et en assez bonne qualité, ce qu'elle ne produit presque plus pour nous, des chevaux.

Si donc la proportion entre la cavalerie et l'infanterie doit changer, ce ne peut être que pour deux motifs : ou parce que nos colons produiront du foin, de l'orge et des chevaux, et alors on pourrait augmenter la cavalerie ; ou bien parce que les besoins de la guerre exigeront moins de troupes, et l'on diminuera l'infanterie. Ces deux motifs se réduisent à un seul qui peut s'exprimer ainsi : la proportion entre la cavalerie et l'infanterie sera changée, à l'avantage de la cavalerie, *à mesure que nous coloniserons l'Algérie;* car la colonisation produira les choses nécessaires à la cavalerie, et la colonisation est l'instrument le plus puissant de pacification : avec les armes on fait une conquête, ce n'est pas avec elles qu'on pacifie.

---

[1] J'ai vu rapporter, de Sidi-Tamtam à Constantine, des foins qu'on y avait portés précédemment de Constantine, et qui étaient venus d'Italie par Philippeville. Ces foins avaient donc fait, en Algérie seulement, soixante lieues de voyage sur des routes très-mauvaises, où les fourgons portent peu de poids ; sans compter le retour, presque toujours *à vide,* des voitures qui les portaient.

Un mot sur une arme spéciale bien peu nombreuse, et qui rend et peut rendre tant de services, surtout dans la zône du littoral, qu'elle me paraît devoir y figurer dans une proportion tout-à-fait inusitée; je veux parler de la gendarmerie: c'est, pour ainsi dire, la seule cavalerie française qui soit nécessaire sur le littoral, et particulièrement dans l'Est, surtout quand la colonisation civile se développera.

Je terminerai par quelques observations sur les transports militaires du train des équipages, de l'artillerie et du génie. — Ce service occupe un personnel considérable en Algérie, il a un matériel immense; ce qu'il coûte est prodigieux. Nous avons voulu, non pas transporter, mais *charrier*, dans un pays montueux et raviné, où il n'y avait pas de routes; et nous charrions encore aujourd'hui sur des routes à moitié faites. Les chevaux, avec leurs lourdes voitures, ne portent guère plus, par les beaux et les mauvais temps, que ne porterait un même nombre de mulets de bât; c'est donc à peu près toute la dépense du matériel des équipages qui est inutile, sauf pour quelques rares objets qui seraient difficilement transportés à dos de mulets[1].

---

[1] On a cité souvent les vins comme nécessitant ces transports; cela n'est pas fondé: dans les pays qui n'ont pas de routes, on transporte les vins dans des outres; d'ailleurs, un mulet porte un hectolitre dans deux quartauts; et six chevaux, attelés à un fourgon du train, ne portent, *en moyenne*, que six hectolitres!

M. le général Bugeaud a beaucoup amélioré ce service, en augmentant le nombre des mulets de bât, en faisant porter sur les chevaux de la cavalerie et sur les bœufs des parcs une partie des bagages, en se servant fort peu d'artillerie, et substituant partout les cacolets aux prolonges de l'ambulance; mais le matériel du train des équipages et celui des transports de l'artillerie et du génie sont toujours effrayants. Sur ce point, nous avons encore importé nos habitudes de France, dans un pays qui exige qu'on les modifie grandement.

Ici encore, la colonisation rendra un double service; d'abord, parce qu'elle diminuera progressivement la nécessité des transports, en produisant elle-même, sur les lieux, une partie des objets qu'on est obligé d'y transporter aujourd'hui, et qui sont le plus lourds et le plus encombrants; ensuite, parce qu'elle se chargera des transports à un prix bien plus avantageux que celui qu'ils coûtent à l'administration; enfin, parce qu'elle améliorera les routes et produira des chevaux et des mulets.

Je parlerai de l'artillerie et du génie quand je m'occuperai spécialement des villages coloniaux, civils et militaires.

XIII. — Je passe maintenant à la colonisation *civile*.

Bône, comme centre, avec un triple rayonnement, à l'Est vers La Calle, au Sud vers Guelma, à l'Ouest vers El-Harrouch, par le lac Fzara, et retour sur Philippeville;

tel est le tracé général de la triple route que suivra la colonisation civile dans la province de Constantine.

Ces trois routes présentent un développement de soixante à soixante-dix lieues; le territoire qu'elles commandent a une surface de près de cinq cents lieues carrées; et les tribus qui s'y trouvent sont peu nombreuses, peu puissantes, presque toutes soumises depuis que nous occupons Constantine.

La colonisation la plus rapide ne saurait donc couvrir une aussi vaste étendue de terres, généralement fertiles, qu'après longues années; aussi n'ai-je indiqué ces trois routes que comme des *directions* qu'il fallait suivre progressivement, sur lesquelles on devait marcher pas à pas, mais au moins avec un but à atteindre, un système : celui de relier Bône aux trois points qui sont évidemment les lieux de passage, par lesquels on se rendra un jour de Bône à Tunis, aux grandes plaines du Midi et aux montagnes de l'Ouest. La Calle, Guelma et El-Harrouch sont les lieux vers lesquels il faut marcher, et chaque année devrait être consacrée à pousser avec habileté et prudence la colonie civile vers ces trois points, à réédifier une borne miliaire sur ces trois anciennes routes romaines, d'Hippône à Carthage, à Cirta, à Stora.

Afin de ne pas compliquer cette idée, je viens de négliger un point qui appelle néanmoins immédiatement et impérieusement la colonisation civile; je veux dire la route de Philippeville à Constantine, principalement dans la partie qui sépare Philippeville d'El-Harrouch, cette partie devant se relier à la communication d'El-Harrouch à Bône.

Dans les huit lieues qui séparent Philippeville d'El-Harrouch, il n'y a qu'un très-petit nombre de Kabiles ; ce territoire est une vallée assez étroite, bordée de mamelons qui sont tous propres à la culture ; le Safsaf, qui la forme, est une petite rivière qui, en tout temps, a un peu d'eau, depuis El-Harrouch du moins.

J'ai supposé à Philippeville trois mille soldats, parce que j'avais en vue la protection à donner, pour leur installation, aux colonies civiles qu'on devrait se hâter de placer sur la route d'El-Harrouch, et parce que je songeais aux travaux qu'il faudrait faire aussi, de ce point, dans la direction du lac Fzara, pour rejoindre la colonie qui, partie de Bône, s'avancerait de ce côté, avec le secours d'une partie des trois mille hommes que j'ai supposés à Bône.

Remarquons que la milice de Bône et celle de Philippeville suffiront presque pour la garde de ces deux villes, aujourd'hui déjà *fermées,* surtout lorsque les tentatives coloniales augmenteront la population, et que les villages coloniaux leur serviront, pour ainsi dire, d'avant-postes et d'éclaireurs. Les six mille soldats que j'ai supposés sur ces deux points, seront donc presque toujours *en campagne,* pour la protection des villages et des travailleurs ; et, d'un autre côté, les garnisons de Guelma et de Constantine, toujours assez fortes, domineraient les tribus des Zerdéza, qui, au Sud de la route d'El-Harrouch à Bône, pourraient seules inquiéter les colonies qui se formeraient sur cette ligne.

Disons en passant que ces *campagnes*, faites en vue de la production, seraient par conséquent très-différentes, sous plusieurs rapports, des campagnes faites en vue de la destruction.

Représentons encore par des chiffres ce que je viens de dire.

Supposons qu'on appelle, sur ce littoral de Bône et de Philippeville, un nombre de colons égal à ces six mille soldats. — Deux mille devraient être placés entre El-Harrouch et Philippeville, dans la vallée du Safsaf; mille près d'El-Harrouch, dans la direction de la route de Bône; et les trois mille autres seraient placés autour de Bône, dans les directions de La Calle, de Guelma et d'El-Harrouch; et chacun de ces milliers de colons aurait mille soldats pour auxiliaires et pour appui.

C'est dans ces proportions qu'il faudrait commencer et continuer. Lorsque je parlerai plus tard des villages, j'indiquerai d'une manière plus précise comment cette marche de la colonisation civile doit être effectuée.

Il y a deux autres points occupés sur la côte, Jigelli et Bougie, qui, jusqu'ici, n'offrent aucune chance de succès pour la colonisation civile, et qui ne sont pas même propres à la colonisation militaire, si ce n'est quand on pourra réaliser la communication de Bougie à Sétif, dont je vais dire quelques mots.

Jusqu'à présent on n'a pas essayé, et cette réserve est aussi prudente qu'elle est rare, on n'a pas essayé d'opérer par la force cette jonction qui serait pourtant d'un bien puissant intérêt politique. On a pensé sans doute que cet avantage, obtenu ainsi, serait probablement payé bien cher; qu'il serait d'ailleurs précaire, ou du moins qu'il exigerait, pour sa conservation, l'emploi du moyen par lequel on l'aurait obtenu, la force. En effet, les populations kabiles que cette route traverse, ont la réputation d'avoir été, de tout temps, indomptables; leurs tribus sont fortes, et leur territoire est presque partout inabordable. C'est là le centre de toutes les tribus kabiles qui peuplent la côte, depuis l'Édough, près de Bône, jusqu'à Matifou, près d'Alger. Aussi la ligne qui joint les Portes-de-Fer à Bougie, est-elle, géographiquement et politiquement, une limite naturelle des deux provinces, dont le Jurjura semble être le gardien. Cette limite est celle que la civilisation romaine n'a, pour ainsi dire, pu dépasser qu'avec ses armes, mais qu'elle n'a presque pas pu faire franchir par la charrue coloniale; c'est la limite de la Mauritanie Sétifienne et de la Mauritanie Césarienne, c'est-à-dire le point où tout ce qui était à l'Est était plus *romain qu'africain*, tandis que tout ce qui était à l'Ouest, au contraire, était plus africain que romain.

Et pourtant, la route de Sétif à Saldœ (Bougie) a existé aux temps des Romains : nous-mêmes, depuis que nous connaissons un peu mieux ces *féroces* Kabiles, nous savons que c'est une race laborieuse, industrieuse, commerçante, attachée au sol qu'elle cultive, sur lequel elle plante et bâtit; nous savons que cette nation est belliqueuse lorsqu'on l'attaque chez elle, mais que, rarement, si ce n'est pour exercer des représailles, elle porte la guerre hors de chez elle; nous savons, en un mot, que ce peuple *féroce se défend lorsqu'on l'attaque*, et lorsqu'il croit qu'on veut le dépouiller, mais qu'il est vraiment d'assez bonne composition lorsqu'il croit avoir *intérêt* à l'être.

C'est donc une œuvre diplomatique et non militaire, une affaire d'*intérêt* et non de *gloire;* c'est presque une convention commerciale qui pourra seule nous faire obtenir, d'une manière sûre et durable, cette importante communication de Sétif à la mer. Je suis convaincu que du moment où Sétif aura, au lieu de militaires seulement, une *colonie* militaire, le chef de cette colonie obtiendra promptement ce qu'aucun Gouverneur, fort heureusement, n'a voulu se décider à prendre de force. Jusque-là, toute idée de colonisation à Bougie serait impraticable.

Les mêmes considérations s'appliquent à Jigelli, qui ne sera qu'une caserne et un hôpital, tant qu'on ne communiquera pas, de ce point, avec Constantine par Mila, en traversant le pays des Kabiles.

XIV. — Dans la province d'Alger, la question est déjà résolue par le *fossé d'enceinte*, limite en dehors de laquelle aucune tentative de colonisation civile ne devra être faite. Ici, les difficultés consisteront, en grande partie, dans l'état de la propriété; nous en avons déjà parlé, et nous y reviendrons quand nous nous occuperons de la forme des villages et du mode de concession. Je pourrais donc me dispenser de parler de la province d'Alger pour la question qui nous occupe, c'est-à-dire pour déterminer la place où doit se faire la colonisation civile, si cette grande mesure, le fossé d'enceinte, n'était pas, à elle seule, tout un système de colonisation algérienne.

En effet, quoique le fossé d'enceinte ne soit qu'une réduction sur petite échelle des systèmes présentés par M. de Prébois et le général Rogniat, cette mesure n'étant appliquée qu'à Alger, le système colonial auquel elle se rapporte décide donc que c'est seulement à Alger qu'il faut faire de la colonisation civile. Examinons sur quel principe général repose ce système, auquel se rattachent des questions de la plus haute importance.

Ce principe est fort simple, et peut se formuler ainsi :

En cas de guerre européenne maritime, Alger doit être un port militaire français de premier ordre, capable de se suffire à lui-même pendant un blocus, au moyen d'une colonisation qui serait à l'abri de l'attaque des Arabes.

Trois conséquences capitales découlent immédiatement de ce principe.

1º Etablissement d'un port militaire de *premier ordre;*

2° Agrandissement considérable de l'enceinte de la ville, et fortifications de *premier ordre*;

3° Fossé d'enceinte renfermant le territoire colonial, et défense de ce fossé par une suite de forts, de redoutes, de blockhaus.

Et en outre, ces trois mesures seraient tellement coûteuses, qu'une autre conséquence en résulte : elles absorberaient toutes les ressources du budget de l'Algérie, ou du moins une part si considérable, qu'il faudrait complètement négliger les autres parties de la colonie, jusqu'à ce que ce triple résultat fût obtenu.

XV. — Certes, si une guerre maritime avait lieu, il serait très-avantageux à la France de posséder, hors de son territoire, et à une assez grande distance de ses côtes, et même le plus près possible de la côte d'Afrique, un port militaire de premier ordre. J'en juge par les regrets que j'éprouvais en visitant et admirant Malte, qui fut un instant, et d'une façon bien merveilleuse, l'un des plus brillants fleurons de notre couronne. Les beaux travaux que nous avons faits à Corfou peuvent également nous faire gémir d'avoir perdu les îles Ioniennes; quelques Français même ont pu songer aux Baléares; d'autres peut-être ont rêvé Tunis, et Napoléon-le-Grand avait pris Alexandrie.

Mais comment la côte de l'Algérie a-t-elle pu inspirer une pensée de cette nature, et l'inspirer aujourd'hui? Comment, dans un pays où nous avons pu à peine poser le pied, et où nous sommes encore presque partout bloqués du côté de la terre, avons-nous pu arriver à concevoir un système algérien, basé sur la supposition que nous serions en outre bloqués du côté de la mer ?

L'Algérie est à peine tenable contre les Arabes, et nous songeons déjà à donner aux Anglais le désir de nous y prendre un port militaire de premier ordre, comme ils ont fait de Corfou, de Malte, de Gibraltar ! C'est absurde ! Attendons au moins que l'Algérie soit de force à se défendre contre les Arabes, et, si nous avons la moindre prudence politique, n'essayons de faire d'Alger un port comme Toulon, que lorsque nous aurons en Algérie, comme nous avions pour Toulon en 1794, le moyen de reprendre Alger, même aux Anglais, *par terre*.

Nous nous défendrons en Algérie contre les Anglais, si nous y pacifions, organisons et gouvernons les Arabes ; ce n'est pas le fossé d'enceinte qui fera tout cela.

Je le dis aussi, nous ne sommes pas encore maîtres de l'Algérie, uniquement parce que les Arabes savent (et nous le savons bien nous-mêmes) qu'aucune Puissance européenne, surtout l'Angleterre, n'a encore *reconnu* notre domination, que le Sultan *fait ses réserves*, et que le premier coup de canon qui serait tiré contre la France nous forcerait à déloger sans tambours ni trompettes.

Pourquoi craindrais-je de dire ce dont personne

ne doute? A quoi servent ces réserves diplomatiques, par lesquelles on s'efforce de cacher une vérité à ceux qui la savent aussi bien que vous et qui y croient même davantage? Que signifie cette manière de se dissimuler à soi-même ce que l'on sait ÊTRE? Lorsque l'autruche ferme les yeux, elle croit, dit-on, qu'on ne la voit point; passe pour l'autruche, mais l'homme!

Oui, nous ne sommes pas encore maîtres de l'Algérie, Abd-el-Kader nous résiste, les Arabes nous cernent à Oran, à Alger, à Bougie, ils ne veulent pas, eux aussi, nous *reconnaître*, parce que nous ne sommes *reconnus* par personne. Nous avons tenté de conquérir l'Algérie sur de petites tribus arabes, eh bien! pour la posséder tout-à-fait, il nous faut aussi la conquérir sur les grandes Puissances de l'Europe et sur la Turquie.

Et ceci vaudra mille fois ce port militaire de premier ordre que l'on veut établir sur une côte qui se refuse généralement à un pareil établissement, et dans un point de la côte qui n'est pas, à beaucoup près, le moins défavorable.

D'ailleurs, j'admets que ces considérations politiques soient fausses; j'admets, avec notre orgueil national, que nous devons posséder l'Algérie, malgré les Arabes, malgré l'Europe, malgré le chef de l'islamisme; que nous pouvons y aborder, en toute sécurité, malgré la mer et les vents, malgré les éléments et les hommes;

voyons donc à quelle condition ce port magnifique et cette ville immense pourraient se suffire contre un blocus de terre et de mer.

Ce grand port, et l'accroissement projeté de la ville, supposeraient une population de cinquante mille ames au moins ; elle est de quarante mille aujourd'hui.

Or, combien faut-il d'agriculteurs pour fournir, à eux-mêmes et à cinquante mille hommes *qui ne cultivent pas la terre,* les produits de la terre nécessaires pour la consommation générale?

Et si j'ajoute : les terres que les colons cultiveraient dans l'intérieur de ce fossé d'enceinte, sont généralement favorables à la culture du mûrier, de l'olivier, de la vigne, des fruits, mais elles le sont peu pour la culture des céréales et pour le pâturage; le nombre des cultivateurs nécessaires à la *nourriture* de la population et des bestiaux devra donc être infiniment plus considérable, puisqu'il faudra, en outre, qu'ils fournissent à la consommation, en grains et en fourrages, des fermes où l'on fera particulièrement de la soie, de l'huile, du vin et du jardinage.

Ce n'est donc pas seulement cinquante mille citadins, composés de militaires, de bourgeois, d'administrateurs, de négociants, d'artisans, de marins, que les cultivateurs de grains et les éleveurs de bestiaux devront *alimenter*, c'est un nombre bien plus considérable.

Pour peu que l'on ait réfléchi à la proportion qui existe habituellement, dans nos sociétés, entre le nombre des hommes qui cultivent la terre et celui des hommes qui ne la cultivent pas, on sera effrayé de l'étendue du territoire et du nombre de colons qu'il faudrait pour mettre la colonisation en harmonie avec l'existence de cet immense port et de cette grande ville *bloqués*; il faudrait l'opérer non pas par milliers d'hommes, mais par centaines de mille.

Est-ce que l'Alger des Turcs aurait pu vivre, si cette ville n'avait pas attiré à elle les produits superflus des cultivateurs de l'Algérie entière? Songeons donc que jusqu'ici toute la population agricole de ce territoire de deux cent cinquante lieues de longueur, n'a pu alimenter qu'une quinzaine de villes dont la population ne s'élevait pas à cent cinquante mille ames, et que cette population des cités de l'Algérie cultivait même en grande partie la terre. Chacun de nos colons produira plus qu'un Arabe, c'est possible, et je l'espère; mais il n'en résultera pas que les colons du fossé d'enceinte, fussent-ils quatre mille par lieue carrée, pourront produire, outre ce qui sera indispensable à leur propre existence et à celle des cultivateurs d'oliviers, de vignes, de mûriers, de jardins, de quoi nourrir cinquante mille citadins qui ne produiraient pas, à eux tous, un seul épi de blé.

Qu'est-ce donc alors que cette prétention de soutenir un blocus, au moyen d'une colonie renfermée dans une enceinte de quarante lieues carrées [1], qui, fût-elle peuplée trois fois plus, et cultivée trois fois mieux que ne l'est en moyenne la France, ne pourrait pas nourrir cinquante mille citadins?

D'ailleurs, remarquons encore que les besoins, même de première nécessité, d'une population européenne nombreuse, sont loin d'être satisfaits par les seuls produits que pourrait donner la petite colonie. Plus on suppose grand le nombre des hommes bloqués, même

---

[1] Au dire de M. le général de Berthois (séance de la Chambre des Députés du 26 avril 1842), plus de la moitié de ces quarante lieues se compose de mauvaises terres, et quoique des *colons* lui aient assuré que l'enceinte pourrait contenir cent soixante mille ames, M. le général de Berthois, qui a fait faire ce fossé, estime qu'il n'y faudrait mettre que quarante mille habitants.

La population de la France n'est, en moyenne, que de douze cent cinquante-six habitants par lieue carrée, ou cinquante mille pour quarante lieues. Sur trente-sept mille deux cent cinquante-deux communes, il n'y en a qu'onze cent deux au-dessus de trois mille ames, et six seulement de quarante à cinquante mille. Les trente-six mille cent cinquante communes au-dessous de trois mille ames renferment vingt-cinq millions d'habitants, et les autres huit millions. — Le territoire de la France est de cinquante-deux millions sept cent soixante-huit mille six cents hectares, dont moitié en terre *labourable*; et sa population, de trente-trois millions cinq cent quarante mille neuf cent dix habitants; c'est donc, par habitant, un hectare cinquante-sept centiares, dont soixante-seize centiares de terre *labourable*. Quarante lieues carrées font soixante-quatre mille hectares.

Avec ces données, il est facile de juger le système.

quand la plus grande partie de ces hommes est composée d'agriculteurs, moins un blocus est supportable. En effet, les laboureurs n'ont-ils pas un besoin constant de fer, de sel, d'épices, de linge, de drap, etc., toutes choses que ne produit pas, que je sache, le massif d'Alger?

Non, l'idée de défendre Alger contre une attaque formidable de terre et de mer, au moyen d'une ceinture coloniale qui n'est qu'une banlieue, n'est pas soutenable[1]; le massif, même cultivé par des Français, ne sera jamais que ce qu'il a toujours été, un *jardin*, mais non pas une *terre*.

Si nous voulions à toutes forces, sur la côte de l'Algérie, un grand port militaire, le seul point où l'on pût

---

[1] M. le général Bugeaud dit, dans son rapport du 13 juin, déjà cité, en parlant de la soumission des montagnards, à l'Est et à l'Ouest de la Mitidja : « Alors nous aurons, autour de la Mitidja, *l'obstacle continu qui convient à une grande nation*... Les montagnards garderont longtemps le souvenir de la rude guerre que nous leur avons faite, et cette pensée *gardera mieux* la Mitidja *qu'un fossé garni de blockhaus*, lequel, d'ailleurs, n'aurait pu enceindre toute la plaine qu'en *y consacrant une armée* qui, dans sa *triste immobilité*, aurait perdu plus d'hommes par les *maladies* que dans une guerre active. L'obstacle de l'Atlas nous demandera moins d'hommes pour le garder, et ces hommes ne seront pas *paralysés*... et cette grande barrière, loin d'être *improductive, comme le serait le fossé*, loin de fournir, etc., etc. »

Répétons, après M. le Gouverneur général : Le fossé d'enceinte ne convient pas à une grande nation. — *Triste immobilité, ma*—

l'établir sans violenter la nature serait Mers-el-Kebir ou Arzeu ; tous les marins, tous les ingénieurs le disent : en l'établissant à Alger, on n'augmente pas la force d'Alger à l'égard de l'intérieur, au contraire ; et l'on rend cette position plus séduisante pour une attaque et plus difficile pour la défense, quand bien même on la fortifierait comme Metz.

Quant à cet agrandissement de l'enceinte de la ville, comment ne s'aperçoit-on pas que la population actuelle d'Alger est, pour la plus grande partie, factice ; qu'elle est une conséquence de l'état de guerre ; que cette ville est peuplée d'une masse de militaires qui, il faut l'espérer, ne lui seront pas toujours nécessaires, et, par conséquent, d'une nombreuse population civile, espèce de cantiniers et de valets à la suite de cette armée ? Enfin, comment ne voit-on pas que toute la population maure tend à disparaître d'une ville où tout blesse ses mœurs, ses habitudes, sa croyance ?

L'aspect d'Alger changera complètement, le jour où la population française qui sera répandue dans cette province demandera à Alger des *socs de charrue*, des cuves, des pressoirs, des meules, au lieu de lui faire

---

ladie, *paralysie*, *improduction*, tels sont les mots que la conception du fossé inspire à M. le général Bugeaud, qui est plus à même que qui que ce soit d'en juger les effets, puisque c'est sous son gouvernement que cette conception se réalise.

les commandes qu'on lui fait aujourd'hui, des commandes d'alcool et d'absinthe. L'aspect d'Alger changera, lorsque les Arabes lui apporteront leurs grains et leurs huiles, lui amèneront leurs chevaux, et emporteront en échange des étoffes, du sucre, du café et des instruments aratoires ; alors on y verra autant de forgerons, charrons, bourreliers, qu'il y a aujourd'hui de cafés, de cabaretiers et de marchands de tabac ; mais qui donc oserait dire, à l'avance, que lorsque cette population normale d'une véritable colonie aura remplacé la population factice d'Alger, l'enceinte d'Alger sera trop petite pour contenir cette population renouvelée ou mieux encore régénérée ? Il y a eu deux choses funestes pour l'Algérie, ce sont : la colonisation par *fermes isolées*, et la colonisation par *capitale*, à l'instar de Paris. Alger a absorbé toutes les forces coloniales de la France, et les fermes des colons ont toutes été absorbées par les Arabes. Gardons-nous donc des fermes isolées, et gardons-nous aussi de vouloir faire un Paris, dans une contrée où nous n'avons pas encore su faire un village.

Or, tout cela tient à ce que si nous avons, dans notre organisation administrative, civile et militaire, des corps et des individus qui savent faire et ont l'habitude de faire des ports, des forts, des batteries, des murailles, nous n'en avons pas qui aient eu encore mission spéciale et habituelle de faire de *l'agriculture*, d'étudier ses besoins, de la favoriser ; il en résulte que lorsqu'on demande au génie civil et au génie militaire, quel est l'emploi le plus utile à faire du budget que la France consacre à l'Algérie, ils répondent naturellement par ces mots : un très-grand *port militaire*, et une très-grande *place de guerre*, parce que c'est là, en effet, que ces deux corps sont habitués à déployer le mieux leur très-incontestable mérite. Or, tant que notre gouvernement *colonial* n'aura pas créé, pour l'administration de l'Algérie, un corps nombreux et puissant, capable de contre-balancer l'influence des constructeurs de cités, de forteresses et de routes royales, ou bien, tant que le gouvernement n'aura pas fait sentir aux deux corps du génie civil et militaire, que ce sont surtout des *villages* qu'il faut en Algérie ; que c'est presque uniquement cela qu'il veut ; que sans l'*agriculture*, l'Algérie n'est rien, est moins que rien pour nous ; qu'il faut, avant tout, qu'elle *produise ;* en un mot, tant que le gouvernement ne fera pas de la *colonisation*, mais seulement de la *guerre* et de l'administration bourgeoise, urbaine et fiscale, l'Algérie nous coûtera bien des hommes et bien de l'argent, mais ne produira RIEN.

Je puis maintenant reprendre l'examen de la question posée, ou plutôt terminer cet examen ; car, pour la province d'Alger, le fossé d'enceinte limite, je le répète, le territoire où la colonisation civile peut et doit être entreprise ; et quant à la province d'Oran, je ne connais pas un seul point où il soit prudent d'essayer de la colonisation *civile*, du moins à présent. Oran a bien aussi son petit fossé d'enceinte ; mais ce fossé qui trace autour de la ville une bande d'une demi-lieue de large, protège les Zméla, et c'est tout ce qu'on peut attendre de lui.

XVI. — Résumons tout ce que nous venons de dire de directement applicable au sujet de ce chapitre.

L'histoire, la géographie, l'ethnographie et la politique déterminent le partage de l'Algérie en DEUX ZONES, *intérieure* et *littorale* ; la première plus particulièrement *militaire*, la seconde plus particulièrement *civile*.

La ZONE *intérieure militaire* s'élargit à l'*Ouest* et finit en pointe vers l'*Est* ;

La ZONE *littorale civile*, au contraire, repose sur une large base à l'*Est*, et se termine en pointe vers l'Ouest.

Les mêmes considérations partagent l'Algérie en TROIS PROVINCES, divisées naturellement, d'une part au Jurjura, de l'autre au *Chélif* ; chacune de ces provinces comprenant une part des deux ZONES, *militaire et civile*, dans des proportions différentes ; savoir : Constantine plus particulièrement *civile* ; Oran (ou Mascara) plus spécialement *militaire* ; Alger ayant le caractère MIXTE, qui détermine son importance CAPITALE, comme centre géographique et politique de l'Algérie.

En conséquence :

1° *Colonies militaires*, surtout dans la *zône intérieure* ;

— *Colonies civiles*, surtout dans la *zône maritime*;

2° Beaucoup de *colonies militaires* et fort peu de *colonies civiles* dans la province d'Oran;

— Plus de *colonies civiles* que de colonies militaires dans la province de Constantine;

— Autant des *unes* que des *autres* dans la province d'Alger, les colonies civiles ayant Alger comme centre, et les colonies militaires placées dans le rayonnement de Médéa, Miliana et Blida.

Dans la province de Constantine, l'ordre progressif à suivre est :

Pour les colonies militaires, joindre les trois points de Guelma, Constantine et Sétif;

Pour les colonies civiles, joindre Bône à La Calle, et Philippeville à Bône, par El-Harrouch;

Pour les unes et les autres, RÉUNIR les *colonies militaires* des cercles de Guelma et de Constantine aux *colonies civiles* des cercles de Bône et de Philippeville.

Dans la province d'Alger, l'ordre à suivre est :

Colonies civiles dans l'intérieur du fossé d'enceinte;

Colonies militaires tendant de Médéa vers Hamza, de Miliana vers Mascara, de Blida vers Médéa et Miliana;

Enfin, dans la province d'Oran, l'ordre à suivre est :

Colonies civiles urbaines, maritimes, et pas ou presque pas d'agricoles ;

Colonies militaires sur les routes de Mascara à Mostaghanem, et de Tlemcen à Oran, et plus tard, sur la route de Mostaghanem à Oran, et sur celle de Tlemcen à Miliana, par Mascara.

Tels sont, en termes généraux, les *lieux* et l'*ordre* de fondation des colonies civiles et militaires ; nous y reviendrons avec plus de détails dans les chapitres suivants.

CHAPITRE II.

PERSONNEL ET MATÉRIEL DES COLONIES CIVILES ET MILITAIRES.

I. — Pour bien limiter le champ de ce chapitre, je renvoie à la CONCLUSION, qui traite spécialement du gouvernement de l'Algérie, tout ce qui se rapporte à l'organisation des Européens dans les *villes*; ici je m'occuperai uniquement des colonies *agricoles*, civiles ou militaires.

La position des *lieux* favorables à l'établissement de ces colonies étant déterminée, le travail théorique à faire immédiatement serait : le *plan* des villages et des fermes, des limites de leur territoire, des moyens de défense, d'irrigation et d'assainissement, avec *études*

des cultures possibles et des procédés agricoles convenables.

Ce double travail théorique d'ingénieur et d'économiste appartient bien évidemment à deux corps qui ont déjà rendu de grands services en Algérie, comme ils en rendent en France, mais qui n'ont pas encore été mis à même de manifester leur capacité *colonisatrice*. Le génie civil des *ponts-et-chaussées* et le *génie militaire* (auquel il faut adjoindre l'artillerie qui *construit* aussi) ont bien *construit* des ponts, des routes, des casernes, des hôpitaux, des blockhaus ; mais il y a loin de là à construire et établir un village de *cultivateurs en Algérie*, même un village pour des Européens et non pour des indigènes.

S'il suffisait de copier Vaugirard ou Maisons-Laffitte, il n'y aurait pas même besoin d'ingénieurs, et les moindres maçons feraient l'affaire ; mais il y a là un problème neuf, qui n'a pas même encore été posé, que je sache, et à mon grand regret, à l'école des ponts-et-chaussées, ni à l'école de Metz, et dont nous n'avons ni épure, ni relief.

Le génie civil et le génie militaire français ont fait naturellement en Afrique ce que nous y avons fait en toutes choses ; jusqu'à présent ils y ont importé la France, purement et simplement. Leurs casernes et hôpitaux, et leurs routes, ne dépareraient aucune province de France, et n'y paraîtraient pas des constructions extraordinaires, *étranges* ; au contraire, plusieurs embelliraient nos villes et nos départements, et sembleraient des œuvres nationales, *indigènes,* appropriées à nos usages et à notre climat.

Il y a plus, la nécessité nous a fait souvent chercher, en Algérie, des moyens d'habitation très-prompts; les mêmes nécessités étant fort rares en France, notre imagination n'est pas habituée à une grande fécondité sous ce rapport; et le génie civil et le génie militaire ont pris la règle et l'équerre, ont tracé de longues lignes droites, ont planté verticalement des planches dans ces lignes parallèles, ont recouvert ces deux plans parallèles de deux autres plans de planches formant un angle obtus; c'est ce qu'on nomme des *barraques.*

Jamais pareille idée ne serait venue à Abd-el-Kader ou bien à Méhémet-Ali ; j'ai vu celui-ci réunir des milliers d'ouvriers au barrage du Nil, et leur faire construire, comme par enchantement (par un Français cependant), des casernes où il n'y avait pas une planche, pas une *poutre,* pas une pierre, pas un clou, très-peu de chaux, pas de vitres; habitations saines, fraîches en été, suffisamment chaudes en hiver. C'étaient des murs épais de briques séchées au soleil, mélange de terre, de paille hachée et de quelques particules de chaux; briques absolument semblables à celles que faisaient les Juifs de Moïse sous les Pharaons ; l'invention n'est pas neuve. Ces murs, largement espacés, renfermaient entre eux un ou deux rangs de piliers des mêmes briques, et tout cela supportait un toit plat, composé ainsi : des rondins de deux à trois mètres (que nos ingénieurs connaissent bien, puisque les Algériens n'en employaient pas d'autres dans leurs maisons, à Alger même), recouverts d'un lit de cannes de joncs et de roseaux, enduit d'un assez épais glacis d'un mortier semblable à celui des briques, avec proportion de chaux un peu plus forte dans la couche supérieure de ce glacis.

Remarquons qu'une grande partie des maisons de l'Algérie étaient bâties, à très-peu près, de cette manière : en une espèce de pisé recouvert d'une terrasse de pisé ; et cependant, nous avons porté à Sétif des plateaux qui coûtaient deux ou trois francs à Philippeville, et qui, si je suis bien informé, revenaient à vingt-un francs, rendus à Sétif !

Nos blockhaus sont encore des inventions inimaginables pour l'Algérie. La plupart d'entre eux étant sur des lieux élevés, sont par conséquent très-généralement sur le roc ; une tour en pierre aurait pu y être faite avant que le blockhaus ait eu le temps d'arriver de Toulon à la côte d'Afrique.

Et tous les bâtiments que nous élevons sont percés aux quatre faces de larges fenêtres ; et nous les campons en plein soleil, sur des places ou dans des rues aussi larges que nous pouvons les faire, comme si nous pensions que les Orientaux ne font des cours intérieures et de très-petites fenêtres grillées à l'extérieur que pour cacher leurs femmes, et non pour se garantir du plus redoutable rival, du soleil [1] !

Philippeville, la seule cité de notre création complète, est située sur deux collines, et la vallée que ces deux collines forment par leur rencontre [2] est naturellement la grande route de Constantine et la rue principale de Philippeville; mais quel est le plan des deux parties de la ville située sur ces deux collines très-escarpées? — L'échiquier, la ligne droite et l'angle droit; ce qu'il y a, certes, de plus simple au monde;

---

[1] « Quelques uns croyaient l'ancienne forme plus convenable pour la *salubrité*. Ces rues étroites et ces bâtiments élevés ne faisaient pas, à beaucoup près, un passage aussi libre aux rayons du soleil; au lieu que maintenant toute cette largeur qui reste à découvert, sans aucune ombre qui la défende, est en butte à tous les traits d'une chaleur brûlante. » Tac., *Ann.*, xv, 43, à propos de la restauration de Rome après l'incendie de Néron.

[2] Le passage suivant de Varron (l. XII, t. 2) est assez curieux, parce qu'en faisant le contraire de ce qu'il conseille, on a fait de Philippeville, ou du moins de plus de la moitié de cette ville, le lieu d'habitation le plus insalubre de l'Algérie : « Dandum operam ut potissimum sub radicibus montis sylvestris villam ponas, ubi pastiones sint latæ ita ut contra ventos qui saluberrimi in agro flabunt. Quæ posita est ad exortus æquinoctialis aptissima, quod æstate habet umbram, hieme solem.... advertendum etiam si quæ erunt loca patustria... » Et Columelle ajoute que, dans les lieux malsains, c'est le nord qu'il faut regarder; or, à Philippeville, pas une maison ne peut regarder le nord, sauf l'hôpital, qui y est tellement exposé, qu'il est glacé en été comme en hiver, condition peu favorable aux malades.

mais ce qui fait, de la moitié des rues, des escaliers ou des ravins à peine praticables, même pour des piétons, et ce qui expose les habitations et les habitants de cette ville maritime et desséchée à toutes les enfilades du vent et du soleil ; en revanche, le mur d'enceinte est parfaitement et mathématiquement défilé du feu des Arabes ; or, les Arabes tuent bien quelques hommes chaque année à Philippeville ; mais le soleil, le vent et les vapeurs de la mer, le vent et les vapeurs de la terre, les tuent par centaines.

Le pays est neuf, nous avons dû y faire des écoles ; cela n'a rien d'étonnant. Beaucoup de faits de cette nature ont été souvent signalés ; je n'aurais même pas parlé de ces derniers, si je ne devais pas ajouter ceci : personne n'aurait *mieux fait* que ceux qui ont fait, et il est certain aussi que ce sont eux qui peuvent seuls faire bien aujourd'hui ce qui a été mal fait précédemment par eux.

Je le dis encore, le problème n'a pas été nettement posé au génie civil et au génie militaire ; qu'il le soit, et ces corps le résoudront.

Voici le programme :

Quelle est la forme à donner aux villages coloniaux agricoles, militaires ou civils de l'Algérie ; les premiers devant se livrer exclusivement à la *grande culture* COLLECTIVE, à l'éducation des *bestiaux* et des *chevaux*, et à des *exercices militaires* ; les seconds à la *grande culture* COLLECTIVE, mais aussi à la *petite culture* IN-

DIVIDUELLE et aux professions *industrielles* qui se rattachent à l'agriculture ? Les colonies militaires devant, par-dessus tout, former un *corps*, dont toutes les *individualités* soient constamment soumises à *une seule volonté*; et les colonies civiles formant des *sociétés de familles*, dans lesquelles chaque associé a sa part *d'indépendance* plutôt dans la *forme* que par le *fond*.

II. — Lorsque ce *plan* sera fait et adopté, il faudra l'*exécuter*; or, il évident que cette exécution serait le premier acte d'*installation* des colonies militaires, tandis qu'à l'égard des colonies civiles, ces travaux ne seraient que préalables et *préparatoires*; car l'installation des colonies civiles, c'est-à-dire d'une réunion de *familles*, ne peut avoir lieu qu'après l'exécution des travaux *généraux* de protection, d'assainissement, d'irrigation, de délimitation, de communication, et même après l'achèvement des principaux établissements publics.

L'exécution de ces travaux préalables est bien un premier pas vers la fondation des colonies civiles; elle doit, pour ainsi dire, présenter le modèle sur lequel se formeraient plus tard les *communes rurales*; mais c'est une œuvre d'intérêt *public* qui ne saurait être mise à la charge et confiée aux soins d'intérêts *privés*, à moins que ces intérêts ne fussent associés et constitués d'une manière analogue à la forme que l'État lui-même emploierait pour faire ces travaux.

Le génie militaire *commencerait* donc l'installation

des *colonies militaires*, et le génie civil *préparerait* seulement celle des *colonies civiles*.

Si nous examinons comment cette œuvre *préparatoire* serait entreprise par l'État, sous le double rapport du personnel et du matériel, nous *préparerons* ainsi nous-mêmes ce que nous aurons à dire sur l'organisation des colonies civiles. Si nous voulions aborder directement et immédiatement la question, nous aurions probablement plus de peine à nous faire comprendre ; il en serait de même si, commençant par les colonies militaires, qui, par leur nature, ont déjà leur principe d'organisation connu et admiré de tout le monde, nous passions, immédiatement après, à l'organisation des colonies civiles, qui sont, au contraire, des créations neuves.

III. — En France, les travaux civils et les travaux militaires ont de grandes ressemblances, mais ils ont aussi des différences capitales. D'abord, l'esprit qui les anime sort de la même source, l'École polytechnique, mère commune des ponts-et-chaussées et du génie militaire ; ensuite, ils se ressemblent par en haut, par l'*état-major* ; mais ils sont fort différents par en bas, par *la troupe*. Des deux côtés, *l'état-major* est organisé, constitué, il forme *corps* ; mais l'un forme corps *avec sa troupe*, qui est elle-même vigoureusement organisée ; l'autre n'a pas de *troupe*, et ne commande qu'à des *bandes de volontaires*, sans aucun lien entre eux, et n'ayant avec leurs chefs que le lien ou plutôt la chaîne du *salaire journalier*, chaîne pour le chef aussi bien que pour l'ouvrier.

Je n'ai pas à examiner s'il est bon pour la France d'avoir ainsi un corps dont la tête est fort belle et fort intelligente, mais qui n'a ni pieds, ni bras ; et d'avoir des membres nombreux d'un corps très-robuste, qui sont privés de tête, et qui ne sont réunis que par un fil grossier de cuivre ; mais je suis convaincu que cela est et serait très-mauvais en Algérie, surtout si cette tête sans membres et ces membres sans tête, devaient concourir à la création très-difficile et tout-à-fait neuve de villages coloniaux.

La colonisation de l'Algérie est, à mes yeux, l'occasion unique et vraiment providentielle d'essayer, non *l'application de l'armée aux travaux publics*, mais L'ORGANISATION D'UNE ARMÉE DES TRAVAUX PUBLICS.

Nous verrons ensuite s'il y a lieu de tirer parti de cet essai pour la France ; mais je le crois indispensable pour l'Algérie.

Voilà pourquoi je dis que l'organisation des travaux publics préalables, entrepris par l'État, doit être et serait l'acheminement à l'intelligence de l'organisation des colonies civiles ; parce qu'en effet, il y aurait alors, entre le *corps des travaux publics d'Algérie* et les *colonies civiles*, presque le même rapport que celui qui existera nécessairement, sans rencontrer d'obstacle d'opinion ou de fait, entre l'*armée* et les *colonies militaires*.

En d'autres termes, les corps savants de l'armée me paraissent tout prêts à fonder assez facilement des colonies militaires, au moins sous le rapport *constitutif*; ils ont beaucoup à apprendre sous le rapport *exécutif*, en ce qui concerne le travail agricole et la vie de l'agriculteur; mais les éléments principaux y sont, chez les soldats surtout, dans quelque corps de l'armée qu'on les prenne.

Le génie civil me paraît, au contraire, étranger jusqu'ici, même à l'*idée* d'organiser des colonies civiles; d'ailleurs, il est très-loin de connaître l'*ouvrier*, comme l'officier de troupes connaît le *soldat*. Ayant sous ses ordres des masses qui exécutent des travaux, il a bien une assez forte puissance *exécutive*, surtout pour les travaux de *terrassement*, qui seraient dominants dans cette œuvre préparatoire; mais ces masses n'étant pas *organisées*, ne faisant pas *corps* avec lui, il n'a pas la force *constitutive* que pourtant appellent et promettent les intelligences très-supérieures qui le composent, et que les ouvriers désirent et faciliteront plus qu'on ne le croit généralement.

Ajoutons aussi, pour qu'on ne se hâte pas de tirer une conséquence trop prompte de ce que je viens de dire, que le génie civil est beaucoup plus propre que tout autre corps de l'administration à concevoir et diriger l'organisation des travaux de fondation de tous ces villages; et par une raison fort simple, c'est que là il s'agit de *création* et de *travaux* à diriger, et que tous nos autres administrateurs ne dirigent pas de travaux et ne créent pas, ils administrent *ce qui est*. D'ailleurs, quelles sont les études antérieures, *obligatoires*, que nos sous-préfets ou conseillers de préfecture ou auditeurs au conseil d'État ont faites, qui donnent un gage de leur capacité pour *fonder* un village ? Je n'en sais rien ; mais je ne leur connais pas d'*études* obligatoires, ni de *concours* qui prouvent qu'ils sont aptes même à administrer[1] ; tandis qu'au contraire les ingénieurs n'obtiennent les fonctions qu'ils remplissent qu'après *examen* de *capacité* par les maîtres de l'art, et après de nombreux *concours*.

Disons-le d'ailleurs franchement, l'Algérie a déjà prouvé, de la manière la plus manifeste, l'incapacité créatrice et la pratique routinière de ce que nous nommons en France particulièrement l'administration ; je ne parle ici ni de ces fractions de l'administration qu'on appelle la *justice*, *l'enseignement public*, les *eaux et forêts* ; ni même des *finances*, de *l'enregistrement* et des *douanes* ; parce que, dans toutes ces parties, il y a plus ou moins, mais enfin il y a des conditions obligatoires *d'aptitude à la fonction* ; je parle de ce qui *gou-*

---

[1] M. le comte Beugnot disait à la tribune de la Chambre des Pairs, le 8 juin dernier : « Le Gouvernement a fondé, dans différentes facultés, des chaires de *droit administratif* ; eh bien ! la connaissance du droit administratif n'est exigée ni des préfets, ni des sous-préfets, ni des conseillers de préfecture ! »

verne politiquement toutes ces différentes parties de l'ordre civil, de ce qui devrait leur donner l'inspiration, la *direction;* en un mot je parle de la *direction des affaires civiles de l'Algérie*, depuis son chef à Paris, jusqu'au dernier commissaire civil et au dernier maire d'Algérie.

Et j'en appelle à l'avenir, pour faire oublier le passé.

Or, pour l'avenir, confier la fondation des villages coloniaux à d'autres qu'à ceux qui savent faire des routes, des canaux, des plantations, bâtir des maisons, faire des terrassements, conduire des ouvriers, ce serait absurde; car ceci est un *chantier de travail*, dont le chef doit, avant tout, être *compétent travailleur*.

En France, où nous nous inquiétons très-secondairement du but pour lequel nos villages sont fondés depuis des siècles, but qui subsiste pourtant toujours, puisque c'est la *culture*, nous les laissons aller comme ils veulent, ou comme chacun veut, et nous appelons cela administrer; mais en Algérie, le but est clair, il ne date que d'aujourd'hui : c'est pour *fonder* des villages qu'on réunira des hommes, sous la direction d'un homme; il faut donc que cet homme sache *fonder* des villages, et, je le répète, les administrateurs, en tant qu'administrateurs, n'ont jamais appris cela nulle part, et n'ont même pas besoin de le savoir en France, où les villages et villes qu'ils administrent sont *fondés*.

C'est donc *l'ingénieur civil* qui doit être *directeur*

du travail de fondation des colonies civiles; qu'on l'appelle commissaire civil si l'on veut, mais que le commissaire civil soit un ingénieur, c'est là le point indispensable.

IV. — Peut-être, en voyant que j'assigne ces travaux de *fondation* des colonies militaires et des colonies civiles aux corps savants de l'armée et au corps savant, *constructeur*, de l'administration civile, se récriera-t-on sur le nombre d'employés et d'officiers instruits qu'exigerait alors le service de l'Algérie : on aurait doublement tort; d'abord, parce qu'on ne fait pas des colonies à la douzaine; ensuite, parce que si nous n'employons pas à commencer la colonisation les hommes capables de la faire, il vaudrait beaucoup mieux ne pas l'entreprendre. Ne craignons pas d'augmenter en Algérie le nombre des hommes capables de créer, de fonder, de *produire*[1]; ils n'y sont pas si nombreux que l'excès soit de longtemps à craindre; augmentons aussi les attributions de ceux qui s'y trouvent déjà, afin de leur donner un excitant qui les y attache, qui en appelle d'autres, et qui empêche l'Algérie d'être un trop-

---

[1] Les deux places de Bône et de Philippeville ont l'une et l'autre, depuis longtemps et constamment, cinq à six ingénieurs militaires, un personnel nombreux des douanes, du domaine et même des eaux et forêts; mais un seul ingénieur civil de deuxième ou même de troisième classe, embrassait dans son service cinquante à soixante lieues de côtes et un territoire considérable.

plein administratif où s'écoulent les hommes qui *ne peuvent pas* trouver place en France. Songeons enfin que dans le génie, en France, il y a beaucoup d'hommes qui se lassent de rester quinze à vingt ans capitaines, et de faire remettre des tuiles et des vitres aux casernes; que, dans l'artillerie, c'est au grade de lieutenant que l'on consacre vingt années; or, commander l'exercice du canon pendant près d'un quart de siècle, c'est un peu monotone; enfin que, dans les ponts-et-chaussées et les mines, nous avons beaucoup d'ingénieurs que le Gouvernement prête à l'industrie, et qui probablement, s'il ne les prêtait pas, le quitteraient, pour cesser de ne rien faire ou de faire briser des cailloux sur les routes.

Non, ces corps ne sont pas plus au dépourvu que toutes les autres branches de l'administration; et l'avancement n'y est point tellement rapide, que l'on doive craindre de leur donner une occasion de plus de mériter des grades et d'augmenter la considération dont ils jouissent déjà.

Je sais bien que les ingénieurs des ponts-et-chaussées ne sont pas parfaits; je n'ignore pas les plaintes si souvent portées en France contre eux, et je partage l'opinion que ces plaintes sont très-souvent justes. Mais de quoi se plaint-on? Précisément de choses qui tiennent à ce qu'ils ne sont pas, en France, dans la position que je leur suppose en Algérie. On se plaint de ce qu'ils projètent et exécutent lentement; de ce que leurs travaux coûtent cher et sont mal surveillés ; de ce qu'ils sacrifient souvent l'utile à l'art ; enfin, de ce qu'ils sont presque toujours étrangers aux exigences et aux habitudes locales.

Sans doute leur lenteur serait bien plus grande encore en Algérie, s'ils étaient obligés d'envoyer, comme ils le font aujourd'hui, tous leurs projets, même les plus minimes, à Alger, de là à Paris, où, dans certains cas, ils passent à la guerre, à la marine et toujours aux bureaux des ponts-et-chaussées. Leurs travaux y seraient relativement bien plus chers et plus mal surveillés qu'en France, si leur troupe de travailleurs n'y était pas organisée, disciplinée, et pour ainsi dire enrégimentée. Ils sacrifieraient l'utile à l'art si, dans ces entreprises coloniales, il n'était pas de toute évidence que c'est l'utile qui est le but presque unique, ce qu'on ne peut pas dire d'un pont sur un grand fleuve, ou d'une route royale. Enfin ils seraient encore plus étrangers aux besoins locaux des colonies de l'Algérie qu'ils ne le sont à nos départements, s'ils n'en étaient pas eux-mêmes les *fondateurs*, et si on les faisait changer annuellement, ou du moins très-fréquemment de résidence, comme on le fait en France.

V. — Or, on n'a qu'à prendre à peu près le contraire de ces quatre habitudes de l'administration en France, habitudes qui, continuées en Algérie, y sont et y seraient surtout des vices funestes, et l'on aura précisément posé des principes qui me paraissent convenables et indispensables pour la fondation des colonies civiles.

Ainsi : 1° indépendance et par conséquent responsabilité *personnelle* très-grande du chef de colonie civile, pour tous les *détails d'exécution* du plan général adopté et ordonné *par le gouverneur général*. Surveillance, par *inspections* fréquentes du directeur général des colonies civiles ou de ses délégués, mais non par *correspondance*, qui ne surveille rien et qui entrave tout.

2° Organisation des travailleurs, avec le nombre de piqueurs, conducteurs et ingénieurs adjoints, nécessaires pour l'ordre et la promptitude dans le travail et l'économie dans les dépenses communes.

3° Rappel constant au but qu'on se propose : *ce sont des villages de* PAYSANS *et non des résidences* PRINCIÈRES *que l'on veut; par conséquent, l'*ART *consiste ici précisément et uniquement dans l'*UTILE. La première pierre posée [1] porterait cette inscription et le nom de l'ingénieur fondateur.

4° Engagement de rester, sauf démission, et par conséquent promesse de laisser, sauf destitution, jusqu'à l'accomplissement des travaux de *fondation* or-

---

[1] Pourquoi Rome a-t-elle tant inscrit de noms et de choses sur la pierre? Parce qu'elle voulait apprendre aux *hommes* à fonder des *choses* durables. — Ce qui n'est inscrit que dans des *journaux* ne dure qu'*un jour*, hommes et choses.

donnés par le Gouverneur général et acceptés par l'ingénieur *fondateur* qui s'engage à les réaliser.

Mais trouvera-t-on des hommes qui consentiront à prendre un pareil engagement, qui consentiront à rester en Algérie jusqu'à l'accomplissement de pareille œuvre ? — D'abord, fonder un village en Algérie est bien une œuvre très-difficile, mais elle n'exige pas un siècle ; ensuite, si l'on ne trouve personne qui consente à mettre à cette œuvre le quart du temps qu'on passe à commander une compagnie de sapeurs ou une demi-compagnie de canonniers, la colonisation est impossible ; car une colonisation ne se fait pas, et surtout ne commence pas, en sautillant de chef en chef, en faisant la navette comme nous la faisons depuis douze ans. On ne trouve personne aujourd'hui qui s'attache à l'Algérie, parce que l'on n'y *fonde* rien, et qu'on ne s'attache pas du tout à un pays dont on brûle les arbres et les moissons et dont on tue les habitants ; mais à celui où l'on *plante*, où l'on *bâtit*, où l'on donne la vie à des *enfants* ; et aussi à un pays où l'on fait une œuvre dont le mérite vous est attribué.

Aujourd'hui, par exemple, un officier du génie imaginerait un projet sublime, il n'en faudrait pas moins qu'il mît sur son projet : « Fait sous la direction du chef du génie, » lequel chef n'aurait souvent pas eu personnellement la moindre idée du projet. — Un officier d'état-major fait une carte, le ministère la publie ; on y voit bien le nom du graveur ou du lithographe, et ceux du ministre et du directeur du dépôt de la guerre; mais le nom de l'*auteur* est absent.

Je me suis déjà montré, dans cet ouvrage, assez partisan du *collectisme* à l'égard des *choses*; j'avoue qu'à l'égard des *personnes*, et surtout en Algérie, j'aimerais un peu plus d'*individualisme*.

Je l'ai déjà dit, pour la gloire et la fortune de la France, il faut que l'Algérie donne gloire et fortune aux individus que la France voudra employer à *fonder* la colonisation; ne nous bornons pas à illustrer le nom du brave, en badigeonnant ce nom au coin de la rue ou de la place où il est mort; songeons à lui de son vivant et pour plus d'un jour; cela coûte plus cher, mais cela produit davantage.

J'ai dit tout ce que j'avais à dire, pour le moment, sur le *chef* des travaux préparatoires de *fondation;* parlons actuellement de l'organisation de sa troupe, et des travaux qu'il lui fera exécuter.

Je n'ai pas l'intention, ou mieux encore, la prétention d'organiser ici, d'un trait de plume, une armée de travailleurs, ses règlements, son code, et de les mettre en parallèle avec les lois qui régissent notre armée. Il a fallu plusieurs siècles pour transformer en ARMÉE *régulière* les BANDES *indisciplinées* de nos barons du moyen âge; je ne crois pas qu'en un jour on puisse organiser les bandes indisciplinées que lèvent au hasard les seigneurs actuels de l'industrie. Toute chose a son commencement, l'*organisation du travail* aussi bien que la *colonisation de l'Algérie ;* et ces deux grands problèmes, qui préoccupent aujourd'hui vivement la France, sont heureusement si intimement liés, que résoudre l'un serait résoudre l'autre. Or, nous ne coloniserons pas l'Algérie sur tous les points à la fois, faisons de même pour organiser le travail.

Le jour où le Gouvernement, et non pas un individu quelconque, aura organisé un seul régiment de *journaliers salariés* de l'industrie, sera semblable à celui où Charles VII a organisé le premier corps de *soudars.* L'armée a fait cesser progressivement la *concurrence* militaire que se faisaient entre eux les seigneurs féodaux et qui ruinait le peuple ; l'organisation des travailleurs mettra fin à la *concurrence* industrielle que se font entre eux les seigneurs de l'industrie, et qui engendre le paupérisme de nos jours, par la réduction inévitable du *salaire* et l'augmentation inévitable aussi des *heures* et des *jours* de travail.

Dans l'industrie privée, réduction du *salaire* au minimum indispensable à la vie matérielle et à l'entretien de la force mécanique de l'ouvrier, et élévation de sa *tâche* au maximum qu'il peut atteindre.

Organiser le travail, ce serait, au contraire, substituer à un *salaire* précaire et arbitraire une *solde* assurée, constante ou progressive *selon le mérite*, et remplacer une *tâche,* qui croît nécessairement aujourd'hui à proportion de l'accroissement des besoins légitimes et réels de famille, de maladie ou d'âge, par une tâche proportionnée à ces besoins.

Solde, avancement, retraite, voilà trois mots qu'il faut introduire dans la langue industrielle et faire connaître à *l'ouvrier,* au *soldat de l'industrie.* Le Gouvernement seul peut consacrer ces mots ; il doit seul avoir la gloire de donner au peuple les choses qu'ils représentent ; car c'est la véritable acception que doit recevoir, de nos jours, l'excellent mot d'Henri IV.

Et il faut aussi que l'ouvrier ait, comme le soldat, pour ses infirmités et ses blessures, les nobles *invalides* du travail, et non l'hôpital de l'indigence ; enfin, il faut que, plus heureux sous ce rapport que le soldat, il ait les joies de *la famille.*

VI. — Je viens de prononcer le grand mot caractéristique de l'œuvre ; au soldat, la gloire, l'honneur, la patrie ; à l'ouvrier, une femme et des enfants qui lui donnent du *cœur à l'ouvrage.*

L'organisation des travailleurs n'est donc pas une réunion régulière d'*individus*, mais une réunion régulière de *familles;* voilà pourquoi elle se lie si bien à la colonisation de l'Algérie, et en est le prélude gouvernemental indispensable. La *fondation* régulière d'un premier village devrait être, pour ainsi dire, l'*école normale* de la colonisation future ; c'est là que les associations puiseraient leurs directeurs de villages, leurs chefs de fermes et d'ateliers, leurs économes.

Niera-t-on maintenant, s'il s'agit de fonder une pareille base à la colonie, que ce soit au Gouvernement à faire les dépenses préalables dont j'ai parlé? — On lui permet bien d'avoir des pépinières de mûriers pour l'Algérie, et on ne lui permettrait pas d'avoir une pépinière de gouvernants de l'Algérie! Ce serait folie; mais malheureusement la folie est du domaine de l'homme.

VII. — La *fondation* du premier village colonial est donc, selon moi, celle de l'*école normale* PRATIQUE de colonisation. Et qu'on ne chicane pas sur cette dépense; le défaut d'apprentissage au gouvernement colonial, ou bien cet apprentissage fait sur les boulvarts de Paris, nous coûte assez cher pour que nous en inventions un meilleur. Que l'on n'épargne pas non plus, sous prétexte des besoins pressants de la France, l'emploi d'un bon nombre d'hommes très-capables: la colonisation est un des besoins les plus pressants de la France, aussi pressant même que les chemins de fer, pour lesquels on pique notre amour-propre national, en disant que les étrangers nous devancent; pour l'Algérie, ils se moquent de nous, et c'est bien pis, car ils ont raison.

Surtout, que cette école normale ne soit pas fondée à la porte d'Alger; il vaudrait presque autant la fonder à Versailles: c'est entre Bône et Guelma, ou près de Philippeville, qu'elle doit être; là est la vraie colonie civile agricole d'Algérie; à Alger elle est factice et en serre chaude.

Outre les ponts-et-chaussées qui nous donneraient les

chefs, les principaux officiers de cette troupe coloniale modèle, nous avons aussi en France des écoles d'arts et métiers, des eaux et forêts, de médecine vétérinaire; nous avons des fermes modèles, une administration des haras, des conseils et sociétés d'agriculture; enfin nous avons de quoi composer facilement tout l'*état-major* de cette école normale pratique, et même le cadre des *sous-officiers*, ce qui permet de n'y employer que des hommes ayant de véritables titres à diriger et administrer une œuvre aussi spéciale, et d'en exclure absolument tout directeur ou administrateur de *fantaisie*.

Arrivons donc enfin aux soldats, aux *familles agricoles*.

VIII. — Si le choix scrupuleux d'officiers et sous-officiers, spécialement propres à cette œuvre modèle, est indispensable, celui des familles ne l'est pas moins. Le Gouvernement ne saurait faire, sur ce point, ce qu'il a fait jusqu'à présent en Algérie, c'est-à-dire *laisser faire*; il faut qu'il fasse un choix, qu'il enrôle qui il veut, et non qu'il accepte qui voudra venir; mais pour cela il faut qu'il y ait concours de demandes, et, par conséquent, attrait pour les familles. Quelles seront donc les conditions séduisantes qui pourront exciter ce concours? — Les voici.

Indépendamment de ce que cette entreprise coloniale serait faite par l'État et non par des individus, ce qui est une garantie, sous une foule de rapports importants, surtout pour l'*ouvrier*, surtout pour le *père de famille*; indépendamment de ce que son chef et son état-major inspireraient confiance, par leurs titres très-évidents à la direction d'une pareille œuvre, ce qui n'arrive pas souvent dans les entreprises individuelles de l'industrie, le Gouvernement allouerait à tous les chefs de famille une *solde fixe* et les *rations*;

Il fournirait les instruments de travail et les semences, pendant toute la durée des travaux préalables de fondation du village, durée qui serait celle de l'engagement contracté par les familles;

Les produits de tous les défrichements entrepris pendant et pour les travaux préparatoires de fondation, seraient distribués aux familles seules et non à l'état-major, en raison des accroissements de leurs membres, et aussi pour réparer les pertes individuelles qu'elles auraient pu éprouver par accidents naturels ou par les Arabes;

Le titre de chef de famille *fondateur* donnerait droit à la direction d'une partie déterminée des fermes construites plus tard sur ce territoire, lorsqu'il serait concédé à des sociétés coloniales privées, et cette condition serait une des obligations imposées à la société soumissionnaire de la concession. Toutefois, ce droit, dont l'exercice ne serait d'ailleurs obligatoire pour aucun chef de famille, s'il préférait rester employé dans le *corps des travaux publics* de la colonie, ne pourrait être exercé que par ceux qui auraient obtenu, du directeur des travaux publics, le brevet de chef de famille de première classe ;

Ceux-ci rempliraient seuls les grades de *sous-officiers* dans le corps des travaux publics d'Algérie, et pourraient parvenir au grade d'*officier* ou d'ingénieur ;

Le chef de famille de première classe aurait deux autres familles sous sa direction ;

L'engagement, pris seulement pour la durée des travaux de fondation d'un village, pourrait se renouveler pour un autre village, et alors les années de service, comptées pour les familles réengagées, donneraient droit à une haute paie ; alors aussi, mais seulement alors, chacun de leurs membres commencerait à jouir du droit à une *retraite* proportionnée au nombre de ses années de service, même s'il quittait le corps après l'expiration du second engagement ;

Tous les ouvriers mutilés, du jour même de leur engagement, acquièrent le droit aux *invalides du travail ;*

Tous les enfants sont instruits gratuitement ;

Tous les malades sont soignés gratuitement ;

Il y a *assurance* gratuite pour chacun, contre les désastres naturels, bien entendu avec la pénalité légale ou le refus d'indemnité contre ceux de ces désastres qui seraient reconnus simulés, ou volontaires, ou commis par imprudences prévues par les règlements.

IX. — Ce règlement de service et les peines disciplinaires qui en maintiendraient l'exécution, nécessairement ne sauraient avoir place ici, du moins dans leurs détails; j'indiquerai seulement quelques principes généraux qui me paraissent devoir servir de règle, et je mettrai ces principes en regard de ceux qui, naturellement, dominent dans le service et la justice militaires.

J'ai dit que le caractère dominant de l'organisation des *travailleurs*, surtout par rapport à celle des *soldats*, c'est que l'une serait une réunion régulière de *familles*, et que l'autre est une réunion régulière de *célibataires*. J'ajoute que le but constant et l'occupation journalière de la réunion de ces familles, ce serait la *production;* tandis que les travaux, les instruments, le but et les moyens d'une réunion de soldats, tendent à la *destruction*, ou tout au moins à la *consommation*, et que dans les colonies militaires, quoi qu'on fasse, le travail *productif* ne sera même que secondaire.

Le règlement de travail et la pénalité disciplinaire devront donc porter l'empreinte de ces différences.

X. — Le *bien-être* de la *famille*, voilà ce qu'il faut faire surtout respecter par le règlement, et c'est là que se trouve aussi le ressort de la pénalité.

Le sentiment de la *personnalité* chez tout militaire, officier ou soldat, de la personnalité et de ses *droits* à l'égard des inférieurs; voilà ce que fait respecter le règlement militaire; et la pénalité roule, avec raison et justice, sur *l'orgueil personnel* que certaines punitions frappent, ou sur les appétits *consommateurs* qu'elles gênent ; enfin le code militaire a poussé la logique jusqu'à la dernière limite, car il inflige comme peine, comme peine honteuse, le travail lui-même !

Dieu me garde de conseiller, par inversion, le *service militaire* comme punition honteuse dans les colonies civiles ; seulement qu'il soit léger, et presque attrayant et de parade, sans cela nous ne coloniserions pas ; nous n'aurions pas de bons colons *agriculteurs*, si nous voulions qu'ils fussent colons *militaires*.

Dans les colonies civiles, dans ces associations de familles agricoles, grande indépendance et sécurité de la *famille*, pour tout ce qui a rapport à l'intérieur de la famille, à sa consommation, au *ménage*; très-grande dépendance des *individus* dans le *travail*.

Chez les militaires, au contraire, surveillance minutieuse et dépendance absolue dans la caserne, dans la chambrée; mais, d'un autre côté, je me hâte d'ajouter, pour l'Algérie et pour les *colonies militaires* : que les *manœuvres* du travail ne soient pas régulières et assommantes comme les manœuvres de l'école de bataillon et le maniement d'armes; développons vigoureusement la valeur *individuelle* de nos hommes, habitués en France à *sentir le coude du voisin*, et qui sont excusables de perdre la tête lorsqu'ils n'entendent plus le commandement.

Quant à la pénalité spéciale des colonies civiles, je me garderai bien de présenter ces réunions agricoles comme pouvant être un eldorado moral ; je sais très-bien que la contrainte et la peine sont des conditions obligées dans toute réunion d'hommes. Toutefois, observons qu'il doit nécessairement y avoir une très-grande différence, non-seulement pour la forme, mais aussi pour l'importance du système *pénal*, entre deux sociétés, dont l'une a pour but de faire des soldats, et pour principale occupation de risquer la vie dans les *combats*, et l'autre de faire des *cultivateurs* et de conserver et améliorer la vie par le *travail*; l'une, sans doute, engendre des hommes *braves* et *désintéressés*, jusqu'à l'héroïsme d'une abnégation que l'on a nommée même un *glorieux suicide;* l'autre enfante des hommes *laborieux* et *très-intéressés*, quelquefois un peu lâches dans le duel avec l'homme, mais d'un courage persévérant et infatigable dans la lutte avec la nature. Chez les premiers, la pénalité peut être fort rude quand elle frappe *sur la personne;* elle ne saurait avoir que peu de prise sur les *choses*, pour des hommes *désintéressés*, qui d'ailleurs *ne possèdent rien* et ne se font pas gloire *d'acquérir*. De l'autre côté, au contraire, elle peut être sérieuse quant aux *choses*, c'est la partie sensible et palpable, mais elle doit être légère quant *aux personnes*, pour des hommes qui mettent sans cesse leur personne tout entière au service de leur *intérêt*.

Ceci est pour la forme de la pénalité ; quant à l'importance de son rôle, la différence n'est pas moins grande. *L'encouragement* à bien faire est le moyen de gouvernement qui correspond à la *peine* pour avoir mal fait ; or, dans une réunion d'hommes qui ont pour destination spéciale de défendre leurs concitoyens, mais aussi, et surtout en Algérie, de *faire du mal* à d'autres hommes (ennemis, il est vrai, de leurs concitoyens), il est nécessaire qu'une pénalité forte intervienne sans cesse, pour les empêcher d'étendre et d'appliquer à tous la faculté, l'habitude et les moyens qu'ils ont de *faire du mal* à l'homme. Ceci n'empêche pas qu'on doive les encourager, par des *récompenses*, à *faire du bien* aux hommes, directement et non pas seulement en tuant les ennemis de ces hommes, et même à *faire du bien* à leurs ennemis vaincus. Toujours est-il que *pénalité* et *guerre* sont deux mots qui vont bien ensemble, tandis que la *paix* et le *travail* semblent plus propres à s'allier avec le mot *récompense*. La *peine* a pour but de *corriger*, de *détruire* le vice ; c'est le combat de la vertu contre le vice, mais enfin c'est toujours le *combat* ; la *récompense*, au contraire, a pour but de *faire naître* et de *cultiver* la vertu : l'épi qui *promet* est le symbole de la paix, l'épée qui *punit* est celui de la guerre.

Ces choses sont tellement évidentes, qu'elles se réalisent sans cesse dans notre législation. En effet, la justice militaire, qui est toute *criminelle* et *disciplinaire*, a une bien autre importance, dans l'organisation de l'armée, que n'en a la justice *criminelle* et *correctionnelle* dans l'organisation civile, et elle est infiniment plus sévère pour la *personne* du coupable. D'un autre côté, la justice *civile*, dont l'objet principal est presque étranger au soldat, a une importance capitale et une rigidité très-grande à l'égard des *choses*, dans la société non-militaire; au sein de celle-ci, la justice criminelle, correctionnelle, civile et commerciale, est vivement attaquée dans ce qu'elle conserve d'impitoyable ou seulement de rude à l'égard des *personnes*, parce que cette rigueur est généralement considérée comme l'héritage d'un passé très-peu pacifique et d'une autorité toute militaire.

Quant aux encouragements et à la récompense de la vertu, j'avoue qu'il y a, aujourd'hui, lacune des deux côtés, surtout dans la société civile; ou du moins, que cette partie de la justice humaine, qui approuve, élève et honore, est moins fortement organisée que celle qui blâme, dégrade et flétrit; ce qui revient à dire que notre constitution religieuse et morale est en ce moment faible et malade, surtout dans les parties du corps social où il y a absence d'organisation. Organisons donc le travail.

XI. — Résumons tout ce qui précède sur la fondation des colonies civiles, en donnant à notre pensée une forme nouvelle.

Le corps des *travaux publics d'Algérie* serait constitué par ordonnance.

Son chef serait *directeur général des colonies civiles*.

Le directeur général aurait sa résidence dans la province de l'Est, à Bône.

Un directeur à Alger, un sous-directeur dans la province d'Oran, et un autre directeur-inspecteur à Bône, seraient ses représentants dans les trois provinces.

Le directeur général ou le directeur de Bône, son substitut, feraient eux-mêmes l'inspection des travaux coloniaux dans les trois provinces.

Le directeur général et les directeurs ses représentants dans les provinces, ne dirigeraient personnellement aucun atelier de travaux publics, pas plus qu'un général ne commande directement les régiments de sa brigade ou de sa division.

Les services jusqu'ici confiés au corps des ponts-et-chaussées, à l'administration des eaux et forêts, à celle du cadastre, à celle du domaine, et qui auraient pu l'être à celle des haras, et toutes les mesures relatives à l'agriculture, rentreraient dans les attributions spéciales du corps des travaux publics d'Algérie.

Les employés de ces diverses administrations, placés en ce moment en Algérie, auraient option de faire partie du corps des travaux publics d'Algérie ou de rentrer en France pour y occuper un emploi dans leur administration [1]; ceux qui resteraient n'auraient droit ensuite à rentrer dans leur corps en France, avec les

---

[1] Cette clause ne rappellerait en France que ceux de ces employés qui s'intéressent peu à l'Algérie; il n'est pas utile, il est mê-

avantages de leur grade et de leur ancienneté, que si la France abandonnait l'Algérie, ce qui n'est pas même supposable.

Un service de quatre ans, comme officier du corps des travaux publics d'Algérie, donnera droit à un congé de six mois, et au passage gratuit en France sur les bateaux de l'État.

Un ingénieur en chef sera préposé à la direction des travaux préparatoires de fondation de chaque circonscription coloniale, travaux qu'il s'engagera à diriger jusqu'à leur achèvement, c'est-à-dire jusqu'au moment où ce territoire colonial pourrait être concédé à une société privée.

Le village construit sur ce territoire portera le nom que son fondateur lui donnera.

Le chef de colonie aura sous ses ordres le nombre d'officiers et de sous-officiers du corps, suffisant pour la direction des familles de travailleurs et des travaux qui lui seront confiés, et dans les proportions ci-après fixées.

Deux ateliers de ce genre seront immédiatement établis dans la province de l'Est, près de Bône et près de Philippeville, et successivement dans les autres provinces.

---

me nuisible de les y conserver, et la clause suivante satisfait la seule exigence légitime.

XII. — Ces ateliers d'essai auront pour but de former les hommes qui, plus tard, seront naturellement le plus aptes à diriger les diverses entreprises coloniales des sociétés privées.

Les familles engagées seront groupées par trois, le chef de l'une des trois familles ayant autorité sur les deux autres.

Chaque famille se composera de l'homme, de la femme, de leurs enfants et d'au moins deux *parents* ou *amis* (le corps ne reconnaît ni valets ni serviteurs), sur lesquels le chef de famille aura autorité.

Si le chef de famille n'a pas de femme et n'a que des enfants, un des amis qu'il amènera devra être marié.

Douze familles seront placées sous les ordres d'un officier du corps (ingénieur ordinaire de troisième classe), directeur du travail, qui aura pour sous-officiers les quatre chefs des groupes de trois familles.

Vingt-quatre familles formeront une compagnie, sous les ordres d'un officier du corps (ingénieur ordinaire de deuxième classe), directeur du travail, ayant sous ses ordres un officier du grade inférieur, chargé spécialement de la comptabilité et de l'administration du matériel de la compagnie.

Chaque atelier de fondation aura le nombre de compagnies jugé nécessaire pour le travail; ce nombre devra être au moins de huit compagnies.

Le directeur de ce bataillon de huit compagnies

(ingénieur en chef) aura immédiatement sous ses ordres deux ingénieurs de première classe, chargés, l'un de la *direction des travaux* et du *personnel*, l'autre de l'*administration* et du *matériel*.

Le conseil général de l'atelier se composera, outre ces trois officiers supérieurs, du ministre de la religion, du médecin et de l'instituteur en chef [1], secrétaire du conseil; il se réunira tous les huit jours.

Tous les jours, les chefs de compagnie se réuniront, à l'ordre du soir et du matin, chez le directeur.

Le titre et la composition du *conseil général* indiquent suffisamment que, dans son sein, seront traitées les affaires *générales*, relatives au *personnel*, au *matériel*, au *culte*, à l'*hygiène*, à l'*instruction*; tandis que c'est à l'*ordre journalier* que se régleront les affaires spéciales de *police* et de *justice* disciplinaire.

L'état-major d'un atelier de huit compagnies, c'est-à-dire de cent quatre-vingt-douze familles, ou environ mille à douze cents ames, se composerait donc :

---

[1] On aurait tort de ne voir dans ce mot qu'un *maître d'école de village*; l'officier auquel je donne ce nom, est plutôt l'*instructeur des adultes*; mais il est chargé de veiller, en même temps, à *l'instruction de l'enfance*, instruction donnée, sous sa direction, par deux familles dont les chefs ont le rang de sous-officiers.

De trois officiers supérieurs (un ingénieur en chef et deux ingénieurs ordinaires de première classe). 3

Du prêtre, du médecin et de l'instituteur en chef. 3

De huit chefs de compagnie (ingénieurs ordinaires de deuxième classe). 8

De huit adjoints comptables (ingénieurs ordinaires de troisième classe). 8

De seize chefs de demi-compagnies (ingénieurs ordinaires de troisième classe). 16

      Ensemble trente-huit *officiers*. . . 38

Le nombre des sous-officiers conducteurs, chefs de famille de première classe, serait de soixante-quatre.

XIII. — La *ration* de tous, hommes et femmes, serait celle du soldat; les enfants au-dessous de douze ans n'auraient droit qu'à demi-ration.

Les adultes seuls, hommes et femmes, au-dessus de quinze ans, auraient droit à la *solde*.

Une retenue de. . . pour cent serait appliquée à la *réparation* des instruments de travail confiés au travailleur, et le boni, s'il y en a, porté à sa *masse individuelle*.

La retenue spéciale pour le *fonds de retraite* sera de. . . pour cent sur la solde du travailleur et du sous-officier, et de . . pour cent sur les appointements de l'officier.

Chaque chef de famille aura un *livret* de comptabilité, pour la solde des membres de la famille et la note des instruments qui lui seraient confiés.

La *tenue*, dans les jours de repos seulement, serait *uniforme*, obligatoire et fournie par l'État, pour les hommes et pour les femmes, ainsi que pour les enfants. Cet uniforme devra être porté par les travailleurs qui seraient chargés de missions ou auraient des permis d'absence qui les éloigneraient du territoire de l'atelier.

La durée et l'entretien de cet uniforme seront confiés aux soins des femmes, particulièrement responsables du manque de durée fixée et de propreté voulue.

Les sous-officiers auront double solde, mais pour eux personnellement, les membres de leur famille n'ayant droit qu'à la solde commune.

Les familles seront *engagées* pour toute la durée présumable des travaux de l'atelier ; ce temps est positivement fixé par le contrat d'engagement, signé par tous les membres adultes de la famille.

Toutes les *peines*, pour fautes dans le travail et pour indiscipline ou désordre dans l'atelier, seront prononcées par les chefs de compagnies, qui en feront rapport au chef du personnel, lequel décidera.

Les fautes qui compromettraient l'intérêt général seront jugées en conseil général.

La pénalité consistera principalement dans des retenues ou imputations sur la masse individuelle, et, s'il s'agit d'un chef de famille, sur la masse de tous les membres de la famille ; elle consistera aussi dans les corvées pénibles, et même dans le renvoi du corps, pour les cas graves et par suite de condamnation à un emprisonnement de plus de trente jours, prononcée par les tribunaux de l'Algérie.

Tous les produits du travail des terres défrichées appartiendront aux travailleurs.

Toutefois, un tiers de leur valeur sera porté à leur masse individuelle ; un autre tiers sera pour la caisse des *travailleurs invalides* ; le dernier tiers sera réparti également par compagnies et distribué annuellement, en primes d'encouragement de diverses quotités, aux travailleurs, hommes ou femmes, qui se seront distingués. Ces primes seront décernées par l'ingénieur en chef, directeur de l'atelier.

Les sous-officiers auront personnellement droit à trois parts dans la distribution du tiers affecté à la masse individuelle.

XIV. — La première année, on ne défrichera que des jardins pour les compagnies, et ces jardins seront plantés d'arbres.

La seconde année, on emploiera au défrichement et à l'ensemencement de terres *labourables* un jour par semaine.

La troisième année, on consacrera encore un jour à cette culture; mais chaque compagnie formera son parc de troupeaux, et l'on désignera les hommes et enfants chargés de leur garde et du pâturage.

La quatrième année, deux jours par semaine [1] seront consacrés à ces travaux, productifs pour le bataillon et pour les individus.

Les routes, les canaux et les limites seront plantés d'arbres.

Le matériel d'instruments de travail, effets d'équipement, armes et bestiaux, sera soumis aux règles d'administration, de confection, de conservation, qui sont en usage dans les régiments de l'artillerie et du génie, pour leurs arsenaux et ateliers.

Les travaux de terrassement, de bâtisse et de défrichement seront communs à tous, sauf aux familles qui seront chargées de la conservation des magasins, de l'entretien et réparation des instruments, des travaux du jardinage, et plus tard des parcs et du pâturage. Ces familles seront spécialement sous la surveillance des officiers *comptables* de chaque compagnie, et sous la direction supérieure de l'ingénieur en chef, directeur du matériel, qui est spécialement chargé des travaux et de la police de *l'intérieur,* tandis que l'autre ingénieur en chef, directeur du personnel, est chargé de *l'extérieur.*

Le premier travail consiste dans *l'assainissement* de la contrée; jusqu'à ce que ce travail soit exécuté, le

---

[1] C'est-à-dire un tiers de l'année, ou bien un tiers du bataillon pour toute l'année, selon les convenances.

bataillon est *campé* dans les lieux sains les plus rapprochés, ou caserné dans les villes si elles sont voisines.

A mesure que ces travaux avancent, on s'occupe de *l'établissement de l'atelier,* de ses moyens de défense, d'y installer les magasins et d'exercer la *milice* chargée de la garde.

Le service de la milice est obligatoire pour tous les hommes ; elle est organisée conformément à l'organisation des compagnies de travail ; elle est particulièrement sous la direction de l'ingénieur en chef, chargé de *l'intérieur* et du *matériel*.

Lorsque les travaux *d'assainissement* sont suffisamment avancés, les magasins, l'église, l'école et l'hôpital construits, les jardins préparés et le service des eaux assuré, par les soins de l'officier supérieur ci-dessus désigné, le camp est transporté entièrement sur le territoire de l'atelier, et l'on travaille à la construction du *logement* des familles.

Après cela, commencent les travaux de *communication, d'irrigation* et de *défrichement*, qui sont particulièrement sous la direction de l'autre officier supérieur, qui, jusque-là, aura été spécialement occupé de l'étude du *personnel* des travailleurs, de leur discipline de travail et de leur surveillance, plutôt que de leur direction.

L'étendue du territoire et le nombre des travailleurs qui y seront affectés, devront être calculés, autant que possible, de manière que la troupe puisse camper sur l'atelier à la fin de la première campagne, qu'elle y soit logée entièrement à la fin de la deuxième[1], et que les travaux restants n'exigent pas plus de deux campagnes, de sorte que l'engagement des familles soit généralement de quatre et ne dépasse jamais cinq années.

Telles sont les principales mesures que je crois nécessaires pour *commencer* enfin la colonisation, avec un système arrêté qui puisse être suivi ; tandis que jusqu'ici, elle a été essayée sans principe, au hasard, et pour ainsi dire à la mode de la fatalité musulmane et sans prévoyance humaine, par conséquent, sans providence divine.

XV. — Maintenant, me reste-t-il beaucoup de développements à donner sur l'organisation des sociétés privées qui succéderaient au corps *préparateur* des travaux publics ? — Il me semble que non, car je ne ferais que répéter, pour l'appliquer à ces sociétés, à peu près tout ce que j'ai dit sur l'organisation de ce corps. Toutefois, j'ai quelque chose à dire, et le voici :

Dans ma pensée, ce qui vaudrait le mieux serait : que le corps *fondateur*, organisé par l'État, fût le corps colonial ; qu'il n'y eût pas d'autres concessions, pas

---

[1] Nous dirons plus tard quels sont les *auxiliaires* que le corps des travaux publics pourra employer à ces premiers travaux d'assainissement, de construction et de communications.

d'autres *sociétés;* que chaque ruche coloniale fût un essaim sorti de la ruche mère ; ou du moins que, pour la colonisation de l'Algérie, l'État fît ce qu'il a cru pouvoir oser dernièrement en France, qu'il traçât, avec la charrue gouvernementale, le *réseau colonial,* comme il va forger lui-même celui de nos routes en fer.

Est-ce possible, avec la défiance qui existe à l'égard du Gouvernement, lorsqu'il veut *faire lui-même* et ne pas se borner à *laisser faire?*

Je ne sais, mais si l'on fait une concession à cet esprit de défiance, qui d'ailleurs n'est pas sans fondements dans le passé, mais qui, trop prolongé, devient un préjugé et un obstacle pour l'avenir, espérons que cette concession ne sera pas plus forte que celle qui a été faite à l'intervention des sociétés privées, dans la loi des chemins de fer.

Dans le premier cas, je n'aurais plus rien à dire; car la colonisation serait alors vraiment l'œuvre de la France et non de quelques spéculateurs français ou étrangers, et je viens d'exposer comment je pensais qu'elle devrait être faite par la France. — Dans le second cas, c'est-à-dire si l'État se borne à *préparer* l'exploitation coloniale, et si ce sont des sociétés privées qui doivent *exploiter,* j'ai posé ici, et précédemment, tous les principes qui me paraissent devoir présider à la révision, par l'État, des *statuts* de ces sociétés; je n'ai donc presque plus rien à ajouter.

Dans la première hypothèse, tous les individus qui

voudraient coloniser, devraient se faire admettre dans le corps dont j'ai parlé, et qui porterait alors le nom que j'aurais voulu déjà lui donner en commençant ce chapitre, le nom de *colonies civiles*, au lieu de *travaux publics*. — Dans la seconde, ils ne seraient encore colons qu'à la condition de former *sociétés*, comme les compagnies qui soumissionneront l'exploitation des chemins de fer. — Enfin, dans les deux cas, on aurait mis fin à la colonisation sans système et désordonnée ; et l'on aurait imposé un frein à la passion anarchique de la propriété individuelle du sol, puisque le droit de propriété ne s'exercerait, même dans le second cas, que sur des *actions*. Ce sont là les deux points importants.

J'attache donc relativement peu de prix aux moyens que j'ai crus propres à atteindre ce double but ; mais s'ils sont jugés mauvais et impraticables, j'espère que ce sera pour le même but qu'on en cherchera de meilleurs.

Il est résulté de cette incertitude où je suis sur la possibilité d'adopter, dès aujourd'hui, le principe de colonisation *par l'État*, que l'on trouvera dans cet ouvrage, particulièrement dans le chapitre où il est question de la *constitution de la propriété* dans les colonies civiles, des idées qui seraient applicables au système de *préparation* par l'État, et *d'exploitation* par des compagnies, et qui ne seraient pas applicables à l'autre système, celui de l'organisation immédiate et définitive des colonies par l'État ; toutefois, plusieurs de ces idées paraîtraient peut-être inapplicables et ne le seraient pas.

Ainsi, par exemple, lorsqu'à la fin des travaux préparatoires, le corps *fondateur* devrait passer à l'état de *cultivateur*, il est évident qu'il faudrait modifier sa constitution, de manière à lui donner le caractère de *fixité* et d'attachement au sol, qui a inspiré ce que nous avons dit sur la part à attribuer à la possession *individuelle* dans les colonies civiles. Alors aussi, *l'industrie commerciale* commencerait à se développer, et entraînerait avec elle la nécessité de plus de *liberté* dans la disposition des *choses;* en d'autres termes, le corps fondateur subirait alors une transformation qui le rapprocherait infiniment de ce que j'ai dit devoir être une *société privée*, sans perdre la trace de sa création originelle par *l'État*.

Cette transformation est si naturelle et si simple, que je n'ai pas besoin de m'y arrêter plus longtemps.

XVI. — Passons aux COLONIES MILITAIRES.

Ici ma tâche sera plus facile ; le corps est organisé, du moins les principes généraux d'organisation de soldats existent, et les modifications qu'ils ont à éprouver ne peuvent tenir qu'au nouvel élément qui doit entrer dans leur vie, c'est-à-dire au *travail agricole*, qui n'est pas de nature à changer radicalement ces principes.

Je viens de faire une restriction, après avoir dit que

le corps était organisé; c'est qu'en effet si les corps militaires sont organisés, il n'existe pas de corps militaire *colonial*, et c'est cela qu'il faut organiser avec des éléments pris dans l'armée.

J'ai déjà dit que les corps du génie et de l'artillerie, et j'ajoute aussi le corps royal d'état-major, sont les principales pépinières du corps d'officiers et de sous-officiers des colonies militaires; j'en ai dit les raisons, je les crois incontestables.

Ces officiers opteraient, comme les employés civils dont j'ai parlé plus haut, entre leur position actuelle dans leur corps et leur entrée dans ce corps nouveau, spécial à l'Algérie, sous la seule réserve du cas improbable d'abandon de l'Algérie par la France. MM. les généraux Lamoricière et Duvivier et M. le colonel Cavaignac n'appartiennent plus au génie, M. le colonel Marey n'appartient plus à l'artillerie, M. le général Bedeau, M. le commandant Mac-Mahon à l'état-major, et je pourrais encore citer de nombreux et brillants exemples d'abandon de ces corps illustres; mais pour cela, il faut que le corps nouveau promette plus que ne peut donner l'ancien. Je crois que c'est facile et indispensable; je crois surtout que cette création peut réaliser immédiatement un grand avantage, c'est-à-dire donner un grade, une indépendance et une responsabilité personnelles à des capitaines qui les attendraient bien longtemps dans le service auquel ils appartiennent. Remarquons d'ailleurs que ces grades sont ceux que l'on attribuerait à ces fonctions, si elles étaient confiées à des militaires qui ne sortiraient pas des corps spéciaux.

Ainsi, par exemple, on ne confierait pas le commandement d'une colonie militaire, composée de cinq cents hommes, à un capitaine de la ligne, mais à un chef de bataillon; et le commandement d'un cercle colonial, composé de plusieurs de ces colonies, ne serait certainement pas donné à d'autres qu'à un lieutenant-colonel ou colonel. Je ne me plais donc pas à créer des places et à charger le budget; je dis seulement que, parmi les capitaines des corps spéciaux du génie, de l'artillerie et de l'état-major, se trouvent les commandants naturels de ces colonies militaires. Quant aux commandants supérieurs de cercles ou d'arrondissements coloniaux, j'avoue que je les crois aussi difficiles à trouver dans ces corps que dans tout autre corps; parce que, si dans les armes spéciales on arrive trop tard au grade de commandant et à l'habitude du haut commandement de troupes nombreuses, d'un autre côté, les officiers d'infanterie et de cavalerie sont trop souvent étrangers aux connaissances qu'il faudrait avoir pour *fonder* et *administrer* des colonies.

Le choix des commandants supérieurs, *à l'époque de création du corps*, me paraît donc devoir porter sur toute l'armée, tandis que celui des fondateurs directs de chaque colonie serait limité aux trois corps spéciaux.

Le général en chef de l'armée active, dont la résidence serait à Miliana, Médéa ou Blida, commanderait en même temps l'*armée active* et les *colonies militaires*.

Son état-major se composerait de deux parties distinctes, l'une chargée de l'armée active et des tribus indigènes de la zône militaire, l'autre des colonies militaires.

Le chef d'état-major *colonial* (maréchal-de-camp ou intendant), fixé auprès du général en chef, serait chargé de toutes les affaires des *colonies militaires*, et spécialement de la haute direction des colonies militaires de la province d'Alger; il porterait le titre d'inspecteur général des colonies militaires.

Les deux commandants militaires des deux autres provinces (à Mascara et Constantine) auraient, comme le général en chef pour toute l'Algérie, le commandement simultané des troupes actives et des colonies militaires; ils seraient, à proprement parler, les *gouverneurs militaires* de ces provinces; toutefois, nous verrons ailleurs, et l'on doit prévoir que, dans les deux provinces de l'Est et de l'Ouest, leur position serait inverse, par rapport à l'autorité civile [1].

Leur état-major serait également divisé en deux parties correspondantes aux *troupes actives* et aux *colonies militaires*.

---

[1] Voir la Conclusion.

Le corps des colonies militaires, tout en formant un corps spécial dans l'armée, ne constituerait donc pas, comme ceux du génie et de l'artillerie, une individualité isolée, ayant une hiérarchie qui s'élève jusqu'aux plus hauts grades, et jouissant d'une indépendance presqu'absolue de direction et d'administration; il serait, sous ce rapport, semblable au corps royal d'état-major; d'une part, en ce qu'on n'entrerait dans sa hiérarchie qu'après avoir fait un apprentissage dans certains corps de l'armée (génie, artillerie, état-major), comme les officiers d'état-major en font un dans la cavalerie et l'infanterie; de l'autre, parce qu'au-dessus d'un certain grade, celui de colonel, chef d'arrondissement colonial, on passerait, comme les colonels d'état-major promus maréchaux-de-camp, dans le cadre de l'état-major général de l'armée.

Ces corps n'auraient donc rien de moins attrayant, quant à l'état des officiers, que ceux des zouaves, des spahis ou même des bataillons d'Afrique, des chasseurs de Vincennes et de la légion étrangère, qui ont déjà séduit beaucoup d'officiers du génie, de l'artillerie et de l'état-major.

Aussi n'est-ce pas sur ce point que la colonisation militaire rencontre des incrédules et des opposants; on croit bien qu'il est possible de trouver des officiers qui consentiront à coloniser, pourvu qu'on leur donne des soldats; mais on pense assez généralement qu'on ne trouvera pas de soldats; en effet, c'est là le point délicat.

Constitutionnellement parlant, il n'y a pas là d'obstacle ; la Charte ne s'oppose en aucune façon à ce que la loi, ou même une ordonnance, déclare que la colonisation est une des obligations de l'armée et d'une partie spéciale de l'armée : mais évidemment cela ne suffit pas ; il ne suffit pas de démontrer aux Chambres que la colonisation par l'armée serait utile à la France, ni même qu'elle est indispensable ; les démonstrations de ce genre ne frappent pas tout le monde, et ne donneraient qu'une très-légère satisfaction intellectuelle aux soldats qui les comprendraient, mais qui personnellement se soucieraient fort peu de coloniser, et préféreraient guerroyer ou garder quelque bonne garnison française.

La colonisation militaire n'est possible qu'à la condition de n'être pas seulement une charge, une corvée de plus, imposée, pour ainsi dire par contrainte, à l'armée ; ceci est évident, et justifie l'incrédulité et l'opposition à l'égard des colonies militaires.

Sans doute, de nos jours surtout, on ne peut pas dire que la conscription soit fort attrayante pour la jeunesse ni pour les parents des conscrits ; cependant on s'y soumet généralement, d'abord comme à une nécessité, tempérée par quelques rêves de gloire, d'aventures, de voyages, de plaisirs ; et peu à peu, l'uniforme, l'esprit de corps, la vie commune, la discipline même, la confiance dans une sollicitude sociale qui assure le pain quotidien, et enfin l'autorité que donne le sabre, tout cela fait qu'on supporte assez facilement cette nécessité. Néanmoins, quand vient l'époque de la libération, le nombre de ceux qui sont enchantés de rentrer dans leurs foyers est bien plus grand que celui des remplaçants, quoique ceux-ci soient fort nombreux.

Cette dernière remarque sera la clef qui nous ouvrira la voie de la recherche que nous avons à faire.

Si les vieux soldats qui ont fait leur temps se divisent en deux parts : ceux qui veulent rentrer dans leur *patrie*, dans leur *famille*, se remettre au *travail*, et ceux qui n'ont pour patrie et pour famille que le régiment, et qui n'ont pas d'autre métier que celui de soldat, il faut en conclure que ces derniers ne doivent pas être très-propres à faire des colons, et que c'est dans les premiers, presque uniquement, qu'il faudrait en chercher, soit avant, soit après la libération.

Prenons donc en note que, dans les colonies militaires, il y aurait trois sentiments capitaux à satisfaire : l'amour de la *patrie* (ceci paraît difficile à satisfaire autrement que par : *ubi bene ibi patria*); celui de la *famille*, qui tient de bien près à l'autre et peut aider à le satisfaire; et enfin l'amour du *travail* et des avantages qui en résultent pour le bon travailleur.

Ceci est important pour la qualité *morale* des soldats colons; occupons-nous maintenant de leur âge.

Parmi les soldats qui ne se réengagent pas, l'amour de la famille et de la patrie parle très-haut, lorsqu'ils ont déjà beaucoup d'années de services; alors ils comptent les *jours* qui leur restent à faire ; tandis que l'amour du travail et la connaissance des procédés du travail diminuent assez sensiblement, au contraire, à mesure que se prolonge le service. De sorte que si l'on veut des colons militaires qui aiment et connaissent le travail, et qui n'aient pas déjà la nostalgie, il faut bien que ces militaires soient formés comme soldats, mais il ne faut pas qu'ils soient déformés comme travailleurs, et poussés d'un besoin immédiat de revoir la France et la famille[1] ; il faut, non des conscrits, mais de jeunes soldats ; et, qu'on me passe ces mots de caserne qui rendent très-bien ma pensée, il faut qu'ils soient encore un peu *paysans,* et pas du tout *troupiers finis.*

Les colonies militaires ne doivent être qu'une forte milice, appuyant l'armée active et rendant celle-ci plus mobile, par la garde des postes militaires durant les grandes expéditions ; de même que les colonies civiles, quoi qu'on fasse, ne seront jamais qu'une faible milice qui aura besoin de l'appui de l'armée active, toutes les fois que ses travaux l'obligeront à se mouvoir, même avec ses armes, un peu en dehors de ses villages fermés de murs.

Par tous ces motifs, je pense que ces soldats colons

---

[1] Nous verrons tout-à-l'heure comment pourrait être satisfait ce dernier sentiment, celui de la famille, et par conséquent aussi, en grande partie, celui de la patrie, qui, pour le soldat,

se trouvent plutôt dans les *compagnies du centre* que dans les *compagnies d'élite*.

Quant aux sous-officiers, surtout à l'époque de la formation primitive du corps, je crois qu'on devra les chercher parmi les militaires qui ont le plus l'occasion et l'habitude de *travailler* et de faire travailler ; c'est-à-dire dans les corps du génie et de l'artillerie, du train des équipages, des ouvriers d'administration.

En effet, pour la *fondation* des colonies militaires, on sent qu'il faut, relativement au nombre de soldats *cultivateurs*, plus de maçons et de charpentiers, plus d'hommes de *métiers* qu'il n'en faudra plus tard ; puisqu'on doit se loger, se défendre, faire des routes et des canaux, avant de pouvoir *labourer*.

Ainsi donc, soldats jeunes des compagnies du centre et les plus paysans ; j'espère que les militaires ne trouveront pas que je veux dépouiller l'armée de ce qu'elle a de meilleur. C'est que ce qu'il y a de meilleur pour une armée qui *combat* et qui ne travaille que par corvée et par condamnation, n'est pas du tout ce qu'il y aurait de meilleur pour une armée qui doit *travailler* par *goût* et par honorable *devoir*, et qui ne doit même combattre que par nécessité de *défense*, pour *se*

---

n'est *réellement* que le village, quoique la grande patrie ait aussi une puissance *mystique* très-énergique sur lui ; mais l'Algérie est comprise dans la grande patrie française.

protéger contre *ses* ennemis, et non pour protéger *les autres* contre l'ennemi commun, ce qui est le noble rôle d'une armée de combattants.

Et pour les sous-officiers, s'adresser au génie, à l'artillerie, aux corps dépendants de l'intendance, qui fourniront aussi des soldats colons. Je pense qu'au moins l'infanterie et la cavalerie ne se plaindront pas que je touche à leurs cadres.

Loin de trouver que l'armée ne puisse pas fournir le personnel de ces colonies, je crois que le meilleur moyen, pour qu'elle le fournisse, est de limiter, assez étroitement même, le nombre des corps qui le composeront, l'âge auquel on y sera admis, et les conditions morales et physiques d'admission.

Rappelons-nous toujours que ce qu'il y a de meilleur, sans contredit, dans l'armée d'Algérie, comme hommes de guerre, de guerre d'Afrique, ce sont les *chasseurs*, les *zéphirs* et les *zouaves*; or, c'est à peu près un recrutement inverse de celui de ces corps, que je crois propre à former des corps de soldats *colons d'Afrique*; parce que les chasseurs, les zéphirs et les zouaves feraient, selon moi, de fort mauvais colons.

A bien plus forte raison, les compagnies de discipline et les condamnés militaires, malgré tous les services que ces hommes ont rendus et rendent comme *ouvriers*, me paraissent-ils impropres à devenir *colons militaires*; mais je les regarde comme devant être très-utiles pour les travaux préparatoires d'établissement des colonies *civiles*, ainsi que l'a proposé leur habile organisateur, M. le colonel Marengo. Ils sont jusqu'ici, pour ainsi dire, la *troupe d'élite* des ingénieurs des ponts-et-chaussées de l'Algérie, parce que ceux-ci n'ont réellement pas de troupes de travailleurs; mais ils resteraient toujours, même après la formation d'un corps des travaux publics, de très-utiles auxiliaires [1] de ce corps.

En un mot, les soldats colons doivent être les soldats le moins *batailleurs* de l'armée; si ce ne sont pas les plus intrépides au feu, ce sont les plus *disciplinés* à la caserne; or, c'est cette discipline *intérieure* qui est l'ame d'une colonie militaire.

XVII. — Pour rendre complètement ma pensée, je pourrais l'exprimer ainsi : la solution du problème des colonies militaires consiste à diviser l'armée française en deux parts, armée *active* et armée *sédentaire*; il faut donc mettre, d'un côté, les soldats qui sont hommes d'*action* (d'action militaire), et, de l'autre côté, ceux qui ne sont pas réputés pour être des hommes d'action.

Je sais bien qu'il résulte de là qu'aux yeux de l'armée

---

[1] Ainsi, pour la fondation des colonies civiles, je pense que les compagnies de discipline et les condamnés militaires pourraient être fort utilement employés aux premiers travaux d'assainissement, et ensuite à l'exploitation des carrières, lorsque l'on construira.

actuelle, avant que cette séparation soit hautement, glorieusement et *fructueusement* justifiée par des faits, il ne paraîtra pas fort agréable d'être désigné ou de se dénoncer soi-même comme n'étant pas homme d'action, et que chacun prétendra être un César, ce qui porterait sur le corps colonial une sorte de défaveur d'opinion *militaire*. Voilà pourquoi il est important de compenser ce mauvais effet, par une foule de mesures qui montreraient que cette opinion n'est qu'un préjugé d'*armée active*, et qu'elle est mal fondée à l'égard d'une *armée colonisatrice*. Or, ces mesures dépendent entièrement du Gouvernement et de l'estime qu'il fera de la colonisation militaire [1].

C'est en partie dans ce but que j'ai présenté le corps d'officiers comme devant être recruté exclusivement dans des corps qui n'ont pas tout le brillant qui séduit le militarisme pur, mais que leur savoir, leur conduite et leur bravoure (aussi incontestée que toute autre), entourent d'une estime et d'une considération très-solides, quoique peu éclatantes.

---

[1] Si le Gouverneur général qui colonisera l'Algérie, aimait autant l'agriculture que la guerre, s'il était, pour ainsi dire, aussi fier d'être paysan que d'être soldat, je crois que la colonie militaire marcherait fort bien, dès que les Chambres l'auraient décidée. Or, il me semble que cette hypothèse est déjà réalisée en Algérie, et qu'il ne manque plus que la volonté des Chambres et l'initiative du Gouvernement.

Ce n'est pas tout, l'homme d'action qui a pour patrie son drapeau, pour famille sa compagnie, qui trouve grand plaisir à ne pas être obligé de se procurer son pain quotidien, directement par les travaux qui produisent le pain, cet homme songe peu à avoir un jour une maison, un champ, une femme et des enfants, et, s'il a un petit pécule à la suite d'une ghazia, le cabaret et les *amis* en voient la fin à l'instant même.

Le soldat colon doit avoir plus de dispositions à l'ordre et à l'économie, à la prévoyance; disons le mot : il n'est peut-être pas plus *avide* que le *troupier*, mais il est aussi *intéressé* que l'autre l'est peu.

C'est ce sentiment qu'il faut satisfaire, plus encore par une *promesse* exécutoire à l'époque où finira, pour le soldat colon, son service colonial, que par une *réalité* durant ce service. Et c'est pour cela qu'en parlant de la constitution de la propriété coloniale, j'ai supposé qu'une part du produit net du travail était attribuée à la *retraite* du colon militaire, en sus de tous les droits qui existent dans le reste de l'armée à cet égard, c'est-à-dire des invalides et de la haute paie des chevrons. Le chiffre du tiers, que j'ai fixé uniquement pour ordre, doit être beaucoup plus fort dans les commencements, sauf à le faire décroître à mesure que les produits deviendraient plus considérables.

XVIII. — J'ai parlé de *retraite* et de *durée de service*, c'est le moment d'expliquer ces mots.

Tous les soldats colons seraient pris parmi les jeunes soldats entrés sous les drapeaux depuis une année ou deux au plus ; ils auraient donc encore environ six années à faire : c'est là ce que j'appelle la durée de leur *engagement* colonial.

L'abandon ou le renvoi de la colonie, et toute condamnation infamante, feraient perdre le droit à ce que j'ai nommé la retraite. Celle-ci serait le produit *capitalisé* du revenu attribué chaque année au soldat, pour sa part dans le produit net du travail, augmentée de la répartition de toutes les parts abandonnées ou perdues par les manquants. Elle serait *personnelle* et ne serait acquise qu'au terme fixé ; elle serait, en outre, distincte de la *masse* proprement dite, et ne serait pas susceptible de retenues ou d'imputations. Les recrues annuelles des colonies auraient leur compte ouvert sur ce fonds de retraite, depuis l'année de leur arrivée.

Après l'expiration de la durée de cet engagement colonial, les soldats qui consentiraient à un second engagement auraient une part plus forte que la part individuelle générale, et ils toucheraient d'ailleurs la retraite acquise par le premier engagement, avec faculté de la laisser *capitaliser* dans les caisses de l'État, jusqu'à la fin du second engagement.

L'abandon de la colonie, qui ferait perdre le droit à la *retraite*, ne serait possible qu'après deux années au moins de service colonial, et le soldat colon rentrerait dans l'armée active, où il achèverait son temps ;

il serait privé de cette faculté, dans le cas dont il va être question.

Tout soldat colon pourrait être autorisé à faire venir dans la colonie son père et sa mère, ou l'un de ses parents marié. Il pourrait même être autorisé à s'y marier lui-même. Les familles ainsi autorisées feraient partie du corps, comme *auxiliaires*, et seraient particulièrement chargées des travaux *intérieurs* et des *jardins*; elles formeraient une division ou compagnie spéciale, sous les ordres et la haute surveillance du *major*, qui remplirait d'ailleurs, pour toute la colonie, les fonctions d'officier civil.

Les autorisations d'admission de colons civils, parents des soldats colons, ainsi que les permis de mariage, seraient délivrés par le Gouverneur général, sur la demande directe de chaque chef de colonie.

En cas de mariage du soldat colon, l'abandon de la colonie, et la rentrée dans l'armée, avant l'expiration du temps de service, ne sont plus possibles.

XIX. — Je ne me permettrai pas d'entrer plus avant dans les détails d'organisation de ces colonies, quant à leur discipline, leur hiérarchie, leur justice; tout cela existe déjà dans l'armée, et les modifications qui pourront être nécessaires ne sont pas importantes, et viendront peu à peu, avec l'expérience des besoins de cette nouvelle position militaire.

Cependant, j'ai à cœur de traiter un sujet qui, dans l'armée active, a été jusqu'ici le motif de continuels débats, d'accusations et récriminations affligeantes.

Je veux parler de *l'administration*, et spécialement de *l'intendance*.

Dans l'armée, dont la mission est de *faire la guerre*, et qui doit être *pourvue* par l'État des moyens de la faire, de sorte qu'elle puisse s'y consacrer entièrement, il a toujours été très-difficile d'unir convenablement l'armée qui *combat* aux personnes chargées de la *pourvoir*. On a essayé bien des moyens, j'examinerai tout-à-l'heure si le moyen actuellement employé est le meilleur; mais ce dont je suis convaincu, c'est que s'il est bon, appliqué à une armée qui *combat*, il est tout-à-fait mauvais pour une armée qui *cultive*, et qui doit être animée elle-même, au plus haut degré, de l'esprit de *pourvoyance*, sous peine de faiblesse et de mort.

Dans des colonies militaires, la division entre les fonctions ne doit plus être, à beaucoup près, aussi tranchée; c'est une simple division de travail, pour un but commun : car des *militaires colons* doivent nécessairement être, en même temps, *soldats et pourvoyeurs*, tantôt l'un, tantôt l'autre, aptes aux deux fonctions.

Il n'en est pas ainsi pour l'armée active; on veut que celle-ci tienne toujours l'épée en main, elle ne peut tenir la plume que de la main gauche. Le colon militaire doit aller un jour au combat, l'autre jour à la charrue, quelquefois aux deux le même jour; il doit être ambidextre. Sans doute il en résultera un peu de médiocrité militaire et un peu de médiocrité agricole, mais c'est inévitable ; un soldat colon n'est pas un soldat, n'est pas un laboureur, c'est un *soldat-laboureur* : seulement, il faut que nous ayons de vrais soldats-laboureurs, et non des personnages de comédie politique ou de vaudeville ; et ceux de l'Algérie doivent être plus réellement politiques et dramatiques que ceux du Champ-d'Asyle.

Je disais donc qu'il avait été difficile d'unir convenablement les combattants et les *pourvoyeurs* ; je me sers exprès de ce mot, parce que moi qui estime beaucoup la fonction, je sais qu'elle est d'autant moins appréciée par les combattants, qu'on cherche à lui donner un lustre qui n'est pas le sien et qui appartient de droit et exclusivement au combattant.

Prenons encore l'exemple du corps du génie, qui, sauf dans une guerre de siège, est le corps le moins combattant de l'armée, et dont pourtant l'union complète avec l'armée n'excite pas la susceptibilité militaire. Pourquoi l'assimilation ou l'identité même, ici, est-elle possible, et pourquoi semble-t-elle impossible pour l'intendance ? Le génie *pourvoit* l'armée de son casernement, de ses moyens de défense ; il a un *maniement de fonds* assez considérable, des *marchés* à faire, des *magasins* et *ateliers* nombreux ; enfin, en Algérie surtout, il *paye* à tous les soldats qu'il emploie en dehors de sa propre troupe, une *solde* pour leur travail. Est-ce donc seulement parce qu'il fait des sièges ? — Non ; c'est, avant tout, parce qu'il forme *corps*, et que l'organisation de ce corps est faite de manière à donner aux hommes qui le composent la *capacité* et la *moralité* que leur fonction réclame.

L'intendance embrasse tous les comptables des vivres, des fourrages, du campement, du casernement, le corps médical, le corps du train des équipages, celui des ouvriers d'administration; enfin c'est une véritable armée *à côté* de l'armée, je ne dis pas *dans* l'armée, elle n'y est pas, quoi qu'elle en pense, et quoique la loi, les ordonnances et arrêtés le disent. Et elle souffre, et l'armée souffre de cette contradiction du fait avec le droit; de là, des prétentions d'une part et un orgueil de l'autre, qui ne sont pas les conditions de l'harmonie désirable; de là aussi des vices réels et des plaintes exagérées.

L'intendance ne forme pas corps, ai-je dit; en effet, quelle relation y a-t-il entre les diverses spécialités qui dépendent d'elle? Quel rapport existe-t-il entre la fonction de chacune de ces spécialités, et les études ou l'apprentissage des personnes qui dirigent, sous le nom d'intendant, toutes ces spécialités?

La relation qui existe entre les spécialités de l'intendance, est, par rapport à l'armée, négative ou positive : 1° Elles se ressemblent, parce que les individus qui les composent *ne sont pas combattants;* ceci prouve bien qu'ils doivent être *en dehors* des combattants, et ne pas être *traités* comme eux; mais cela n'indique pas où ils doivent être, et comment ils doivent être traités. 2° Elles se ressemblent encore, parce qu'elles sont toutes *utiles* à l'armée qui combat ; ceci indique seulement qu'elles doivent être *avec elle* et former avec elle une armée complète de *combattants* et de *pourvoyeurs;* mais ce n'est pas là encore ce qui peut déterminer le lien d'organisation qui doit faire de toutes ces spécialités un corps, *l'administration de la guerre.*

Il y a, dans toutes les écoles militaires, d'infanterie, de cavalerie, du génie, de l'artillerie et de l'état-major, des cours d'*administration militaire;* tout le monde sait que ceux des élèves qui s'en occupent avec le plus de zèle, n'y cherchent naturellement que ce qu'ils savent pouvoir leur être spécialement utile un jour, c'est-à-dire l'administration de la troupe qu'ils commanderont. Mais y a-t-il une école spéciale pour l'intendance ? — Non. Ce corps manque donc déjà par la base; et certes, si des hommes sont chargés de *pourvoir* à tous les besoins d'une armée, afin que, pouvant se reposer sur eux de ces soins, elle soit constamment préparée pour le combat, il semble qu'il faudrait au moins exiger de ces hommes des études spéciales aussi fortes que celles auxquelles on oblige un officier du génie.

Mais s'il n'y a pas d'études préalables obligatoires, et des concours qui soient une garantie de capacité, y a-t-il au moins un *apprentissage*, analogue à celui qu'on impose à l'état-major, un apprentissage dans les spécialités importantes qui composent la portion de l'armée que les intendants administrent et dirigent? — Non, encore. — Les officiers d'état-major ne font pas de *stage* dans les hôpitaux et dans le train des équipages, et ils n'en font pas non plus dans le génie et dans l'artillerie; mais ils en font dans l'infanterie et la cavalerie, parce que ce sont les deux corps essentiellement combattants. De même, je ne parle pas de faire faire aux intendants un apprentissage dans les corps combattants (et c'est malheureusement en quelque sorte ce qui se fait, puisque l'intendance se recrute presque uniquement là); je ne demande pas même que les futurs intendants fassent un stage dans *chacune* des branches de l'administration, mais il me paraît indispensable qu'ils en fassent un au moins dans le service des *vivres* et dans celui des *hôpitaux*.

Quel rapport, par exemple, peut-il y avoir aujourd'hui entre les *intendants* et les *médecins*, qui sont pourtant sous leur dépendance, qui attendent d'eux leur avancement, leur emploi spécial, leur déplacement et même l'éloge ou le blâme, bien plus! une autorisation ou une défense pour tel ou tel procédé ou remède médical? A quel titre les intendants peuvent-ils se permettre d'intervenir dans les conseils de l'armée, quoiqu'ils aient le corps *médical* sous leurs ordres, chaque fois qu'il est question de mesures *hygiéniques* à prendre, soit pour l'armée en campagne, soit pour fonder une ville, établir un camp, bâtir une caserne, un hôpital, en Algérie? Où ont-ils appris l'hygiène? — Aussi, combien d'erreurs déplorables ont été commises !

Mais quel rapport surtout (c'est le point délicat) entre les intendants et les comptables? — Celui de *surveillant* et de *soupçonné;* ce n'est pas là de la hiérarchie de corps, c'est de la *police,* dans laquelle le surveillant et le surveillé doivent presque inévitablement perdre leur moralité. Je parle en termes généraux, qui permettent assez largement l'exception.

C'est bien autre chose encore pour le train des équipages, les ouvriers d'administration et les infirmiers, c'est-à-dire les trois parties de l'administration qui ont une troupe et une troupe assez nombreuse, fort utile, composée d'hommes vigoureux (le train), adroits (les ouvriers); j'avoue que je ne sais pas bien l'épithète que méritent les infirmiers, mais aussi ces derniers sont les *parias,* à peine s'ils ont des sous-officiers. ils ne peuvent être *qualifiés.* Dans quelle route ces trois corps de l'intendance conduisent-ils les hommes qui s'y distinguent; les conduisent-ils à l'intendance?—Pas le moins du monde. De là, le peu d'estime dont jouissent ces corps, même dans l'administration militaire, malgré les services qu'ils rendent; de là aussi, les vices qui peuvent être reprochés à ces corps; car l'absence de considération que mérite l'importance de la fonction et les qualités qu'elle exige, empêche beaucoup d'hommes qui possèdent ces qualités, de s'engager dans ces tristes impasses.

J'ai vu et beaucoup vu en Algérie tous les corps de l'administration ; ils n'y jouissent pas, à beaucoup près, de l'estime que, selon moi, leur fonction mérite, et même de celle qui leur est due pour la manière dont, avec leur imparfaite organisation, ils la remplissent ; d'un autre côté, je suis convaincu que, parmi les plaintes soulevées par l'administration, il y en a beaucoup qui sont fondées ; mais, je le répète, ces plaintes fondées, qui tiennent très-souvent à la qualité des personnes, ont pour première cause la fausse organisation de ces corps, qui en éloigne plusieurs des bons éléments naturels, et pour seconde cause, le peu de ressort de cette organisation, pour faire résister ses membres à la *tentation du mal*.

Ce n'est pourtant pas cette raison qui me fait repousser, pour les colonies militaires, l'idée d'une division tranchée entre la *direction* et l'*administration* ; j'ai dit le véritable motif, et ce motif suffirait, quand bien même l'intendance de l'armée serait mieux organisée. D'ailleurs, il s'en faut de beaucoup que cette exclusion de l'intendance, quant à l'administration intérieure des colonies militaires, porte sur les corps qui dépendent de l'intendance elle-même ; je crois, au contraire, et je l'ai déjà dit, que le train, les ouvriers, le corps médical et les infirmiers, doivent contribuer, pour une très-large part, à la composition du personnel des colonies militaires ; et de même, ces corps peuvent rendre d'immenses services pour l'organisation des colonies civiles.

Je ne l'ai pas dit lorsque je m'occupais de ces colonies, afin de réunir en un seul point tout ce qui se rapporte à ce sujet; mais c'est précisément parce que l'administration de la guerre n'est pas un corps *combattant,* qu'elle serait très-utile pour les colonies civiles, si elle pouvait se dépouiller un peu de ses prétentions à l'épée et à l'épaulette, et devenir davantage ce qu'elle devrait être: un corps *industrieux,* intermédiaire entre l'armée qui consomme et la société qui produit, véritable *économe,* oui, *économe*[1]! Alors, ce corps, *pourvoyeur* des *économes* de l'armée, serait pour elle et pour les colonies une *providence.* Si un bon général est le père de ses soldats, un bon intendant serait leur mère.

Les noms ne sont pas inutiles aux choses; le nom d'*intendant* est mauvais, c'est un nom d'autrefois, ce n'est pas celui de nos jours. Les militaires qui l'ont donné à l'administration de la guerre ont agi sous l'influence des vieux souvenirs de la noblesse d'épée; considérant le corps qui touche le vil métal, l'ignoble matériel de la vie, et qui tient la plume et noircit du papier, comme le premier de leurs serviteurs, ils l'ont nommé leur *intendant :* à qui donc la première faute pour tout ce dont ils se plaignent? Tout le monde ne sait-il pas ce que signifie ce mot?

---

[1] Il est remarquable de voir combien l'intendance est étrangère aux principes élémentaires de l'économie politique; ou plutôt cela est naturel : où, pourquoi et par qui les apprendrait-elle?

Malgré ce triple vice, absence d'organisation, prétentions mal fondées, et même mépris des titres véritables que l'on devrait avoir, je le répète, les différents corps de l'intendance rendent des services qui ne sont pas payés de la reconnaissance qu'ils méritent. C'est l'administration elle-même qui souffre le plus de la fausse position où elle se trouve, et j'admire profondément ceux de ses membres, bien plus nombreux qu'on ne pense, qui portent si injustement la responsabilité des vices du corps, et dont la conduite honorable et dévouée mériterait une récompense exempte de cette affligeante solidarité.

Lorsque, dans les grandes expéditions, je voyais ces lourds bagages, ces longs convois, marchant sous l'escorte des régiments et conduits par les vigoureux, les infatigables *soldats muletiers* du train des équipages et de l'administration; lorsqu'arrivé au lieu de campement, je voyais ces hommes décharger les bagages et repartir encore chercher des fourrages, vider des silos, tandis que les régiments gardaient le camp, nettoyaient leurs armes, s'organisaient pour la nuit; alors, je songeais aux colonies, et je me demandais si ce n'était pas là le principal contingent que l'armée pourrait donner à la colonisation de l'Algérie. Voilà des hommes qui, malgré leur titre de soldat, *travaillent*; ces mêmes hommes, dans les villes, transportent les fourrages, mesurent et emmagasinent les grains; ils sont bouchers, boulangers, meûniers, charpentiers, menuisiers, maçons; ils sont charretiers, muletiers, charrons, bourreliers; ils portent, à la vérité, l'uniforme militaire et savent l'honorer; ils portent des fusils et savent s'en servir; mais personne ne s'y trompe, excepté quelquefois eux-mêmes, par réaction d'un amour-propre aveugle; personne ne s'y trompe, dis-je, ce sont des artisans actifs et braves, ce ne sont pas là des *soldats*.

Plusieurs des questions qui intéressent l'organisation des colonies civiles et celle des colonies militaires n'ont pas trouvé place dans cette SECONDE PARTIE; quelques unes ont été seulement indiquées, d'autres n'ont pas même été soulevées, et particulièrement celles qui exprimeraient les relations qui doivent exister entre les colonies civiles et les colonies militaires, et plus généralement entre ces colonies de deux espèces et l'autorité de nature différente de la leur; enfin, je n'ai pas dit leurs rapports avec les tribus indigènes.

En général, je renvoie à la *Conclusion* ce qui est *gouvernemental* dans cette grande entreprise, et je vais compléter, dans la TROISIÈME PARTIE, ce qui touche à l'organisation intérieure des colonies civiles et militaires, en m'occupant de l'ORGANISATION DES INDIGÈNES.

IIIᵉ PARTIE.

ORGANISATION DES INDIGÈNES *.

AVANT-PROPOS. Par qui doivent être organisées, gouvernées et administrées les tribus indigènes soumises ?

Iᵉʳ CHAP. PERSONNEL et MATÉRIEL des tribus soumises, organisées et gouvernées par l'autorité française.

IIᵉ CHAP. LIEUX favorables à la soumission progressive des tribus; ORDRE selon lequel on doit procéder à leur organisation.

---

* Voir à la Conclusion ce qui concerne les indigènes des *villes*, dont l'importance est à peu près nulle, comparée à celle des *tribus*.

AVANT-PROPOS.

PAR QUI DOIVENT ÊTRE ORGANISÉES, GOUVERNÉES ET ADMINISTRÉES LES TRIBUS INDIGÈNES SOUMISES?

I. — L'autorité française doit-elle *organiser*, *gouverner* et *administrer* les tribus indigènes ? — Jusqu'à quel point et comment doit-elle le faire? — Telles sont les questions que je vais examiner.

Jusqu'à présent, les actes de l'autorité française ont prouvé qu'elle ne prétendait pas *organiser* et *administrer* les tribus, et qu'elle espérait néanmoins pouvoir les *gouverner*. Cette espérance devait donc être déçue; elle l'a été.

Ce système politique, contraire à la plus simple

raison, a l'avantage de supprimer de très-grandes difficultés ; mais, en politique, les difficultés ne se suppriment pas, il faut les résoudre.

II. — On a fait un abus prodigieux du principe de gouvernement *du pays par le pays*, en l'appliquant à un pays *conquis*, c'est-à-dire à une population non encore associée au conquérant, qui n'a pas les mêmes habitudes et les mêmes mœurs que lui, et qui restera longtemps, par rapport à lui, dans la relation qu'exprime ce mot : *conquête*.

Puisque nous avons *conquis*, nous devons *gouverner* notre conquête ; or, qu'est-ce qu'un gouvernement qui n'organise pas et n'administre pas? Qu'est-ce surtout qu'un conquérant qui n'organise pas et n'administre pas sa conquête ? — Les Arabes n'ont jamais vu cela dans leur histoire, et personne au monde ne l'a vu.

Les faits ont répondu clairement ; depuis douze ans que nous conquérons progressivement l'Algérie et que nous prétendons gouverner notre conquête, en confiant à des chefs indigènes l'autorité, même sur les tribus les plus soumises, les plus voisines de nous, les plus pacifiques, tous ces chefs nous ont trompés, toutes ces tribus se sont révoltées.

Le tableau de nos fautes et de nos malheurs, sous ce rapport, serait tellement étendu, que je ne puis le tracer ici ; d'ailleurs, pour les hommes qui connaissent le moins l'histoire de notre conquête, il suffit de réveiller un peu leurs souvenirs, pour qu'ils soient frappés des nombreux enseignements que donnent ces douze années. Rappelons les plus importants.

Le système de gouvernement de notre conquête par d'autres que nous-mêmes, a commencé, pour ainsi dire, avec la conquête, et, il faut l'avouer, ce système avait alors son excuse ; car on était fort surpris d'avoir conquis la régence, puisqu'on était parti seulement pour châtier Alger et faire cesser la piraterie ; d'ailleurs, la conservation de cette conquête était fort douteuse et fort embarrassante, dans la position où était la France en 1830.

En 1831, le maréchal Clauzel imagine donc de faire gouverner les provinces de Constantine et d'Oran *par des princes de Tunis !* et ce projet a un commencement d'exécution à Oran. En même temps, dans la province d'Alger, il installe quelques autorités *indigènes*. Ses successeurs marchent sur ses traces ; M. le général Berthezène, dans la province d'Alger, réduit le gouvernement direct de la France au massif, et l'*Aghâ* qu'il institue doit avoir le gouvernement des *tribus;* de sorte que, comme le remarque très-bien M. Pellissier[1], l'un de mes collègues, ce système de politique arabe et non française pouvait se traduire ainsi : *Français,* restez *chez vous,* et nous resterons *chez nous.*

Bientôt le duc de Rovigo fait des ouvertures à Farhat-

---

[1] *Annales alg.*, t. I, p. 222.

Ben-Saïd, pour la province de Constantine ; il propose un traité à Achmet-Bey lui-même, et, dans ces tentatives, le système est toujours de confier l'Algérie *à des indigènes*, qui promettent de *gouverner pour nous* notre conquête.

En 1832 commence à paraître un homme qui annonce de grandes prétentions au *gouvernement des Arabes* ; et M. le général Desmichels saisit avidement cette heureuse circonstance ; il crée Abd-el-Kader ; il consacre un *Émir des croyants*, et il croit avoir enfanté une espèce de duc de Bourgogne ou de Bretagne, un vassal du royaume de France.

Déjà la plupart des indigènes, qui avaient capté la confiance de nos premiers gouverneurs, étaient destitués, chassés, emprisonnés, exécutés et remplacés par d'autres hommes qui, voyant s'élever pour l'Algérie un astre nouveau, préparaient dans l'ombre l'éclipse du soleil de France.

Par le traité Desmichels, voilà donc la France délivrée de l'*embarras* de gouverner la province d'Oran; et ce général, désirant aussi que l'Émir, son Émir, n'ait pas trop d'embarras dans son gouvernement, repousse le seul rival puissant d'Abd-el-Kader, le seul indigène qui, se soumettant à nous plus tard, nous soit jusqu'ici resté fidèle, Moustapha-Ben-Ismaël.

Quant à la province de Constantine, le maréchal Clauzel étant revenu à Alger et ne pouvant plus songer aux *princes de Tunis*, ne peut pas non plus se décider à songer à un Français, à lui-même d'abord, et à l'un de ses généraux, venant conquérir avec lui, *pour la France,* cette belle province de Constantine; il prend un terme moyen, il songe à un homme qui ne soit ni indigène, ni Européen, et, pour ainsi dire, ni musulman ni chrétien, ou l'un et l'autre; il nomme Bey de Constantine, l'un des plus brillants cavaliers du monde, le commandant de spahis Joussouf.

Vain espoir ! l'entreprise échoue de la manière la plus déplorable, et le Bey *in partibus infidelium* ou *fidelium* reste à la tête de son escadron de spahis.

Nouvelle expédition pour *conquérir* Constantine.

Afin de faciliter cette conquête à l'Est, M. le général Bugeaud, dans l'Ouest, poursuit l'œuvre de M. le général Desmichels, à l'égard d'Abd-el-Kader, qui ne demandait pas mieux que de voir détruire Achmet-Bey; c'est-à-dire qu'il étend vers l'Est l'influence d'Abd-el-Kader, qui s'était déjà permis de l'étendre tout seul pendant le gouvernement du comte d'Erlon, et sous le second gouvernement du maréchal Clauzel. M. le général Bugeaud ratifie donc cette extension d'une puissance arabe, et charge, au nom de la France, l'Émir (toujours l'Émir) d'administrer [1] la province d'*Oran*, celle de *Titteri*, et une bonne partie de celle d'*Alger* [2].

---

[1] Art. 3 du traité.
[2] Ce serait le cas de s'écrier : *felix culpa !* car le traité de la

Il ne manquait plus que de lui confier celle de *Constantine,* après la prise de cette ville. C'est ce que M. le maréchal Valée n'a pas fait.

Néanmoins, il ne faudrait pas croire que le système de gouvernement du *pays par le pays* fut abandonné ; au contraire, c'est dans la province de Constantine qu'il a eu, sinon la plus éclatante, du moins la plus complète application, et cette application, qui a été fort louée, est encore généralement approuvée.

Ben-Aïssa fut nommé Kalifa du Sahel (Nord); Bel-Hamlaoui, Kalifa de la Ferdjioua (Ouest); Ali, Kaïd des Harakta (Est); Ben-Gana, Cheik-el-Arab (Sud); et Hamouda, Hakem de la ville de Constantine.

Or, aujourd'hui Ben-Aïssa est aux galères, pour *émission et fabrication de fausse monnaie;* Bel-Hamlaoui aux galères, pour *trahison;* Hamouda, destitué simplement, et obligé de rendre gorge à ses administrés dépouillés par lui ; quant au Kaïd Ali, l'illustre maréchal, président du conseil, a hautement proclamé les mérites de cet homme. Enfin, le Cheik-el-Arab Ben-Gana, celui à qui la France a confié le gouvernement

---

Tafna est certainement un des grands mobiles de l'énergie et de l'activité que M. le général Bugeaud emploie aujourd'hui à détruire la *puissance indigène* qu'il a grandie; mais, pour répéter encore : *felix culpa!* il faudrait que la France ne créât plus de *puissances indigènes;* or, elle ne fait plus d'Émirs, mais elle fait des Califes à foison.

des tribus arabes du Sahara, c'est-à-dire d'un territoire immense, plus étendu que tout le reste de la province, le brave Ben-Gana promène son oisiveté sur la place et dans les cafés de Constantine, et ne pourrait mettre le pied dans son gouvernement, sans le secours d'une petite armée française ; celui-ci nous est fidèle, nous en a donné des preuves. Mais il faut tout dire : Achmet-Bey lui ferait couper la tête, Abd-el-Kader en ferait autant, son ancien rival, Cheik-el-Arab Farhat, n'aurait pas été plus compatissant; enfin, ses propres compatriotes de Biskra, ceux qu'il est censé gouverner, puisqu'il est Cheik-el-Arab, ne se borneraient pas à lui fermer la porte, ils le livreraient à ses ennemis, s'il osait entrer dans ce que nous nommons son gouvernement.

Telle est la tête de la hiérarchie provinciale résultant du système. Dans les différents cercles de Bône, de Guelma, de Philippeville, le même système a produit des résultats semblables. — A Bougie, un malheureux officier français, le commandant Salomon de Musis, espérant aussi trouver un homme du *pays*, propre à *pacifier et gouverner le pays*, se livre à la perfidie d'un Cheik des environs, et meurt assassiné.

III. — On a souvent fait remarquer l'instabilité des chefs français de l'Algérie, et tout le monde reconnaît l'inconvénient qui résulte de ces changements continuels; on serait bien plus surpris et affligé, en voyant la liste des chefs indigènes institués par nous, la note des burnous dont nous les avons couverts, de l'argent que nous leur avons donné pour leur investiture (tandis qu'autrefois c'étaient eux qui payaient leur investiture aux Turcs), et l'état de leurs services, avec indication de ce qu'ils sont aujourd'hui à notre égard.

Comment en serait-il autrement avec un semblable personnel ? — Supposons que la France soit conquise par les musulmans, et conquise, non pour une occupation *passagère*, mais comme une possession *définitive*; certes, les Français qui, au premier moment de la conquête, s'offriraient pour aider à soumettre au joug du vainqueur leurs compatriotes, les Français qui feraient des ghazia sur des villages français, les chrétiens qui tueraient des chrétiens pour la plus grande gloire des musulmans, nous paraîtraient des lâches ou des fourbes, traîtres à leur patrie, ou bientôt traîtres à leurs nouveaux maîtres. Or, les Arabes n'aiment pas plus la domination chrétienne que les Français n'aimeraient la domination musulmane; nous n'avons donc pu trouver, parmi les indigènes qui se sont offerts à nous pour gouverner les indigènes, que des lâches ou des traîtres, et surtout des hommes cupides, profitant de notre humilité gouvernementale pour piller, en notre nom, un peuple que notre devoir est de protéger, de rendre riche et tranquille.

Il y a quelques exceptions, je n'en disconviens pas, mais c'est là le caractère général; et d'ailleurs, ces exceptions, sur quoi sont-elles fondées ? — Ce n'est pas du tout sur un amour vrai de notre domination;

elles sont le résultat de jalousies, de rivalités que nous-mêmes avons souvent fait naître, en donnant maladroitement à des indigènes une autorité sans fondement ou exagérée, qui nous faisait des ennemis, sans augmenter le nombre de nos amis, dans les tribus soumises à la France. Ainsi le brave général Moustapha lui-même, Ben-Gana à Constantine, Rezgui à Guelma, rivaux d'Abd-el-Kader, de Farhat et d'Hacenaoui, nous sont dévoués, je veux bien le croire ; mais ils n'ont plus d'autre puissance sur les Arabes que celle que leur donnent nos armes. La tête de Rezgui est mise à prix dans les tribus des Hanancha que nous prétendions lui faire gouverner, et où l'autorité d'Hacenaoui avait de plus vigoureuses racines et a grandi d'autant plus que nous voulions favoriser Rezgui ; Ben-Gana ne peut mettre le pied, pour ainsi dire, hors de la banlieue de Constantine, sans craindre qu'un ami de son prédécesseur Farhat ne venge l'ancien Cheik-el-Arab par la mort du nouveau ; enfin, lorsque nous avons voulu donner un Bey à Mascara, un Bey à Tlemcen, nous n'avons pas osé nommer le seul homme qui nous eût donné des preuves d'un courage dévoué, parce que nous savions bien que les Hachem et les Beni-Amer, et même les Kabiles de Tlemcen, ne supporteraient pas le joug du rival implacable de leur saint Émir Abd-el-Kader.

Et cependant nous avons continué, dans la province d'Oran, le malheureux système ; nous avons fait des Beys, des Kalifats, des Kaïds; nous ne voulons pas *gouverner nous-mêmes*.

IV. — Les Turcs que l'on cite si souvent comme des conquérants qui, avec fort peu d'hommes, ont gouverné et conservé longtemps l'Algérie, et qui gouvernent ainsi Tunis, l'Égypte, la Syrie, l'Asie-Mineure, toutes leurs conquêtes, se sont-ils jamais avisés de *faire gouverner*, même après des siècles d'occupation, l'Algérie par des Algériens? — Jamais ils n'ont fait cette incroyable faute [1]; Achmet-Bey est le seul qui l'ait commise. Après la prise d'Alger, trouvant à Constantine un Turc usurpateur de son Beylick, il crut pouvoir se défaire des Turcs et y substituer des *Kabiles* comme Ben-Aïssa, et des *Arabes* comme Bel-Hamlaoui; mais dans la constitution ordinaire du gouvernement turc de l'Algérie, les principaux dignitaires de l'État et des provinces gouvernaient et administraient généralement les tribus, et ces dignitaires étaient *Turcs*. Celles des tribus qui n'étaient pas gouvernées directement par des Turcs, étaient les plus éloignées, comme celles des Arabes du Sahara, ou les plus indé-

---

[1] Un Français conseillait un jour à Méhémet-Ali d'étendre, au moins jusqu'au grade de capitaine, l'avancement qui ne dépasse pas le grade de lieutenant; Méhémet-Ali répondit: Vous oubliez donc que nous ne sommes, en Égypte, que vingt mille Turcs.

Les Turcs n'appelaient pas même au gouvernement leurs propres enfants *indigènes* de l'Algérie, les Koulouglis.

pendantes, comme celles des Kabiles du Jurjura; et encore, dans ce cas, les Turcs avaient une ressource que nous ne mettrons probablement pas en usage : pour que les familles puissantes de ces tribus devinssent presque turques, ils épousaient des filles de ces familles.

V. — Nous agissons tout différemment ; il en résulte qu'il n'y a en Algérie que trois Français qui gouvernent *un peu* les indigènes ; savoir : le Gouverneur général, le Gouverneur de la province d'Oran et celui de la province de Constantine ; c'est absolument comme s'il n'y avait eu, du temps des Turcs, d'autres Turcs que le Dey Hussein, et les trois Beys de Constantine, de Titteri et d'Oran, qui se fussent mêlés du gouvernement et de l'administration des tribus.

Qu'on ne dise pas que j'exagère ; ceci est à la lettre pour les provinces d'Alger et d'Oran et pour tout le midi de la province de Constantine ; dans cette dernière province, il est vrai, les commandants des cercles de Bône, de Guelma, de La Calle et de Philippeville, faits à l'usage des Gouverneurs de provinces, *sont censés* gouverner et administrer les tribus de leur cercle, et je conviens que ceci est un argument qui infirme la généralité de ma critique ; mais, d'un autre côté, cet argument est favorable à la thèse que je soutiens, puisque c'est sur ces points que nous avons obtenu et conservé le plus de soumission et de sécurité.

M. le général Duvivier, pendant son commandement

de Guelma, et son successeur M. le colonel Herbillon, et à La Calle M. de Mirbeck, sont les seuls Français qui, après les gouverneurs, aient jusqu'ici *un peu* gouverné et administré directement des indigènes ; et encore, leur mission a été bien plutôt une surveillance de police politique qu'une mission gouvernementale et administrative.

Le Gouverneur général et les Gouverneurs de provinces, sauf les exceptions que je viens de citer, n'ont donc aucun intermédiaire français entre eux et les indigènes ; il en résulte d'abord que ces trois chefs, devant tout voir et faire par eux-mêmes, voient peu et mal et ne peuvent rien faire ou sont très-exposés à faire mal. D'un autre côté, les Français qui sont sous leurs ordres ne peuvent avoir aucun attrait à s'occuper de l'étude des indigènes, de leur langue, de leurs besoins, de leurs usages, puisque cette étude ne les mènerait personnellement à rien, si même elle ne blessait pas, comme une espèce de curieuse surveillance, l'autorité unique du chef français. Et, de plus, comme cette fonction de gouverner et administrer des Arabes n'est qu'une exception fort rare, les officiers qui voudraient s'y vouer, ignorant quel sera leur sort dans leurs régiments, n'ambitionnent pas un pareil service, qui les détache de leur corps, les éloigne de leur colonel, les prive de l'inspection, les livre, sans règlement spécial, à un devoir très-délicat et très-difficile, et met enfin leur avancement à la disposition unique du Gouverneur de province, qui les nomme et qui peut être changé.

Par conséquent, sauf les interprètes des gouverneurs et des chefs de cercles, interprètes qui, pour la plupart, sont d'ailleurs indigènes ou étrangers, il n'y a pas de *Français* qui aient commencé, depuis douze ans, l'apprentissage du gouvernement des Arabes; tandis que lorsque les Turcs s'emparaient d'un pays, leur premier soin était de constituer le personnel *turc* du gouvernement de ce pays. — Les Romains faisaient de même [1]. — Nous autres Français, nous disons au peuple conquis : *Gouvernez-vous comme vous voudrez.*

Nous rechercherons plus tard [2] la cause principale de cette impuissance gouvernementale et administrative, qui nous réduit à n'exercer qu'une *police militaire* sur des sujets de la France; il nous suffit, en ce moment, de signaler le fait, de montrer les inconvénients et les dangers du système, par ses résultats évidents, et de rappeler l'exemple des peuples conquérants qui nous ont précédé en Algérie.

Je conviens que nous n'en sommes pas encore au point de pouvoir gouverner et administrer toute l'Algérie, et surtout que nous ne pouvons pas songer à y transplanter le gouvernement et l'administration que

---

[1] Voir *Notitia dignitatum imperii romani.*
[2] Voir la *Conclusion.*

nous avons en France; cette terre leur serait très-peu favorable; mais de même que nous ne pouvons pas coloniser partout à la fois, et que cependant nous devons *commencer quelque part*, nous devons aussi commencer quelque part l'organisation gouvernementale et administrative des tribus, qui n'ont plus de gouvernement et d'administration depuis que nous avons chassé les Turcs, et qui sont dans une anarchie aussi dangereuse pour nous que funeste pour elles-mêmes.

M. le général Bugeaud dit, dans son rapport du 13 juin : « Là où nous ne régnons pas, règne l'anarchie. » Mais là où nous régnons, que règne-t-il donc? — La mort que nous avons donnée, la misère que nous avons faite, la terreur de nos armes et la terreur plus grande, peut-être, des vengeances d'Abd-el-Kader. — Est-ce donc faire cesser l'anarchie, que de donner un burnous, au bruit des fanfares et dans une *fantasia?*

C'est un devoir et une nécessité, pour l'autorité française, d'*organiser*, de *gouverner* et d'*administrer* les tribus soumises; c'est même en cela surtout que consistera la véritable gloire de la France en Algérie.

CHAPITRE PREMIER.

PERSONNEL ET MATÉRIEL DES TRIBUS SOUMISES, ORGANISÉES ET GOUVERNÉES PAR L'AUTORITÉ FRANÇAISE.

I. — Les mêmes considérations générales qui m'ont servi à déterminer les *lieux* favorables à l'établissement des colonies, déterminent également, d'une manière générale, les *lieux* favorables à la soumission et à l'organisation des tribus; je n'aurai donc, sur ce sujet, qu'à entrer plus avant dans l'examen des lieux et des populations; voilà pourquoi j'intervertis ici l'ordre que j'avais adopté pour l'organisation des colonies. Je commencerai par l'organisation du personnel et du matériel du gouvernement des tribus, ce qui n'est, en quelque sorte, que l'exposition des rapports politiques et administratifs qui devront exister entre les tribus et l'autorité française ; du moins c'est par ce côté que j'aborderai l'organisation des tribus indigènes.

Sans autre préambule, posons de suite les bases du gouvernement simultané des Européens et des indigènes, des colonies et des tribus, dans les deux zônes. Commençons par la ZONE INTÉRIEURE MILITAIRE.

II. — Le général en chef de l'armée active commanderait aussi, avons-nous dit, les colonies militaires.

Près de chaque colonie militaire, et dans un lieu jugé militairement favorable, c'est-à-dire de facile défense et dominant les tribus voisines de la colonie, serait établi un POSTE MILITAIRE, commandé par un officier indépendant du commandant de la colonie, ayant une troupe spécialement de cavalerie.

Cette troupe serait composée d'indigènes réguliers et de Français, dans des proportions différentes, selon les provinces : plus d'indigènes dans la province de Constantine que dans celle d'Alger, et beaucoup plus que dans celle d'Oran, où la majorité serait cavalerie française, tandis que celle-ci serait relativement en petit nombre dans la province de Constantine.

La mission du chef de ce poste serait de *protéger* la colonie, sur la réquisition du commandant de la colonie, en cas d'attaque par une tribu ; dans cette circonstance, il mettrait une partie de sa troupe, conduite par son adjudant, à la disposition et aux ordres du commandant de la colonie, sous la responsabilité de celui-ci, et il veillerait personnellement à la garde du *poste*.

Elle consisterait aussi, d'après les ordres qu'il en recevrait du général en chef ou de son représentant, commandant supérieur de la province, dans des *expéditions* contre des tribus hostiles; et alors, il joindrait à ses troupes le détachement que la colonie aurait également reçu ordre supérieur de fournir pour l'expédition, et en prendrait le commandement; le chef de la colonie militaire resterait à la colonie, où, plus que jamais, sa présence serait indispensable.

Enfin elle consisterait surtout dans le *gouvernement* et *l'administration* des tribus soumises, et dans la surveillance militaire des tribus insoumises.

C'est cette troisième partie de sa mission, la plus importante d'ailleurs, que nous avons particulièrement à examiner.

Ajoutons toutefois, que ces *postes militaires* ne seront astreints à aucuns travaux, autres que ceux qui ont rapport à ces trois parties de leur mission, ou qui seraient nécessaires à la construction, à l'entretien et à la défense du *poste*; ils font partie de *l'armée active*, appartiennent à des *régiments*, ce sont des *soldats* et non des *colons*.

Ceux de ces soldats qui seront indigènes devront, sans exception, être étrangers aux tribus du cercle colonial.

Ces postes seront, comme les colonies militaires,

groupés sous l'autorité supérieure des commandants des *cercles* et *arrondissements* de la zône militaire, ceux-ci devant occuper, avec les *réserves de l'armée active*, les points importants de la ligne stratégique.

Ces *réserves* seront elles-mêmes composées des corps qui fourniront les détachements des *postes militaires*.

III. — Le commandant du *poste* organisera, dans chaque tribu, sous le commandement et la responsabilité du Cheik, une milice de spahis irréguliers, chargés de la *police* de la tribu et du service de la *correspondance* entre les colonies, et qui assisteront le Cheik dans l'exercice de ses fonctions; ces spahis s'obligeront à marcher, sur la réquisition du commandant du poste, dans les *expéditions* contre les tribus hostiles.

Chaque tribu devra construire, sur son territoire, une maison avec enceinte crénelée, pour l'habitation du Cheik et du Cadi, et la mosquée; cette enceinte renfermant, autant que possible, la fontaine principale, ou la dominant.

La valeur de ces constructions sera comptée en déduction de l'impôt dû par la tribu.

Elles seront élevées, autant que possible, sous le canon du fort, ou du moins près de lieux facilement accessibles à l'artillerie de montagne.

Les Cheiks devront, tous les huit jours, faire leur rapport et prendre l'ordre chez le commandant du poste, qui, de son côté, fera, avec sa troupe, une inspection, chaque quinzaine, dans les tribus soumises.

Le jour de cette inspection, des ôtages de la tribu, désignés d'avance à l'inspection précédente, se rendront au poste militaire, où ils seront retenus jusqu'au retour du commandant.

L'étendue de la circonscription du poste et celle de chaque inspection, devront être calculées de manière que l'inspection d'une tribu ou fraction de tribu n'exige pas plus d'un jour.

Le commandant du poste fera dresser le plan du territoire de chaque tribu, avec l'aide des officiers des colonies militaires; il prendra note de la distribution des terres faite par le Cheik, du nom des familles qui les cultivent, du nombre de leurs membres, de la quantité de terre en culture, et du nombre des troupeaux.

Il règlera avec le Cheik l'*impôt* de la tribu, conformément à toutes ces données.

Tels sont les principaux objets de l'*inspection*.

L'inspection spéciale militaire des spahis irréguliers, attachés à la personne du Cheik, aura lieu tous les mois, au poste même, où ils viendront chercher la solde de leurs jours de *service;* et dans les époques de l'année où les travaux de la terre le permettront, les spahis irréguliers de toutes les tribus viendront camper, durant quinze jours, près du poste, pour y être exercés, par les sous-officiers de la troupe du commandant, aux évolutions militaires.

Les jours d'inspection, la colonie militaire fournira une garde supplémentaire à l'officier qui remplacera au poste le commandant absent.

Les inspections seront toujours faites par le commandant, à moins de maladie.

Le commandant fixera les limites du territoire de chaque tribu; il jugera tous les différends de ces tribus entre elles, relativement à ces limites, et ceux même qui pourraient s'élever sur ce point entre une tribu et la colonie, sauf appel au commandant supérieur de l'arrondissement.

Le commandant, assisté du Cadi de la tribu et du commandant de la colonie militaire, jugera également les discussions qui pourraient s'élever entre les colons militaires et des indigènes des tribus. Il jugera seul les cas de rébellion et les infractions aux règlements de police politique et militaire, commises par des indigènes, mais en présence du Cheik de la tribu et de deux officiers du poste.

Le Cadi règlera, selon la loi musulmane, tout ce qui sera relatif aux mariages, aux successions, aux pratiques du culte musulman, et jugera tous les crimes ou délits commis dans l'intérieur des tribus, entre indigènes.

Le Cheik sera chargé de faire exécuter les jugements et les ordres du commandant, dans tous les cas dont il vient d'être question.

Il percevra, pour ses émoluments, une part proportionnée au produit de l'impôt de la tribu, sans avoir droit à d'autre perception, sauf les journées de travail dont il sera parlé ci-après.

Le Cadi jouira des droits fixes qui seront établis sur les mariages, sur le règlement des successions et sur les amendes imposées par le commandant, pour les crimes ou délits qu'il jugera.

L'impôt sera perçu en nature et non en argent, sous les deux formes suivantes : en produits et en journées de travail.

Les produits seront versés aux magasins de la colonie militaire.

Les journées de travail seront employées exclusivement sur le territoire de la tribu, pour les routes, les irrigations générales, l'assainissement, le tracé des limites et les plantations communales; elles pourront se racheter moyennant argent qui sera consacré aux mêmes travaux.

Tout travail d'indigène des tribus pour la colonie militaire ou pour le poste, est interdit, sauf celui des routes qui joindraient le poste aux tribus; ce qui sera le premier travail exécuté par elles.

Le Cheik aura droit à une partie des journées imposées à la tribu, pour les labours de la portion de terre qu'il se sera réservée dans la distribution générale.

Le commandant indiquera les travaux communaux, les fera tracer, et chargera le Cheik de les faire exécuter, au moyen des journées imposées.

Les exercices militaires de la troupe du poste se borneront aux sorties pour *expéditions*, pour *inspections*, ou pour *patrouilles*.

A l'époque des moissons, la troupe fera le service de nuit sur les limites du territoire de la colonie ; mais le commandant ne quittera pas personnellement le poste, où il veillera aux *signaux de nuit*.

Outre les spahis irréguliers attachés au Cheik, les hommes de la tribu qui seront désignés par le Cheik, comme nécessaires à la sûreté de la tribu, seront autorisés au *port d'armes* par le commandant, qui prendra leur nom et leur délivrera un permis.

Tout indigène des tribus qui n'aura pas ce permis, et qui sera pris, portant une arme à feu, sur le territoire de l'une quelconque des tribus dépendant du poste, perdra la faculté d'avoir droit au port d'armes pendant dix ans; son arme sera saisie, et il sera condamné à vingt journées de travail.

Nul indigène, même celui qui aurait un permis de port d'armes, ne devra se trouver armé sur le territoire de la colonie ou du poste militaire, sauf les spahis et les Cheiks, dans l'exercice de leurs fonctions. Un indigène, trouvé armé sur ces territoires, pendant le jour, sera jugé comme voleur, et pendant la nuit comme assassin. Dans le premier cas, privation de port d'armes pour dix ans, amende en nature (bestiaux ou grains) ou en journées de travail, selon la fortune du coupable; dans le second cas, expulsion de l'Algérie, travaux publics à Cayenne, ou autre colonie française.

Tout indigène trouvé de nuit, même sans arme, sur le territoire de la colonie, sera condamné à dix journées de travail, et ne pourra prétendre au port d'armes pendant cinq ans.

En général, la pénalité consistera dans les trois procédés indiqués ci-dessus : expulsion de la colonie, par condamnation aux travaux publics dans l'une des colonies françaises; amendes en nature et en journées de travail ; privation de certaines facultés [1]. L'*emprisonnement* n'aura lieu que pour le temps nécessaire, soit à l'instruction d'un jugement criminel, soit à l'exécution de ce jugement.

La *saisie mobilière* immédiate sera le moyen général de garantie du paiement des amendes.

Les chefs de famille seront responsables, sous ce rapport, des délits et crimes des membres de leur famille, y compris leurs serviteurs.

En cas de non-paiement de l'amende, les objets saisis seront vendus au plus prochain jour de marché de la colonie, jusqu'à concurrence du montant de l'amende et des frais de garde du mobilier saisi.

---

[1] Telles que celles du port d'armes, de voyager, de monter à cheval, de paraître au marché de la colonie, de servir dans les spahis, de faire partie des expéditions, etc., etc.

IV. — Maintenant, occupons-nous du personnel de ces postes, et n'oublions pas qu'il s'agit ici de constituer l'organisation *gouvernementale* et *administrative* des tribus; que, par conséquent, ce n'est pas seulement un corps de garde et une fonction de police militaire qu'il s'agit d'établir. Le choix des officiers est donc de la plus haute importance, et ne saurait être livré entièrement au hasard du roulement des tours de service; et leur nombre, ainsi que celui des sous-officiers, doit être tout autre qu'il ne serait dans la position habituelle de tout détachement semblable de l'armée active.

Le commandant du poste sera un capitaine d'état-major, ayant au moins cinq ans de grade et deux ans de service en Algérie. Il portera le titre de commandant et jouira des appointements de chef d'escadron de son arme.

Son état-major se composera :

D'un lieutenant d'état-major, du génie ou de l'artillerie, ayant au moins deux années de service en Algérie;

De deux officiers du corps de l'intendance;

De deux sous-officiers du génie ou de l'artillerie, et un sous-officier de l'administration;

D'un interprète de troisième classe.

Sa troupe consistera en :

Un détachement de chasseurs d'Afrique, commandé par un capitaine ou au moins un ancien lieutenant;

Un détachement de spahis réguliers, commandé par un sous-lieutenant ou un lieutenant, selon la force du détachement ;

Un détachement des bataillons indigènes, commandé par un lieutenant ou un sous-lieutenant, selon la force du détachement.

Les proportions de ces divers détachements seront variables selon les lieux, mais la troupe ne s'élèvera jamais au-dessus du tiers du nombre des soldats de la colonie militaire ; de sorte que la portion de l'armée active, tenue en *réserve* dans les chefs-lieux de cercles et d'arrondissements, sera toujours égale aux deux tiers des *colons militaires* et au double des *postes*[1].

Disons actuellement quelles seront les fonctions des officiers et sous-officiers attachés à l'état-major du poste.

---

[1] J'ai supposé (2ᵉ partie, ch. 1ᵉʳ, p. 223) vingt-un mille colons militaires et vingt-un mille hommes de l'armée active dans la zône intérieure, indépendamment de trois colonnes mobiles, s'élevant à dix-huit mille hommes. Les *postes militaires* renfermeraient donc sept mille hommes ; il en resterait dans les *chefs-lieux* de cercles et d'arrondissements quatorze mille, qui renouvelleraient les détachements de presque tous ces postes, sans toucher à l'effectif des colonnes mobiles, celles-ci n'ayant à fournir que ceux des postes qui dépendraient des trois arrondissements capitaux de Constantine, de Miliana et de Mascara. — On voit, d'après cela, que les troupes de *réserve* auront généralement peu de cavalerie, et que celle-ci, au contraire, sera très-nombreuse dans les *postes*.

Le lieutenant sera l'adjudant du commandant; il commandera la place et en aura la garde pendant l'absence du commandant; c'est lui qui sera chargé de la correspondance du commandant avec l'autorité supérieure, et de toutes les relations du *poste* avec la *colonie militaire*.

Les deux officiers du corps de l'intendance seront chargés, l'un du *matériel*, l'autre du *personnel* du *poste* et des *tribus*, sous les ordres du commandant; mais uniquement sous le rapport administratif et non militaire.

Le premier, chargé du matériel, assisté des deux sous-officiers du génie ou de l'artillerie, fera faire les plans *cadastraux*, posera les *limites*, tracera et fera exécuter les *travaux publics*, dressera la statistique du *matériel agricole* des tribus.

Le second, chargé du personnel, aidé du sous-officier d'administration, s'occupera du règlement de l'*impôt* et de son recouvrement, de la *justice* et de la *police*.

Quant aux officiers de troupes [1] :

---

[1] Je n'indique ici qu'un seul officier pour le *commandement* de chacun des trois détachements; néanmoins, il y en aura toujours deux, non-seulement à cause du nombre d'hommes qui l'exigerait, mais aussi pour qu'on établisse facilement une division entre le service *intérieur* ou de la troupe, et le service *extérieur* ou des tribus.

L'officier de chasseurs d'Afrique aura le commandement de toute la cavalerie du poste, et dans les expéditions celui des spahis irréguliers des tribus et celui du détachement de cavalerie qui serait fourni par la colonie militaire pour ces circonstances; il sera ainsi commandant supérieur de toute la cavalerie du district du poste, chaque fois qu'elle sera *en campagne*.

L'officier de spahis aura l'inspection spéciale des spahis irréguliers des tribus; c'est lui qui dirigera leur instruction, leur service, et qui règlera leur solde; il étudiera les ressources des tribus, en ce qui concerne la cavalerie, et il assistera l'officier comptable, chargé du *personnel*, dans l'exercice de ses fonctions.

L'officier d'infanterie sera chargé de la *police militaire* des tribus, de dresser l'état nominatif des fantassins pouvant combattre, avec note de leurs armes; il tiendra registre des *ports d'armes* et permis de séjour et de voyage, et assistera l'officier comptable chargé du *matériel*.

Les sous-officiers de ces deux derniers détachements participeront, selon leur grade, à toutes ces fonctions de leurs officiers, à l'égard des tribus.

Ainsi, les sous-officiers de spahis auront la surveillance spéciale d'une partie des spahis irréguliers des tribus, et les sous-officiers d'infanterie indigène auront la surveillance spéciale de police militaire d'une tribu ou d'une fraction de tribu.

Il en sera de même pour les deux sous-officiers du

génie ou de l'artillerie, attachés au comptable du matériel ; ils se partageront les *travaux* à diriger dans le district du poste.

L'interprète sera attaché exclusivement au commandant ; les deux comptables devront trouver, dans les spahis ou les fantassins indigènes, les interprètes dont ils pourraient avoir besoin pour accomplir leurs fonctions. D'ailleurs, les Français seront constamment excités par le commandant à apprendre l'arabe, comme à l'une des nécessités et l'un des devoirs de leur position.

Le détachement de chasseurs sera remplacé au bout d'un an par des hommes du même escadron ; mais l'officier restera une année encore avec les hommes nouveaux. A la fin de cette seconde année, cet officier sera remplacé avec ses hommes ; mais, autant que possible, ce sera toujours le même escadron qui fournira le contingent du poste.

Le détachement de spahis sera à poste fixe, et l'officier ne pourra être remplacé qu'au bout de deux ans, hors le cas d'avancement.

Le détachement d'infanterie indigène sera également à poste fixe, et l'officier ne pourra être remplacé qu'au bout de trois ans, hors le cas d'avancement.

Toutefois, le remplacement des spahis et des fantassins pourrait être ordonné par le commandant supérieur de la province, s'il le jugeait convenable au bien du service.

Les indigènes, cavalerie et infanterie, devront n'appartenir à aucune des tribus comprises dans le cercle du poste, mais généralement à des tribus peu éloignées du cercle; des permis d'absence leur seraient accordés, selon leur conduite, une fois par an, et jamais pour plus de huit jours; dans certains cas, ils pourront être autorisés à faire camper leur famille sous les murs du *poste*.

Tous les malades et blessés du poste seront traités à l'hôpital de la colonie.

Tel est l'élément du corps gouvernemental et administratif *français*, qui me paraît propre à organiser les tribus soumises de la zône militaire, si nous voulons que la France organise, gouverne et administre sa conquête.

V. — Si nous prenons pour base le chiffre déjà posé de 60,000 hommes pour l'établissement de la zône militaire, si de plus nous supposons, en moyenne, chaque colonie composée de 500 colons militaires, nous aurons dans la zône militaire, depuis Guelma jusqu'à Tlemcen:

32,000 hommes d'ARMÉE ACTIVE; savoir : 18,000, en *colonnes mobiles*, dans les places importantes de cette zône, et 14,000 de *réserve*, dans les chefs-lieux d'arrondissements ou de cercles;

21,000 COLONS MILITAIRES, fournissant des détachements pour les expéditions et pour la garde des postes;

7,000 hommes dans les POSTES MILITAIRES, gouvernant et administrant les tribus, et, par conséquent, plus de sept cents officiers et sous-officiers FRANÇAIS, occupés du gouvernement direct des indigènes, ce qui n'en occupe pas *sept* aujourd'hui!

Cette armée, de 60,000 hommes, occuperait :

42 villages coloniaux de 500 soldats colons;

42 postes militaires d'environ 166 hommes;

20 chefs-lieux d'arrondissements ou de cercles;

3 capitales de provinces;

---

107 villes ou villages [1], c'est-à-dire plus que toute l'Algérie n'en avait sous le gouvernement des Turcs; ce qui assurerait la ligne stratégique de l'intérieur, et ses communications avec la zône maritime.

Le poste militaire a donc pour mission de *protéger* la colonie militaire et de *gouverner* les tribus indigènes; mais je n'ai pas dit encore l'un de ses moyens les plus puissants de protection et de gouvernement, moyen qu'il faut puiser dans l'état politique de l'Algérie elle-même.

VI.—Dans certains cercles coloniaux, une portion de territoire sera réservée pour une *colonie militaire indigène*, formée plutôt de fractions de plusieurs tribus que d'une tribu, sauf des cas exceptionnels. Cette colonie serait le *Makhzen* du cercle.

---

[1] Voir le tableau et la carte de la note D, à la fin de l'ouvrage.

Sa place serait choisie de manière à être en comunication télégraphique facile avec le poste militaire, comme le serait également la colonie militaire française; cette tribu *makhzen* occuperait le point important par lequel le cercle serait en contact avec les tribus le plus inquiétantes.

Elle serait sous le gouvernement du commandant du *poste militaire*, auquel elle fournirait une garde d'honneur permanente, campée sous les murs du poste, et renouvelée tous les huit jours, conformément à l'ordre d'un contrôle général de tous les membres de la tribu, divisés par compagnies; chaque compagnie viendrait à son tour faire son service et passer ainsi son inspection, recevoir son instruction et sa discipline, percevoir sa solde de service et se faire administrer la justice militaire.

Une inspection mensuelle de cette tribu serait passée par le commandant du poste, accompagné de sa troupe et d'un détachement de la colonie militaire française.

Le service militaire de ce makhzen consisterait (indépendamment de la garde journalière d'une compagnie) en *patrouilles* de jour et de nuit, ordonnées chaque jour, en nombre d'hommes et en direction, par signaux télégraphiques; ces patrouilles devraient être souvent reconnues par celles qui seraient faites en même temps, sur la demande du commandant, par la colonie militaire, et sur son ordre, par les spahis irréguliers des tribus, ou par la troupe du poste militaire.

Ce service consisterait encore dans l'assistance de la tribu *makhzen*, pour toutes les circonstances militaires qui exigeraient son concours.

La solde ne sera due que pour les jours de garde au poste et pour les expéditions; dans celles-ci, le pillage sera donc défendu. Si le corps expéditionnaire fait des prises, la moitié sera distribuée, par le commandant du poste, entre toutes les troupes qui auront pris part à l'expédition, l'autre moitié restant à l'État.

Le corps entier de ce *makhzen* sera divisé en deux parties, cavalerie et infanterie, et chacune d'elles sera sous la direction spéciale de l'officier de spahis et de l'officier d'infanterie du poste militaire, mais seulement comme adjoints du commandant, pour les *inspections* et pour l'*instruction*.

Dans la province de Constantine, ces tribus *makhzen* seront particulièrement composées d'*Arabes du Sud*, et, par conséquent, de plus de cavalerie que d'infanterie [1].

Dans la province d'Oran, le *makhzen* du littoral sera composé généralement de Kabiles, ayant peu de cavalerie; mais dans ces lieux, les postes militaires et les colonies civiles devront avoir, au contraire, beaucoup de cavalerie. — Le *makhzen* de l'intérieur, celui de Mas-

---

[1] Ceci sera justifié dans le chapitre suivant.

cara et de Tlemcen, devra se composer surtout de *Berbers* ou d'*Arabes du Sud*, forts en cavalerie et peu cultivateurs, qu'il faudra sans cesse tenir *en campagne*, tandis que nos colonies militaires et nos postes, dans cette partie de la province, seront, pendant longtemps encore, composés presque entièrement de fantassins [1].

Dans la province d'Alger, *makhzen* mixte d'*Arabes* et de *Kabiles* réunis ensemble, ce qui ne peut avoir lieu que dans cette province [2].

Les commandants des *postes militaires* interviendront moins dans l'administration *intérieure* de ces tribus *makhzen* que dans celle des autres tribus; et d'abord, le *makhzen* sera affranchi de tout *impôt*; mais comme ces tribus doivent naturellement devenir la principale source du recrutement des corps réguliers indigènes, les commandants veilleront particulièrement au développement de leurs qualités militaires, et s'occuperont surtout de les *discipliner*, tandis que, pour les autres tribus, l'influence gouvernementale aura plutôt pour objet leurs facultés *agricoles*, et pour but la *culture*.

Dans ces tribus militaires, la constitution de l'*autorité militaire* est donc le point important de leur organisation; et pour cela, il est nécessaire de la ratta-

---

[1] Ces idées seront encore justifiées dans le chapitre suivant.
[2] *Ibid.*

cher à notre autorité, non par beaucoup de points qui contribueraient à la rupture, mais par un seul point, le plus fort des deux côtés. En conséquence, le commandant du poste aura seul autorité sur le chef, et par lui sur les membres du *makhzen*. Ce chef du makhzen aura le pas sur tous les Cheiks des tribus, et il occupera la première place de gauche auprès du commandant, lorsqu'il sera de service près de lui, la droite étant réservée au chef de la colonne militaire [1].

Tout ce qui concerne les membres de la tribu, pour la solde, les ordres et la justice, passera du commandant au chef seul; aucune réclamation ne pourra être adressée, par un membre du makhzen ou par les indigènes des tribus, contre le chef du *makhzen*, à d'autres qu'au commandant.

Pour tout ce qui sera relatif à l'exécution des ordres militaires donnés par le commandant au chef, l'autorité de celui-ci sur le makhzen sera absolue, et l'insubordination sera punie par le chef lui-même, et, à son défaut, par le commandant, avec sévérité.

La hiérarchie militaire sera constituée par le chef,

---

[1] On ne saurait trop prescrire aux chefs français l'observation la plus scrupuleuse de l'*étiquette hiérarchique*, dans leurs rapports avec les indigènes, et même dans le sein de nos établissements français, parce que ces coutumes sont des conditions d'*ordre*, exigées par les mœurs musulmanes et dont nous avons nous-mêmes le plus grand besoin.

qui la présentera au commandant pour la reconnaître, et qui ne pourra d'ailleurs la modifier ensuite qu'avec l'autorisation du commandant.

Les chefs des compagnies ne devront jamais avoir, dans leur compagnie, qu'une moitié des hommes appartenant à leur propre douar; l'autre moitié appartiendra au douar le plus voisin, et sera commandée, sous les ordres du chef de compagnie, par un sous-chef de ce douar voisin.

Chaque douar aura donc deux fractions, dont l'une pourra garder le douar, tandis que l'autre sera en campagne; et les douars seront unis, deux par deux, par des obligations réciproques d'autorité et d'obéissance.

Le douar du chef de makhzen sera compagnie d'élite de *mokalias* (fusiliers); cette compagnie ne marchera qu'avec le chef, et sera dispensée de la *garde* au poste militaire, et des *patrouilles*.

L'administration intérieure, quant à la culture et à la distribution des produits, est entièrement abandonnée aux usages habituels, et ne peut être que l'objet des conseils et de l'exemple de l'autorité française, à moins que ces usages ne soient préjudiciables à l'ordre et à la discipline militaire de la tribu.

VII. — On a sans doute remarqué l'état d'obscurité dans lequel j'ai laissé le Cheik des tribus soumises de la zône militaire; et les personnes qui veulent des Kaïds, des Kalifats, des Beys, un Émir, comme *gouvernants* d'un pays français, d'une population conquise hier seulement par la France, auront trouvé que je réduisais ces officiers publics à un état constitutionnel assez pâle. C'était mon intention. Je suis, en effet, convaincu que, dans la zône militaire surtout, les indigènes déjà puissants avant nous, et ceux à qui nous reconnaîtrions ou donnerions de la puissance, l'emploieraient, en général, sauf exceptions très-rares et par conséquent insignifiantes, l'emploieraient tôt ou tard contre nous, et j'ajoute même contre les indigènes, soit en les pillant en notre nom, soit en attirant sur eux, par suite de la trahison de ces chefs, notre vengeance. C'est ce qui a toujours eu lieu jusqu'ici; cela aurait lieu encore, c'est inévitable.

Et maintenant, au contraire, voici que j'attribue au chef du makhzen une autorité qu'on nommera sans doute despotique; c'est qu'il s'agit ici de toute autre chose que de faire administrer et gouverner l'Algérie par ces hommes auxquels j'attribue cette autorité, dans le petit cercle qui les renferme; il s'agit de nous faire une *arme* dont la poignée soit bien dans notre main, et dont la pointe ne soit pas émoussée, un vrai yatagan et non une batte d'Arlequin. Mais aussi j'indiquerai, dans le chapitre suivant, les précautions à prendre dans la composition de cette *arme*, pour que le contact des indigènes ne la rouille point et ne l'ébrèche pas, et pour que notre frottement la polisse.

Je suis d'ailleurs convaincu que nous devons progressivement donner plus d'influence à des indigènes sur les indigènes, au gouvernement du pays par le pays, à proportion que les tribus sont placées dans des conditions qui assurent leur soumission. Qu'on réduise à peu près le pouvoir des Cheiks à celui des *maires* de France, dans la zône militaire, c'est ce que je désire ; mais qu'on les laisse un peu Cheiks dans la zône maritime, nos colonies civiles et leurs administrateurs gagneront à avoir ce modèle d'autorité communale et agricole sous leurs yeux. Centralisons très-fortement le pouvoir français dans la zône militaire, c'est nécessaire ; pour cela il faut, avant tout, qu'il soit homogène, et, par conséquent, français et militaire ; mais pratiquons un peu le principe libéral d'institution des communes, dans la zône maritime ; pour cela, conservons à ces tribus le degré d'indépendance et de personnalité qui est nécessaire à leur développement et à leur émulation ; craignons peu ici ce qu'on nomme dédaigneusement en France l'*influence du clocher ;* nous en avons nous-mêmes bien besoin en Algérie, pour nous attacher à cette terre ; et quant aux tribus, leur clocher, c'est leur Cheik.

VIII. — Examinons maintenant *l'organisation des tribus* dans la ZONE MARITIME.

L'autorité française, dans cette zône, prendra bien plus le caractère administratif que le caractère gouvernemental, la forme civile que la forme militaire ; son but gouvernemental, à l'égard des deux populations, sera presque uniquement de présider à leur *contact*, plutôt que de pénétrer sous la tente de l'indigène ou dans la maison du colon ; elle doit gouverner *entre* eux plus que *sur* eux. Enfin, elle les gouvernera indirectement, parce qu'elle administrera les tribus et les colonies, surtout en vue de leurs relations entre elles.

Le premier soin de l'autorité française, dans la zône maritime, sera donc de bien fixer les limites entre les tribus, et les règlements relatifs au contact des indigènes avec les Européens, soit dans les *marchés*, soit dans les conventions de *travail*. Autant je crois inutile et dangereux de faciliter le contact par le *travail*, entre les indigènes voisins des colonies militaires et ces colonies, contact qui nuirait au développement du travail dans ces colonies de soldats, lesquels soldats se regarderaient bientôt comme des *seigneurs*, faisant travailler la terre par leurs *serfs* ; autant je crois que les relations de travail *agricole* et les échanges de *commerce* seront profitables, au contraire, les unes aux colonies civiles, les autres aux indigènes de la zône maritime, qui seront ainsi les pourvoyeurs des tribus de la zône intérieure, et deviendront des missionnaires de pacification, pour cette zône et pour les Kabiles insoumis mais industrieux du littoral.

De même que je l'ai fait tout-à-l'heure pour les colonies militaires, je complèterai ici ce que j'avais dû négliger en m'occupant des colonies civiles, c'est-à-dire que j'examinerai leurs rapports politiques et administratifs avec les tribus de la zône maritime.

Le problème important à résoudre aujourd'hui n'est pas de faire produire, par les colonies et par les tribus, un *impôt* très-profitable au trésor public, ni de lever des *conscrits* dans ces deux populations, ni surtout de faire des *élections*; voici donc trois des principales fonctions de l'autorité française, en France, qui se trouvent jouer un très-faible rôle ou qui sont même complètement supprimées, pour notre autorité française en Algérie; il reste la *police*, la *justice*, le *commerce*, *l'agriculture* et surtout les *travaux publics*, c'est bien assez dans une colonie naissante; mais n'oublions pas que c'est presque tout, car c'est d'après ces divers besoins à satisfaire que l'on doit concevoir l'organisation gouvernementale et administrative de la zône maritime.

IX. — Le corps chargé de la *police* serait, d'une part, pour les tribus, une *gendarmerie maure*, semblable à celle d'Alger (cavaliers et fantassins); et d'autre part, pour les colonies, une *gendarmerie française d'Afrique* (cavaliers et fantassins), corps qui est à créer[1].

---

[1] Les quatre régiments de chasseurs d'Afrique fourniraient une partie du régiment de gendarmerie à cheval, et ces quatre régiments, réduits à trois, occuperaient la zône intérieure seule (un régiment par province, portant le nom de la province, quand bien même on leur donnerait un effectif différent). Le régiment de gendarmes à pied se recruterait dans l'infanterie de l'armée, mais

Telle serait la force publique sédentaire, chargée de la *police* dans la zône maritime.

Tous les autres *corps* de l'armée active qui pourraient s'y trouver, et qui d'ailleurs seraient des corps venant de France, resteraient, comme ils le sont en France, à la disposition de l'autorité *civile*; ils formeraient la garnison des villes et des ouvrages militaires, et protégeraient l'établissement des colonies.

Les gendarmes maures feraient le service *militaire* et de *police* des tribus; ils seraient alors à la disposition du Cheik de la tribu.

Les gendarmes français feraient le service de police des colonies; ils seraient à la disposition du directeur de chaque colonie.

Les troupes de ligne seraient leur appui, en cas d'urgence et sur la réquisition de l'autorité supérieure; mais le service habituel des troupes de ligne, dans la zône maritime, consisterait, indépendamment de la garde des postes, dans les exercices militaires, la participation aux travaux d'utilité publique et la protection de ces travaux; elles sont là pour s'acclimater [1].

Des expéditions militaires ne pourraient être faites

---

non dans les corps d'infanterie, qui ont été spécialement créés pour *la guerre* d'Afrique. Le choix des hommes est ici de la plus haute importance.

[1] C'est dans ces corps français de la zône maritime que se fe-

que sur l'ordre exprès du Gouverneur général, à moins qu'elles n'eussent pour but de repousser une attaque ouverte ou immédiatement à craindre ; mais, dans ce dernier cas, elles ne pourraient avoir lieu que sur l'ordre et sous la responsabilité de l'autorité civile.

Si un chef militaire de la zône intérieure avait besoin du secours des troupes de la zône maritime, ce serait au chef civil de cette zône qu'il s'adresserait, et celui-ci en référerait au Gouverneur général, s'il ne croyait pas devoir envoyer les troupes demandées.

Jusqu'ici l'intervention des indigènes dans le gouvernement consiste uniquement, sous le rapport *militaire* et de *police*, dans la disposition attribuée aux Cheiks de tribus, d'un détachement de gendarmes soldés par l'État, et formant un *corps régulier*.

X. — Passons à la *justice*. — Nous avons dit plus haut (Ire partie, 3e ch., p. 179) que nous devrions limiter l'autocratie spoliatrice du Cheik, l'empêcher d'être distributeur absolu de la terre, percepteur absolu de l'impôt, et ajoutons *juge* unique, tout en lui conservant une autorité puissante comme *directeur du travail*, comme *patriarche* de la grande *famille* nommée tribu. Remarquons aussi, et beaucoup d'autres

---

rait naturellement le meilleur recrutement de l'armée spéciale d'Afrique qui occuperait la zône intérieure, et les engagements de soldats pour les colonies militaires.

que nous l'ont déjà fait observer, que l'une des premières choses réclamées de nous par les indigènes, c'est de leur faire rendre la *justice*. Généralement les tribus, même du temps des Turcs, étaient dans un état déplorable sous ce rapport; c'est encore pis aujourd'hui. Les Turcs s'accommodaient assez de l'autocratie parfaite des Cheiks, et ne redoutaient pas qu'ils fussent seuls juges, et par conséquent qu'ils possédassent ce moyen de plus de pressurer la population, parce qu'alors les Beys n'avaient plus qu'à pressurer les Cheiks. Telle ne saurait être la pensée de la France.

Toutefois, la réclamation que nous adressent les indigènes soumis, a trompé beaucoup de Français; on a pensé que ces musulmans demandaient à être jugés par des chrétiens, et le fait est que beaucoup d'entre eux y ont consenti, et sont venus d'eux-mêmes réclamer le jugement de quelques uns de nos commandants militaires, afin d'échapper à la justice vénale, partiale du Cheik. Les officiers français qui ont eu le plus souvent l'occasion de remplir cette fonction, réclamée de plein gré par des indigènes, sont les commandants des cercles de Guelma et de La Calle; or, il est bon d'observer que l'un et l'autre, en acceptant ces fonctions, ont cru devoir prendre le *Coran* pour code.

Cette seule observation doit faire sentir combien est fausse et déplacée, sous un rapport, quoiqu'elle soit aussi prudente et sage dans l'état actuel des choses, cette satisfaction donnée, par l'autorité française, au besoin de *justice* qu'éprouvent les indigènes. En effet, si nous rendons personnellement la justice à des musulmans, comme nous ne possédons pas une *loi* qui soit un *juste milieu* entre la loi de Mahomet et celle de Napoléon, nous devons choisir entre l'une ou l'autre. Si nous prenons le code Napoléon, nos jugements paraîtront fort peu justes aux Arabes, surtout quant à la pénalité; et si nous prenons le Coran, il est impossible que les Français qui jugeront d'après ce livre, ne soient pas, aux yeux de leurs compatriotes, aux yeux des chrétiens, toujours fort près de la barbarie ou du ridicule. Et d'ailleurs, c'est bien la justice arabe, la justice musulmane que les indigènes nous demandent, puisque nous les jugeons nous-mêmes, en appuyant nos jugements sur le texte du Coran; par conséquent, il s'agit, pour les tribus, de l'installation du *Cadi*; c'est cela, réellement, qu'elles réclament.

M. de Mirbeck, commandant du cercle de La Calle, dans un mémoire fort intéressant sur le cercle qu'il commande, demandait que le Gouvernement français fît rédiger un code spécial des droits et des devoirs des indigènes, parce qu'il a fort bien senti que notre position de juge était fausse, placés, comme nous le sommes, entre la loi particulière au juge, la loi française, et la loi particulière au justiciable, le *Coran*; mais la rédaction de ce code spécial est-elle possible? — Je ne le crois pas, du moins quant à présent.

La loi musulmane est en même temps loi *politique*, *civile* et *religieuse*; certainement nous devons imposer, dès aujourd'hui, aux Arabes qui se soumettent, une loi *politique* de notre fait, qui soit l'expression de l'acte de soumission; mais il n'en est pas tout-à-fait ainsi pour l'ordre *civil* et *religieux*. — Nous conquérons d'abord le *peuple*, par conséquent loi *politique*; il nous faut maintenant conquérir la *famille* ou la tribu, et alors loi *civile*; nous nous occuperons ensuite de conquérir les *individus*, et alors loi *religieuse*, c'est-à-dire loi qui *relie* l'individu à la famille, à la nation, à l'humanité.

Tel est l'ordre selon lequel nous devons et pouvons procéder.

Je ne prétends pas qu'il faille s'interdire toute espèce d'intervention dans l'ordre civil, ni même dans l'ordre religieux; je dis seulement que cette intervention doit être purement politique et non pas directement civile, ni surtout directement religieuse.

Et par exemple, pour la *justice*, tous les crimes ou délits commis par des indigènes envers des Européens ou par des Européens envers des indigènes, doivent ressortir évidemment de la justice française, conformément à un code spécial, déterminant les relations de ces deux populations entre elles, quand bien même ce code contrarierait les dispositions du Coran, celles qui règlent les rapports des fidèles avec les infidèles [1]; ce code n'existe pas encore, cela est vrai, et il faut s'en occuper, car il y aurait injustice réelle à traiter les crimes et délits réciproques de deux populations qui sont entre elles dans le rapport de peuple conquérant à peuple conquis, comme on traiterait les mêmes crimes et délits, dans une population homogène, ayant les mêmes mœurs et les mêmes usages depuis des siècles.

Mais ce n'est pas ce dont il est question pour le moment, puisque j'ai surtout en vue l'organisation *intérieure* des tribus; disons donc seulement que, pour tous leurs rapports de *justice* avec les Européens, ce doit être l'autorité française qui les décide et qui les juge; que, par conséquent, notre magistrature française doit être modifiée, dans son esprit et dans ses formes, pour être applicable aux relations des deux peuples; c'est ce qu'on a déjà fait un peu, et ce qu'on fera progressivement, à mesure qu'on connaîtra mieux les *indigènes*, et aussi les *colons*, qui sont vraiment aussi inconnus que les indigènes.

Dans l'intérieur des tribus, pour les crimes et délits des indigènes entre eux, c'est un *Cadi* qu'il leur faut; de même que pour la direction du travail, la police

---

[1] N'oublions pas que le Coran autorise ou du moins tolère la soumission du fidèle à l'infidèle, il est vrai comme une nécessité fatale.

communale, le lien familial de la tribu, c'est un *Cheik*; et ni le Cadi ni le Cheik ne sauraient être français.

Jusqu'à présent nous n'avons institué, dans les tribus soumises, que des Cheiks; ceci doit paraître surprenant, car nos gouvernants ont souvent prétendu qu'il fallait appliquer en Algérie le principe politique turc ou machiavélique : *diviser pour régner*, et ils l'ont appliqué souvent, en nommant des chefs détestés ou méprisés des tribus, comme Ben-Aïssa et le Kaïd Ali, ou des chefs ennemis jurés d'autres chefs reconnus par la France, comme le Kaïd des Abd-el-Nour à l'égard de Bou-Okaz, comme Abd-el-Kader à l'égard de Moustapha; comment donc n'ont-ils pas songé à mettre dans chaque tribu un Cadi ? — Je ne crois pas que l'hostilité entre un Cheik et un Cadi soit un titre à la nomination d'un Cadi; mais je crois qu'une *division de pouvoir*, qui ne serait pas une *lutte de pouvoir*, et qui serait cependant un contre-poids et une limite pour la tyrannie, produirait de bons résultats, politiquement pour nous et civilement pour les indigènes.

Je dois avouer qu'il n'est pas aussi facile de trouver des indigènes qui possèdent les titres nécessaires pour être Cadi, qu'il est facile d'en rencontrer qui ont les titres (je ne dis pas les qualités) nécessaires pour être Cheik : tout indigène peut être Cheik; c'est comme en France, où tout le monde peut être sous-préfet, préfet, ministre même, mais où les *licenciés en droit* peuvent seuls être nommés *juges*.

Or, il y a infiniment peu de *licenciés en droit* musulman, dans les tribus de l'Algérie ; cette pénurie d'*hommes de loi* nous a peut-être été favorable ; en effet, elle est d'autant plus grande, que les tribus nous ont été plus facilement soumises ; c'est-à-dire qu'elle existe là où les indigènes étaient le plus *désorganisés*, dans la province de Constantine, mais non dans celle d'Oran et chez les Kabiles du Jurjura, où le nombre des saints personnages, marabouts et hommes connaissant la loi et pouvant l'enseigner, est plus considérable.

Peut-être en conclura-t-on que les hommes de la loi musulmane sont contraires à notre domination, et que, par conséquent, il n'en faut pas ; mais on doit en conclure aussi qu'ils sont favorables à l'organisation et à la force des tribus, et que, par conséquent, ils pourraient être utiles, là où nous dominerions ; il est vrai que le choix de ces hommes serait délicat.

D'un autre côté, la pénurie d'hommes de la loi, dans les tribus soumises ou faciles à soumettre, nous oblige à chercher ces Cadis en dehors des tribus, et c'est un très-grand bien ; car nous pourrons les trouver dans les *villes*, qui nous sont plus soumises que les campagnes, et où ces hommes auraient des relations de famille et d'intérêt qui les rendraient plus dépendants de nous ; il nous sera possible et facile même de les prendre en dehors de l'Algérie, de les faire venir, par exemple, d'Alexandrie ou de Smyrne, où, grâce à Dieu, la haine du nom chrétien n'est pas aussi aveugle et brutale que chez les Kabiles de l'Atlas.

XI. — Ceci me donne l'occasion d'examiner une question qui ne me paraît avoir encore préoccupé personne. — On s'est inquiété assez souvent de la nature de la population européenne qui devra s'établir en Algérie, et je crois que les meilleurs esprits ont adopté une idée fort bien développée par M. Saint-Marc Girardin, dans la *Revue des deux Mondes*; savoir: que la colonisation de l'Algérie doit être *européenne*, chrétienne et non *française* exclusivement, quoique faite sous la domination de la France.

Il me semble que l'organisation des indigènes ne devrait pas non plus être exclusivement algérienne, mais africaine, musulmane. Dans la colonisation, la tête doit être française et le corps européen ; dans l'organisation des indigènes, la tête serait bien toujours française et la masse du corps algérienne ; mais quelques organes ne devraient-ils pas être reconfortés par un élément oriental, plus général que ne le sont les tribus divisées de l'Algérie?

C'est bien cette pensée qui perce dans le regret, souvent exprimé, de l'expulsion des Turcs de la régence, et dans l'organisation des bataillons, où nous avons réuni, le plus possible, des musulmans qui n'étaient pas indigènes. C'est encore la même pensée qui inspirait le projet de cession des Beyliks d'Oran et de Constantine aux princes de Tunis; en un mot, nous nous sentions faibles, pour organiser et gouverner directement des musulmans, et nous cherchions des intermédiaires musulmans, élevés dans l'habitude du commandement. Cette pensée est encore voilée, dans l'impuissance où nous avons été, jusqu'ici, d'obtenir la reconnaissance de notre droit à la possession de l'Algérie. La Porte n'en peut plus faire une question politique, puisque le *fait*, loi suprême de la politique musulmane, a décidé ; mais elle doit en faire, avec raison, et je dirai même avec ame, une question de *justice* et de *foi*, tant que nous ne montrerons pas à l'islamisme effrayé la volonté de garantir aux musulmans de l'Algérie la jouissance de leur *justice* et la pratique de leur *foi* (en tout ce qui ne nuirait pas à leur soumission politique), et notre éloignement pour un prosélytisme étroit de *greffe* ou de *sacristie*.

Je sais bien que si nous avons en France, parmi nos dogmes politiques, celui de la liberté de conscience appliquée à la foi religieuse, nous ne connaissons pas du tout le dogme de la liberté d'une des plus belles facultés de la conscience humaine : la *justice* ; sous ce rapport, nous sommes même assez intolérants. C'est qu'heureusement, en France, il n'y a pas tout-à-fait autant d'anarchie dans les consciences sur ce point que sur l'autre ; le *palais* n'a pas eu, comme *l'église*, son protestantisme, ou plutôt celui-ci a complètement triomphé. Or, nous ne pouvons nous dissimuler que les musulmans de l'Algérie n'ont point, pour notre code, notre jurisprudence, nos procédés judiciaires, et surtout pour notre pénalité, l'admiration et le respect que tout bon Français, quelle que soit d'ailleurs sa croyance politique ou religieuse, professe pour le code Napoléon, la magistrature, les gendarmes et la prison.

Notre susceptibilité française est donc infiniment plus en garde contre des tentatives imprudentes de conversions religieuses, catholiques ou schismatiques, que contre des tentatives, aussi imprudentes, de conversions judiciaires; nous donnerions des louanges à des avocats missionnaires du code, mais nous imposerions silence à des missionnaires de l'Évangile; nous avons bien pu abattre quelques mosquées et marabouts, gêner certaines pratiques religieuses, bouleverser, par exemple, des cimetières, et jeter au vent et à la mer les cendres et les ossements des morts; mais les indigènes eux-mêmes doivent reconnaître que nous n'avons pas du tout cherché à les convertir à l'une quelconque des nombreuses formes du christianisme, et que nous serions même peu favorables aux efforts de ce genre.

Il n'en est pas ainsi pour la justice : non-seulement nos docteurs en droit sont plus libres que nos docteurs en théologie, et ils envahissent tant qu'ils peuvent; mais des militaires, qui ne sont pas docteurs, jugent des crimes et délits commis entre indigènes; ils font exécuter leurs jugements; et pour un crime de cette nature, j'ai vu, le jour même du crime, tomber une tête, par l'ordre du Gouverneur de Constantine!

Laissons vite ceci, et retournons à Alexandrie et à Smyrne.

Je dis donc qu'il serait utile à la France et profitable aux indigènes, et digne du Gouvernement français, de faire quelque chose pour ne pas briser le lien très-providentiel qui existe entre toutes les populations musulmanes. Déjà, dans ce but, le Gouvernement favorise le pèlerinage de la Mecque, ce qui est très-bien; je crois qu'il devrait favoriser aussi le pèlerinage des musulmans étrangers vers l'Algérie. Les Algériens ne sont pas riches, et ceux d'entre eux qui font le pèlerinage religieux suffisent largement pour le *commerce* avec l'Orient; ce ne sont donc pas trop les *négociants* de Tunis, d'Alexandrie, de Smyrne, de Constantinople, que nous pouvons espérer attirer ; mais, pour les Algériens, si l'or, les pierreries et les parfums ne viennent plus d'Orient, c'est encore de là qu'ils attendent la *lumière* et la *justice*.

XII. — *Instruction* et *justice*, Taleb et Cadi, voilà ce que nous devons tirer d'Orient et donner aux tribus. Tous les projets d'*instituts* arabes, en France, ou par des Français en Algérie, sont impraticables et impolitiques, et ne seraient que des tentatives sans effet, n'ayant aucune portée dans les tribus, c'est-à-dire sur l'immense majorité de la population indigène. De même, tous nos projets de *justice* française, appliquée aux tribus, soit par nos magistrats, soit par nos chefs militaires ou civils, sont des utopies ou des illusions dangereuses, ou des jouets vaniteux, sauf pour ce qui concerne la *police politique* et *militaire*, et dans les cas où il y a *conflit entre indigènes et Européens*.

Le Cheik, le Cadi et le Taleb, ce dernier chargé de la prière et de l'enseignement, tel est l'état-major supérieur des tribus.

Les chefs de douars, ou principaux chefs de famille, forment le conseil du Cheik, conseil reconnu et institué par l'autorité française, et ayant des droits et des devoirs dont il sera parlé ci-après.

XIII. — Le *commissaire du roi*[1], chargé de l'organisation de la tribu, après avoir installé et fait reconnaître le Cheik, le Cadi et le Taleb, et tous

---

[1] C'est la première fois que je parle de cet officier public ; je lui ai donné ce nom, pour rappeler la position du délégué de l'autorité auprès des *sociétés anonymes*, parce que cet officier public serait, en effet, le délégué de l'autorité dans le cercle colonial civil. Je me suis dispensé de m'étendre sur l'organisation du personnel administratif qui entourerait ce fonctionnaire, parce que ce n'aurait été, pour ainsi dire, qu'une répétition, dans l'ordre *civil*, de ce que j'ai indiqué pour les postes militaires. Il me suffit de dire que le commissaire du Roi sera, par rapport aux colonies civiles, ce qu'est le commissaire du Roi dans une société anonyme, l'intermédiaire de la société avec l'État, chargé de veiller à l'observation des statuts et des règlements, et chargé aussi des registres de l'état civil ; mais que, par rapport aux tribus, il sera le chef politique français, auquel sera confié le gouvernement des tribus du cercle, comme les chefs des postes militaires sont chargés de gouverner les tribus de l'intérieur.

les membres du conseil, chefs de douars, procèdera immédiatement à la fixation des limites de la tribu avec les tribus ou colonies voisines, conformément au plan qui en aura été dressé d'avance par le corps des travaux publics. Il fera cette délimitation en présence des Cheiks des tribus et des chefs des colonies voisines. Il indiquera à chaque Cheik les travaux à faire sur ces limites, pour les assurer, et donnera connaissance des règlements destinés à les faire respecter. Les Cheiks seront chargés de la direction et responsables de l'exécution de ces travaux.

Le Cheik, en conseil, procèdera à la distribution du territoire de la tribu entre les chefs de douars, en présence du commissaire du Roi, qui rendra compte à l'autorité supérieure des contestations auxquelles donnerait lieu cette distribution, lorsqu'il ne pourra parvenir à les faire cesser à l'amiable ; l'autorité supérieure jugera.

En même temps, sera réglée la distribution et la jouissance des *eaux*, pour les douars, ainsi que la détermination des *pâturages* et *bois* communaux.

Les limites des douars seront plantées, et le commissaire du Roi indiquera les travaux propres à les rendre visibles, permanentes, favorables à la circulation et à la culture ; les chefs de douars seront responsables de l'exécution de ces travaux.

Cette distribution de la terre entre les douars sera irrévocable par le Cheik, et ne pourra être changée ou modifiée qu'avec approbation de l'autorité supérieure, qui en appréciera les motifs et décidera.

Le chef du douar distribuera et administrera la terre de son douar librement, en se conformant à ce qui aura été fixé pour les irrigations et communications. Toutes les discussions entre un chef de douar et un homme de son douar seront jugées par le Cadi, sans intervention de l'autorité française.

Le commissaire du Roi prendra note des terres mises en culture, et des ressources de chaque douar, en troupeaux et bêtes de travail; le Cheik aura un double de cette note, et devra remettre au commissaire du Roi un état nominatif de la population mâle de chaque douar; les éléments de cet état lui seront fournis par les chefs de douar qui en garderont un double, et qui seront responsables de son exactitude.

Le Taleb, chargé de toutes les écritures, en gardera registre.

Le Cheik, le Cadi, et le Taleb seront appointés par l'État, et n'auront droit à aucune prestation, en services ou en nature, à leur profit, de la part des membres de la tribu.

Les appointements seront fixés ainsi :

Pour le Cheik, ils seront proportionnés à l'impôt perçu par ses soins.

Le Cadi jouira du droit d'usage sur les amendes prononcées par lui et sur les mariages et successions, et il prélèvera, en outre, un droit sur le salaire des indigènes de la tribu, employés par les colonies civiles, droit qui sera retenu par le caissier de la colonie, en payant le salaire, et qui sera remis par lui au Cadi.

Le Taleb aura droit à des émoluments proportionnés au nombre d'enfants qu'il instruira, ce nombre étant certifié par le Cheik et le Cadi, et vérifié par inspections du commissaire du Roi; il percevra, en outre, un droit de cachet sur les actes civils et judiciaires qu'il écrira.

Les obligations communales consistent dans l'établissement et l'entretien de la triple habitation du Cheik, du Cadi et du Taleb, et de la caserne du détachement des gendarmes maures, conformément au plan adopté par l'autorité publique [1]; elles consistent encore dans les travaux *intérieurs* de communication, d'irrigation, de limites et d'assainissement.

Les tribus ne peuvent être employées aux travaux publics extérieurs que moyennant salaire; et dans ce cas, le Cheik percevra, outre ses appointements proportionnés à l'impôt, un droit sur ce salaire.

Quinze jours après les moissons, et jusqu'à l'époque où commenceront les labours pour les semailles prochaines; et de même, après les semailles faites et jus-

---

[1] Ce plan est certainement un des plus intéressants qu'on puisse proposer au concours de tous les ingénieurs et architectes français.

qu'au moment des moissons, au commencement de chaque semaine et pour toute cette semaine, le Cheik réunira un quart des hommes valides de la tribu; la moitié sera employée aux travaux publics de l'*intérieur*, l'autre moitié sera dirigée, s'il y a lieu, sur les ateliers des travaux publics de l'*extérieur*, salariés par l'État, ou sur ceux des colonies qui rétribueront également leurs travaux.

Tout refus de ce service sera puni d'une amende, au profit du Cheik; le chef du douar, auquel appartiendra le délinquant, répondra du paiement.

A tour de rôle et par quart, les chefs de douar assisteront le Cheik dans ce service; l'un d'eux accompagnera et surveillera toujours les hommes employés aux travaux extérieurs de l'État ou des colonies.

Le port d'armes à feu, hors du territoire de la tribu, n'est permis qu'au Cheik et aux chefs de douar.

Dans l'intérieur de la tribu, le Cheik peut accorder ou défendre le port d'armes, selon qu'il le juge convenable; un chef de douar ne pourrait en être privé que sur jugement de la majorité des chefs de douar, ou par ordre supérieur.

L'officier des gendarmes maures est chargé spécialement de veiller à tout ce qui concerne cet objet.

Ce même officier, sous les ordres du Cheik, sera chargé de la police intérieure de la tribu; il aura le commandement, toujours sous les ordres du Cheik, du contingent d'hommes armés, cavalerie ou infanterie, qui serviraient, en cas d'attaque, à la défense de la tribu; il commanderait également, *au dehors*, ceux d'entre eux qui seraient admis à faire partie d'une expédition ordonnée par l'autorité supérieure. Il devra donc avoir un contrôle exact des hommes armés, infanterie et cavalerie, et faire l'inspection de leurs armes, de leurs chevaux et de leurs personnes, au moins une fois par mois; il veillera à la garde des moissons et des troupeaux, et rendra compte à l'autorité supérieure française de tout ce qui lui paraîtrait intéresser la sécurité publique.

Les soins médicaux seront donnés gratuitement aux indigènes des tribus, à l'hospice de la colonie européenne la plus voisine. Le médecin de cet hospice fera chaque mois une inspection dans la tribu, pour s'assurer de l'état de la santé publique; il rendra compte à l'autorité des mesures qui lui paraîtraient propres à l'améliorer.

Le commissaire du Roi fera au moins tous les mois une inspection, pour vérifier si les règlements sont exécutés; il redoublera de surveillance aux époques des travaux publics, c'est-à-dire entre les moissons et les labours, et entre les semailles et la moisson nouvelle; car les trois objets principaux qu'il doit surveiller sont: 1° *les travaux publics*, intérieurs et extérieurs, et les relations de *travail* avec les colonies; 2° l'étendue des terres mises en culture, puisque c'est sur ce point que *l'impôt* est assis; 3° l'état des récoltes, puisqu'elles sont le moyen et que c'est l'époque de la *perception* [1].

L'impôt sera payé, partie en argent et partie en nature, comme cela existait chez les Turcs, et comme cela existe encore aujourd'hui; c'est-à-dire l'*achour*, ou dîme en nature, et le *hokor*, ou loyer de la terre en argent.

La terre est propriété de l'État, concédée à temps aux tribus, et, dans leur intérieur, aux chefs de douar par le Cheik, et dans chaque douar, par le chef de ce douar, à chaque membre de sa famille.

Non-seulement, comme nous l'avons déjà dit, la concession de la terre au chef de douar est irrévocable par le Cheik; mais lorsque l'autorité supérieure décidera qu'il y a lieu de retirer cette concession, le chef du douar sera indemnisé de la valeur des constructions et plantations qu'il aura faites, indemnité qui sera supportée par le remplaçant du chef de douar dépossédé.

En cas de rébellion d'un chef de douar ou d'une tribu, la terre, ainsi que les constructions et plantations, rentreront à l'État, qui en disposera.

---

[1] Ces trois fonctions indiquent suffisamment la nature du personnel qui doit entourer le commissaire du Roi (*travaux publics*, *cadastre* et *impôt*), et les qualités que doit particulièrement posséder cet officier public, qui doit être, autant que possible, *ingénieur* et *comptable*. Un détachement de gendarmerie française complèterait ce *poste civil*.

Hors ce cas de rébellion, une tribu ne pourra pas être dépossédée du territoire primitivement concédé, à moins de concession nouvelle équivalente. Toutefois, les limites de ce territoire pourraient être changées, en plus ou en moins, dans le cas où l'accroissement ou la diminution de culture prouverait que ce territoire n'est pas assez ou est trop étendu.

XIV. — Les tribus ou douars qui voudraient se réunir par villages, y seraient aidés de la manière suivante : les murs d'enceinte, tracés par les ingénieurs du corps des travaux publics, seraient construits par leur troupe de travailleurs, ainsi que les fontaines et abreuvoirs. — Les maisons construites et les jardins plantés par les indigènes seraient déclarés propriétés privées, incommutables, transmissibles, vendables, libres *(melk)*, comme cela est dans les villes. Ces constructions et jardins seraient francs d'impôt pendant cinq années. Si des étrangers à la tribu venaient les louer et s'y fixer, leur industrie et leur personne seraient franches d'impôt pendant deux ans.

Sur la demande du Cheik de la tribu, délibérée en conseil, et adoptée aux trois quarts des voix, des Européens pourront être autorisés à venir se fixer sur le territoire de la tribu, pourvu que cette tribu ait construit un ou plusieurs villages.

De même, des indigènes, demandés par des directeurs de colonies, pourront être autorisés à demeurer dans ces colonies; mais ils devront y avoir un quartier ou un camp séparé, fermé ou gardé la nuit ; et des indigènes, choisis parmi eux, leur seront donnés pour Cheik ou *Amin*, et répondront de leur conduite.

Les directeurs des colonies seront juges des exceptions que comporte cette règle générale, et qui dépendent du nombre et de la moralité des indigènes admis.

Lorsqu'une tribu occupera un territoire trop étendu pour que les chefs de douar puissent se rendre chez le Cheik et revenir à leur douar en une seule journée, elle sera divisée en fractions *(ferka)*, et alors tout ce que nous venons de dire s'appliquerait à la ferka.

Mais que devons-nous faire à l'égard de la grande tribu ? faut-il conserver ou modifier sa constitution ?

XV. — La question est grave ; craignons de faire ici une puérile théorie. Politiquement et administrativement, une grande tribu n'est pas du tout une petite tribu vue au microscope. Ces deux choses ne se ressemblent guère plus qu'une famille ordinaire ne ressemble à la grande famille humaine.

La difficulté capitale que nous avons rencontrée pour notre établissement dans l'Algérie, consiste précisément en ce qu'il y a quelques tribus fort grandes, dont les fractions sont assez unies *militairement* pour l'attaque et la défense communes, quoiqu'elles soient dispersées sur un territoire considérable, par rapport à leur population. Les tribus qui nous sont soumises ou qui peuvent l'être facilement, sont, au contraire, faibles, peu nombreuses, peu étendues, surtout dans la zône où nous pouvons songer à établir des colonies civiles ; il n'en est pas de même dans la zône militaire ; c'est donc pour cette zône surtout que je vais indiquer le but à atteindre, dans l'organisation de ces tribus puissantes.

L'œuvre politique que nous devons nous proposer, à l'égard de ces grandes tribus, est de favoriser leur dissolution en fractions réelles, indépendantes les unes des autres. Ces fractions, qui existent en fait, se sont toujours maintenues unies, pour le besoin de *défense* commune ou de *pillage* commun ; or, nous devons empêcher le pillage, et par conséquent rendre inutile la défense ; d'un autre côté, nous devons prouver aux indigènes que cette coalition d'attaque ou de défense contre nous-mêmes est vaine ; par conséquent, nous tendons, sans nous le proposer directement, vers cette dissolution des grandes tribus ; en effet, déjà, dans les trois provinces, des fractions de tribus sont soumises et se battent même avec nous et pour nous, tandis que d'autres fractions des mêmes tribus luttent encore contre nous.

Je crois que nous devons nous proposer directement d'opérer cette dissolution ; c'est pourtant ce que nous ne semblons pas vouloir faire, lorsque nous instituons, à grands frais et à grande pompe, des Kaïds, des Kalifats. Plus nous prétendons faire *grand* le *grand* Cheik d'une *grande* tribu, moins nous consolidons notre puissance. Heureusement, nos grands Kaïds et nos grands Kalifats étaient de forts petits hommes, et, sous ce rapport, ils n'ont pas nui à notre cause; car ils ont plutôt contribué à fractionner qu'à unir les grandes tribus.

Dans celles qui avaient autrefois un Kaïd ou un grand Cheik, n'instituons ni grand Cheik ni Kaïd; mais donnons à chaque ferka une organisation indépendante, en la rattachant directement et immédiatement à l'autorité française.

Si la constitution d'une société par tribus est légitime et même très-sociable, en ce sens qu'elle est l'expression du sentiment de la *famille*, elle devient injuste, oppressive, anti-sociale, lorsqu'elle exagère la portée de son principe, et qu'elle prétend régir une *province*, presque une *nation*, comme une *famille*. Le bonheur d'une famille consiste à *confondre* (je ne dis pas seulement *unir*) l'amour de *soi* et l'amour des *siens*; le bien-être d'une société consiste à parfaitement *distinguer* (je ne dis pas *opposer*, Dieu m'en garde!) le *mien* et le *tien*, l'intérêt *privé* et l'intérêt *public*, le *droit* et le *devoir*, la *liberté* et *l'ordre*, et à les *unir* sans jamais les *confondre*.

En droit, les grandes tribus ne sont pas plus une *société*, qu'elles ne sont, en fait, une *famille*; ou si l'on veut, c'est une famille monstrueuse ou bien un germe confus de société. Le progrès social de l'Algérie, celui que, presque partout, l'islamisme cherche à faire, est de passer de l'état de *tribus* à celui de *nation*, qu'il ignore et qui ne saurait prendre racine dans le Coran, véritable loi religieuse de tribus et de familles. Voilà pourquoi l'Occident presse aujourd'hui l'Orient de toutes parts, c'est à ce progrès qu'il le pousse ; nous devons aider l'Algérie à l'accomplir.

XVI. — Revenons plus directement à notre sujet.

Divisons donc les tribus pour *régner* sur elles, c'est-à-dire afin de les *associer* réellement pour l'ordre, la paix et le travail, et non pour la guerre et le pillage ; substituons un lien social nouveau au lien ancien de la *patriarchie ;* superposons aux rapports du grand Cheik avec les petits Cheiks, la relation de tous les chefs de *ferka* avec le représentant d'un peuple qui sait ce que signifient les mots peuple, nation, patrie, que l'Arabe ne connaît pas. S'il est naturel que nous tâchions d'affaiblir la puissance qui résiste le plus à notre domination, c'est-à-dire de rompre le lien des grandes tribus, il est bien aussi que, dans l'intérêt des sujets algériens de la France, nous les garantissions de l'oppression que ces grandes tribus ont toujours exercée sur les petites, et qu'elles exercent encore aujourd'hui ; il est bien que, même dans le sein de ces grandes tribus, nous prenions la défense du faible contre le fort, du Cheik de la *ferka* contre le Cheik de *l'Aarch.*

Il suffirait presque de ne pas contrarier cette division, qui existe déjà par le fait dans la plupart des grandes tribus, et qui, je le répète, n'a pas lieu complètement, à cause des nécessités de défense et d'attaque communes. Par exemple, la grande tribu des Harakta, que nous avons placée sous le Kaïdat d'Ali, est divisée en quatre *ferka*[1]; elle a pour voisines deux tribus fort puissantes, à l'Est et au Nord, les Némemcha et les Hanencha, divisées elles-mêmes en plusieurs fractions. Du temps des Turcs, le Kaïdat des Harakta était habituellement l'apanage de l'un des plus proches parents du Bey; avant d'être Bey, Achmet était revêtu de cette dignité. Les Némemcha avaient également un Kaïd, habituellement étranger à la tribu, tandis que les Hanencha n'en avaient pas, et étaient gouvernés par un *grand Cheik, pris dans le sein de la tribu,* et qui dominait seize tribus; il avait droit à un sceau en or, comme le Bey lui-même, tandis que le sceau de tous les autres fonctionnaires de la province, sans exception, était en argent; lors de son investiture, il recevait le caftan même qui avait été envoyé au Bey de Constantine par le Dey d'Alger. Voici donc, très-rapprochés l'un de l'autre, deux exemples d'organisation politique des tribus qui diffèrent essentiellement; ni l'un ni l'autre ne nous conviennent, mais certainement nous devons nous rapprocher davantage de celui des Harakta que de celui des

---

[1] Voir, pour les détails qui suivent, l'appendice déjà cité du tableau publié par le Ministère de la guerre, année 1840. — Organisation de la province de Constantine.

Hanencha; ce qui revient à dire que nous soumettrons plus facilement les premiers que les derniers; les faits le prouvent, quoique les Hanencha touchent presque le territoire de Bône et de Guelma, tandis que les Harakta sont dans la zône intérieure et s'étendent jusqu'à trente et quarante lieues à l'Est de Constantine.

Je dis que nous ne devons pas imiter ces deux exemples, même celui des Harakta, d'abord parce que nous ne devons pas avoir des fonctionnaires par droit de naissance ou par favoritisme, mais des fonctionnaires tenant à une hiérarchie fortement constituée, en un mot, des fonctionnaires *militaires*, appartenant à des *corps*, et non pas des individualités isolées, quelque puissantes qu'elles soient d'ailleurs; ensuite parce que nous pouvons et devons éviter d'adopter cette organisation politique, très-mauvaise pour nous et très-funeste aux indigènes eux-mêmes. Ainsi les Harakta ont, parmi leurs voisins de l'Ouest, entre Constantine et eux, les *Segniia*, fixés sur le territoire de l'ancienne *Sigus;* or, supposons qu'un cercle colonial soit établi à *Sigus*, qu'un autre cercle colonial soit établi à *Tifech*, point central par rapport aux *Harakta*, aux *Hanencha*, au territoire de *Guelma* et à celui de *Sigus :* il serait naturel alors de mettre la ferka des Harakta qui occupe l'Ouest de leur territoire [1], sous la

---

[1] La ferka des *Ouled-Saïd*, habitant près du mont *Rghéis;*

direction du commandant du cercle de Sigus, et la ou les ferka du Nord, sous la direction du commandant de *Tifech*. Et si, plus tard, nous établissions un cercle colonial à *Tebessa*, le commandant de ce cercle aurait sous sa direction la ferka Est ou Sud[1] des Harakta, et la ferka Nord des Némemcha.

La révolution que notre conquête doit opérer en Algérie est bien autre chose, pour les Algériens, que n'a été pour nous la grande révolution française, qui a converti les provinces en départements, et changé toute notre organisation politique. Nous serions bien aveugles, si nous pensions pouvoir soumettre et gouverner l'Algérie, en conservant des circonscriptions de territoire et des liens politiques de population qui ont eu leurs motifs et leur utilité dans *l'ancien régime*, sous le gouvernement aussi anarchique que despotique des Turcs, mais qui seraient funestes à nous et aux indigènes eux-mêmes.

En résumé, quoique nous ne puissions pas espérer de constituer l'Algérie, immédiatement, en une société politique de *communes*, puisqu'elle n'est encore par-

---

c'est celle qui a été plus particulièrement battue dans la grande rhazia du général de Galbois, en 1840.

[1] La ferka des *Ouled-Khanfar*, qui s'était réunie aux Ouled-Saïd en 1840, tandis que les deux autres ferka (nord-est), les *Ouled-Siouan* et les *Ouled-Eumara*, plus éloignées de nous, n'ont pas ou presque pas donné, et ont peu souffert.

tout qu'une agglomération de *familles*, hostiles entre elles, et dont les plus fortes écrasent les plus faibles, nous devons, tout en conservant avec soin ce qui, réellement, est un lien familial, nécessaire à la fondation communale, combattre ce qui ne serait qu'une exagération de ce lien, étendu outre mesure et formant des nœuds de coalitions, nuisibles au bien-être et à la sécurité de nos colonies et des tribus faibles.

En conséquence, pour les petites tribus, c'est-à-dire pour la presque totalité de celles qui toucheront nos colonies civiles, dans la zône maritime, conservons le caractère unitaire qui est l'expression d'une *parenté* encore assez rapprochée; mais fixons surtout notre attention sur le douar, véritable association de *famille*, germe du *village* futur. Pour les grandes tribus, c'està-dire généralement dans la zône intérieure, détruisons leur unité despotique, spoliatrice, pillarde, expression factice d'une parenté qui n'est plus sensible, et dégageons la grande famille véritable, la ferka, de cette chaîne qui s'oppose au développement de sa vie propre et à celui de chacun de ses organes, pour la rapprocher du moment et de l'état où elle pourra entrer dans l'ordre *civil;* ce sera là *civiliser* l'Algérie, et nous en avons la prétention.

Mais, dira-t-on, ces grandes tribus arabes sont pourtant belles; elles sont belliqueuses, pleines de constance et de courage, et les petites tribus du littoral sont molles, lâches, courbent la tête devant tout maître, romain, turc ou français. — Cela est vrai; et si nous voulons considérer l'Algérie comme un carrousel, laissons aux grandes tribus leur organisation, et prenons pour valets de pied les hommes des petites tribus, ils nous tiendront l'étrier; mais je ne crois pas que ce soit l'envie de la France de prolonger indéfiniment cet exercice. D'ailleurs, qui parle d'énerver les grandes tribus? Elles sont pleines de constance et d'ardeur; mais c'est pour le pillage ou pour se défendre quand elles craignent d'être pillées à leur tour : elles sont plus molles et plus lâches au *travail* que ces petites tribus méprisées du littoral. Disons le mot, ce sont les plus belles et les plus poétiques bandes de voleurs que l'on puisse imaginer; mais nous, qui nous piquons en France d'être un peuple brave, nous savons la différence qu'il y a entre un voleur brave et un brave soldat, entre Mandrin et La Tour-d'Auvergne. Ne craignons pas de détrôner et de dépoétiser Mandrin en Algérie; nous avons commencé par les Turcs, finissons par les Beys indigènes, les Kalifats, les Kaïds et les grands Cheiks des grandes tribus, et mettons-là, si nous pouvons, et tant que nous en aurons en France, des La Tour-d'Auvergne.

CHAPITRE II.

LIEUX FAVORABLES A LA SOUMISSION PROGRESSIVE DES TRIBUS ; ORDRE SELON LEQUEL ON DOIT PROCÉDER A LEUR ORGANISATION.

I. — Je le répète, les mêmes considérations générales qui m'ont servi à déterminer les lieux favorables à l'établissement des colonies, et l'ordre selon lequel on doit procéder à leur fondation, déterminent également, d'une manière générale, les *lieux* et l'*ordre* favorables à la soumission et à l'organisation des tribus. Ce chapitre serait donc inutile, si je ne devais pas entrer plus avant dans l'examen des lieux et des populations.

J'admettrai comme démontrées précédemment les propositions suivantes :

1° Les tribus de la *zône intérieure* sont, en général, moins susceptibles de soumission immédiate que celles de la *zône maritime;* les premières exigent le contact des colonies *militaires,* les autres permettent celui des colonies *civiles.*

2° Les tribus de l'Algérie toute entière sont plus susceptibles de soumission et d'organisation prochaine dans l'Est que dans l'Ouest; plus dans la province de Constantine que dans celle d'Alger ; plus dans celle-ci que dans celle d'Oran.

3° Les tribus qui se trouvent sur la ligne stratégique et sur les communications de cette ligne à la mer, et aussi sur les communications des villes du littoral, sont les premières à soumettre et à organiser.

J'ajoute maintenant à ces trois propositions, une quatrième, que je n'ai pas fait ressortir dans les chapitres précédents, mais qui en découle logiquement.

Hors de ces lignes, les tribus doivent être *contenues* et *surveillées,* plutôt qu'elles ne doivent être *soumises* et *organisées,* jusqu'au moment où le grand cadre de soumission et d'organisation sera achevé ou très-avancé.

Comme cette proposition résout une difficulté longtemps débattue sous le mot d'*occupation restreinte,* je dois d'abord la développer, avant de parler des tribus soumises, ou à soumettre et à organiser immédiatement.

II. — C'est, en effet, une occupation restreinte qu'il faut, mais restreinte à un *cadre* qui embrasse l'Algérie entière et qui indique clairement notre prétention à l'organisation future d'une possession considérée *tout entière* comme possession française; c'est seulement de cette manière que l'occupation restreinte est proposable, elle n'est pas soutenable autrement; car si elle n'était pas un signe de notre prétention à *tout* posséder, elle serait un appel continuel à la révolte, fait par nous-mêmes, aux tribus de la portion dans laquelle nous nous limiterions.

C'est une occupation restreinte, en ce sens qu'un pays comme l'Algérie ne peut pas être occupé partout à la fois, à cause de son étendue, et surtout à cause de la nature de sa population et de l'état de son sol accidenté, sans communications, sans établissements fixes. On peut occuper entièrement et de suite, plus facilement, la France et presque l'Europe entière, que l'Algérie.

Restreindre l'occupation, c'est donc simplement mettre de l'ordre dans l'occupation générale, la commencer par où elle peut et doit être commencée.

Dans ce sens, l'occupation serait restreinte, la colonisation le serait aussi.

Pour remplir le but que nous nous proposons dans ce chapitre, commençons nous-mêmes par nous débarrasser de ce que nous avons à dire sur les tribus placées en dehors du cadre d'occupation, afin de n'avoir plus à nous occuper que de l'organisation du *réseau colonial* de l'Algérie. Ceci achèvera de combler une lacune que j'ai dû laisser dans les chapitres consacrés spécialement à la colonisation européenne.

III. — Ces tribus se décomposent en deux parties très-distinctes, celles qui se trouvent entre la ligne stratégique et la mer, et qui sont généralement *kabiles*, et celles qui sont situées au Sud de la ligne stratégique, entre celle-ci et le désert, et qui sont presque toutes *arabes*.

Les premières sont fixées au sol, ont des habitations, des hameaux, des villages, quelques villes même. — Les secondes sont généralement nomades; plusieurs cependant ont des villes, mais à une grande distance, à soixante lieues au moins de notre ligne stratégique.

Ici se présente un phénomène inverse de celui qui nous a déterminé dans le tracé des deux zônes. Les tribus kabiles qui se trouvent en dehors du réseau colonial, dans la zône maritime, sont, sinon plus à redouter, du moins plus difficiles à soumettre que les tribus arabes qui sont en dehors et au Sud de la ligne stratégique. On peut dire que ces dernières devront attirer toute l'attention des hommes *pacifiques* de la zône des colonies *militaires*, tandis que les Kabiles devront attirer toute l'attention des *militaires* de la zône des colonies *civiles*.

En d'autres termes, notre conduite avec les tribus non soumises devra être l'inverse de notre conduite avec les tribus soumises, ce qui est assez naturel.

Rendons clair ceci par un fait pratique.

On a vu combien j'ai cru devoir éviter le contact des colonies militaires et des tribus, voisines d'elles ; j'ai voulu leur interdire même les relations de travail, et ne mettre les tribus en rapport avec l'autorité française qu'au moyen des *postes militaires.* Au contraire, j'ai dit que, dans la zône maritime, on devrait encourager les relations de *travail* agricole entre les colonies civiles et les tribus soumises, leurs voisines, et autoriser même les membres de ces dernières à demeurer dans les colonies. J'ajoute maintenant que les colonies militaires devront faire leur possible pour établir des relations de *commerce* et d'*industrie,* mais d'industrie domestique plutôt qu'agricole, avec les Arabes du Sud et les étrangers à l'Algérie (*Biskris, Mzabites, Tugurtains, Berbers d'Angad, Tunisiens et Marocains*) ; on recrutera même dans leur sein, autant que possible, les spahis attachés au service des postes militaires. D'un autre côté, dans la zône maritime, l'autorité attirera bien, dans les rangs des gendarmes à pied ou pour les bataillons d'infanterie indigène de la zône intérieure, le plus de Kabiles possible, appartenant aux tribus hors du cadre colonial ; mais elle exercera une surveillance extrême sur les membres de ces tribus, commerçants ou autres, venant visiter les colonies ou même les tribus de la zône maritime. Les Arabes du

Midi auront leurs caravansérails et leurs bazars dans l'enceinte même des colonies militaires ; tandis que les Kabiles des tribus insoumises, dans leurs voyages, devront camper près des postes militaires de la zône maritime, et ne seront admis à loger leur personne et leurs marchandises que dans les faubourgs indigènes des villes européennes, où seront leurs caravansérails et leurs bazars [1].

Ainsi, dans la zône intérieure, le gouvernement et la police des indigènes soumis et organisés, appartiendront exclusivement aux chefs des *postes militaires;* tandis que la surveillance et le règlement des relations des tribus du Sud, arabes ou autres, avec nous, appartiendraient spécialement aux chefs des colonies militaires, bien entendu toujours, sous la haute direction du Gouverneur des colonies militaires, commandant en chef l'*armée active;* et dans la zône maritime, le gouvernement et la police des tribus soumises et organisées appartiendraient exclusivement à l'autorité *civile*, tandis que la surveillance des tribus kabiles ou autres, non soumises, appartiendrait spécialement à l'autorité militaire, qui aurait la police de leurs relations avec nous, bien entendu sous la haute direction du Gouverneur des colonies civiles.

Ces tribus du Sud, dont il est ici question, sont celles

---

[1] Voir la *Conclusion*.

qui, de tout temps, ont fait le *commerce des caravanes*, et ont fourni aux travaux industriels de l'intérieur des villes, des *manœuvres* robustes, intelligents et fidèles ; et les tribus kabiles sont celles qui, de tout temps aussi, ont fait le *commerce intérieur* du littoral et le cabotage, et ont été les *marchands* des principales denrées alimentaires des villes.

Chez les premiers, les hommes que nous pouvons utiliser au milieu de nous sont plutôt *chameliers* et *portefaix*, et chez les seconds, plutôt *muletiers* et *boutiquiers*, qu'ils ne sont, les uns et les autres, *cavaliers* ou *fantassins*; néanmoins, ces hommes du Sud sont les meilleurs cavaliers, et ces Kabiles des tribus insoumises, les meilleurs fantassins en Algérie. C'est donc chez eux que nous devons surtout recruter notre cavalerie et notre infanterie indigènes ; et comme ils sont en dehors du cadre de soumission, ils n'en seront que meilleurs surveillants des tribus organisées, et ils seront, pour ainsi dire, autant d'ôtages pris dans les tribus non encore organisées.

Ce que je viens de dire est certainement un moyen fort indirect d'action sur les tribus non soumises, mais c'est le seul qui me paraisse convenable à leur égard ; la force est le plus mauvais de tous ; elle n'est utile qu'à l'égard des tribus qu'on peut immédiatement *organiser* et *protéger*, et non pour celles que nous ne pouvons ou ne voulons pas gouverner. Pour celles-ci, l'emploi de la force est *indispensable*, si elles sont assez folles pour nous attaquer ; il est *nécessaire*, comme punition de leurs crimes contre nous ou les nôtres ; mais, dans ce dernier cas, n'oublions pas que la vengeance sociale qui décime au hasard, dans son impuissance à trouver les vrais coupables, qui expose la vie de bien des braves, et verse leur sang pour laver la tache criminelle d'une première goutte de sang, est une justice exceptionnelle, passagère, fatale comme la nécessité, mais déplorable ; rappelons-nous que nous devons délivrer les Arabes de cette justice barbare qui était la leur et non la nôtre, et que nous devons avoir hâte de nous en délivrer nous-mêmes.

IV. — J'ai vu des *rhazias* faites par punition, des *combats* livrés pour la défense, des *expéditions* sanglantes pour lever l'impôt ou installer un Kaïd ; je déplore les premières, j'admire les seconds ; à mes yeux, les troisièmes sont impolitiques ou même coupables : impolitiques, lorsqu'on veut en effet organiser la tribu ; coupables, lorsqu'on n'en a ni le pouvoir, ni même la volonté, lorsqu'on veut une *affaire*, un *bulletin*, un *grade*, lorsqu'on n'aspire qu'à répandre la *terreur* sur une population qu'on livrera en pâture à ses ennemis, à *nos* ennemis, après l'avoir terrifiée et affaiblie.

Les tribus que l'on veut organiser ne peuvent pas l'être par des *expéditions de quelques jours*, mais par un *établissement permanent;* celles que l'on ne peut pas soumettre à une autorité qui les gouverne réellement, et par conséquent qui les *protège*, ne doivent pas payer d'impôt et avoir de Kaïd, qui d'ailleurs les exploite. Ces investitures de burnous, sur des mannequins de Kaïds, sont des comédies absurdes qui se terminent toujours par une dégoûtante tragédie. L'impôt prélevé par la rhazia coûte mille fois plus qu'il ne produit; le Kaïd, installé par nos armes, héros le jour de la victoire, n'est le lendemain qu'un fantôme, ou, s'il conserve une ombre d'autorité sur les indigènes, c'est pour nous trahir et les piller.

Il y a des tribus en Algérie qui ont déjà reconnu trois fois (par la force) un Kaïd, qui trois fois ont payé ou promis de payer (l'épée sur la gorge) un impôt, qui trois fois, pour ces actes de notre pouvoir, ont perdu des hommes, ont été dépouillées, et nous ont tué aussi des hommes, et nous ont coûté cher; et en ce moment ces tribus n'en sont pas plus soumises à la France : mais il y a eu trois bulletins triomphants, les deux derniers copiés sur le premier. Tels sont les Harakta, les tribus des Zerdéza et les Righa de la province de Constantine; telles sont toutes les tribus de la province d'Alger et plusieurs de celle d'Oran, malgré les soumissions de 1842 et les nouveaux et nombreux *burnous*, de façon française, distribués cette année.

Non, ce n'est pas là faire de la *politique*, et ce n'est pas non plus faire la *guerre;* combattons et soumettons, mais seulement là où nous voulons *gouver-*

ner; ailleurs, *punissons*, soyons juges et exécuteurs, il le faut ; mais ne jouons pas au gouvernement et à l'administration, avec cette friperie de burnous et ces troupeaux de bouchers, cela coûte trop cher à notre bourse, à notre sang, à notre honneur : c'est brûler l'Algérie à petit feu.

V. — Les tribus soumises doivent être organisées, gouvernées, protégées ; celles qui ne sont pas soumises, et qui ne sont pas placées de manière que nous ayons intérêt à les soumettre *aujourd'hui*, doivent être surveillées vigoureusement et châtiées rigoureusement, si elles nous attaquent, nous ou les nôtres ; mais, pour Dieu ! laissons-les tranquilles, et n'allons les chercher que lorsque nous serons en mesure de les enserrer dans notre réseau organisateur ; alors employons même ce fameux procédé, si reproché à l'Église, le *compelle intrare;* forçons-les à se civiliser, mais ne nous efforçons pas jusque-là de rentrer avec elles dans la barbarie, et de sacrifier comme elles à des fétiches, à l'idolâtrie des croix et des épaulettes.

Le jour où des établissements permanents de colonies militaires seront à Sigus, à Tifech, à Tebessa, alors donnons des chefs aux Harakta, prélevons des impôts sur eux ; le jour où la grande et riche plaine de Sétif aura aussi ses colonies répandues jusqu'à Ksar-el-Teir, faisons la même chose pour les Righa ; enfin, lorsque le quadrilatère colonial de Bône, Guelma, Constantine, El-Harrouch sera tracé, faisons encore de même pour les Zerdéza, mais rien avant ; punissons seulement et surveillons, mais par un seul acte de gouvernement et d'administration.

Croit-on donc que lorsque ces travaux *coloniaux* seront faits, les Harakta, les Righa et les Zerdéza seront plus difficiles à soumettre?—Ce serait croire le poisson plus libre dans la nasse ou le filet, qu'en pleine eau. Qu'on me passe encore ce dicton : Nous avons mis la charrue avant les bœufs, dans notre entreprise coloniale, et même nous avons voulu mettre les bœufs sous le joug avant de les tenir par les cornes.

Loin de moi l'intention de récriminer aigrement contre le passé ! Savait-on si l'on coloniserait l'Algérie ? Aujourd'hui, croit-on généralement que l'on voudra et surtout que l'on pourra coloniser ? Enfin, sait-on même comment on essayera de coloniser ? — Non, sans doute, puisque c'est seulement d'hier qu'une commission a été saisie de cette question ; cette commission n'a pas encore soumis au ministère son opinion ; il faudra ensuite que le conseil des ministres délibère, et enfin que les Chambres décident, après les longs débats de la presse.

Mais si l'on se décide à coloniser, si l'on cesse de croire qu'on puisse garder, pacifier, gouverner l'Algérie, et rendre cette possession productive pour la France, seulement avec des baïonnettes, il faudra bien qu'on désigne quelles sont les tribus qui doivent être d'abord soumises, et quelles sont celles dont il faut attendre la soumission du temps, de l'exemple de celles que nous aurons bien gouvernées, et des succès de notre marche progressive du connu à l'inconnu, du facile au difficile, du soumis à l'insoumis.

Eh bien! je pense que lorsqu'on aura déterminé le réseau de soumission, c'est là seulement que nous devrons porter toute notre force *active*, militaire ou civile, réservant au contraire la puissance *d'inertie*, dont Abd-el-Kader nous a donné de si grands enseignements, pour tout ce qui sera en dehors de ce réseau. Il y aura, entre Abd-el-Kader et nous, cette différence : il est toujours prêt à fuir quand nous l'attaquons, et nous serons toujours prêts à poursuivre et exterminer ceux qui nous attaqueront; Abd-el-Kader tiraille notre arrière-garde, quand nous quittons le champ de bataille, nous culbuterons son avant-garde avant qu'il soit en bataille; et puisqu'en allant toujours le chercher, sans pouvoir l'atteindre, nous ne l'empêchons pas de se relever de toutes ses défaites, attendons-le de pied ferme, sur nos lignes de colonies militaires.

Il les ravagera, dites-vous? — Non; il ravage des fermes *isolées*, il brûle les environs d'Alger, quand l'armée *court après lui*, à cinquante lieues d'Alger; il pille les tribus qui se soumettent à nous, parce que nous avons la *maladresse* de soumettre des gens que nous ne pouvons défendre; mais il ne s'agit ni de fonder des fermes isolées, ni de courir à la recherche d'Abd-el-Kader, ni de soumettre des tribus sans les défendre; il s'agit de colonies militaires, de postes militaires, de tribus organisées militairement et protégées efficacement, de villages fermés et bien défendus; il s'agit très-peu de combats, rarement de longues expéditions, mais considérablement de *patrouilles*.

Songez donc que des nuées d'Arabes n'ont pas pu prendre la bicoque de Mazagran, ni même la ruine romaine de Djimilah, qui n'avait alors, pour bastions, courtines, fossés et remparts, que quelques pierres placées les unes contre les autres, sous le feu même des Arabes [1]; songez qu'ils n'ont pas encore pu seulement brûler un blockhaus! Vous voyez bien que nous ne devrons pas les craindre, quand nous serons CHEZ NOUS.

Nous ne sommes pas encore chez nous en Algérie, du moins hors de nos villes et de nos camps; nous n'avons pas de chez nous *colonial;* il y a bien quelques colons qui sont *chacun chez eux* et *chacun pour eux*, mais aucun de ceux-là même ne peut considérer l'Algérie comme une seconde patrie : personne n'y prend *racine;* la métaphore est juste, car nous ne savons que faucher des foins, couper des arbres et brûler des moissons.

Bâtissons, plantons et cultivons; faisons tout cela avec prudence, peu à peu et *en corps;* conservons au-

---

[1] Beau fait d'armes, plus beau encore que celui de Mazagran, et qui pourtant a été passé sous silence!

tour de nos colons, armés eux-mêmes, une bonne ceinture de baïonnettes; que nos soldats colons aient à défendre, outre la gloire de la France, leur propre tête, la tête d'une femme, d'un enfant, d'un père, et aussi le petit pécule, le mobilier du *ménage*, et peut-être même un cheval, monture de plaisir et de fête; alors les Arabes ne seront plus à craindre, le soldat colon dira : *Je suis chez nous !*

Pauvres soldats de l'Algérie, je n'ai pas entendu dire à un seul de vous cette bonne parole ! L'Algérie vous pèse, bien plus encore qu'elle n'a pesé jusqu'ici sur les contribuables ; vous-mêmes, vous contribuez de votre sang, de vos privations et de vos maladies, à ce terrible impôt que prélève sur nous l'Afrique ; votre *chez vous*, c'est toujours votre village de France, et la nostalgie vous consume !

J'ai dit que les tribus kabiles insoumises de la zône maritime étaient, sinon plus à redouter, du moins plus difficiles à soumettre que les tribus qui sont établies au sud de la ligne des colonies militaires. Elles sont à redouter à cause de leur voisinage; mais, je l'ai dit aussi, elles attaquent peu hors de chez elles ; elles n'aiment pas, il est vrai, qu'on aille les visiter avec des fusils. Ce voisinage pourra contribuer à rendre leur soumission plus prompte que celle des tribus du Sahara, si nous agissons de manière à rendre leur contact avec nous profitable pour elles et pour nous. En parlant de la communication de Sétif à Bougie, j'ai déjà indiqué les procédés de diplomatie *commerciale*, comme étant ceux qui pouvaient d'abord faire *tolérer* notre *passage* chez ces Kabiles, et amener plus tard leur soumission ; tout-à-l'heure, j'ai parlé des moyens de *police* et des *enrôlements militaires*, je dois dire aussi quelques mots de la *marine*.

VI. — Nous avons détruit toute la marine algérienne, y compris même presque tout le cabotage ; nous avons pris à peu près tous les ports, nous avons bloqué ceux que nous n'avons pas pris, et détruit leurs embarcations ; nous fouillons les anses, les criques ; enfin, sauf quelques barques indigènes autorisées à Bône, à Philippeville et à Alger, et qui font le cabotage de Collo, Dellis et Cherchel, la marine indigène est réduite à néant. Ces mesures étaient et sont encore nécessaires ; elles le seront, tant que nous n'aurons pas rétabli la route romaine du littoral, ce qui pourra durer longtemps ; il serait toutefois étonnant que, dans la population indigène des nombreux points du littoral que nous occupons, il n'y en ait pas une partie assez considérable qui fût propre à la marine ; les pirates d'Alger n'étaient pas mauvais marins, leurs navires marchaient assez bien.

Si une marine indigène libre ne doit pas exister, et, en effet, elle serait dangereuse, ne pourrions-nous pas, cependant, faire sur mer quelque chose qui ressemblât à ce que nous avons fait sur terre avec nos spahis, nos gendarmes et nos bataillons indigènes, c'est-à-dire avoir une marine franco-algérienne, dans laquelle cependant les Français seraient plus nombreux qu'ils ne le sont dans les corps de l'armée de terre?

Lorsqu'on voit les places publiques de nos villes littorales de l'Algérie, couvertes de jeunes garçons sveltes, bien faits, qui ont presque tous le grand mérite de parler déjà le français, mais qui, par compensation, se livrent de fort bonne heure à la plus complète oisiveté et à la plus profonde immoralité, il semble que si jamais *presse* de matelots a été légitime, elle le serait ici. Mais pourquoi même la presse? A-t-on simplement ouvert la voie? A-t-on fait un appel dans cette direction? A-t-on surtout songé à une *conscription maritime?* — Je ne le crois pas.

Si cette idée se réalisait, je suis convaincu qu'on ne tarderait pas à avoir également des Kabiles dans cette milice maritime; mais, pour cela, il faut que je dise le but auquel je la croirais destinée.

Cette marine devrait être la *marine coloniale de l'Algérie*, comme il y a déjà une armée propre à l'Algérie, et même une portion de cette armée qui est indigène. Certainement le ministère de la guerre aurait déjà *fait quelque chose* en ce sens [1], si l'on comprenait aussi bien, à la guerre, les nécessités de la

---

[1] J'ai entendu dire qu'un officier de marine, M. Bonfils, avait proposé une idée semblable; je n'ai pas appris qu'elle ait eu succès.

marine que l'on connaît celles de l'armée de terre ; si l'on savait surtout quelle influence politique et économique une marine franco-algérienne peut avoir sur la pacification et la prospérité de l'Algérie.

La marine coloniale de l'Algérie ferait, à mesure qu'elle se développerait, d'abord le service de la côte, ensuite la correspondance avec la France ; elle se composerait de bâtiments à voiles pour les transports de marchandises, et de bâtiments à vapeur pour les passagers et la correspondance.

Il ne faudrait pas beaucoup d'années d'exercice de cette marine franco-indigène, pour pouvoir commencer à rétablir avec sécurité le grand cabotage du littoral de l'Algérie, et même celui avec Tunis et Maroc, et pour entrer en concurrence avec les barques de Malte, de la Sicile, des Baléares et de la côte d'Espagne. Nous serions ainsi sur la voie de faire produire à l'Algérie un fruit qui lui est naturel, dont l'excellence est depuis longtemps connue, et qui n'est pas plus abondant qu'il ne le faut en France, une marine. C'est encore une de ces dettes que la France a contractées envers ce pays et même envers l'humanité, lorsqu'elle a délivré les mers de la *piraterie* algérienne. *Détruire*, sans savoir utiliser les matériaux de la démolition, c'est jouer le rôle d'un brutal manœuvre et non d'un habile architecte. Rome a bien su se servir des forces de Carthage et de celles de Massinissa, pour soumettre la Macédoine et la Grèce.

Notre marine française n'est pas si riche en matelots, que nous puissions nous priver sans peine d'un supplément d'hommes de mer. Avoir deux cents à deux cent cinquante lieues de côte d'Afrique, sans avoir un seul matelot africain, ce peut être un oubli passager, une distraction; mais il est temps de reprendre la mémoire et d'être attentif, sous peine de justifier trop bien cette réputation que d'autres veulent nous faire, d'être le peuple le plus léger de la terre et le plus lent et le plus lourd à la mer.

Des enfants, nés depuis la conquête, sont déjà en âge de faire d'excellents mousses, et nos vaisseaux sont les véritables *instituts* qui leur conviennent, de même que nos *fermes* seront de très-bonnes écoles pour eux, tandis que nous ne les civilisons aujourd'hui que sur les places et autres lieux publics. Remarquons aussi que ces matelots algériens verraient du moins la côte de France d'une manière digne et convenable, tandis que les Algériens qui la visitent aujourd'hui sont uniquement ceux que nous envoyons au bagne.

VII. — Les *tribus du Sud* qui sont insoumises, et dont l'éloignement favorise l'insoumission, ne se refusent pas cependant à notre contact autant que les tribus *kabiles*, parce qu'elles redoutent peu de nous voir arriver en forces, pour nous emparer de leur pays et les gouverner directement. Elles n'ont été d'aucun secours à Achmet Bey et d'aucun secours à Abd-el-Kader; au contraire. Ce sont pourtant, de tous les nomades de l'Algérie, les plus nomades, conservant les mœurs de la tente, vivant au milieu des chameaux et sous les palmiers, dans des oasis semées au loin sur le désert. Avons-nous grand intérêt à faire des projets fiscaux sur ces tribus? — L'impôt prélevé sur elles n'a jamais rien été, pour les Turcs eux-mêmes. Dans la province de Constantine, par exemple, où l'étendue et la population du Sahara sont le plus considérables, l'impôt de cette contrée, y compris le droit d'investiture du Cheik-el-Arab, s'élevait à environ 180,000 fr., lorsqu'il était acquitté intégralement, ce qui n'arrivait pas toujours. Le véritable profit que l'Algérie retire du voisinage de ces tribus n'a jamais consisté dans l'*impôt*, mais dans le *commerce* : les dattes, les tentes, les burnous et les tapis, quelques chameaux et des chevaux, que ces tribus venaient échanger contre les grains, les étoffes de soie, les armes, selles et brides de luxe, et les bijoux, voici le véritable avantage économique que présentaient ces tribus et qu'elles nous offrent encore, si nous savons en profiter.

Mais nous pouvons tirer d'elles, sans les gouverner et les imposer, un avantage politique et civil dont les Turcs ne pouvaient user que sur une fort petite échelle, parce que, sous leur gouvernement, l'Algérie avait fort peu de villes et de bourgs, et que nous devons en fonder beaucoup. J'ai déjà dit que la population ouvrière des *manœuvres*, dans les villes, était presque toute composée d'hommes de ces tribus du Sud, venant (comme à Paris les Auvergnats, les Limousins et les Savoyards) gagner quelques écus dans les villes, et retournant chez eux d'autant moins fréquemment que la ville qu'ils exploitent est loin du lieu où vit leur famille. Lorsque nous formerons notre ligne de colonies militaires, ces points étant plus rapprochés du Sahara que le littoral, les peuples du Sud y viendront en foule, d'autant plus que, pour retourner chez eux, ils ne seront plus obligés de traverser des pays kabiles, où souvent ils sont dépouillés.

Voici donc les *manœuvres* des colonies militaires, d'abord pour les travaux de fondation, ensuite pour les *services intérieurs* (bains, moulins, fours, battage des grains, magasins, transports), et surtout pour la *domesticité* des officiers, afin que tout soldat colon en soit *absolument* affranchi.

VIII. — Presque toute cette population indigène du Sud n'a aucune relation d'affection, ni même de langage, avec les Kabiles du Nord; elle est, en outre, très-différente de la population des tribus qui sont sur la ligne des colonies militaires; dans la province de Constantine, cette différence est, sous plusieurs rapports, plus grande encore qu'elle ne l'est entre les Arabes du Sahara et les Kabiles.

Depuis Tebessa jusqu'à Sétif, la partie de la zône intérieure où doit être tracée la ligne des colonies militaires, est occupée par une population qui n'est ni arabe ni kabile, qui est peu estimée de l'Arabe nomade, parce qu'elle cultive, et peu estimée du Kabile montagnard, parce qu'elle est dans les plaines et qu'elle a toujours été facilement soumise à toute autorité. Cette population bâtarde, sans caractère éthnographique bien prononcé, paraît être, en effet, on peut le dire, plutôt une création de la politique humaine qu'un fruit spontané de la nature; elle a un nom mystérieux et bizarre, dont personne ne connaît l'origine; une langue dont le fond est kabile et les ornements arabes, avec une accentuation et des désinences souvent étrangères au kabile aussi bien qu'à l'arabe; ses traits ne sont pas anguleux comme ceux de l'Arabe, son teint n'est pas sombre comme celui du Kabile; ses formes sont moins sveltes que celles des Arabes, moins raides que celles des Kabiles. Ces populations se composent des *Méhatla*, qui touchent à la frontière de Tunis; des *Harakta*, qui s'étendent jusqu'à quelques lieues de Sigus; des *Segniia*, qui viennent jusqu'à quelques lieues à l'Est de Constantine. Du côté de l'Ouest, ce sont les *Télaghma* et ensuite les *Ouled-Abd-el-Nour*. Toutes les montagnes qui bordent cette ligne au Sud et qui la séparent du Sahara, ainsi que le pied de celles qui la bordent au Nord et qui vont tomber vers la mer, sont également peuplées de tribus de cette race mixte, qui sépare les Arabes des Kabiles, et qui se nomme CHAOUIA.

La province de Constantine a été mieux étudiée que les deux autres; j'ai pu moi-même la parcourir dans toute cette longueur, en suivant deux expéditions faites en 1840; j'affirme donc *de visu* ce que je viens de dire[1]. Quant aux deux autres provinces, je n'ai jamais entendu dire qu'il existât, sur la route de Hamza à Tlemcen, aucune tribu du nom de Chaouïa, et l'on m'a même, de tous côtés, affirmé le contraire. Ici, la disposition du sol n'est plus la même, et les évènements politiques ont été différents; il y a bien aussi un plateau, mais je dirais presque un plateau de vallées et non de grandes plaines, et pas d'Aurès au Sud. Nous verrons cependant plus tard, quand nous nous occuperons particulièrement des tribus soumises ou à soumettre, que, dans ces deux provinces, il y a aussi une zône occupée par des tribus dont les habitudes et les besoins diffèrent fortement des habitudes et des besoins des populations entre lesquelles elles se trouvent, c'est-à-dire des tribus qui bordent la mer ou le désert.

Bornons-nous, pour le moment, à l'exemple que je viens de citer.

IX. — Les Arabes du Sahara sont donc les auxiliaires les plus sûrs que nous puissions employer, au milieu des Chaouïa et près des Kabiles; les *zmélas* des anciens Beys de Constantine étaient des Arabes, originaires de Msila (frontière nord du Sahara), que les Beys avaient

---

[1] Voir l'appendice déjà cité de la dernière publication du ministère de la guerre. — Organisation de la province de Constantine.

installés au centre de cette longue bande de Chaouïa, entre les Segniia à l'Est, et les Télaghma à l'Ouest, touchant Constantine au Nord, et s'étendant au Sud, comme une barrière entre les deux parties de la zône, barrière qui se dirigeait vers Biskra, et qui avait pour crête la montagne du Bec-de-l'Aigle (*nif en-nser*).

Nous avons organisé des spahis dans la province de Constantine, parce que cette organisation est toute militaire ; mais nous n'avons pas de zmélas comme les Turcs, parce que les zmélas étaient de véritables *colonies militaires*, et que nous n'avons pas encore *colonisé*.

Toutefois, comme le Cheik-el-Arab que nous avons prétendu imposer pour maître au Sahara, ne peut pas y mettre le pied, nous avons recueilli à Constantine son impuissance politique et sa faiblesse personnelle, c'est-à-dire lui, sa famille et ses serviteurs, et nous les avons placés sur une partie du territoire ancien des zmélas, près des Télaghma ; nous avions même donné, pendant quelque temps, le Kaïdat de cette tribu au neveu du Cheik-el-Arab, en confiant à son frère celui des Abd-el-Nour. Neveu et frère n'ont pu s'y maintenir, parce que le Cheik-el-Arab n'est *rien*, et que ces tribus veulent être gouvernées par *quelque chose;* autrefois, au contraire, le Kaïd-el-Zmoul était beaucoup, parce que les Zmoul étaient une puissante *colonie militaire*, tandis que le douar du Cheik-el-Arab est un germe avorté de colonie militaire.

Formons donc, avec des Arabes du Sahara, dans notre zône intérieure, une ou plusieurs fortes *colonies militaires* indigènes, qui soient appuyées sur nos lieux de réserve et sur nos colonies, qui se joignent à nous dans nos expéditions contre les Kabiles et contre les Chaouïa, et dans lesquelles nous recruterons les spahis réguliers que nous attacherons à nos postes militaires.

X. — Dans les dernières années de sa puissance, Achmet-Bey réalisa en partie cette idée; mais il le fit comme tout ce que faisaient les Turcs, dans un but d'exaction. Cette institution avait déjà eu pour résultat, en très-peu de temps (comme le remarquent très-bien les auteurs de la *Notice sur Constantine*, dans la dernière publication du ministère), de discréditer et de ruiner toute la cavalerie des Chaouïa; ce n'était pas précisément l'intention d'Achmet-Bey, mais ce doit être à peu près la nôtre.

Dans la province d'Oran, nous avons conservé les *zmélas* en les réunissant aux *douars* du général Moustapha. Remarquons encore ici ces perpétuelles inversions qui existent entre l'Est et l'Ouest. Les *zmélas* du Bey de Constantine étaient du Sahara, ceux du Bey d'Oran étaient des bords de la mer; nous nous sommes empressés de détruire dans l'Est tout ce qui constituait le makhzen, nous avons détruit les *zmélas* du Beylik, les *deïras* des Kaïds, et nous avons formé les *spahis réguliers* et les *spahis irréguliers* qui n'ont avec nous que des rapports *militaires*, mais qui ne se rattachent pas à un principe d'organisation *civile* de la province; dans l'Ouest, au contraire, nous avons précieusement conservé les *douars* et *zmélas*, et leur organisation militaire, politique, civile, agricole, en donnant seulement à leur chef le nom de général, mais sans introduire parmi eux un seul Français; et en ce moment, à mesure que nous avançons dans l'occupation de la province, nous nous hâtons de reconnaître les anciennes tribus makhzen, et de donner des *meckalis* (fusiliers) aux Beys et des *deïras* aux Kaïds.

Peut-être avons-nous bien fait des deux côtés, *pour commencer ;* mais si, dans l'Est, nous avons détruit, il nous faudra reconstruire ; et si, dans l'Ouest, nous étayons, nous soutenons *la vieille machine* avec de vieux étais, il viendra un moment où nous apercevrons que ces étais eux-mêmes sont pourris et nous menacent, et qu'il faut une *machine nouvelle*.

Comme le remarquent encore très-judicieusement les auteurs de la notice déjà citée [1], les Beys de Constantine avaient *commencé* par l'organisation des *zmouls réunis en une seule tribu, et agglomérés sur un seul point, pour commander à un territoire restreint et à des populations compactes, tandis que les deïras, devant surveiller un pays plus étendu, furent disséminés dans les différentes parties de la province*. Lorsque, pour

---

[1] Tableau des étabi. franç. d'Alg., p. 336.

commencer aussi, nous limiterons le territoire colonial et les tribus qui y seront comprises, nous devrons également commencer par des *colons militaires indigènes*, formant tribus, agglomérés sur quelques points principaux, et surveillant, sous notre autorité, toute la ligne.

C'est à ce service que nous devrons employer des indigènes du Sud, c'est-à-dire des hommes que nous ne pouvons pas gouverner là où ils sont, mais qui peuvent nous aider à gouverner là où nous sommes.

L'avenir montrera que cette politique très-prudente des Turcs, dans la province de Constantine, celle qu'ils n'ont pas employée dans la province d'Oran où nous copions leur faute, est celle que nous devons employer dans les deux provinces.

Ainsi, à Oran, la plus importante milice indigène des Turcs, leur makhzen, était généralement pris dans les tribus du littoral; eh bien! ce ne sont pas même les tribus des environs de Mascara et de Tlemcen qui doivent être particulièrement choisies par nous pour makhzen, ce sont surtout celles qui touchent au désert d'Angad : nous devons les attirer vers la mer ; les luttes d'Abd-el-Kader et de Tedjini nous le montrent clairement. Ce sera l'un des principaux moyens de résoudre ce difficile et mystérieux problème de la pacification de l'Ouest, que les Romains ne se sont pas même posé, dont les Arabes conquérants du Nord de l'Afrique ont tant souffert, que les Turcs n'ont pas résolu, et qui, depuis douze ans, nous accable.

XI. — L'histoire de la conquête et de l'occupation de l'Afrique par les Arabes, nous enseigne qu'il n'est pas difficile d'amener les tribus du Sud vers le littoral, car elles y sont venues bien souvent, sans y être appelées et même pour en chasser les vainqueurs; toutes les révoltes des indigènes contre la domination des Arabes, ont eu à leur tête les *Zénètes*, les *Zanaga*, les *Lamptunes*, tribus berbères du Sud, qui ont aidé d'abord toutes les révolutions purement arabes des Ommiades, des Abassides, des Idrissites et des Aglabites, et qui ont enfin placé leur propre race sur le trône des Califes, dans la personne des Almoravides et des Almohades de Fez et de Maroc, des Béni-Mériin et des Béni-Zian de Tlemcen.

On dira sans doute alors qu'il serait impolitique de ne pas résister à cette tendance manifeste des peuplades du Sud vers le Nord, comme on prétend ailleurs qu'il est impolitique de ne pas résister à la tendance des Russes vers le Midi. Cette idée appartient en effet à une politique qui *contrecarre* les dispositions *naturelles* des peuples, et qu'on peut nommer, à bon droit, *contre-nature*. La véritable politique, la politique *naturelle*, dirige et régularise les dispositions *naturelles* des peuples, comme la véritable agriculture le fait pour les dispositions du sol et du climat; elle les utilise. Elle *n'empêche* pas les hommes glacés de rechercher le soleil, elle les empêche de s'y brûler, et d'incendier alors ce qu'ils touchent; elle *n'empêche pas* les hommes altérés, desséchés, brûlés par les sables du désert, de rechercher la fraîcheur de la mer, elle les empêche de se noyer et d'entraîner avec eux tout ce qu'ils accrochent en se précipitant.

Les Russes cesseront d'être à redouter pour l'Europe, quand ils tourneront tout-à-fait leur face vers le soleil, sur lequel Pierre et Catherine ont jeté, à la dérobée, un éclair de leur regard d'aigle; depuis lors, les Czars le convoitent en *louchant;* ils le regarderont franchement, lorsque la politique européenne comprendra que c'est pour le repos de l'Europe elle-même, et pour l'affranchissement de l'Asie esclave, que Dieu montre aux Russes, comme un signe d'appel, le soleil de Perse.

De même, malgré nous, malgré notre brillant courage, malgré nos braves soldats, ces Berbers nomades, pillards et belliqueux, entraînés par leur pente naturelle, tôt ou tard se précipiteraient sur nous, comme ils l'ont fait sur tous les vainqueurs qui nous ont précédés en Afrique, si nous ne fixions pas nous-mêmes ces nomades au sol qu'ils ravageaient autrefois, si nous n'intéressions pas ainsi ces pillards à la sécurité des richesses qu'ils convoitent, si nous ne transformions pas ces féroces guerriers, exterminateurs de tous les maîtres de l'Algérie, en instruments de paix, au service des maîtres actuels de l'Algérie; en un mot, ils resteraient barbares, si nous, Français, nous n'avions point passé la mer pour *civiliser* l'Afrique.

Que ces derniers mots n'effraient point ; je ne viens pas proposer d'établir un chemin de fer d'Oran à Tombouctou ou bien au Sénégal ; mais il faut pourtant rappeler que nous ne sommes pas venus en Afrique pour ignorer pendant des siècles ce qu'on ignore encore aujourd'hui, par exemple : où commence le Grand-Désert, s'il y a un désert, ce que c'est que le désert, s'il est partout inhabité, s'il a des eaux, des lacs, une mer peut-être ; si, au-delà de ce qu'on appelle, sans les connaître, les limites de la Régence, c'est-à-dire sur la limite septentrionale de ce désert, il y a des Touariks, comme il y en a au Sud, à l'Est, à l'Ouest ; où passent les caravanes de Maroc à la Mecque, et si cette route d'Egypte n'a pas un intérêt pour l'Algérie française ; quelles sont les relations de Maroc avec Tombouctou, et si nous pouvons en profiter ; enfin mille autres questions qui intéressent la prospérité future de l'Algérie, la science, et notre honneur de missionnaires de la civilisation.

Or, qui donc nous instruira de ces choses et nous aidera dans ces recherches, si ce ne sont ces tribus du Sud, devenues nôtres en vivant avec nous, ayant bientôt les mêmes intérêts que nous ? Ne nous faisons pas illusion : l'Afrique ne nous sera connue et ouverte que par le secours de *musulmans*, convertis à notre *science* et à nos *usages*, avant de l'être au christianisme. Les musulmans de l'Egypte et ceux de l'Algérie, tels sont les explorateurs *scientifiques* et *commerciaux* qui doivent faire mille fois plus pour la *science* et l'*industrie* européennes, et aussi pour la *civilisation* de l'Afrique, que n'ont pu faire les courageux et si souvent malheureux voyageurs anglais et français, qui se sont aventurés dans ces audacieuses et presque toujours vaines tentatives.

Je ne m'écarte pas de mon sujet, comme on pourrait le croire, ni surtout de ma mission, puisque je suis membre de la commission *scientifique* d'Algérie. Oui, quelqu'étrange que paraisse ce que je vais dire, je prétends que nos colonies militaires devront choisir, parmi les Arabes de l'Est et les Berbers de l'Ouest, des *commis voyageurs de commerce* et aussi des *commis voyageurs de la science*; et ce choix sera l'un des objets dont les chefs des colonies militaires devront être chargés très-spécialement [1].

Je viens de dire, Arabes de l'Est et Berbers de l'Ouest, et ceci me ramène à la différence totale qui existe en-

---

[1] Ceci me conduit à faire remarquer que si l'on utilisait toute la science qui est renfermée en Algérie, dans les corps du génie, de l'artillerie, de l'état-major, de la médecine, on aurait déjà, depuis douze ans, des connaissances et des matériaux très-précieux (on a des cartes géographiques assez bonnes, mais voilà tout); et il aurait été complètement inutile d'y envoyer une commission scientifique, ou du moins, si on l'avait envoyée, ce n'aurait dû être que pour organiser les travaux isolés de ces nombreux ouvriers de la science, et réunir leurs collections individuelles dans un musée algérien.

tre ces deux extrémités de la Régence ; nous verrons, là encore, une des causes qui se sont opposées de tout temps à une domination facile dans l'Ouest.

Il suffit de songer que Tlemcen a été le siège de la puissance *berbère,* et par conséquent kabile, pendant plusieurs siècles, avant l'invasion turque, et tandis que les *Arabes* occupaient encore l'Espagne, mais ne régnaient déjà plus depuis longtemps à Maroc, pour comprendre la constitution de cette partie de la Régence sous le gouvernement *turc ;* pour comprendre aussi celle que voudrait lui donner l'*Arabe* Abd-el-Kader, et qui diffère de celle des Turcs ; et enfin, pour se faire une idée juste de celle que nous devrions lui donner nous-mêmes, et qui différera nécessairement des deux précédentes.

L'invasion arabe n'a pas pu, de ce côté, rester maîtresse des indigènes ; les *Berbers* du Sud, frères des *Kabiles,* sont venus renverser la puissance *arabe,* ont dominé les Kabiles indigènes et les Arabes vainqueurs de ceux-ci ; tel est le résumé de l'histoire de Tlemcen. — Pendant cette domination berbère, les anciens vainqueurs, les Arabes, qui occupaient les plaines, ont été les véritables opprimés.

La domination *turque* a changé cet état. Le makhzen a été généralement et progressivement *arabe,* quoiqu'il ait commencé par les *Gharaba,* tribu mixte, d'origine douteuse, et qui semble avoir été, par rapport aux Berbers et pour les Turcs, ce qu'étaient, par rapport aux Turcs, et ce que sont pour nous les Koulouglis : des représentants bâtards du dominateur précédent. Les Kabiles se sont renfermés, le plus qu'ils ont pu, dans leurs montagnes ; les Turcs leur ont donné pour chefs, pour surveillants, pour geôliers, les vainqueurs primitifs qui naguère étaient opprimés, c'est-à-dire les Arabes, qui se sont vengés à leur tour sur les Kabiles.

Quant aux Berbers, les uns sont rentrés dans Maroc, les autres se sont réfugiés au désert d'Angad ; d'autres, qui s'étaient mêlés aux Kabiles, sont restés.

Lorsque nous sommes venus, les Turcs avaient déjà si bien relevé les Arabes des plaines et abaissé les Kabiles des montagnes, que les uns et les autres étaient au même niveau, presque à la hauteur de leurs maîtres. Probablement, même sans nous, les Turcs auraient perdu, un peu plus tard, leur puissance de ce côté ; le père d'Abd-el-Kader avait commencé ; son fils et le Kabile Bou-Hamedi auraient certainement continué ; et le Bey d'Oran était déjà à moitié détrôné, quand il nous a remis très-bénévolement sa faible autorité.

En ce moment, Abd-el-Kader l'*Arabe*, qui a cherché à avoir pour lui les *Berbers* d'Angad et les *Kabiles* de Tlemcen, a échoué auprès des premiers, mais a réussi en partie auprès des autres, en donnant à l'un d'entre eux, Bou-Hamedi, un pouvoir que depuis longtemps les Kabiles n'avaient plus ; car il lui a donné autorité sur plusieurs fortes tribus *arabes*.

Abd-el-Kader n'est pourtant, à vrai dire, que le représentant de la population qui, dans la province d'Oran, occupe la place et remplit le rôle qui appartenait, dans celle de Constantine, aux Chaouïa [1]. Cette population des plaines intermédiaires entre le désert et la mer, renfermait les tribus le plus soumises, ou plutôt le moins insoumises aux Turcs, durant toute leur domination ; et, parmi elles, les deux grandes tribus des Hachem et des Beni-Amer ressemblent beaucoup, politiquement, aux *Harakta* et aux *Abd-el-Nour* de Constantine. Abd-el-Kader est le représentant de la *zône intérieure*, et particulièrement de notre ligne stratégique des colonies militaires futures, et des lignes secondaires de communication à la mer, c'est-à-dire du cadre de toute domination *étrangère* en Algérie ; tandis que, sous la domination *indigène* des Berbers et des *Kabiles*, avant les *Turcs*, les points importants du gouvernement national étaient des *villes dans les mon-*

---

[1] La position d'Achmet-Bey, quand nous avons pris Constantine, devait être et était, en effet, un mélange de celle du Bey d'Oran et de celle d'Abd-el-Kader : d'une part, sa puissance turque sur les tribus du centre (Chaouïa) et du littoral (Kabiles) déclinait ; et de l'autre, comme lui-même avait détruit les *Turcs*, il appelait à son aide le *désert* (Cheik-el-Arab) et donnait grande puissance au *Kabile* Ben-Aïssa, comme Abd-el-Kader appelait Tedjini et prenait Bou-Hamedi pour Kalifat. — Même sans nous, les Chaouïa et les Kabiles de Constantine auraient chassé Achmet-Bey ; sans nous, les Arabes et les Kabiles d'Oran se délivreraient aussi d'Abd-el-Kader.

tagnes de Bougie, dans celles de Kala et de Kouko, dans celles de Mazouna, de Nédroma et de Tlemcen.

Nous avons commencé comme les Turcs : nous avons conservé d'abord quelques débris de la puissance précédente ; nous avons pris à notre service des soldats *turcs*, des *Kouïouglis*, des *Maures*, les *Zmélas* d'Oran, et nous serions, je crois, fort disposés à organiser les Hachem, la propre tribu d'Abd-el-Kader, en principale tribu makhzen, si elle se soumettait.

Cependant, comme nous ne voulons pas régner et finir comme les Turcs, il serait prudent de ne pas trop copier leurs commencements ; il est même temps de s'arrêter.

XII. — Lorsque nous succéderons enfin à Abd-el-Kader, comme nous avons succédé à Achmet-Bey, prenons garde de trouver ici des Ben-Aïssa et des Bel-Hamelaoui, qu'il faudra envoyer bientôt aux galères ; prenons garde d'instituer des Kaïds et Cheiks impuissants qui se prélasseraient dans nos villes, sous le poids de nos burnous et de nos décorations, comme le Kaïd des Harakta et le Cheik-el-Arab. Nous qui avons chassé les *Turcs*, en détrônant le Dey d'Alger, nous n'avons eu, en cela, qu'un tort : c'est de ne pas avoir *gouverné nous-mêmes*, à leur place ; mais quand nous détrônerons Abd-el-Kader, n'ayons pas le double tort de ne pas gouverner, et de faire gouverner par les lieutenants ou serviteurs d'Abd-el-Kader.

Les Hachem, les Béni-Amer, les Gharaba, les Borgia, et, en général, les tribus arabes des plaines, sont bien, ici comme ailleurs, les populations que nous devons organiser les premières, puisqu'elles sont sur nos lignes de passage; mais nous devons les organiser *nous-mêmes* et de très-près, et non pas les laisser s'organiser les unes par les autres, ni surtout les employer à soumettre celles que nous ne pouvons pas encore organiser.

Si nous nous servons d'indigènes pour cette organisation, et il le faut, prenons-les donc, autant que possible, parmi ceux que nous ne voulons ou ne pouvons pas gouverner immédiatement chez eux; prenons-les, comme le sentait bien Abd-el-Kader, prenons-les, mais sous une autre forme que celle qu'il a employée, parmi les vrais indigènes de race, parmi les *Kabiles*, et parmi les *Berbers* d'Angad; faisons venir dans la *plaine* quelques *montagnards*, appelons à la *culture* des *nomades du désert;* que ces montagnards, intrépides *fantassins*, et ces nomades, légers *cavaliers*, nous aident dans cette organisation, et fassent la police des tribus que nous organiserons dans les *plaines;* mais ne songeons pas à dominer sur la montagne et à parader au désert, nous y réussirions encore moins que les Turcs; et ne donnons pas à ces *Kabiles* et à ces *Berbers*, comme l'a fait Achmet-Bey, comme nous l'avons fait nous-mêmes à Constantine, une autorité politique ou administrative sur les tribus arabes de notre réseau colonial.

Limitons-nous à cette première œuvre; jusqu'à ce

qu'elle soit achevée, gardons-nous de vouloir des impôts et de donner des burnous, là où les Français ne s'installent pas comme des maîtres véritables doivent le faire; attendons que les Kabiles ou les Berbers viennent nous *attaquer* ou viennent *commercer* avec nous; offrons-leur l'hospitalité chez nous, à condition de *culture* et de service subalterne de *police*; exerçons ainsi, sur la montagne et sur le désert, une influence très-civilisatrice, quoiqu'elle ne soit ni directe ni gouvernementale; le temps grandira cette influence, les armes n'y feraient rien aujourd'hui, que du mal.

Nous avons eu tant d'exemples funestes de la vérité du vieil adage, qui recommande de ne pas tout faire à la fois, que je craindrais presque de trop appuyer sur l'absolue nécessité de bien fixer le champ de notre action immédiate; je le craindrais, si je ne voyais pas que sans cesse la règle de sagesse est enfreinte, et qu'à force de vouloir trop embrasser on n'étreint rien. Tout le monde est convaincu, depuis longtemps, que nous commettons une faute immense, chaque fois que nous forçons une tribu à une soumission qui n'est suivie d'aucune garantie pour nous et pour elle, puisqu'il n'en résulte que des pertes pour elle et de nouvelles pertes pour nous; pourquoi donc retombons-nous toujours dans la même faute? — C'est qu'il n'a pas encore été dit positivement quelles étaient les tribus que nous devions soumettre, et quelles étaient celles que nous *ne devions pas* soumettre et sur lesquelles il ne faut employer que les moyens indirects d'un respectable mais bon voisinage.

Le fossé d'enceinte d'Alger est une expression très-bornée de la règle de conduite que nous devons suivre en Algérie ; au moins il limite *quelque chose*, c'est *beaucoup*. Faisons donc, mais sur la carte seulement, le tracé de fossés semblables, dans l'intérieur desquels nous maintiendrons notre action politique, et même habituellement notre action militaire. Ces lignes renfermeront les tribus que nous devons gouverner, et laisseront en dehors les tribus qu'il sera *défendu* à nos gouvernants d'essayer de gouverner, comme on défend sans doute aujourd'hui à des colons de s'établir en dehors du fossé d'enceinte d'Alger.

XIII. — Maintenant que j'ai dit l'influence *indirecte* qu'il me paraît convenable d'exercer sur les tribus placées en dehors de notre action légitime de gouvernement et de colonisation, et que j'ai indiqué, d'une manière générale, la position des tribus qui se prêtent le mieux à cette influence indirecte, j'arrive plus particulièrement à celles sur lesquelles nous devons agir directement.

Dans quels *lieux* sont-elles, et dans quel *ordre* devons-nous les organiser progressivement?

La réponse à cette question déterminera, mieux que je n'ai pu le faire dans les chapitres précédents, les lieux où doivent être placées nos colonies militaires et nos colonies civiles.

D'abord, remarquons que le principal motif d'établissement colonial, même pour les colonies *civiles*, ne saurait être un motif purement *agricole;* c'est trop évident pour avoir besoin d'être démontré ; j'ajoute que ce motif ne saurait être purement *militaire,* mais qu'il doit être avant tout *politique*. Ceci paraîtra peut-être plus contestable, au moins pour les colonies *militaires;* mais cela tiendrait à ce que l'on donnerait à ce mot : *militaire*, une extension qu'il n'a pas, et que surtout je ne lui attribue pas ici, puisque je le mets en regard de ces deux mots : *agricole* et *politique*. Sans contredit, l'ensemble des conditions qui constituent un bon établissement militaire, comprend les besoins *économiques*, ceux d'*hygiène* pour la troupe, et les rapports *politiques* de cette troupe avec les voisins qu'elle doit protéger et ceux qu'elle doit combattre. De même, un établissement agricole ne doit pas se faire seulement en raison de la fertilité du sol, mais il est soumis aux besoins de sécurité, de salubrité, de communications. Toutefois, nous avons vu beaucoup de colons, entraînés par l'appât d'un sol fertile, négliger toutes les autres conditions; et, je le dis aussi, nous avons vu beaucoup de militaires établir des postes, des camps, des forts, parfaitement placés pour se défendre ou pour attaquer, mais qui étaient infiniment coûteux, politiquement inutiles, et horriblement malsains et mortels.

XIV. — Un exemple très-général, quant à l'Algérie, fera ressortir clairement cette idée. — Le *réseau* colonial, tel que je le trace, dépend d'une opinion *politique* sur le gouvernement de l'Algérie, et toute opinion politique qui serait autre déterminerait un autre plan d'occupation. Ainsi, M. le général Duvivier pense qu'il ne faudrait pas de Gouverneur général pour l'Algérie ; que les trois provinces devraient être isolées et indépendantes, et que leurs chefs respectifs correspondraient avec Paris ; il est donc conduit à tracer, sur la carte de l'Algérie, trois grandes lignes, Nord et Sud, joignant la mer au désert, dans chaque province, et sur lesquelles il pose ses établissements militaires. En conséquence, il supprime Sétif et Mila, Bougie et Jigelli, et il efface Miliana, Tékedemt, tout le cours du Chélif et même Mascara, Mostaghanem et Arzeu. D'un autre côté, comme les montagnes *dominent* les plaines, c'est sur les montagnes que M. le général Duvivier poste ses établissements ; ils y seraient fort bien en effet, *militairement*, en ce sens qu'ils plongeraient, comme des tours, sur les plaines ; ils y seraient bien, *hygiéniquement*, car on aurait bon air. Mais les Kabiles eux-mêmes n'y peuvent tenir que pendant quelques mois de l'année, lorsque le roc suinte un peu d'eau très-limpide, la meilleure eau sans contredit, le Champagne de nos soldats en Algérie ; à toute autre époque, les Kabiles habitent dans les petites vallées, ils se retirent dans les anfractuosités ombragées de la montagne, fort mauvaises positions militaires, mais où les hommes et les animaux trouvent de l'eau ; enfin, ce sont les Kabiles qui s'y tiennent et non les Arabes ; ceux-ci n'ont jamais songé à s'y poster militairement, et pourtant ils ne sont pas plus mauvais militaires, pour l'Algérie, que les Kabiles, puisqu'ils ont conquis l'Algérie, l'ont *dominée* pendant longtemps du *bas de leurs plaines*, y sont restés très-puissants sous les Turcs, y sont maintenant nos adversaires immédiats, et occupent les plaines que nous voulons conquérir.

Je crois le principe *politique* de M. le général Duvivier incomplet, et son principe *agricole* plus qu'incomplet ; et il me paraît qu'il les a trop subordonnés à un principe purement *militaire ;* savoir : que pour dominer les hommes *par les armes*, et surtout par les armes *à feu,* il faut être géographiquement et matériellement plus *élevés* qu'eux ; principe militaire très-général, qui ne saurait cependant s'appliquer à tous les cas *de guerre*, et, à plus forte raison, aux principales circonstances d'une organisation *coloniale.*

Comme ce sont les hommes des grandes plaines et des grandes vallées qu'il faut *organiser,* sauf à *surveiller* (ou faire surveiller par des Kabiles même) les Kabiles des montagnes, il y a nécessité *politique* de fonder des établissements organisateurs et surveillants dans ces plaines, où se placeront d'ailleurs les colonies européennes qu'il faudra protéger. Sous le rapport *hygiénique*, *économique* et *agricole*, les indigènes eux-mêmes nous indiquent comment nous devons nous y placer ; c'est-à-dire près des rivières quand la montagne n'a pas d'eau, près de la montagne quand les rivières débordent et jusqu'à ce que la plaine soit desséchée et par suite assainie : *en campagne,* une partie de l'année, *en station,* l'autre partie ; et progressivement, avec les travaux de dessèchement et d'assainissement, avec la recherche et l'entretien des sources, la conduite des eaux et le reboisement, nous finirons par avoir des habitations fixes, entre la rivière et la montagne.

Quant au point de vue *militaire :* comme nous serons, nous, Français, habituellement dans les plaines, il me paraît que nos stations militaires devront surtout être disposées favorablement pour la *cavalerie* [1] et non pour l'infanterie et l'artillerie, de manière à pouvoir poursuivre vite et longtemps l'ennemi, plutôt que de soutenir longtemps des attaques et des sièges. En un mot, nous ne devons jamais nous exposer à être *bloqués ;* une colonie militaire française, en plaine, *ne peut pas l'être ;* dans les montagnes, elle le serait tou-

---

[1] La question des *haras,* si souvent agitée pour l'Algérie, et qui n'a reçu encore, très-heureusement, aucune solution, est tout-à-fait liée à l'établissement de nos colonies militaires qui sont les véritables, les seuls haras qu'on doive établir. C'est principalement de chevaux et de mulets, et non de moutons, que nos colons militaires devront s'occuper, comme pasteurs. Blé, orge, foin et chevaux, voilà toute leur économie agricole ; de même que c'est surtout par les *plantations* que les colonies *civiles* pourront prospérer.

jours; elle supporterait bravement le blocus, cela est certain; elle saurait même y périr de faim et de soif, mais ce n'est pas la question. Si donc nous devons avoir des postes sur les montagnes, ces postes ne sauraient être que des avant-postes, des védettes, des télégraphes, et non des *stations*, et surtout des *colonies*, propres à gouverner, à organiser ou même à combattre des tribus de plaine, des *cavaliers*.

Mais l'Algérie, dira-t-on, n'est pas un pays de plaines. — Non, sans doute, et voilà pourquoi nous devons, *avant tout*, nous emparer du peu de plaines qui s'y trouvent, nous y établir solidement et fructueusement, nous y entourer des indigènes qui aiment et connaissent le mieux les travaux de la plaine; nous verrons le reste *après*.

Sauf des exceptions rares, je le répète, les tribus que nous devons soumettre et organiser sont celles de ces plaines par lesquelles passent les lignes de notre réseau colonial; ces plaines ne forment pas un plateau continu, cela est vrai; car, s'il y en a peu, il y en a surtout très-peu de grandes; néanmoins, aux portes de toutes les villes qui forment les nœuds du réseau colonial, il y a des plaines assez étendues pour occuper toute l'activité colonisatrice, organisatrice et gouvernementale de la France, pendant un siècle.

Par exemple, le Gouverneur de la province d'Oran, qui aurait colonisé et organisé seulement les plaines du littoral, celles du Sig, de l'Habra, de l'Hill-Hill et de la

Mina ; ou bien le Gouverneur de la province de Constantine qui aurait fait œuvre semblable, seulement dans la plaine de Sétif et dans la Medjana, c'est-à-dire dans un pays de plaine qui a généralement douze à quinze lieues de large sur quarante de longueur; les Gouverneurs qui feraient pareille œuvre, en vingt ans, auraient bien mérité de la France et de l'Algérie [1].

On peut en dire autant du Gouverneur de la province d'Alger qui aurait colonisé et organisé la plaine qui, devant Miliana, ouvre la vallée du Chélif et le grand plateau qui, sous Médéa, conduit vers Hamza et vers le Sahara.

XV. — Ces trois œuvres formeraient presque l'établissement de notre ligne stratégique, de Constantine à Oran; avant de compléter cette ligne, nous avons besoin d'établir solidement le cadre de chaque province.

Entre Guelma et Constantine, entre Constantine et Sétif, et surtout entre Constantine et Bône, par El-Harrouch, voilà où il faut travailler d'abord dans la province de Constantine ; la route des Portes-de-Fer, par la Medjana, et celle du Medjerda vers Tunis, viendront après.

Dans la province d'Alger, c'est entre Médéa, Miliana

---

[1] « Un bon gouvernement, et, par suite, une bonne agriculture, feraient de la vallée du Chélif, *dans un demi-siècle,* l'un des plus beaux pays du monde. » — Rapport du Gouverneur général du 13 juin 1842.

et Blida, qu'il faut porter toute notre attention ; Hamza, Titteri et le Chélif viendront après.

Enfin, dans la province d'Oran, c'est entre Mascara et Mostaghanem, ensuite entre Tlemcen et Oran, et plus tard, sur les routes d'Oran à Mostaghanem et à Mascara, et de Mascara à Tlemcen et à Tékedemt, qu'il faut organiser et coloniser, avant de faire de la vallée du Chélif l'un des plus beaux pays du monde.

Le triangle de la province d'Alger, dont les trois pointes sont Blida, Médéa et Miliana, est aujourd'hui entièrement libre ; les tribus ont disparu ; il est à peu près égal en grandeur au territoire compris dans le fossé d'enceinte ; nous pouvons donc y offrir la place que nous ne prendrons pas pour nos colonies militaires, à ceux de nos ennemis qui préféreraient notre amitié protectrice à l'autorité spoliatrice d'Abd-el-Kader.

J'en dirai autant des banlieues de Mostaghanem, de Mascara, de Tlemcen, d'Oran ; dans cette dernière, nous avons déjà les Douars et les Zmélas, dans celle de Mostaghanem, nous avons les Medjéher et quelques Borgia et Gharaba ; dans celle de Tlemcen, nous avons des Kabiles, et bientôt sans doute, dans celle de Mascara, nous aurons des Béni-Amer et même des Hachem.

Ce n'est pas une *reconnaissance de propriété* que nous devons faire, par suite de soumission : c'est une *concession à la jouissance* de la terre (à condition d'obéissance), faite à des *révoltés* auxquels nous *pardonnons*.

A Constantine, nous sommes allés un peu plus vite et plus loin ; nous avons du moins semblé *reconnaître* un ancien droit d'occupation, et probablement nous en éprouverons quelques désagréments, quand nous voudrons organiser les tribus *reconnues*, et surtout quand nous voudrons consacrer à l'établissement de colonies militaires, une partie du territoire auquel nous leur avons laissé croire qu'elles avaient droit. Cependant, à l'Ouest de Constantine, les Télaghma, les Abd-el-Nour et les Amer-Gharaba ; à l'Est, les Amer-Cheraga, les Zénati et les Segniia, sont tellement sous notre main et si fortement compromis d'ailleurs, vis-à-vis les tribus qu'elles ont pillées à notre suite, que nous sommes encore bien maîtres de nos actes à leur égard. Quelques unes des tribus de ces deux lignes ont eu déjà pour Kaïds des Français [1] ; mais ce n'est pas là de l'organisation, et d'ailleurs la mode de ces Kaïds français ou presque français n'a duré qu'un jour. — Sur la route de Constantine à El-Harrouch, pas de plaines ; mais la place est libre ; les tribus qui l'occupaient nous ont si souvent pillés, et nous les avons si souvent *rhazées*, que, pendant longtemps encore, nous ne pourrons y placer que des colonies militaires,

---

[1] M. le capitaine d'état-major Saint-Sauveur ; M. Bonnemain, interprète ; un étranger presque Français, M. le capitaine Allégro ; et un indigène, officier de nos spahis depuis dix ans, le brave Ben-Ouani, blessé plusieurs fois dans nos rangs.

et ne pourrons pas y organiser beaucoup de tribus indigènes.

Quant à la zône maritime, nous sommes encore plus à l'aise que dans la zône intérieure, puisqu'il n'y aurait pas de colonies civiles dans la province d'Oran, et que, dans celle d'Alger, le fossé d'enceinte nous garantit du contact avec les tribus. Toutefois, le pourtour extérieur de notre fossé d'enceinte est assez large pour que nous puissions y placer, *en plaine*, plus d'indigènes que nous ne pourrons placer de Français dans l'intérieur. Ceci nous ouvre un large champ pour organiser les tribus qui voudront cultiver cette malheureuse plaine de la Mitidja et se ranger sous notre autorité. Mais au moins, ici, personne ne prétendra que nous ne soyons pas maîtres d'imposer des conditions de propriété et de gouvernement à ces nouveaux Français, en leur pardonnant de nous avoir incendiés et assassinés ; et si quelqu'un soutenait, par exemple, que nous devons restituer aux Hadjoutes leur territoire, et les laisser se gouverner et s'administrer à leur guise, j'espère qu'il ne serait pas écouté.

Pour la province de Constantine, ce sera toujours, dans cette zône comme dans l'autre, un peu plus délicat. Nous avons laissé exploiter la grande et les petites plaines par de petites tribus, très-faibles autrefois, qui sont déjà devenues un peu plus fortes et un peu plus riches, depuis qu'elles sont avec nous. Les Béni-Urginn, par exemple, et les Kharéza, près de

Bône; les Béni-Méhanna, près de Philippeville; les Seba, les Ouled-Dièb, près de La Calle, et les Kabiles descendus dans la plaine de Guelma, occupent seuls, *en fait*, le territoire sur lequel doivent s'établir les colonies civiles. Sans doute ils ne cultivent pas entièrement ce territoire et ne l'emploient pas tout en pâturages; la population totale et les bestiaux qu'elle possède sont même très-faibles, par rapport à l'étendue de la terre; mais enfin ils *occupent*, et lorsqu'on voudra les limiter, faire place à des Européens, il faudra le faire avec fermeté et avec adresse; je dis fermeté et non pas force, parce que celle-ci ne sera pas nécessaire pour accomplir cette délimitation, très-légitime d'ailleurs. Ces tribus ne peuvent s'y refuser, y résister; mais elles discuteront et chicaneront, si elles ne sentent pas qu'il y a *volonté* bien arrêtée.

Ce sont toutes ces tribus que je viens de nommer qu'il s'agit de gouverner et d'administrer, et d'abord de limiter, dans la partie de la zône maritime dépendante de la province de Constantine.

XVI. — En résumé, les tribus à organiser militairement, près des *colonies militaires*, et sous l'autorité des commandants de *postes militaires*, sont :

Dans la province d'Oran,

Les Medjéher, les Borgia et les Gharaba, rayonnant autour de Mostaghanem.

Les Douars et les Zmélas, avec partie des Gharaba, autour d'Oran;

Les fractions des Hachem et des Béni-Amer qui se soumettront, près de Mascara;

Les Kabiles soumis des environs de Tlemcen.

Avec une *colonie militaire* française, au milieu de chacune de ces tribus, et le *poste militaire* chargé du gouvernement de la tribu, et la tribu des zmélas, *Berbers* ou *Kabiles*, cavaliers ou fantassins, *makhzen* de chaque cercle colonial.

Dans la province d'Alger :

Aucune désignation ne saurait être faite d'avance, tant cette malheureuse province a été remuée par la guerre; mais les côtés du triangle formé par Médéa, Miliana et Blida, c'est-à-dire ces trois *grandes routes* étant occupées par des *colonies militaires* françaises, c'est dans l'intérieur qu'il faudrait admettre les indigènes demandant pardon et asyle; c'est là qu'il faudrait organiser la *colonie indigène* modèle, la ruche mère de notre *zméla* future, pour toute la province d'Alger; sans doute, les Mouzaïa formeraient la base de ce makhzen central.

Dans la province de Constantine :

Les Amer-Gharaba et les Ouled-Mokhran, à l'Est et à l'Ouest de Sétif;

Les Abd-el-Nour et les Télaghma, et les Zmoul, sur la route de Constantine à Sétif et à Biskra;

Les Amer-Chéraga, les Drid et les Segniia, les Zénati et les Béni-Foughal, sur la route de Guelma;

Telles sont les tribus qu'il faut organiser, en plaçant des colonies et des postes militaires près de chacune d'elles.

On ne mettrait sur la route de Philippeville que des *colonies militaires*, renforcées de Spahis *arabes*, mais non *kabiles*.

Et l'on organiserait les zmélas *arabes* de chaque cercle colonial, en *colonies militaires* indigènes, à la disposition du commandant de chaque *poste militaire*.

XVII. — Les tribus à organiser *civilement* sont :

Dans la province d'Oran, aucune.

Dans la province d'Alger : les fractions de tribus, comme celles que nous avons déjà recueillies près de la Maison-Carrée, et auxquelles on concèdera, en dehors du fossé d'enceinte, la jouissance d'un territoire limité, cadastré, d'un accès facile pour nous, et protégé par des travaux de défense que les indigènes concessionnaires seront contraints de faire.

Dans la province de Constantine :

Les Béni-Urginn, les Kharéza, les Kabiles de l'Édough, près de Bône et sur le versant sud, du côté du lac Fzara ;

Les Merdès, les Séba, les Ouled-Dièb, route de Bône à Tunis, par La Calle ;

Les Béni-Méhanna, autour de Philippeville.

Avec des colonies civiles, liées entre elles, autant que possible, par des routes bordées de canaux, ce qui est praticable presque partout dans ces lieux, le canal séparant le territoire des tribus de celui des colonies

Et une nombreuse gendarmerie indigène, composée de beaucoup de Kabiles, près de Bône, jointe à une nombreuse gendarmerie française à cheval, celle-ci étant presque seule employée près de Philippeville.

Telles sont les tribus que nous devons organiser *civilement*.

XVIII. — On dira peut-être : mais il n'y a là que quelques tribus, que faites-vous des autres ? — A cela je me permettrai de répondre : depuis douze ans, qu'en faites-vous vous-mêmes ?

Faire des rhazia, ce n'est ni gouverner, ni administrer, ni organiser ; or, il faut que nous fassions tout cela en Algérie, *un jour*; — commençons.

A-t-on peur que les autres tribus, privées de notre habile et paternelle tutelle, et délaissées par nous, jusqu'au moment où nous pourrons réellement nous occuper d'elles, ne viennent troubler nos efforts d'organisation ? — Mais d'abord, elles troublent terriblement aujourd'hui notre inaction organisatrice, et fatiguent cruellement notre activité belligérante ; d'ailleurs, il faut bien peu connaître les Arabes et les Kabiles, pour ignorer que le plus sûr moyen de les vaincre et de les avoir à merci, est de les laisser, pendant quelque temps, jouir de leur union monstrueuse, pleine de haine et toujours prête au divorce [1] ; voilà des milliers d'an-

---

[1] A la lettre, Arabes, Kabiles et Chaouïa ne *se marient* ja-

nées que l'Algérie ne peut pas se gouverner, et qu'il lui faut un maître étranger ; qui donc a vu qu'elle fût prête à s'en passer? — Patience ! — Mais agissons comme si toutes les tribus devaient un jour se soumettre, car elles y viendront toutes, chacune à son temps.

Si nous sommes assez sages pour ne pas chercher à soumettre les indigènes que nous ne pourrions défendre, soyons sûrs qu'ils viendront avant peu, d'eux-mêmes, implorer notre protection ; mettons-nous en mesure de la leur donner ; préparons-leur un asyle, les malheureux commencent à en avoir bien besoin ! Ces Maures, ces Koulouglis, ces Turcs, ces Juifs de toutes les villes, entraînés par Abd-el-Kader comme valets de sa petite armée ; tous ces douars, vingt fois châtiés par nous, vingt fois dépouillés par celui que nous avons la bonté de nommer Émir, ne l'appellent-ils pas déjà, du fond de l'ame, leur tyran ?

Une autre objection sera faite ; on prétendra que ces tribus, dont je réclame l'organisation, sont déjà organisées, du moins dans la province de Constantine ; qu'elles ont des Kaïds ou des Cheiks nommés par la France, dépendants de commandants français des cercles ou de la province ; qu'elles paient des impôts ;

---

mais entre eux ni avec les *Maures ;* et il y a des gens qui croient cependant que cet assemblage d'hommes est prêt à former un *peuple*, à se donner un gouvernement *national !*

qu'elles ont des Spahis irréguliers ; et, en outre, que plusieurs autres tribus, qui ne sont pas nommées ici, ont une pareille organisation.— Je sais bien qu'on appelle cela de l'organisation ; mais cela n'en est pas, ou bien c'est de l'organisation comme la colonisation de la Mitidja était de la colonisation [1] ; le moindre souffle la renverserait ; là aussi nous *fauchons* quelques hommes, mais nous ne semons pas, ne plantons pas, ne bâtissons pas une *société*.

M. le général Bugeaud a parfaitement bien fait de supprimer les *camps* de Mjez-Hammar et de Sidi-Tamtam, sur la route de Guelma à Constantine, et ceux de Djimila, Mahalla, Mila, sur la route de Sétif, comme

---

[1] On aurait tort de voir, dans ma persistance à revenir sur cette prétendue organisation, un blâme absolu de tout ce qui a été fait en ce genre. Ce sont des procédés d'une politique *expectante* et *au jour le jour,* excusable et même légitime, tant qu'on ignore comment combattre et détruire directement la maladie qui consume l'Algérie et qui nous ruine ; mais je tiens à faire sentir que ce n'est pas là *constituer* et *organiser*, comme on le croit ou du moins comme on le dit sans cesse ; c'est simplement prolonger et même aggraver le mal, méthode quelquefois nécessaire, mais bien délicate, pour déterminer des *crises* indicatrices du véritable remède. Lorsque la France donne aux indigènes des chefs indigènes, elle se conduit comme un médecin qui, pour guérir une gastrite causée par l'abus du vin, commencerait par faire boire de l'eau-de-vie à son malade. La création de l'*Emir* Abd-el-Kader a causé une effrayante ivresse ; la création des kalifats de Constantine en a causé une abrutissante ; aussi nous faut-il déployer bien de l'*intelligence* dans l'Est et une grande *force* dans l'Ouest.

on a très-bien fait d'abandonner les *fermes* de la Régahia, de la Rassauta, de Kadra, dans la Mitidja. M. le Gouverneur général a bien fait, parce que ces *camps* étaient coûteux, inutiles, impuissants, dangereux, oisifs, mortels, et n'étaient pas du tout des moyens d'organisation; comme ces *fermes* étaient de très-mauvais procédés de colonisation. Néanmoins, lorsqu'on voudra *organiser*, il faudra bien faire, sous ce rapport, quelque chose qui soit le pendant du fameux fossé d'enceinte, dont le but est de protéger la colonisation; c'est-à-dire adopter des mesures qui protègent et défendent les tribus que nous voudrons organiser; il faudra faire quelque chose qui ressemble à ces *villages* que l'on essaie d'établir au lieu de ces *fermes* d'autrefois; quelque chose qui soit analogue aux concessions cadastrées de lots de terre, qu'on substitue aux propriétés incertaines et éparses des premiers colons; analogue à ces obligations de plantations, de culture, de travaux, de police, de milice, que l'on veut imposer aujourd'hui aux colons de ces villages, et que l'on ne songeait pas à imposer aux colons, *avant le fossé;* quelque chose enfin de semblable aux soins que l'on prendra de faire des routes entre ces villages, de les assainir, de leur fournir des eaux abondantes, de leur donner une école et une église, une administration et une justice. Rien de tout cela n'avait lieu pour l'ancienne colonisation, et rien de cela n'a lieu dans ce qu'on appelle les tribus *organisées* par la France.

Quant aux tribus dont je n'ai pas parlé, sans doute je n'ai pas nommé toutes les petites tribus qu'il est possible et convenable d'organiser immédiatement ; il y en a dans la banlieue de Constantine, dans celles de Guelma, de La Calle ou de Bône ; il en existe même dans les deux autres provinces, que l'on peut organiser sur les lignes que j'ai indiquées. Si je ne les ai pas nommées, c'est qu'elles n'en valent pas la peine ; j'aimais mieux désigner les tribus mères, celles qui doivent avoir un jour, par l'antériorité et l'importance de leur rattachement à notre cause, une influence très-grande dans l'organisation générale et définitive de l'Algérie. Cette influence sera *active* pour quelques unes, et d'*exemple* seulement pour d'autres ; active, de la part des tribus dont nous formerons notre makhzen ; d'exemple, pour les tribus civiles. Je le répète encore ici : le makhzen de l'Est doit être composé surtout d'*Arabes* du Sud, un peu de Kabiles, mais point de Chaouïa ; le makhzen de l'Ouest, de Berbers et de Kabiles, mais très-peu d'Arabes ; et enfin le makhzen de la province d'Alger, d'Arabes et de Kabiles, fondus dans le creuset à trois angles, de Médéa, Miliana et Blida.

Ce sont ces tribus makhzen qu'il importe de constituer au plus vite, en même temps que nous établirons nos colonies militaires ; elles doivent être organisées, ainsi que les colonies militaires, en vue des tribus que j'ai nommées.

Par exemple, si entre les Télaghma et les Abd-el-Nour, et entre les Abd-el-Nour et les Amer-Gharaba, il y avait une tribu makhzen, une colonie militaire d'*Arabes*, correspondant à la colonie et au poste militaires *français*, ces établissements qui domineraient ces tribus, de trois manières différentes, sous le rapport politique (le poste), militaire (la tribu makhzen), *agricole* et *commercial* (la colonie), et qui seraient à cheval sur les deux routes de Constantine à Sétif, permettraient de commencer une véritable organisation de cette contrée.

De même, lorsque nous aurons des colonies militaires, fortes en cavalerie, entre les Borgia et les Medjéher, dans la plaine de l'Habra ; entre les Borgia et les Gharaba, dans la plaine du Sig; entre les Medjéher et les Flita, dans la plaine de la Mina ; et lorsque nous appellerons, sur les mamelons qui séparent et dominent ces plaines, des Kabiles du Djebel-Menouer, les mêmes qui forment aujourd'hui une partie de l'infanterie d'Abd-el-Kader ; et que ces Kabiles, organisés en *colonies militaires indigènes*, formeront notre makhzen d'infanterie (seule arme indigène dont nous devions nous servir, dans cette partie de la province d'Oran), nous pourrons alors organiser les tribus qui séparent Oran et Mascara de Mostaghanem.

Mais si nous organisons des *mockalias* de Medjéher, des *zmélas* de Gharaba, un *makhzen* de Flita, comme nous avons organisé les *douars* du général Moustapha ;

et si nous les donnons au Bey Koulougli, que nous avons nommé pour cette contrée, à son Kalifat El-Mzari, et au tout nouveau Kalifat du Cherck, dont l'investiture fut pourtant une bien éclatante *fantasia* [1], n'appelons pas cela organiser l'Algérie.

Enfin, si l'on prétend qu'il serait impolitique de renoncer à la soumission et à l'impôt des tribus qui sont en dehors des lignes que j'ai tracées, j'engage à faire le compte exact de ce que coûte aujourd'hui cette perception; l'on verra qu'il serait plus économique et plus politique d'établir des colonies militaires, près de ces tribus, que de faire tous les ans des expéditions et des rhazia, pour obtenir le peu de soumission et le peu d'argent que nous retirons de ces tribus.

En résumé, je ne conseille pas d'abandonner *quelque chose*; j'engage seulement à *organiser* et consolider *ce qu'on a* déjà, mais à *attendre* avec confiance *ce qu'on n'a pas*. Un jour viendra où cet ordre sage et rationnel nous en assurera la possession.

---

[1] Voir le rapport du Gouverneur général, du 13 juin dernier.

CONCLUSION.

DU GOUVERNEMENT DE L'ALGÉRIE.

CONCLUSION.

DU GOUVERNEMENT DE L'ALGÉRIE.

I. — Le gouvernement de l'Algérie ne saurait être, en ce moment, un gouvernement *civil;* c'est une vérité tellement évidente, qu'il me paraît superflu de la démontrer. Cependant, si l'on veut faire œuvre *colonisatrice,* et même si l'on veut *organiser* les tribus, l'autorité ne peut plus être aussi exclusivement *militaire* qu'elle l'a été jusqu'ici.

Comment serait-il possible de lui donner ce caractère mixte, conforme à ce double but, civil et militaire ? — Trois procédés se sont présentés pour résoudre cette difficulté ; ils ont été tous trois proposés, examinés, discutés ; le premier, qui paraissait le plus simple, a seul été à peu près essayé.

1° Augmenter les attributions de l'autorité civile, et les élever à la même hauteur que celles de l'autorité militaire ;

2° Confier le gouvernement général à un personnage qui, par exception, serait en dehors ou au-dessus de la distinction si tranchée qui sépare le militaire du civil ; un personnage qui aurait, avant tout et presque uniquement, le caractère *politique;* par exemple, un Prince, ou un ex-ministre, ou un ambassadeur [1].

3° Faire ressortir directement l'administration et le gouvernement de l'Algérie d'un ministère autre que le ministère de la guerre [2].

II. — L'essai du premier moyen n'a pas été heureux, et l'on y a renoncé ; il était tout-à-fait vicieux, puisqu'il divisait entre deux personnes la puissance suprême, qui, en Algérie surtout, doit être *unitaire.*

Le second n'est pas impraticable, mais, dans l'hypo-

---

[1] Le bruit public a, en effet, investi de cette espèce de vice-royauté, tantôt Monseigneur le duc de Nemours, et tantôt MM. de Rémusat, de Mortemart, Decazes, et même M. Thiers.

[2] M. E. Buret propose (question d'Afrique) le président du conseil, ce qui se rapproche de la solution ; il indique d'ailleurs un autre moyen comme l'ayant entendu proposer ; c'est celui que nous exposerons tout-à-l'heure.

thèse la plus convenable, il serait délicat à employer : c'est créer une vice-royauté ou tout au moins un ministère, en dehors du ministère et hors de France.

Le troisième ne résout pas la difficulté, quoique, d'après M. E. Buret, ce fût l'opinion de Casimir Périer; d'abord, parce que nul ministère *spécial*, actuellement existant, n'a plus de titres au gouvernement de l'Algérie que le ministère de la guerre; ensuite, parce que la présidence du conseil n'est pas un ministère, mais simplement un moyen d'ordre dans le Cabinet. Il y a, sans doute, de très-grandes chances pour que le président du conseil soit, politiquement, le ministre le plus considérable; mais il a lui-même un portefeuille *particulier*, et alors ce serait naturellement dans ce portefeuille particulier que rentreraient les affaires d'Algérie. Ainsi, aujourd'hui, elles seraient au ministère de la guerre, puisque M. le Président du conseil est ministre de la guerre ; un autre jour, elles auraient été aux relations extérieures ou à l'intérieur, à moins que la présidence du conseil ne fût elle-même un ministère, ce qui n'est pas, ou ce qui serait réellement créer un nouveau ministère.

Je crois cependant que le problème n'est point insoluble, et comme l'Algérie n'est pas le seul pays outre-mer que possède la France, la solution pourrait avoir quelque intérêt pour nos *colonies*, qui n'ont pas été, jusqu'ici, notre côté brillant.

III. — L'Algérie prouve avec évidence qu'il ne suffit

pas d'être marin pour être appelé à fonder ou gouverner une colonie; car personne n'a encore songé à y nommer Gouverneur général un amiral, et à faire ressortir ce gouvernement du modeste *bureau des colonies*. Et comme toutes ou presque toutes nos colonies sont gouvernées par des capitaines de vaisseau et amiraux, et que toutes sont sous la direction du ministère de la marine, leur prospérité ne prouve pas davantage que la *marine militaire* possède les qualités nécessaires pour organiser des sociétés, dont le premier besoin est de *produire* beaucoup, *d'échanger* beaucoup, c'est-à-dire de faire de la culture, de *l'industrie* et du *commerce*, choses tout-à-fait étrangères aux goûts, aux habitudes, aux études d'un officier de marine *militaire*.

La terre, l'industrie, le commerce, voilà trois choses qui sembleraient même devoir exclure la marine militaire du gouvernement des colonies; il lui a sans doute été attribué parce qu'on ne peut venir de la métropole sur ces terres que par mer; franchement, cette raison ne saurait exercer une influence capitale sur la nature du gouvernement des colonies; elle ne saurait décider que les Gouverneurs dussent être des officiers de marine; ce qu'il y a de certain, c'est qu'on ne peut pas venir, de France en Algérie, par terre, et que personne ne songe cependant à faire gouverner cette *colonie* par un marin, sous la direction du ministère de la marine et *des colonies*.

Il serait fort heureux que l'Algérie nous ouvrît les

yeux sur ce point, et que la plus simple logique nous fît tirer une conséquence immédiate du principe gouvernemental que nous appliquerons à cette grande colonie, afin de l'appliquer aussi à nos autres colonies.

IV. — Il me semble qu'un ministère qui aurait spécialement le gouvernement de toutes nos affaires *coloniales*, et de qui dépendraient aussi nos *consulats* (je ne parle pas des ambassades, mais simplement des *consulats*, qui sont et seront toujours trop *politiques* et pas assez *commerciaux*, dans les mains d'un ministre, chef de la *diplomatie*), il me semble, dis-je, qu'un pareil ministère serait assez lourd pour fatiguer même un homme d'État très-vigoureux. Je suis certain que M. le Directeur du bureau des colonies à la marine, M. le Directeur des affaires d'Algérie à la guerre, et le chef du bureau des consulats aux relations extérieures, ne me démentiraient pas. Que serait-ce donc si ce ministère attirait à lui toutes les affaires qui concernent réellement les colonies, Alger et les consulats, et qui passent aujourd'hui par-dessus ces bureaux, pour aller directement dans d'autres bureaux, des mêmes ministères ou d'autres ministères ?

Que le chef d'un pareil ministère soit tantôt un marin, tantôt un militaire, ou même un diplomate, ce ne serait plus précisément une question, pourvu qu'il sût ce que c'est que *le gouvernement d'une colonie;* et comme ce serait lui qui imprimerait le mouvement à toute la machine coloniale, et que ses bureaux régulariseraient ce mouvement, on aurait au moins la garantie que les colonies ne seraient pas sacrifiées à la spécialité *marine*, l'Algérie à la spécialité *guerre*, et les consulats à la spécialité un peu plus large *diplomatie ;* ce qui pourrait bien être aujourd'hui.

Et si alors, selon les besoins présents de telle ou telle colonie, ce ministre faisait confier, par le Roi, le gouvernement général de cette colonie à un militaire, à un marin, ou même à un *civil,* comme dit M. le général Duvivier, il faudrait bien, quel que fût son titre spécial, que ce Gouverneur général fût, avant tout, *colonisateur,* et qu'il gouvernât en même temps les affaires civiles, maritimes et militaires de la colonie, à l'instar et sous l'inspiration du ministre, quand bien même le ministre et lui seraient sortis de deux spécialités différentes.

Le ministère de la marine, en France, s'appelle ministère de la marine *et des colonies.* Est-ce que, par hasard, il attendrait que l'Algérie fût *pacifiée* et *colonisée* par le ministère de la guerre, pour en prendre possession ? — Je ne le pense pas, cela ne serait pas digne de lui. Pourquoi donc ne prend-il pas dans ses attributions cette colonie française ? — C'est que, malgré son titre, il n'est pas constitué pour coloniser.

Et le ministre de la guerre gouverne une colonie, pourquoi ? — Parce qu'on n'y fait que la guerre ; et on n'y fera que la guerre, tant que le ministère de la guerre la tiendra ; c'est inévitable.

Ces deux ministères ont, l'un et l'autre, un but trop spécial, pour qu'il soit possible de les rendre propres à organiser autre chose que des régiments et des vaisseaux ; c'est-à-dire des réunions d'hommes qui ne ressemblent pas plus qu'un couvent de moines, aux réunions d'hommes, de femmes, d'enfants, de vieillards, qui *cultivent* la terre, *vendent*, *achètent*, ont une *maison*, une *famille*, forment *des villages*, *des villes*, une SOCIÉTÉ enfin, chose que tous les soldats, tous les marins et tous les moines du monde ne *peuvent* pas former.

Personne n'imagine de faire décider une question de science par l'Académie française, ni le mérite d'un poème par l'Académie des sciences ; eh bien ! nous ne pouvons pas et n'oserions réellement pas faire juger la question de la *colonisation* de l'Algérie par le ministère de la marine et des *colonies*, et nous la faisons juger par le ministère de la *guerre !* Il y a certainement là deux choses qui blessent la raison.

V. — Bien des gens s'effraieront de l'idée de créer ainsi un nouveau ministère. C'est chose bien grave, dira-t-on, que d'introduire dans le mécanisme gouvernemental une grande roue de plus. Oui, sans doute, la chose est grave ; mais l'Algérie n'est-elle pas une chose très-grave ; et nos colonies ne sont-elles pas aussi dans une position très-grave ? — Créer un ministère n'est pourtant pas une nouveauté pour nous. N'avons-nous pas un ministère des *travaux publics* et un *ministère du commerce* qui ne datent que d'hier ? Lorsqu'il y a trente ans, sous l'Empire, la grande affaire politique et la préoccupation dominante de l'administration étaient de lever des *soldats* et de percevoir l'*impôt*, nous avions, pour l'armée seule, deux, trois et presque quatre ministères [1], et pour l'impôt, deux ministères [2]. Sous la Restauration, le gouvernement n'était pas aussi guerrier, et nos administrateurs étaient moins absorbés par la conscription, mais on était fort occupé du clergé ; il était donc tout naturel que nous eussions un ministère des *cultes*, et même la grande aumônerie pour succursale, tandis qu'aujourd'hui les *cultes* se sont fondus dans la *justice* [3]. De nos jours, avec le régime de paix que la Restauration nous avait préparé et que nous avons conservé, le *commerce*, les *manufactures* et les *travaux publics* ont pris une importance politique immense ; il suffit,

---

[1] Ministère de la guerre. — Ministère de l'administration de la guerre. — État-major général du Prince Berthier, qui était certes un véritable Ministère. — Ministère de la police, dont la gendarmerie jouait un fort grand rôle à l'égard des *conscrits* et des *contribuables*.

[2] Ministère des finances, Ministère du trésor.

[3] Chose toute naturelle, car ce sont les *avocats* qui ont vaincu les *jésuites*.

pour s'en convaincre, de voir le nombre de *négociants*, de *manufacturiers* et d'*ingénieurs civils* qui figurent dans nos Chambres ; il était donc naturel de créer ces deux ministères, que l'Empire n'avait pas, et que la Restauration avait préparés, par l'importance qu'elle avait donnée aux *douanes*, c'est-à-dire à la partie *défensive*, prohibitive et négative de l'industrie, dont elle ne pouvait pas diriger et inspirer l'essor *positif* et *productif*, par crainte de *dérogeance*.

Ces deux ministères nouveaux, que nous possédons fort heureusement aujourd'hui, sont des expressions très-claires de notre état social actuel, et de l'influence prise par certains éléments constitutifs de la société, éléments qui, à d'autres époques, étaient tout-à-fait subordonnés.

Or, depuis 1830, précisément à la date de l'ère politique où nous sommes, il s'est introduit, dans la constitution du royaume de France, un fait qui, depuis lors, a sans cesse grandi en importance, qui s'est attaché, pour ainsi dire, comme un signe nouveau, au drapeau de la Révolution de Juillet, et qui semble ne pouvoir plus lui être enlevé par nous-mêmes : l'Algérie et la Révolution de 1830 sont liées l'une à l'autre d'une manière indissoluble ; ce sont deux jumeaux attachés par le tronc, qui doivent vivre ensemble ou bien ensemble mourir. La conquête de l'Algérie, par M. de Bourmont, est, pour la Révolution de juillet, ce que fut, pour les Bourbons, la conquête de la tribune par M. Lainé, et de la presse par M. de Châteaubriand, en 1814 et 1815 ; le jour où les Bourbons ont méconnu le lien de commune origine qui les attachait à la tribune et à la presse, et où ils ont voulu le briser, ils se sont brisés eux-mêmes.

VI. — Cette époque de 1830 a été fertile en nouveautés pour la France. La crise d'affranchissement devait nécessairement se faire ressentir dans nos possessions coloniales ; l'affranchissement des esclaves, l'abolition de la traite, la reconnaissance des Républiques émancipées en Amérique, étaient des conséquences. En effet, depuis 1830, parmi les plus grandes questions politiques qui nous ont occupés ou qui nous occupent, on en trouve un très-grand nombre qui viennent de ces points : le traité avec les États-Unis, la guerre du Mexique, celle de la Plata, la question des sucres et celle du droit de visite, voilà certes des préoccupations que l'Empire ignorait, que la Restauration prévoyait et éludait, mais qui nous pressaient ou nous pressent encore.

En même temps, la politique européenne suivait l'impulsion à laquelle nous avions obéi nous-mêmes lorsque nous avions pris Alger ; tous les peuples d'Europe, satisfaits d'avoir mis une longue trève à la guerre qu'ils se faisaient depuis plus de vingt ans, éprouvaient un besoin irrésistible d'expansion et tournaient les yeux vers l'Orient ; ce fut le point de mire de toute la diplomatie européenne. La France ne voulut pas rester en arrière, elle voulut, au moins, *voir* et *savoir* ce qu'on allait *faire;* elle institua *la navigation à vapeur de la Méditerranée.*

Or, ceci est curieux : — Sera-ce le ministère des relations *extérieures* ou le ministère de la *marine,* qui gouvernera cette œuvre *extérieure* de marine ? — Ni l'un ni l'autre ; c'est le ministère des *finances !*

Je me réjouis, autant que qui que ce soit au monde, de ces créations de la France ; je les trouve excellentes, je les crois même beaucoup mieux exécutées par l'*administration des postes* qu'elles ne l'auraient été par le ministère de la *marine* ou par celui des *relations extérieures;* mais que prouve ce succès ? — Que l'administration des *postes* et le ministère des *finances* connaissent mieux que le ministère de la *marine* et celui des *relations extérieures*, les besoins et les habitudes qui rapprochent la France des pays étrangers d'outre-mer, c'est-à-dire le *commerce.*

Resterait donc à savoir s'il est bien que les relations de *commerce extérieur* dépendent du ministère des *finances, ou s'il ne vaudrait pas mieux qu'elles dépendissent* du ministère du *commerce,* ou plutôt encore d'un ministère des *colonies,* de qui relèverait naturellement le *commerce maritime.*

Sur ce dernier point, j'appelle encore l'attention. Quoique nous ayons un ministère du *commerce,* la marine *marchande* est dans la position où seraient les *manufactures,* si le ministre de la guerre CLASSAIT leurs ouvriers et en disposait pour les besoins *de la guerre*, selon des règlements faits par la *guerre*, comme le ministre de la marine CLASSE les marins du commerce et en dispose; c'est dire que notre marine marchande est dans une position très-inférieure à celle que nous permettent d'avoir le littoral et la population de la France. Au contraire, si le ministère que j'appelle des *colonies* possédait une marine qui lui fût propre, et qui fût l'*intermédiaire* entre la marine *militaire* et la marine *marchande*, cette marine serait naturellement, en cas de guerre, le meilleur complément de la marine *militaire*; elle serait aussi, en temps de paix, le meilleur directeur et régulateur de la marine *marchande*.

Je ne m'ingénie pas à chercher dans notre organisation sociale de petits défauts qui échappent à l'œil. Les faits que je signale sont connus de tout le monde et affligent ou humilient profondément notre amour-propre national. Chacun répète : nous ne savons pas *coloniser*; notre *marine marchande* est coûteuse, lente, peu intelligente du commerce, arrive toujours la dernière et repart vide; nos *consuls* se prétendent diplomates, mais ils n'ont pas l'esprit du négoce et de l'industrie, et les consuls anglais et américains font échouer toute leur diplomatie; enfin, l'Algérie nous écrase : nous ne nous en tirerons pas à notre honneur, disent les uns en gémissant, tandis que les autres s'écrient : tirons-nous-en bien vite !

Je ne crois pas que tout ceci tienne à des causes invincibles, que ce soit un résultat fatal de nos dispositions naturelles ; je crois seulement que nous dirigeons maladroitement l'emploi de ces facultés, et qu'il est très-possible de modifier cette direction.

J'ai dû m'arrêter longtemps sur ce sujet, parce que je n'ignore pas la résistance très-légitime que l'on rencontre, quand on ne justifie pas et qu'on se contente d'énoncer une proposition aussi capitale que celle de la création d'un nouveau ministère. De nombreux intérêts se croient froissés, des amours-propres se sentent blessés de ce qui pourtant ne devrait réellement froisser et blesser personne. En effet, la création des ministères des *travaux publics* et du *commerce* a-t-elle pu nuire, en quoi que ce soit, aux intérêts ou à la gloire du ministre de l'intérieur, qui a émancipé ces deux mineurs qu'il avait sous sa tutelle, quand le jour de leur majorité est venu? Les chefs de divisions ou de bureaux, et les employés de ces divisions de l'intérieur, ont-ils souffert, en passant d'une rue dans une autre, d'une petite division spéciale dans un grand ministère? Les ponts-et-chaussées, les mines, n'ont rien perdu de leur importance, au contraire ; et quant à la France entière, je crois très-fermement qu'elle y a beaucoup gagné, malgré la somme dont cette création a pu grever le budget. C'est ce qui arrivera toujours, quand les créations de ce genre ne seront pas des créations de fantaisie, et seront justifiées par des besoins impérieux et immédiats de la société. La colonisation de l'Algérie est un de ces besoins.

VII. — Le Gouverneur général de l'Algérie serait donc, dans ma pensée, en rapport direct et unique avec le *ministre des colonies*. Une des divisions du ministère aurait spécialement la direction des affaires d'Algérie.

Le ministre traiterait avec ses collègues toutes les affaires relatives aux différents services de l'Algérie, correspondant aux divers ministères, comme le fait aujourd'hui le ministre de la marine pour les colonies, et le ministre de la guerre pour l'Algérie. Toutefois, vu l'importance et le rapprochement de l'Algérie, ce ministre devrait tendre progressivement à spécialiser l'organisation de cette colonie, de manière à ce que, successivement, les différents services militaires, de justice, de marine, d'enseignement, de travaux publics, d'industrie et de commerce, fussent constitués *spécialement* pour l'Algérie, et ne ressortissent directement que de lui. C'est même en cela que consistera l'organisation définitive de l'Algérie ; jusque-là, elle ne sera réellement que préparatoire et provisoire.

Déjà l'organisation des corps spéciaux militaires de l'Algérie est un exemple de la spécialisation dont je parle, et cet exemple est trop heureux pour que je ne l'emploie pas à développer la pensée que je viens d'exprimer.

VIII. — Le ministère de la *guerre* devait sentir que,

pour les besoins de la *guerre d'Afrique,* d'une guerre toute particulière et longtemps prolongée, il fallait des corps *militaires spéciaux.* Un ministère des *colonies* sentira également que, pour *coloniser* un pays très-différent de la France, pour le coloniser d'une manière durable, il faut non-seulement des corps militaires spéciaux, mais une organisation complète, *spéciale* à l'Algérie. Cette spécialisation ne doit pas être, il est vrai, une séparation absolue des institutions analogues de la métropole; et de même que les corps français d'Afrique ne cessent pas de faire partie de l'armée française, les autres corps administratifs, judiciaires, de marine ou autres, ne cesseraient pas de faire partie des mêmes institutions françaises ; mais les individus qui les composeraient seraient considérés comme détachés momentanément de l'institution mère à laquelle ils appartiendraient, et comme étant mis à la disposition immédiate du ministre des colonies, pour le service des corps spéciaux de l'Algérie; de sorte que le ministre des colonies aurait, sous sa dépendance directe, des corps coloniaux, qui, en tant que corps, ne ressortiraient que de lui et auraient une organisation propre à l'Algérie, mais dont les membres conserveraient un lien d'affiliation avec l'institution générale de la métropole, en cas de leur retrait du service colonial.

Le ministère des colonies ne sera donc lui-même organisé définitivement, que lorsqu'il aura organisé l'armée, la justice, la marine, les travaux publics, l'instruction et le commerce des colonies, et qu'il aura relié ces différentes branches de services au tronc de la métropole.

On doit comprendre que je ne présente pas une organisation aussi vaste comme un but à réaliser immédiatement ; le temps, un long temps y est indispensable ; mais c'est une limite qu'on doit avoir en vue, c'est un *principe* à suivre.

IX. — Maintenant, si l'on se rappelle ce que j'ai dit sur l'organisation des colonies civiles et des colonies militaires, on embrassera facilement le cadre hiérarchique que je vais tracer, pour l'organisation du gouvernement colonial de l'Algérie.

Le GOUVERNEUR GÉNÉRAL, nommé par le Roi, sur ordonnance contresignée par le ministre des colonies, a sa résidence à Alger.

Il a sous ses ordres immédiats le GÉNÉRAL EN CHEF DE L'ARMÉE ACTIVE, *Gouverneur de la zône intérieure*, DIRECTEUR GÉNÉRAL DES COLONIES MILITAIRES, dont la résidence est à Médéa (ou Miliana, ou Blida), et le DIRECTEUR GÉNÉRAL DES COLONIES CIVILES, *Gouverneur de la zône maritime*, dont la résidence est à Bône.

Toutes les autorités *civiles* ou *militaires* de la province de Constantine sont sous les ordres du *Gouverneur de la zône maritime*.

Toutes les autorités *militaires* ou *civiles* de la province d'Oran (ou plutôt de Mascara) sont sous les ordres du *Gouverneur de la zône intérieure*.

Le délégué du Gouverneur de la *zône militaire*, dans la *province de Constantine*, est donc soumis à l'autorité supérieure du Gouverneur de la *zône maritime*; et le délégué du Gouverneur de la *zône maritime*, dans la *province d'Oran*, est soumis à l'autorité supérieure du Gouverneur de la *zône militaire*.

Cette subordination est purement *politique*, et non administrative; des règlements fixeront les cas où cette autorité pourra s'exercer.

Le Gouverneur général conserve, dans la *province d'Alger*, le gouvernement direct de la partie de cette province, comprise dans la *zône maritime*, et qui constitue le département principal, capital, de la colonisation de l'Algérie.

Cette partie de la zône maritime est *administrée*, sous la direction *politique* du Gouverneur général, par le délégué du Gouverneur de la zône maritime.

L'*état-major* du Gouverneur général devra donc se composer de deux parties distinctes :

AFFAIRES DE LA ZONE INTÉRIEURE, — d'où ressortiront les colonies militaires, l'armée active et les tribus de cette zône;

AFFAIRES DE LA ZONE MARITIME, — d'où ressortiront les colonies civiles, les corps militaires fixés ou en passage dans cette zône, et les tribus du littoral.

Les personnes qui font partie de ce double état-major sont, les premières, *détachées de l'armée active*, les secondes, *détachées de l'administration civile* de la colonie; mais les deux parties de cet état-major sont attachées, à *titre égal*, à la fonction du Gouverneur général, et donnent à son entourage habituel, continuel, le double caractère qui lui convient.

Le Gouverneur général ne fera pas personnellement la GUERRE, à moins d'autorisation spéciale du ministre.

Dans aucun cas, il ne dirigera personnellement l'organisation intérieure d'une *colonie civile*.

Il *fera faire* la guerre[1] et *fera établir* des colonies civiles, quand il voudra et où il le jugera convenable, par le GÉNÉRAL EN CHEF DE L'ARMÉE AC-

---

[1] Les exigences de la guerre incessante à laquelle les Gouverneurs généraux de l'Algérie se sont tous personnellement livrés, privent, en ce moment, l'Algérie de toute la puissance colonisatrice que possède certainement le Gouverneur général actuel, aussi habile agriculteur qu'il est bon général, mais qui doit être absorbé par les soins d'une guerre qui accablerait tout autre que lui. — En supposant que la paix fût obtenue et que le Gouverneur général pût s'occuper de la colonisation, malgré toutes les qualités que possède M. le général Bugeaud pour accomplir cette œuvre, la colonisation se ferait mal, s'il *la faisait personnellement*, parce que la mission d'un gouvernant n'est pas de faire, mais de faire faire, et que les soins qu'il donnerait au point de l'Algérie où il ferait personnellement de la colonisation, lui feraient nécessairement perdre de vue les autres points et négliger même le côté militaire, comme il néglige forcément aujourd'hui le côté colonial, comme il a perdu de vue, depuis deux ans, la province de Constantine, qui a bien besoin de lui.

TIVE, et par le Gouverneur des colonies civiles ; en un mot, il gouverne, et n'est pas plus *militaire* ou *administrateur* qu'il n'est *juge*, quand bien même il appartiendrait à l'armée, à l'administration ou à la magistrature.

Le fonctionnaire que j'ai nommé *directeur général des travaux publics d'Algérie*, lorsque je m'occupais de l'organisation des colonies civiles, est le même que je désigne ici sous le nom de Directeur général des colonies civiles, *Gouverneur de la zône maritime*; de même que le *général en chef de l'armée active* serait le Directeur général des colonies militaires, *Gouverneur de la zône intérieure*. Le premier nom que je lui avais donné avait pour but de mieux faire concevoir la nature du personnel *administratif* et *civil* de l'Algérie.

Ainsi, le corps des travaux publics serait, par rapport aux colonies civiles, ce que serait l'armée active par rapport aux colonies militaires; il aurait le caractère politique d'un corps constitué par l'autorité publique; il serait, en un mot, le *gouvernement* dans la zône maritime, comme l'armée active serait le gouvernement dans la zône intérieure.

Toutes les spécialités nécessaires au gouvernement civil de l'Algérie, en y comprenant même les troupes chargées de la police et de la protection de la zône maritime, c'est-à-dire la gendarmerie indigène et la gendarmerie française d'Afrique, seraient, par conséquent, des dépendances du corps général des TRAVAUX PUBLICS; de même que les spécialités, telles que le génie, l'artillerie, l'administration militaire, qui n'ont jamais le gouvernement d'une armée, sont des dépendances de ce grand corps qui porte le nom d'armée.

Le corps des *travaux publics* d'Algérie serait l'ARMÉE ACTIVE des *travailleurs*, l'armée *pacifique* d'Algérie; ou mieux encore, il serait, dans l'ordre civil, ce que sont, dans l'armée, l'infanterie et la cavalerie; il serait la base de l'ordre civil, comme l'infanterie et la cavalerie sont la base de l'ordre militaire.

Le Gouverneur général qui aurait le commandement en chef de ces deux armées de *soldats* et de *travailleurs*, qui réunirait en lui les attributions du gouvernement militaire et du gouvernement civil, aurait donc ainsi, au-dessous et au-dessus de lui, en Algérie comme en France, dans la constitution de son gouvernement, comme dans celle du ministère dont il dépendrait, un rappel constant au principe de sa mission. Elle consisterait à gouverner l'ordre civil et l'ordre militaire, et à leur donner respectivement l'importance à laquelle l'un et l'autre doivent prétendre, selon les lieux et selon les moments; il serait lui-même *militaire*, dans ses relations avec la zône intérieure, par l'intermédiaire de son état-major *militaire*; et il serait *civil*, dans ses relations avec la zône maritime, par l'intermédiaire de son état-major *civil*.

Est-il possible de trouver, dans un chef, cette haute impartialité et cette égale aptitude à la double fonction? — C'est difficile, sans contredit; mais cela est d'autant plus difficile, que l'on prend moins de soins pour prévenir la partialité de profession spéciale [1], et pour favoriser, au contraire, le développement simultané de cette double faculté d'un vrai chef *politique*. Il serait toujours impossible d'avoir de véritables Gouverneurs *généraux* de colonies, si, d'une part, les colonies dépendaient d'un ministère *spécial* (guerre ou marine), et si, d'une autre part, l'organisation coloniale ne constituait pas l'ordre civil à l'égal de l'ordre militaire; c'est-à-dire si elle n'attribuait pas, habilement et équitablement, à l'un et à l'autre, les fonctions qui leur appartiennent et l'importance dont ils doivent jouir, selon les lieux et selon les temps.

Jusqu'ici, l'ordre civil a été, en Algérie, dans une subalternité et une impuissance parfaites; cela est explicable, puisque l'on faisait presque exclusivement

---

[1] Une mesure qui ne serait pas aussi puérile qu'elle peut le paraître, serait d'attribuer un uniforme particulier aux Gouverneurs des colonies; de même que les ministres, les Pairs et les Députés ont un costume propre à ces fonctions, quelle que soit d'ailleurs leur position en dehors de ces fonctions. Les fonctions politiques, qui ont un caractère de *généralité*, doivent perdre le caractère extérieur de *spécialité*, sous peine de n'être qu'à moitié générales.

la guerre; toutefois, le gouvernement très-militaire de l'Algérie s'est bien souvent ressenti lui-même, douloureusement, de la faiblesse, de la nullité de l'autorité civile. M. E. Buret affirme[1] que *le Gouverneur actuel de l'Algérie sent le besoin d'un puissant auxiliaire pour les affaires civiles.* Je le crois sans peine; mais il ne suffira pas, pour cela, de changer une ou quelques personnes. Il n'y a pas *d'organisation* civile en Algérie; le vice est radical, il n'est pas seulement en quelques points supérieurs, il est partout; et si M. le général Bugeaud sent aujourd'hui le besoin d'un auxiliaire dans l'ordre civil, que serait-ce donc si l'on commençait réellement l'œuvre colonisatrice!

X. — C'est particulièrement l'organisation de l'ordre civil que j'avais en vue, lorsque j'examinais, dans la DEUXIÈME PARTIE, l'établissement des colonies civiles. Le même motif qui m'avait fait commencer cet ouvrage par *la constitution de la propriété*, afin de poser d'avance la *base matérielle* de la colonisation, m'a porté à parler d'abord du *corps des travaux publics*, base du *personnel* de l'ordre civil colonial; et voilà pourquoi je réservais aussi, pour la *conclusion*, ce que j'avais à dire sur le gouvernement des indigènes et des Européens habitant les *villes;* c'est en effet à propos de ces derniers que je puis compléter le plan administratif

---

[1] *Question d'Afrique,* p. 336.

et civil de l'Algérie, et dessiner le *sommet* de l'édifice colonial.

Qu'est-ce que les populations indigènes et européennes des villes de l'Algérie ; comment seront-elles modifiées quand on s'occupera de coloniser ; comment faudra-t-il les gouverner et les administrer? — Telles sont les questions que je vais examiner.

Quoique les villes de l'Algérie soient fort peu nombreuses, elles le sont plus que les villages coloniaux, puisque ceux-ci n'existent réellement pas encore ; et quoique la population indigène des villes soit fort peu de chose, en nombre, comparée à celle des tribus, nous administrons plus d'indigènes citadins que d'indigènes des tribus. Evidemment ceci tient au passé et au présent, et non pas à l'avenir ; ceci peut justifier ce que nous avons fait ou faisons encore, mais n'indique pas ce que nous aurons à faire quand nous ferons de la colonisation ; on aurait donc grand tort de conclure, de l'aspect que présente aujourd'hui la double population des villes de l'Algérie, celui qu'elle présentera plus tard.

Dans l'opinion de presque tous les *écrivains* qui se sont occupés de ce sujet, surtout dans l'opinion générale des écrivains *militaires*, la population européenne des villes se compose d'un rebut d'aventuriers des côtes de la Méditerranée, qui viennent *exploiter* les Français, et d'un rebut d'aventuriers français qui viennent *s'exploiter* entre eux et *exploiter* l'armée. Quant à la population indigène, ce sont de sales et ignobles Juifs, *exploitant* les Européens et les Maures; et de misérables Maures qui diminuent, s'appauvrissent et se démoralisent chaque jour, et qui vendent leur ame et leur corps au premier *exploitant*, pour un peu de pain [1].

Ce jugement, un peu exagéré dans sa forme et fort injuste au fond, repose cependant sur des faits qui ne manquent pas de vérité ; mais il y a ici plus que des circonstances atténuantes. D'abord, les Européens qui viennent en Algérie, n'y viennent pas seulement pour admirer les combats qui s'y livrent, et pour battre des mains au vainqueur ; ils ne sont pas assez riches pour cela. Ils viennent pour vivre, pour *gagner de l'argent;* ils sont très-pauvres. Ils sont donc, par nécessité et par habitude, *exploitants*; les Maltais et les Mahonnais, et tous les colons qui viennent des côtes d'Italie et d'Espagne, exploitent les jardins; ils tiennent les boutiques de fruits, de légumes ; ils sont porte-faix, domestiques, élèvent des chèvres, des cochons et des poules, font des cigarres et vendent du tabac; ils sont pêcheurs et tiennent le marché au poisson ; et pour toutes ces

---

[1] J'ai entendu M. le Gouverneur général exprimer, avec une verve toute militaire, son opinion sur les Maltais et les Mahonnais ; et un soir qu'il recevait une députation des rabbins juifs qui le saluaient profondément, il me dit : « Ils sont bien heureux que je ne sache pas leur langue, je leur rendrais d'une rude manière leur compliment. »

choses, ils sont beaucoup plus habiles que nos colons français. Il est vrai qu'ils n'ont pas le cœur très-français ; car ils sont fort intéressés, et j'ai vu même les Maltais de Philippeville refuser de porter secours, *sauf paiement*, dans le grand désastre de Stora, en 1841.

Les Français colons ne sont pas venus non plus en Algérie pour leur plaisir ; eux aussi, ils y viennent *gagner de l'argent;* ils sont cafetiers, cabaretiers, épiciers, bouchers, boulangers, tailleurs, bottiers, en un mot, *boutiquiers ;* ils sont aussi maçons, charpentiers, terrassiers, en un mot, *ouvriers;* du moins telle est l'immense majorité des colons français. Ceux qui sont propriétaires ou spéculateurs sont en fort petit nombre ; et si, parmi ces derniers, il en est qui sont des joueurs et des agioteurs, ce que je ne nie pas, vraiment on a fait trop grand bruit de leurs prouesses en ce genre, et l'on aurait mieux fait de ne pas leur fournir les cartes et la table de jeu ; on aurait mieux fait d'organiser la *propriété* et le *travail*, tandis qu'on les leur a livrés, sans règle et sans protection, et qu'ils jouent sur l'une et font l'usure sur l'autre.

Quant à la population indigène, c'est un fait, elle diminue, s'appauvrit et se démoralise chaque jour davantage ; mais à qui la faute ? — Elle diminue, parce que nos mœurs la blessent et la chassent[1] ; elle s'ap-

---

[1] « Les Français ont été chassés neuf fois de l'Italie, à cause,

pauvrit, parce que nous avons augmenté considérablement la valeur de ce qu'elle consomme, et diminué infiniment le prix de ce qu'elle sait produire ; enfin, elle se démoralise, parce que, étant pauvres, ceux qui ne peuvent pas fuir nos mœurs les prennent, ou en prennent ce qui peut leur procurer du pain. Ceci concerne surtout les Maures.

Pour les Juifs, c'est comme partout une race à part ; elle a, en Algérie comme ailleurs, son cachet, frappé à la double empreinte de l'orgueil biblique et de la bassesse du servage. En France, où elle est délivrée, depuis assez longtemps, de la servitude, et où le peuple de Dieu fait réellement partie du peuple français et reçoit le commun baptême de sang, par la conscription, cette race perd, peu à peu, une partie des défauts qu'elle devait à sa position de servitude, et même de ceux qu'elle tenait de l'aveuglement de son orgueil religieux ; en même temps, elle légitime et développe puissamment les qualités qui lui sont propres ; elle en manifeste même dont on ne se doutait pas. La banque et le commerce s'honorent de quelques

---

disent les historiens, de leur insolence à l'égard des femmes et des filles.» Montesq., *Esp. des lois*, liv. x, ch. xi.)—Voltaire conteste la chose (*Commentaires*), et la nomme un préjugé populaire ; mais d'où serait né ce *préjugé*, et pourquoi pas le préjugé contraire ? —Voltaire n'aimait pas les *préjugés*, mais il n'a jamais su d'où venait aucune *croyance*.

grands noms juifs, et les arts, la musique surtout, nous font comprendre pourquoi la Bible est un si grand poème, et pourquoi ce poème abonde en *psaumes* et en *cantiques*.

En Algérie, nous n'en sommes pas encore là; les Juifs y étaient, sous les Turcs et les Maures, à peu près ce qu'ils étaient chez nous au moyen âge, sous les nobles Francs et les bourgeois Gaulois. Nous leur avons presque donné en un jour, à Alger, ce qu'ils n'ont conquis en France qu'avec des siècles; cette révolution était un peu brusque; elle est faite, il n'y a plus à y revenir; mais si nous devons en supporter les conséquences fâcheuses, nous devons faire beaucoup pour les prévenir; d'ailleurs, toutes ces conséquences ne sont pas fâcheuses. On a dit, par exemple, que nous avions mal fait de traiter les Juifs et les Maures sur le pied d'égalité : ce procédé a blessé, il est vrai, les Maures; les Juifs en ont souvent profité pour prendre des revanches d'amour-propre, à l'égard de leurs anciens maîtres; mais comme, en réalité, les Juifs ne sont pas plus éloignés que les Maures de notre civilisation, il était juste et naturel de tenir les uns et les autres à la même distance de nous, et, par conséquent, de les placer sur le même degré social. En définitive, le résultat est plutôt bon que mauvais; car cette égalité civile contribuait à éloigner d'Alger ceux des Maures que, par aucun moyen, nous n'aurions pu soumettre et attacher à notre cause; en même temps, elle attachait à nous ceux des Juifs qui souffraient le plus de la servitude musulmane, et qui doivent être les principaux initiateurs de tous les Juifs d'Algérie, et peut-être un jour de tous les Juifs d'Afrique [1].

En résumé, le caractère moral des deux populations, indigène et européenne, est celui qui existe toujours, là où il n'y a pas encore *société*, c'est l'*égoïsme;* mais tous ces éléments, égoïstes aujourd'hui, le sont-ils absolument par nature? — Non, sans doute, et les Maltais, qui sont peut-être les plus égoïstes de tous, les plus intéressés, les plus cupides, à l'égard de ce qui n'est pas Maltais, sont très-sociables et même dévoués *entre eux;* ils forment vraiment *tribu*, ils ont les vertus de ces petites sociétés ; c'est déjà quelque chose. J'en dirais presque autant de toutes les autres fractions de population que je viens de passer en revue, sauf cependant la population française; celle-ci ne forme pas même *tribu*, et c'est tout au plus si une très-faible partie, au milieu d'elle, connaît et pratique le plus petit état social, celui de la *famille;* ce sont des *individus* par conséquent très-*individuels*.

---

[1] On doit comprendre que, par ce mot d'*initiateur*, je n'entends pas désigner particulièrement les rabbins juifs. MM. de Rothschild, Aggermann, Fould, d'Eichthal, Péreire; MM. Meyerbeer, Halévy, Moschelès, Hertz, ne sont pas rabbins; Mme Pasta et Mlle Rachel ne le sont pas non plus.

C'est qu'en effet les Juifs, les Maures, les Mahonnais et les Maltais sont relativement mieux organisés ou moins désorganisés, comme société, que ne le sont les Français; ils forment *corporations*, ayant légalement, ou seulement par le fait de leur condition d'étrangers, des chefs et des principes *communs,* qui les dirigent et les *unissent*. Les Français ont bien des commissaires de police, des gendarmes, des juges, des percepteurs de contributions; mais ce n'est pas là ce qui constitue une société, ce qui la gouverne comme un seul corps, ce qui unit tous ses membres.

Considérons, au contraire, les Français *militaires* de l'Algérie; ils forment corps, sont organisés, gouvernés. Je ne prétends pas que tous les militaires de l'Algérie soient parfaits de dévouement et d'abnégation; mais je conçois l'impression qu'ils éprouvent, en voyant des hommes qui n'ont d'autre soin et d'autre pensée que de *gagner de l'argent*. Délivrés personnellement de ce soin et de ces pensées, par leur organisation qui assure à chacun son *travail* et sa *ration,* qui promet à tous que le *blessé* ou le *malade* sera pansé et traité, que le vieux serviteur aura une *retraite,* que le bon militaire aura un *avancement* certain, et que le brave soldat aura la *gloire*, ils doivent être froissés par les habitudes et la moralité de tous ces individus isolés, qu'on appelle ouvriers, négociants, industriels, qui n'ont d'autre providence qu'eux-mêmes, qui ne paient pas de leur sang, comme le soldat, leur pain quotidien, leur médecin, leur avancement, la retraite de leurs vieux jours, la nourriture et l'éducation de leur famille; mais qui doivent acheter tout cela avec de l'or, et qui amassent cuivre sur cuivre, argent sur argent, pour avoir de l'or.

XI. — Organisons donc au plus vite la *société coloniale*, et que les *militaires* prêtent secours et apportent indulgence dans cette œuvre *civile*. Les colons, même les plus avides, sont des hommes comme les soldats; beaucoup d'entre eux sont même d'anciens soldats; quand ils seront *organisés*, ils auront la *dignité personnelle* et l'esprit de *corps* que leurs frères conscrits ont acquis sous les drapeaux. La vertu des hommes qui manient l'*épée*, c'est le courage; celle des hommes qui manient l'*argent*, c'est la probité; lorsqu'une armée est désorganisée, elle devient *lâche*; que devient donc l'industrie sans organisation? — Ce qu'elle est aujourd'hui.

Mais est-ce donc une œuvre si grande, que d'organiser les indigènes et les colons européens de l'Algérie, et surtout les Français? — Les Européens ne s'élèvent pas à plus de 40,000, dont 15,000 Français; les indigènes des villes à 32,000; ensemble 72,000 hommes; et notre armée d'Algérie a 80,000 hommes qui sont très-bien organisés! Et même, dans cette armée, il y a déjà un nombre d'indigènes, organisés militairement (chose neuve pour eux), presque égal à toute la population *civile* française de l'Algérie!

A l'œuvre, les organisateurs *civils!* la tâche n'est

pas si lourde que vous le croyez ; commencez avec ce germe informe de la société coloniale future ; formez les cadres des bataillons *civils*, colonisateurs de cette terre que nos bataillons *militaires* ont conquise et que nos *colons organisés* cultiveront ; enrégimentez *civilement* tous ces éléments humains de la richesse ; formez les corps spéciaux d'une armée qui trouverait l'avancement et la gloire dans ses victoires contre le sol inculte mais fertile de l'Algérie, contre son climat aussi perfide que l'Arabe, mais aussi énergique que lui.

La population des villes de l'Algérie est, en effet, le cadre de l'organisation civile future de l'Algérie entière. C'est ainsi qu'elle doit être considérée. — Sans doute cette population se modifiera, à mesure que nous nous occuperons de travaux *coloniaux*, et que nous serons moins exclusivement *militaires* ; d'une part, la population européenne se grossira de travailleurs plus aptes aux travaux de la terre, et les villes perdront un peu leur caractère de *cantines* militaires, pour prendre celui d'*ateliers* commerciaux et d'*arsenaux* industriels ; d'un autre côté, la population indigène continuera à diminuer, à s'appauvrir, à se démoraliser, si nous ne trouvons pas moyen de la délivrer de notre contact, et de la réunir aux petites cités agricoles nouvelles que formeraient exclusivement des indigènes des campagnes. Posons donc, d'avance, les jalons indicateurs des rangs où viendront se placer les nouveaux colons européens ; et préparons aussi la place des indigènes, près de nous, mais non pas *sous nous*, comme ils le sont dans nos villes, où nous les écrasons physiquement et moralement, et où ils nous gênent et nous nuisent.

XII.—Parlons d'abord des indigènes.

La première condition, la condition absolue d'organisation des indigènes musulmans, est de *les séparer de nous*; c'est l'opinion de M. le général Bugeaud, exprimée dans une note publiée par M. E. Buret[1]; je la crois parfaitement juste. M. le général Bugeaud applique spécialement cette idée à la colonisation des *campagnes*, elle est juste aussi à l'égard des villes; M. le général Létang l'avait déjà très-formellement exprimée.

Beaucoup d'administrateurs français, au contraire, ont été séduits par l'idée de gouverner des musulmans, de les administrer immédiatement, sous leurs yeux, de faire leur police intérieure, de se mêler même de leurs mosquées et de leurs fêtes religieuses. — Ce serait assez bien, si nous devions nous faire musulmans; mais ce n'est pas le moyen de rendre les musulmans très-amis des Français.

Comme le dit fort bien M. le général Bugeaud : « Nous devons former *à côté d'eux* un peuple nouveau; nous ne devons pas nous *mêler* avec eux; mais,

---

[1] *Question d'Afrique*, p. 287.

en même temps que nous les tiendrons *séparés* des Européens, nous devrons travailler avec activité à les *modifier* [1]. » Le premier moyen pour les modifier, c'est, en effet, de les mettre dans la seule position où ils peuvent être modifiés avantageusement pour nous et pour eux, c'est-à-dire *à côté* de nous et non *mêlés* avec nous.

Toutefois, la population indigène des villes se compose de trois classes très-distinctes, qui ne doivent pas être placées, toutes les trois, à la même distance de nous. Ces trois classes sont : 1° les MAURES, qui sont, à proprement parler, les *bourgeois* et *artisans*; 2° les JUIFS, qui sont les *négociants*; 3° enfin les *indigènes* FORAINS et les Nègres, qui sont les *ouvriers*, les journaliers.

Les *Maures* et les indigènes *forains*, qui sont musulmans, présentent néanmoins cette grande différence : que les premiers sont des *familles* musulmanes, et que les autres sont généralement des *célibataires*, ou tout au plus des familles voyageuses et non sédentaires, comme celles des Maures. Les Maures doivent

---

[1] M. le général Bugeaud continue et dit : « Le meilleur moyen de les modifier, c'est de les *fixer*, de les rendre plus *riches* et plus *nécessiteux*; ce qui paraît un paradoxe et n'est qu'une profonde vérité. » En effet, ce triple moyen modificateur correspond à bâtir des *villages*, perfectionner l'*agriculture*, créer des relations de *commerce*. Le militaire qui conçoit aussi bien une œuvre *civile*, doit être bien capable de la réaliser.

donc être plus complètement séparés de nous et de nos habitudes ; les autres peuvent être plus rapprochés, d'autant mieux qu'ils sont aussi laborieux que les Maures sont généralement oisifs, et que leurs travaux sont des travaux de force ou des industries communes, qui s'appliquent aussi bien au service de nos besoins qu'à celui des besoins des Maures ; le peu de travail que font ces derniers n'est, en général, applicable qu'à leurs propres besoins.

Quant aux Juifs, nous n'avons pas, sous ce rapport, à changer la destinée éternelle du peuple de Dieu, *qui habite au milieu de tous les peuples*. Ils pourraient habiter nos villes, et pourraient habiter aussi les villes des musulmans ; le commerce est un lien puissant entre les peuples ; or, les Juifs, je le répète, c'est le commerce.

Un exemple rendra ma pensée sensible aux personnes qui connaissent Alger. Toute la population maure, qui occupe la haute ville, le quartier de la Kasba, devrait être la base de la population des *villages* indigènes, que l'on établira à côté de nos colonies civiles, c'est-à-dire sur la ligne extérieure du fossé d'enceinte ; elle serait le cadre *administratif*, le noyau *industriel*, la base de la *bourgeoisie* de ces villages. — Les Biskris, les Mzabites, les Nègres, devraient être réunis dans des *faubourgs spéciaux*, établis hors de Bab-Azoun, entre la nouvelle enceinte que l'on construit et l'ancienne. — Enfin les Juifs habiteraient la *ville* européenne, ou les *faubourgs* des Arabes forains, ou les *villages* des indigènes, selon la nature de leur commerce.

Ces *faubourgs* seraient naturellement les caravansérails des voyageurs musulmans en Algérie.

A la confusion monstrueuse que nous avons faite, succéderait une division naturelle ; au chaos, l'ordre ; à notre panthéisme politique très-impolitique, un éclectisme très-sociable de christianisme, d'islamisme et de mosaïsme, rapprochés mais distincts, ayant chacun leur sphère d'activité dans la sphère commune.

Mais cette *séparation* ne suffirait pas ; il faut que ces diverses parties de la population soient *unies* par une même autorité, celle de la France ; les Maures, les Arabes, les Juifs, ne sauraient être abandonnés à eux-mêmes, et l'on ne doit pas leur dire : gouvernez-vous comme vous voudrez, dans vos villages et vos faubourgs, et dans les quartiers de nos villes. Il leur faut, à tous, une autorité française. La grande division que j'ai établie pour l'organisation civile des campagnes se retrouve donc ici ; d'une part, organisation des *indigènes*; de l'autre, organisation des *Européens*; telle est la première division de l'autorité civile de l'Algérie.

Le Gouverneur de la zône maritime doit donc avoir, sous ses ordres immédiats et dans ses bureaux, ces deux directions spéciales, celle des Européens et celle des indigènes ; la première, embrassant les cités et les colonies *françaises*; la seconde, embrassant les villages et les tribus *indigènes*. Et toutes les branches de l'administration, divisées également en deux parties, correspondraient à ces deux directions; par exemple, la gendarmerie maure à la direction des indigènes, et la gendarmerie française à celle des Européens.

Je cite exprès cet exemple des deux gendarmeries qui sont déjà des corps organisés, et dont l'organisation paraît naturelle et facile, parce que ce sont des institutions *militaires*; tandis que nous sommes si peu habitués à organiser l'ordre *civil*, qu'on se serait étonné si, au lieu de gendarmerie maure et gendarmerie française, j'avais dit : artisans ou cultivateurs *indigènes*, artisans ou cultivateurs français. Il faut pourtant organiser l'industrie, c'est-à-dire les artisans, le *peuple des villes*; et l'agriculture, c'est-à-dire les paysans, le *peuple des campagnes*, si nous voulons faire quelque chose de productif en Algérie[1].

---

[1] Un prêtre dont le cœur est rempli d'excellentes intentions, M. Landmann, ancien curé de Constantine, a écrit sur la colonisation de l'Algérie et s'en occupe avec un zèle apostolique. Prêtre chrétien, il voudrait voir le christianisme, par son clergé même, jouer en Algérie le rôle civilisateur qu'il a joué jadis dans toute l'Europe ; ce serait, en effet, un bien beau réveil, après un long sommeil. Est-ce possible? — Dieu le sait; mais pour que cela fût possible, il faudrait, avant tout, que le clergé chrétien de l'Algérie se proposât directement autre chose que les pratiques religieuses de l'Église, et qu'il fût *cultivateur*, directeur-modèle du

Oui, il faut que les tribus forment *corps*, que les colonies forment *corps*; il faut aussi que les indigènes forment *corps*, et, Dieu merci ! ils sont déjà presque organisés ; ils sont plus avancés que nous sous ce rapport. Enfin, il faut que l'industrie des villes européennes de l'Algérie forme aussi un *corps;* en un mot, il faut organiser les *communes* rurales et urbaines, indigènes et françaises de l'Algérie.

La gendarmerie maure actuelle a quelques officiers et sous-officiers français; tout le reste est indigène ; et pourtant ce corps est armé ! On ne s'étonnera donc pas, si je dis que les corps civils administratifs des indigènes doivent renfermer quelques chefs français et quelques sous-officiers civils ou employés français, mais que tout le reste doit être indigène. Ici, c'est uniquement la direction politique qu'il importe de rendre française; mais pour que cette direction politique soit efficace sur les indigènes, il faut que ces indigènes

---

travail colonial, qu'il fût un *ordre* de *prêtres laboureurs* (comme l'ordre de Malte était un *ordre de prêtres soldats*), comme plusieurs ordres religieux qui ont *défriché* l'Europe. Cette condition est difficile à remplir aujourd'hui, mais tout ce qui s'en rapprocherait serait excellent ; il vaudrait mieux copier, en Algérie, l'ordre de Malte, les Chartreux, les Bénédictins, que d'y transporter une copie exacte de nos évêchés de France, qui ne possèdent plus ce qui faisait autrefois la *gloire*, la *force* et la *lumière* TERRESTRES du christianisme.

soient organisés, qu'ils aient une *hiérarchie* et une règle d'*autorité* et d'*obéissance,* analogues à celles qui font, de la gendarmerie maure, un corps.

Ceci existe presque, ai-je dit, pour les artisans arabes et pour les paysans : les artisans sont généralement groupés en *corporations de métiers*, et les paysans, c'est-à-dire les hommes des tribus, ont, dans leur vieille organisation de la famille, du douar, de la tribu, une autorité constituée, pour la tribu entière dans le Cheik, pour le douar dans le chef du douar, pour la tente dans le père de famille. Mais nous qui ne savons pas ce que c'est que l'autorité, dans une ville, dans un village, dans la famille ; nous qui prétendons être tous de petites libertés individuelles, sans chefs et sans obéissance, nous avons tout à faire pour nous organiser.

Pour les indigènes, nous n'avons plus qu'à constituer un état-major civil *français*, mêlé d'employés indigènes, dans les rangs inférieurs, qui n'ont pas d'influence politique. Pour les Européens, sauf pour la gendarmerie, nous avons tout à organiser, état-major et troupe, gouvernants et gouvernés.

XIII. — J'ai commencé par le corps des *travaux publics*, parce que c'est évidemment ce corps qui aura l'importance capitale, quand il s'agira de fonder des colonies ; j'ai fait sentir également combien il serait facile, lorsque chaque colonie, chaque village, serait une entreprise par association, de rattacher toutes ces petites sociétés en un faisceau administratif commun ; mais il me reste à montrer comment la population européenne des villes peut également et doit être divisée en un certain nombre d'associations, et, pour ainsi dire, de tribus urbaines, ayant leurs chefs. Alors elle serait en état d'être vraiment administrée; sa situation actuelle ne le permet pas, parce que tous les citadins sont des individualités, qui n'ont d'autre lien entre elles que celui de l'habitation *commune* dans une même enceinte, ce qui ne suffit pas pour former une *commune*, une *société*.

Il y a pourtant, dans l'ordre civil des cités, quelque chose qui est organisé ; il y a une institution hiérarchisée, qui a ses règlements et sa discipline. Mais pourquoi ce quelque chose est-il organisé ? — C'est qu'il sent un peu la poudre et frise le militaire ; c'est la *garde nationale*. La milice civique, voilà tout ce que l'administration sait organiser, parce qu'elle copie tout bonnement ici l'organisation militaire ; elle enrégimente le *bourgeois citoyen*, pour l'*ordre* de la place publique ; mais elle croit que la *liberté* s'oppose à ce qu'elle enrégimente l'*ouvrier citoyen*, pour le *travail de l'atelier*; et cependant l'atelier a autant besoin d'ordre que la place publique et la rue.

Qu'on ne se méprenne pas sur ce mot *enrégimenter*; je sais fort bien qu'on ne peut pas traiter l'industrie *privée* comme un service *public* ; j'ai même déjà montré combien j'établissais de différence entre le corps des *travaux publics*, composé d'hommes ayant *famille* et devant conserver une assez forte part d'*individualité*, et l'armée, composée de *célibataires* qui font à l'État le sacrifice continuel le plus grand que l'*individualité* puisse faire, celui de la vie. Dans l'industrie privée, là liberté individuelle réclame, sans doute, une large part; mais le défaut de direction et de surveillance, le manque d'ordre et de hiérarchie, dans l'industrie, compromettent cruellement la liberté de l'ouvrier, celle des chefs d'ateliers et celle du consommateur. Ceci est un point sur lequel, fort heureusement, on commence à être d'accord; mais on ne sait en quoi peuvent consister cette direction et cette surveillance de l'autorité publique sur l'industrie, ni quel est l'ordre, la hiérarchie qu'elle doit chercher à établir, dans l'atelier général, dans les rapports du maître qui commande le travail avec l'ouvrier qui l'exécute, et dans ceux du producteur avec le consommateur.

Je l'ai déjà dit, l'Algérie est un excellent lieu d'essai, pour plusieurs grandes questions sociales qui agitent la France; l'ORGANISATION DU TRAVAIL est, de toutes ces questions, la plus importante, celle dont la solution presse le plus. L'Algérie nous offre aussi, dans la population indigène elle-même, sinon des modèles à copier, au moins des exemples dont nous pouvons profiter.

Nous avons sagement conservé, pour la population indigène, plusieurs des moyens d'ordre qu'elle possédait autrefois ; mais, comme ces moyens sont étrangers à ce que nous nommons administration, en France, et comme ils ne s'appliquent pas, d'ailleurs, à la population européenne de l'Algérie, il résulte de ces deux motifs, que ces moyens d'ordre n'ont plus, sur les indigènes, la même puissance qu'ils avaient autrefois; d'abord, parce qu'il y a une lacune entre les habitudes de l'administration supérieure française et celle des indigènes; ensuite, parce que l'absence de semblables moyens, pour la population européenne, annule en partie, pour les indigènes, le bénéfice de leur organisation.

Ainsi, tous les corps de métier, en Algérie, avaient des chefs (*Amin*), chargés de surveiller les membres de ces corporations, de régler leurs contestations, d'autoriser leurs établissements, de percevoir leurs contributions, d'en tenir compte à l'État. Ces chefs avaient donc, par rapport à l'industrie, une importance *politique* et industrielle toute autre que celle de nos inspecteurs de police ou nos percepteurs d'impôt, qui sont les seuls employés par lesquels l'industrie européenne est rattachée à l'administration française ; on a bien conservé des *Amin* aux corporations indigènes ; mais, peu à peu, ces *Amin* n'ont plus été eux-mêmes que des inspecteurs de police et des percepteurs, seulement avec des droits et des formes un peu plus arbitraires que ceux des inspecteurs de police et percepteurs français ; ils ne sont plus ce qu'ils étaient autrefois, les véritables *chefs directeurs* de l'industrie, par la raison toute simple que l'autorité de laquelle ils dépendent n'a aucune prétention à *diriger* l'industrie, et aucune habitude ni connaissance pour le bien faire.

Sous les Turcs, au contraire, le Dey lui-même était le premier directeur de l'industrie et du commerce. Sans doute l'intervention du pouvoir turc, dans ces choses, devait être souvent fort arbitraire, despotique et plus que fiscale; mais ceci tenait à ce que les formes de son intervention gouvernementale, en toutes choses, étaient telles. Au contraire, dans tous les cas où le pouvoir français intervient, ce n'est jamais comme directeur et inspirateur, ni même comme surveillant du travail ; mais comme *imposant* les travailleurs, et faisant la police de leurs mauvaises œuvres, non de leurs *chefs-d'œuvre;* et lorsqu'il interviendra enfin directement dans l'industrie, on peut être certain qu'il ne s'y aventurera qu'avec une réserve, une timidité, avec des précautions de conseils, de comités, de commissions, de représentation, d'élections, qui permettent à ceux qui le provoquent à prendre cette voie, d'exagérer un peu le principe d'autorité.

En Algérie surtout, le principe d'autorité a besoin d'être un peu exagéré; tout le monde en convient; personne ne s'oppose à ce que le pouvoir y prenne certaines allures qu'on ne lui permettrait pas en France. Il ne s'agit donc pas d'établir, pour l'industrie algérienne, seulement nos prud'hommes de France; parce que cette institution, très-précieuse d'ailleurs pour les objets qu'elle embrasse, n'a aucune valeur *politique* et *administrative*, et que son importance *industrielle* est même très-restreinte, car elle se réduit à celle d'un tribunal pour les *contestations*, ce qui est, heureusement, le cas exceptionnel, dans l'industrie comme ailleurs.

Toutefois, en combinant les fonctions de *police*, d'*impôt* et de *justice*, qui s'appliquent à l'industrie, avec une légère dose d'*autorité directrice* du travail et des travailleurs, c'est-à-dire en réunissant dans une seule institution administrative de l'industrie, et en attribuant à des administrateurs industriels, à un syndicat industriel, les pouvoirs que l'inspecteur de *police*, le *percepteur* et les *prud'hommes* exercent sur l'industrie ; enfin, en rattachant ce syndicat, non pas nominalement mais effectivement, à l'*administration* (particulièrement à ce que nous nommons la *mairie*, qui n'administre rien de ce qui est *privé*, mais seulement quelques établissements *publics*), on obtiendrait quelque chose qui se rapprocherait de l'ancienne institution des *Amin* des indigènes, et, il faut bien le dire, de nos vieilles corporations industrielles, qui avaient leur bon côté.

Ce que nous nommons les notables industriels en France, ceux qui élisent les membres des tribunaux et chambres du commerce, n'ont d'ailleurs entre eux, aussi bien qu'avec tout le reste de la population industrielle, aucun devoir public qui les *unisse*. Les tribunaux et chambres de commerce, malgré l'importance de la fonction qu'ils remplissent, sont tout-à-fait en dehors de l'administration supérieure proprement dite, qui se compose, par conséquent, d'hommes étrangers à l'industrie. Il en résulte que la masse industrielle, l'ouvrier, le peuple, qui n'a d'autre lien avec l'autorité que l'impôt, la police et la justice, ne voit trop souvent en elle qu'un instrument de ruine, d'espionnage et de torture; et comme il n'est lié avec ses chefs directs, qui lui commandent le travail, que par le *salaire*, il ne voit en eux que des égoïstes, s'efforçant de réduire le prix du travail, et s'inquiétant fort peu de savoir si l'ouvrier pourra mettre *la poule au pot*.

Que tous nos corps de métier européens aient donc, par quartier, un *Amin*; ces Amin formeront, par leur réunion, le *conseil du corps*. Selon l'importance de la profession, un ou plusieurs délégués de chacun de ces conseils, formeraient le *syndicat industriel*, véritables *notables* de l'industrie; car la patente ne prouve pas la notabilité, ni la moralité, ni la capacité; et de plus, elle n'indique aucun lien entre les gros et les petits patentés, ni entre tous les patentés et leurs ouvriers.

Ce *syndicat* constituerait, dans son propre sein, la *justice* commerciale générale (tribunal de commerce); de même que les *conseils spéciaux* des corps de métier formeraient, parmi eux, la *justice* spéciale des prud'hommes.

L'autorité supérieure administrative choisirait, dans le *syndicat*, sur candidats présentés par les syndics, le personnel vraiment administratif de l'industrie, c'est-à-dire les hommes qui représenteraient et connaîtraient réellement les besoins généraux de la population industrielle.

Ces administrateurs, chargés de la *police* et de l'*impôt*, par l'intermédiaire des *Amin* ou chefs de quartier, seraient en même temps les directeurs de toutes les mesures d'*ordre* relatives au peuple industriel ; ils auraient la surveillance et la haute direction des relations de l'ouvrier avec les chefs d'atelier, passeraient des inspections régulières de ces ateliers, tiendraient registre des états de situation des corps ; ils seraient les seuls intermédiaires entre la population industrielle et l'autorité supérieure, car eux-mêmes feraient partie de l'administration ; enfin, osons dire le mot, puisque nous avons déjà osé dire corporations et syndics, ils seraient *échevins*.

Tous ces mots sont fort mauvais, en pratique, je n'en disconviens pas ; mais les noms de maire, de commissaire de police et même de juge-de-paix, que j'aurais pu donner, pour éluder une difficulté, seraient fort mauvais ici (en théorie), parce qu'ils n'impliquent aucune idée d'influence sur le *travail*, sur les relations des travailleurs, maîtres et ouvriers, entre eux. Ces derniers mots ne représentent, quant à l'influence sur les personnes, le premier, qu'un enregistrement du nom et du domicile ; le second, que l'amende et la prison ; le troisième, que des conciliations entre individus quelconques. L'ouvrier ne connaît habituellement la mairie que pour son permis de séjour ; la police, que parce qu'elle lui fait balayer le devant de sa porte et fait fermer les cabarets le soir ; et l'administration supérieure, le Gouvernement, que pour payer l'impôt et tirer à la conscription ; comment s'étonner, s'il n'aime ni le Gouvernement, ni la police, ni la mairie ?

Aujourd'hui, ce que nous avons à craindre, en voulant organiser l'industrie, ce n'est pas du tout l'objection que faisaient aux corporations les économistes, et qui a fait détruire les maîtrises et jurandes par Turgot[1]. On ne craint pas, même dans le libéralisme le plus radical, que ce puisse être aujourd'hui une arme, dans les mains du pouvoir, pour opprimer et pressurer le peuple ; c'est tout le contraire ; les conservateurs exagérés craignent, et les radicaux exagérés désirent, que cette organisation du peuple favorise l'oppression du Gouvernement par le peuple, de ceux qui possèdent par ceux qui ne possèdent pas. Sans doute cela serait, si ceux qui possèdent et ceux qui gouvernent ne se hâtaient pas (et fort heureusement ils le font) de connaître mieux les besoins généraux de l'industrie, que ne les connaissent ceux qui sont

---

[1] M. Arago lui-même a blâmé publiquement la suppression faite par Turgot ; du moins en ce sens que Turgot n'avait rien *mis à la place* de ce moyen d'ordre qu'il supprimait.

gouvernés et ne possèdent rien ; cela serait, s'ils ne se mettaient pas, eux-mêmes, *à la tête* de cette organisation, s'ils la laissaient faire *en dehors d'eux*, comme les gouvernants et les nobles d'autrefois, qui auraient cru déroger en se mêlant d'industrie. Enfin, ce résultat aurait même lieu, *si l'on tardait trop longtemps*, parce que le manque d'organisation du peuple, l'anarchie industrielle, entretient et favorise le développement de tous les sentiments révolutionnaires.

En Algérie, heureusement, aucune révolution n'est à craindre, de la part de la population civile européenne ; elle est peu nombreuse, l'armée est considérable, et nous sommes en présence d'Arabes qui feraient un fort mauvais parti à des révolutionnaires victorieux. Si donc nous devons un jour commencer l'organisation industrielle, en France, et cela est inévitable, l'Algérie, je le dis encore, est un excellent lieu d'essai ; cet essai nous évitera de faire, plus tard, des écoles qu'il faut toujours prévoir, et qui seraient très-dangereuses en France, mais sans inconvénients graves en Algérie.

La création du ministère des *travaux publics* et de celui du *commerce;* la haute importance que viennent de prendre la question des chemins de fer dans notre politique *intérieure*, celle des sucres dans notre politique *coloniale*, celle des douanes dans notre politique *étrangère* avec l'Allemagne, la Belgique et l'Angleterre ; le rôle que remplissent, dans notre politique *générale*, d'une façon exagérée selon quelques esprits, mais enfin d'une manière incontestable, les *intérêts matériels*; le nombre considérable de banquiers, négociants, fabricants, ingénieurs, qui paraissent et s'élèvent, de plus en plus, sur l'horizon politique, à mesure que s'abaissent et s'éclipsent la politique orageuse de l'Empire et la politique nuageuse et nébuleuse des métaphysiciens légistes ou mystiques de la Restauration, tout annonce que nous approchons du moment où nous *organiserons l'industrie* en France. En même temps, la plus grande, la plus belle œuvre industrielle qu'un peuple puisse entreprendre, la colonisation de l'Algérie, nous presse.

XIV. — Quelques mots encore sur le *ministère des colonies*, que j'ai prétendu être une troisième création ministérielle, indispensable aux besoins de notre époque.

J'ai supposé qu'il embrasserait toutes les *affaires* de *l'Algérie*, qui sont aujourd'hui au ministère de la guerre; toutes celles des *colonies*, qui dépendent du ministère de la marine; celles des *consulats commerciaux*, qui dépendent du ministère des relations extérieures; enfin les *paquebots à vapeur* de l'administration des postes, dépendant du ministère des finances.

Le budget de ce nouveau ministère serait donc un des plus considérables; or, quand bien même ce budget ne se composerait que des réductions opérées sur les autres ministères, pour les parties qui seraient retirées de leurs attributions, son élévation seule, qui paraîtrait naturellement un signe de son importance, serait aussi la source de beaucoup d'obstacles que rencontrerait sa création.

« Sommes-nous donc une puissance maritime et coloniale si puissante, dira-t-on, que nous devions avoir un ministère de la marine et un ministère des colonies? Napoléon avait deux ou trois ministères de la guerre[1], parce qu'il voulait être le maître de la terre ; prétendons-nous, aujourd'hui, à la souveraineté de la mer et à l'empire d'Asie, d'Afrique et d'Amérique ? »

Non, sans doute, mais Napoléon n'avait pas sur les bras la question d'Orient, celle de l'affranchissement des Noirs et celle de l'Algérie ; de son temps, les Anglais ne songeaient pas à la route de la Chine par Suez et par l'Euphrate, et les Russes à la route de la Perse par Constantinople, et à celle de toute la côte occidentale d'Amérique par le grand Océan Boréal ; les Américains n'avaient pas la moindre idée de réunir les deux Océans et toutes les parties du monde par l'isthme de Panama ; de son temps, l'Autriche n'avait pas plus de vaisseaux que la Prusse ; tandis que l'Espagne, le Portugal, la Hollande, au contraire, avaient encore

---

[1] Sous l'Empire, outre les Ministères que j'ai déjà désignés, il y avait la *maison militaire* de l'Empereur, dont l'état-major se composait de quatre maréchaux et douze généraux, et qui était une véritable armée, la *garde impériale*, forte de trente-sept régiments d'infanterie et sept de cavalerie ; avec artillerie, génie et toutes les dépendances d'une armée.

une marine et des colonies, auxiliaires et presque succursales de la marine et des colonies de la France. Aujourd'hui nous sommes *seuls,* seuls sur la mer comme sur la terre, seuls dans la question du droit de visite sous M. Guizot ; comme dans la question d'Orient sous M. Thiers ; songeons donc à trouver, *en nous seuls*, la force qui pourra donner quelque dignité à notre solitude. Et surtout, que notre attitude ne soit pas une simple bravade ; les Chambres, contre le ministère lui-même, ont voté naguère l'armement de dix vaisseaux de plus : le ministère n'avait pas grand tort ; ce ne sont pas des vaisseaux de plus et des canons qu'il nous faut, en cet état d'isolement où nous sommes ; quoi que nous fassions, sous ce rapport, *seuls,* nous ne nous défendrions pas contre *tous.* C'est notre puissance pacifique qui doit se montrer forte, là où elle se montre d'une faiblesse extrême ; en Algérie d'abord, et aussi en Orient, et sur toutes les mers, où nous rencontrons, non pas l'artillerie anglaise, mais quelque chose de plus formidable encore, le commerce foudroyant des Anglais et des Américains.

C'est donc précisément parce que le ministère de la marine est et doit être *militaire,* qu'il faut un ministère des colonies qui puisse organiser notre puissance *productive* et commerciale, notre puissance pacifique au-delà des mers.

Mais alors, dira-t-on encore, puisqu'il s'agit de commerce, d'industrie et d'agriculture, au-delà des mers, pourquoi ne pas réunir tout ceci au *ministère du commerce* qui existe, et qui a déjà la direction du commerce, de l'industrie et de l'agriculture à l'intérieur?

Parce que l'intérieur et l'extérieur sont deux choses fort différentes, même quand cet extérieur appartient à la France; parce que si, dans une époque guerrière, Napoléon a eu deux ministères de la guerre, ce n'est pas trop de deux ministères industriels, à une époque industrielle comme la nôtre; enfin, et par-dessus tout, parce qu'il ne s'agit pas ici seulement de la *spécialité* industrie, il s'agit de *gouverner*, et ce mot embrasse la guerre, la justice, le culte, l'instruction, les travaux publics, la police, l'administration civile; toutes choses qui sont en dehors du ministère du *commerce*.

Le ministère des colonies serait donc un *gouvernement*, et c'est là l'objection capitale, dans une société où beaucoup de gens ne veulent pas de gouvernement, et où bien des gouvernants n'osent pas gouverner. En effet, ce ministère renfermerait un jour, dans son sein, les hommes qui auraient *pacifié et colonisé l'Algérie*, ceux qui auraient accompli l'œuvre si difficile de l'abolition de la *traite* et de l'affranchissement des *Noirs*, et qui, par conséquent, auraient résolu les questions très-délicates du *droit de visite* et des *sucres*; il renfermerait encore ceux qui nous auraient rendu, *en Orient*, la part d'influence civilisatrice que nous devons y avoir, ceux qui auraient ouvert et garanti au commerce *du monde entier* les voies nouvelles, convoitées par les Anglais, les Russes et les Américains, mais convoitées *pour eux seuls*, l'isthme de Suez, les Dardanelles et l'isthme de Panama ; ceux enfin qui auraient fait, pour le *commerce maritime*, ce que la France commence par son réseau de chemins de fer, c'est-à-dire qui auraient tracé les grandes voies de communication par la vapeur que suivra notre commerce.

Tous ces hommes, qui auront accompli ces grandes choses, ressortiraient, dépendraient directement du ministère des colonies, et je conçois qu'il y ait là de quoi piquer l'amour-propre de quelque autre ministère ; mais, il n'y a pas à dire, les grands hommes de l'Empire étaient des *maréchaux*, parce que l'Empire était *guerrier*[1] ; les grands hommes, sous Louis XVI, étaient des *philosophes*, parce qu'il s'agissait alors de faire la guerre aux *idées* et aux *croyances*, et de mettre dans le domaine commun l'arme la plus puissante de la *pensée*, la Presse ; ceux qui ont brillé sous la Restauration étaient des *avocats*, parce que la Restauration était une *chicane* faite à la France, et que la France rendait chicane pour chicane ; enfin, ceux qui tendent à grandir de nos jours, sont ceux qui savent le mieux faire la *guerre à la nature*, la soumettre à l'homme ; ce sont

---

[1] Voir la note C.

les maréchaux, les philosophes et les avocats de la paix, de l'industrie et du commerce, les hommes qui mettront dans le domaine commun l'arme la plus puissante de la *richesse,* la vapeur.

Les temps où Voltaire et Rousseau, d'Alembert et Diderot avaient des autels, ne sont plus ; ceux où Bernadotte et Murat montaient sur des trônes ; ceux où M. Lainé prenait la couronne sur le front de César, et rendait aux Bourbons cette couronne que M. Peyronnet leur faisait perdre, ces temps sont passés et ne *reviendront* pas ; la *plume,* l'*épée* ou la *parole* ne commandent plus ; elles font place à la *vapeur,* qui entraîne la *science,* la *force* et la *justice* de la France sur la voie de la PAIX.

Montesquieu remarque[1] que la capacité des vaisseaux, qui se mesurait par *muids de blé,* s'est mesurée ensuite par *tonneaux de liqueur.* En ce moment, la *contenance* intéresse moins, quant aux *choses*; on s'occupe beaucoup des *personnes,* et c'est la *rapidité* surtout que l'on apprécie : on mesure les navires par *chevaux de vapeur.*

Ainsi, pour sortir de sa condition toute *matérielle* de *chose,* et acquérir la qualité de *personne,* le commerce maritime, partant des *solides,* est passé par les *liquides* et enfin arrive aux *gaz;* après avoir pourvu

---

[1] *Esprit des lois*, liv. XXI, ch. IV.

à la *nutrition,* il s'est occupé de la *circulation* et parvient à la *respiration;* sa vie physique et physiologique se complète; l'industrie tout entière fait de même; ses poumons étaient faibles, voilà pourquoi la politique la croyait muette et bonne pour garder la maison, avec les eunuques et les femmes. Aujourd'hui elle parle haut, quelques uns même trouvent qu'elle crie un peu fort; près de ceux dont elle blesse les oreilles, je réclame au moins l'indulgence : un muet qui trouve la parole est excusable d'en abuser, et même de croire ses auditeurs un peu sourds; on ne le corrigerait pas en criant plus haut que lui.

Prouvons que nous avons entendu et compris cette voix qui domine toutes les voix, et qui crie à la France, au monde : Paix et travail! Organisons la paix, organisons le travail, ce sera coloniser l'Algérie et sauver la France.

Sauvons-la, délivrons-la des hommes de *guerre,* quelles que soient leurs armes, la plume, l'épée ou la parole; transformons ces armes révolutionnaires, meurtrières ou tracassières, en instruments pacifiques d'ordre, de protection et de commandement dans l'atelier; changeons *l'épée en soc de charrue !* Que les philosophes, si habiles autrefois à renverser l'autel du *Dieu des armées,* emploient toute leur *science* à faire le plan du temple du *Dieu du travail;* que les guerriers, si forts pour *discipliner* les hommes qui doivent combattre les hommes, emploient toute leur *force* à discipliner les hommes qui doivent triompher de la nature! Enfin, que les avocats qui ont si bien défendu la France contre les *chicanes* de l'ancien régime, prennent la noble cause du régime nouveau et ne chicanent pas l'avenir!

Mais quand de pareils évènements sont prochains, lorsque les signes des temps se montrent, Dieu, dira-t-on, désigne toujours aussi l'homme qui doit présider à l'œuvre annoncée. Or, où donc est aujourd'hui cet homme, auquel son ardent amour pour la PAIX, pour les sciences et les arts de la PAIX, ferait tout entreprendre, et qui serait prêt à braver, pour ELLE, des dangers mille fois plus terribles que les dangers des champs de bataille, à braver journellement l'assassinat et jusqu'aux plus ignobles injures?

Cet homme n'est-il donc pas sur le trône de France?

APPENDICE.

NOTES.

A. — Sur la COLONISATION ROMAINE.

B. — Sur la CONSTITUTION DE LA PROPRIÉTÉ en Algérie.

C. — Sur les RÉVOLUTIONS INTELLECTUELLES et les RÉVOLUTIONS POLITIQUES.

D. — Sur la CARTE et sur le TABLEAU DES FORCES DISPONIBLES.

NOTE A

SUR LA COLONISATION ROMAINE (Voir page 12).

(Avant d'émettre, sur la colonisation romaine, une opinion aussi différente de celle qui est généralement admise, j'ai désiré avoir l'adhésion d'une autorité tout-à-fait compétente en pareille matière; j'ai soumis à un membre de l'Académie des inscriptions, qui venait de visiter l'Algérie, une lettre, dans laquelle j'avais réuni les idées que j'ai développées dans l'*Introduction*. Le savant, auquel je m'étais adressé, m'a répondu par la note suivante, dont il a bien voulu me permettre de disposer.

Depuis lors, j'ai eu la satisfaction de voir que ces idées étaient également celles de M. Dureau de la Malle, à qui j'avais communiqué mon ouvrage, en sa qualité de rapporteur de la Commission académique chargée d'examiner les travaux de la Commission scientifique. M. Dureau de la Malle a confirmé pleinement cette manière d'envisager un fait aussi important de l'histoire, dans un article du *Journal des Débats*, du 6 janvier 1843, ayant pour titre : SUR LA COLONISATION DE L'ALGÉRIE, *colonisation romaine*.)

La question d'Alger est immense; elle touche aujourd'hui à tous les intérêts du pays, à sa gloire, à sa prospérité matérielle, à son avenir. De même, l'histoire de Rome est presque tout entière dans son action sur les pays conquis par les Romains ; action lente mais irrésistible, et que nous appelons, assez improprement à mon avis, la *colonisation* romaine ; car, dans l'état ordinaire des choses, les Romains, une fois sortis de l'Italie, ne colonisaient *jamais*. Ils ne faisaient que de l'*assimilation*. Le glaive des légions commençait l'œuvre ; elle s'achevait par le temps, par les maîtres d'école, par la littérature et les arts, enfin par la naturalisation ou le droit de cité donné à pleines mains par les Empereurs. La devise des chefs militaires, comme des administrateurs, semble avoir été le fameux proverbe : *Romanus sedendo vincit*. Mais il faudrait écrire un volume pour raconter l'histoire de cette assimilation, ou, si l'on veut absolument l'appeler ainsi, de cette *colonisation* romaine qui s'accomplit en Afrique durant l'espace de sept siècles ; il faudrait encore écrire une vingtaine de pages pour démontrer, d'après les documents épars de tout genre qui nous restent, combien l'état des choses différait alors de ce qu'il est aujourd'hui ; car depuis la conquête arabe tout a changé : langue, mœurs, sympathies, vie morale, qui est mille fois au-dessus de la vie matérielle. Accablé d'affaires, je suis dans l'impossibilité d'entreprendre un travail semblable ; je n'ose pas même rectifier toutes les erreurs reçues en pareille matière, ayant moi-même besoin de beaucoup d'indulgence pour les réflexions qui vont suivre.

Selon moi, l'auteur de la lettre que j'ai lue avec le

plus vif intérêt, a parfaitement raison quand il dit que jamais les Romains « n'ont transporté en Afrique, et généralement dans leurs innombrables conquêtes, la *famille*, si ce n'est par exception; » qu'ils n'ont « ni détruit, ni refoulé les populations vaincues, en Afrique pas plus que dans les Gaules ; qu'ils n'ont pas, comme les Anglais dans les États-Unis, porté dans les pays conquis un peuple tout nouveau de colons. » Cela est pour moi hors de doute. Cependant, je n'oserais pas dire, avec le judicieux auteur de la lettre, qu'ils ont bien plus ressemblé aux Anglais de l'Inde. Ceux-ci, sur les bords du Gange, gouvernent des peuples qui se refusent à toute fusion. Il y a différence de race, de religion, et, quant aux Hindous, différence de couleur. Mais lorsque Rome victorieuse, après la chute de Carthage, devint maîtresse de la Zeugitane et de la Byzacène; lorsque plus tard la Numidie et la Mauritanie furent réunies à l'empire par Jules César et par Claude, ces pays étaient remplis de villes et habités par une nombreuse population agricole. L'islamisme n'avait pas encore « empêché l'herbe d'y croître. » Les anciens gouvernements ayant disparu, tout devint facile; car vaincus et vainqueurs étaient à peu près de la même race, et, de plus, les uns et les autres étaient *idolâtres*. L'indifférence a toujours été de bonne composition ; et le polythéisme, tolérant de sa nature, est fort éclairé sur les intérêts positifs. On ne rencontrait donc pas chez les indigènes, comme aujourd'hui, une religion guerrière, haineuse et exclusive. Les notables des villes reçurent avec reconnaissance le droit de cité; leurs enfants prirent des noms romains, eurent une éducation romaine; la carrière des honneurs et des emplois s'ouvrit devant eux. L'exemple une fois donné, personne, en Afrique, ne résista plus à la double influence du pouvoir et d'une civilisation supérieure; l'ambition, l'intérêt, la vanité firent le reste. Dans les grandes et opulentes cités maritimes, à Siga (embouchure de la Tafna), Césarée (Cherchel), Saldæ (Bougie), Igilgilis (Gigelli), le commerce fit bientôt naître des relations suivies et des alliances de famille avec les populations déjà *romanisées* des Gaules et de l'Espagne; car un autre secret de la force de Rome, de la durée et de la stabilité de son empire, c'est que la Méditerranée fut tout à elle. Sous l'Empereur Trajan, le descendant d'un soldat de Jugurtha, né lui-même à Lambèse (Tezzoute?), au pied du mont Aurasius (Djebel Auress), s'appelait peut-être Quintus Cæcilius Longinus; il ne parlait et surtout il n'écrivait d'autre langue que la langue latine. Suivait-il la carrière militaire? Comme les jeunes soldats ne restaient pas dans les pays où ils étaient nés, il pouvait avoir fait ses premières armes à Amida (Diarbekir), avoir commandé une escouade de cavalerie à Sabaria (Stein am Anger, non loin de Vienne en Autriche), où naquit plus tard saint Martin de Tours; enfin s'être marié à Juliobona

(Lillebonne) à une jeune Gauloise. Celle-ci descendait peut-être d'un chef massacré par les soldats de César ; mais si elle appartenait à une famille aisée, elle avait certainement le même langage, la même éducation, les mêmes sympathies patriotiques que son mari. Tous les deux, étant enfants, l'un au fond de l'Afrique, l'autre sur les bords de la Seine, avaient jeûné aux ides de février (défaite et mort des Fabius), et le 6 des kalendes de mars (le Régifuge, anniversaire de la fuite de Tarquin) avait été pour tous les deux un jour de fête. En parlant de Rome, ils pouvaient dire l'un et l'autre, avec un poète national, né à Alexandrie en Egypte (Claudien, XXIV, v. 150-159) :

> Hæc est, in gremium victos quæ sola recepit,
> MATRIS, non DOMINÆ ritu; CIVESque vocavit
> Quos domuit, nexuque pio longinqua revinxit.
> Hujus pacificis debemus moribus omnes,
> Quod veluti patriis regionibus utitur hospes;
> Quod sedem mutare licet; quod cernere Thulen
> Lusus, et horrendos quondam penetrare recessus;
> Quod bibimus passim Rhodanum, potamus Orontem;
> Quod cuncti GENS UNA sumus.

Je suis entré dans quelques détails concernant cette fusion complète de tant de peuples en un seul, fait unique dans l'histoire, et qui, loin d'être bien compris, a été à peine aperçu par ceux qui, depuis dix ans, ont écrit sur ce qu'ils appellent la colonisation romaine en Afrique. Ils opposent toujours, comme deux peuples différents et même ennemis, les Romains et les indigènes. Mais au troisième siècle de notre ère, les Africains comme corps de nation n'existaient plus. Il n'y avait que des Romains, à l'exception des esclaves et de quelques paysans. Lucius Septimius Severus naquit à Leptis (Lebdé), dans la régence de Tripoli. Il est fort possible que ses ancêtres, enrôlés dans les armées des Carthaginois, ou embarqués sur leurs flottes, aient combattu les légions de Scipion ; mais cinq cents ans plus tard, cette famille était devenue romaine ; elle avait été élevée, peut-être par la faveur de quelque proconsul, jusqu'à la dignité équestre. (Spartian. *Vita Severi*, cap. I : *Majores, equites romani, ante civitatem omnibus datam.*) Le jeune Africain avait fait ses études à Rome (*ibid.* : *studiorum causâ Romam venit*); habile, brave, ambitieux, lettré (*ibid.* : *priusquam latinis græcisque litteris imbueretur, quibus eruditissimus fuit*), il devint successivement avocat du fisc, questeur en Sardaigne, sénateur, proconsul en Pannonie, général, Empereur, bien qu'il conservât toute sa vie l'accent africain (*Ibid.*, cap. XIX : *Canorus voce, sed Afrum quiddam usque ad senectutem sonans*). Sa propre sœur, dont l'éducation paraît avoir été singulièrement négligée, était malheureusement restée par trop *Africaine* ou *provinciale*, comme une campagnarde du Languedoc ou de la Bretagne dont le frère serait devenu maréchal de l'Empire; et lorsqu'elle arriva à Rome, Sévère étant déjà Empereur, les dames élégantes de la capitale devaient se moquer beaucoup d'elle (*ibid.*, cap. XV : *Quum soror sua Leptitana ad eum venisset, vix latinè loquens, ac de illa multùm Imperator erubesceret, etc.*); aussi eut-il hâte de renvoyer cette personne dans sa province (*ibid. : Dato filio ejus lato clavo, atque ipsi multis muneribus, redire mulierem in patriam præcepit*).

Ainsi, au second siècle de notre ère, l'immense majorité de la population libre de la Numidie et de l'Afrique proconsulaire était romaine, non par son origine, mais par sa langue, sa littérature, ses institutions, son patriotisme. La *urbs æterna*, le *genius populi romani* comptaient au nombre de ses divinités. Qu'il y ait eu, mêlées à cette grande masse, quelques véritables colonies militaires, *coloniæ sagatæ*, cela est certain ; on peut même supposer que des vétérans, se fixant dans ces établissements et cultivant des terres *appartenant à l'État*[1], y ont amené leurs femmes parlant latin comme eux, mais nées en Espagne, dans les Gaules, dans la Germanie, devenue, elle aussi, en partie romaine. Peut-être y avait-il même, dans le nombre, quelques filles ou femmes originaires de Rome ou du moins de l'Italie, bien que cette contrée fût déjà fort dépeuplée du temps de Vespasien ; mais ces

---

[1] J'appelle l'attention sur ces mots qui touchent à la *propriété*.

P. E.

colons ne formaient certainement qu'une partie extrêmement faible de la population. Ce qui a induit en erreur plusieurs écrivains modernes, c'est le nom de *colonie* que portaient, au troisième siècle, presque toutes les villes un peu considérables de l'Afrique romaine. On ne s'est pas rappelé qu'alors ce nom, fort ambitionné et recherché par les municipalités provinciales, n'était plus qu'un titre d'honneur, semblable à celui de *bonne ville* que les Rois de France donnaient jadis aux grandes cités du royaume.

Au surplus, vu la perte de tous les ouvrages anciens où il était question d'une manière spéciale de l'administration de l'Afrique proconsulaire et de la Mauritanie, ce qui concerne les établissements militaires dont je viens de parler (les *Coloniæ sagatæ*, toujours distinctes des *Coloniæ togatæ*) est fort obscur. Les *Auctores rei agrariæ* (*Ed. cura W. Goensii, 1674*) ne donnent presque aucun renseignement sur leur organisation intérieure. Nous sommes réduits aux notions très-incomplètes recueillies par Heineccius, *Antiquitatum syntagma* (*append.* § *125, sqq.*); Heyne, *Opuscula academica* (tom. I, p. 290-329, et tom. III, p. 79-92); Otto, *De ædilibus coloniarum et municipiorum* (p. 35). Voyez aussi M. Dureau de La Malle, *Recherches sur l'histoire de la partie septentrionale de l'Afrique connue sous le nom de Régence d'Alger, et sur l'administration et la colonisation de ce pays à l'époque de la domination romaine* (Paris, imp. roy., 1835, in-8°). —

Sur l'assimilation opérée par les Romains, on trouve de judicieuses observations dans l'ouvrage de M. Amédée Thierry, *Histoire de la Gaule sous l'administration romaine* (tom. I, *Paris, 1840, in-8°*). — Enfin, sur l'extinction de la population latine en Afrique, en butte aux plus horribles persécutions de la part des Arabes, il faut consulter Gibbon, *Histoire de la décadence et de la chute de l'Empire romain,* traduction de M. Guizot (tom. X, p. 332).

Je me résume. Aux personnes qui « *ne poussent et ne pousseront à la colonisation française de l'Algérie, par l'importation de familles* AGRICOLES *, que parce que, selon elles, Rome agissait ainsi,* » on peut répondre qu'il faut grandement se défier des comparaisons historiques, quand tout a changé autour de nous. L'Afrique a toujours été cultivée par les Africains. S'il fallait absolument chercher quelque analogie entre ce qui eut lieu dans ces siècles reculés et les faits qui s'accomplissent de nos jours, sous nos yeux, une critique historique éclairée comparerait plutôt l'action de Rome sur l'Afrique, ou, si l'on veut, la colonisation romaine de ce pays, à l'action que le Nord de la France exerce depuis quelques siècles sur le Roussillon, sur le Languedoc, sur la Provence. Ce que nous voyons aujourd'hui en France avait lieu dans l'Empire romain, seulement sur une échelle infiniment plus vaste. Pendant une grande partie du moyen âge, les provinces que je viens de nommer eurent une langue différente et déjà fort cultivée, celle des Troubadours ; leurs usages différaient totalement de ceux du Nord. Leurs guerriers, tantôt sous les bannières des Rois d'Angleterre, tantôt sous celles de comtes et de ducs à peu près indépendants, combattaient sans cesse les armées des Rois de France. Le Languedoc n'a été réuni à la Couronne qu'en 1271, la Provence sous Louis XI, le Roussillon bien plus tard, en 1642. Et cependant, aujourd'hui on parle français à Toulouse, à Marseille, à Perpignan ; les habitants de ces contrées ne le cèdent à ceux du Nord ni en instruction ni en patriotisme ; ils peuvent parvenir aux plus hautes fonctions, car ils sont Français comme les autres ; ils ont la même éducation et les mêmes droits. La force matérielle et morale du pays est même dans cette idée : *Quod cuncti* GENS UNA *sumus*. —

A ceux qui croient que les Empereurs « *ont rempli l'Afrique de familles de cultivateurs romains*, » il faudrait demander s'ils pensent que le Gouvernement résidant à Paris « a *mis en culture* une grande partie de ses possessions en Provence » par des colons venus du Nord, ou, en d'autres termes, si une grande portion de la population agricole ou vinicole de la Provence est *Parisienne* ou *Picarde*. Non, certes. Eh bien ! la fusion qui a eu lieu en France s'était également opérée dans l'Empire des Césars, alors comme aujourd'hui, sans déplacement des populations agricoles. Les militaires et les fonctionnaires civils seuls voyageaient. Sous les Romains, une foule d'Africains se trouvaient en Italie comme juges et comme administrateurs, tandis que, parmi les magistrats de Cirta et de Sitifis, on comptait des Gaulois, des Espagnols et peut-être même des Italiens.

Pour faire voir comment le génie romain, favorisé par des circonstances extraordinaires qui ne peuvent se reproduire, avait absorbé les peuples réunis sous sa domination, je n'ai cité que quelques traits saillants que j'aurais pu multiplier à l'infini. Mais en terminant cette note déjà trop longue, je ne veux nullement juger les mesures que nos généraux semblent aujourd'hui vouloir prendre en Afrique. Notre situation y est entièrement différente. Nous n'y avons plus les sujets dociles de Massinissa, ni les riches colonies phéniciennes, industrieuses, commerçantes et éclairées. Nous avons affaire à une race guerrière, dont l'éternelle inimitié est le résultat d'une croyance religieuse immuable, et chez laquelle, au sein même de la paix et de la possession la moins contestée, ne pouvant changer la religion ni faire concevoir à ces peuples d'autres lois que celles qu'elle a consacrées, nous parviendrons difficilement à associer les vainqueurs aux vaincus. D'après ce que j'ai vu en Afrique, c'est peut-être une brillante et philanthropique utopie que de rêver la civilisation des peuples musulmans de l'Atlas. D'ailleurs, l'islamisme est paresseux de sa nature. Peut-être faudra-t-il cultiver nous-mêmes la terre africaine et remplacer par des colons *européens*, au moins sur quelques points, les indigènes, si la barbarie de ceux-ci, leur fanatisme et leur manière d'envisager la liberté, leur rendent trop odieuses les institutions de notre ordre social. Ou bien faudra-t-il *coloniser* en Algérie, non comme les Romains, mais comme les Russes l'ont fait, dans les royaumes jadis mahométans de Casan et d'Astracan? comme ils vont le faire peut-être en Circassie? — Mais heureusement je n'ai pas à me prononcer sur ces grandes et difficiles questions. J'ai dû me borner à indiquer historiquement, d'après le témoignage unanime des auteurs anciens et des monuments, la différence énorme qui a existé et qui, je le crains, existera encore pendant longtemps, entre la position des Romains en Afrique et la nôtre.

Paris, le 19 janvier 1842

NOTE B

SUR LA CONSTITUTION DE LA PROPRIÉTÉ EN ALGÉRIE.

(V. le ch. Ier de la 1re partie.)

(L'étendue de ce volume me force à supprimer les extraits que j'avais promis ; je me borne à indiquer les ouvrages.)

Lettre sur la constitution de la propriété en Algérie, adressée à M. Enfantin, membre de la Commission scientifique d'Algérie, par M. Marion, *juge au siège de Bône.*

Depuis la page 37 jusqu'à la page 53, avec citations des ouvrages suivants [1] :

Nécessité de substituer le gouvernement civil au gouvernement militaire en Algérie, par M. le capitaine d'état-major Leblanc de Prébois.

— *De la domination turque dans la Régence d'Al-*

---

[1] Cette lettre contient en outre l'examen et la réfutation des opinions émises antérieurement sur la propriété en Algérie.

ger, par M. Valsin Esterhazy, capitaine d'artillerie.

— *L'Algérie*, par M. le baron Baude (2ᵉ vol., ch... *Constitution de la propriété*).

— *Extraits d'un Mémoire* de M. le capitaine d'état-major Saint-Sauveur.

— *Extrait d'une note* de M. Urbain, interprète de première classe.

— *Extrait d'un Mémoire inédit* de M. le général Duvivier.

Solution de la question de l'Algérie, par le général Duvivier. (Note VII, p. 328, *sur l'établissement de la propriété chez les musulmans*.)

Cette note est un résumé de l'opinion de M. Worms. Voir sur cette opinion le *Moniteur* des 20 novembre et 15 décembre 1841.

Question d'Afrique, par M. Eugène Buret, p. 274, 279.

Tableau des Établissements français en Algérie en 1840. — *Appendice.* — *Organisation et situation de la province de Constantine, à l'époque de l'occupation ;* par MM. Urbain et Warnier. (P. 345 à 355, *Domaines du Beylik*.)

NOTE C.

CONCORDANCE DES RÉVOLUTIONS INTELLECTUELLES ET DES RÉVOLUTIONS POLITIQUES. (V. la *Conclusion*, p. 500.)

Les révolutions intellectuelles qui accompagnent les révolutions politiques sont assez curieuses à examiner.

Vers 1780, après avoir démoli l'Église et la Sorbonne, le culte et la théologie, l'*Académie française*, ou, si l'on veut, les *littérateurs* régnaient despotiquement sur les esprits; dès qu'ils se furent associé des *mathématiciens*, la puissance spirituelle tendit à se déplacer : d'Alembert et Condorcet éclairèrent la fin de ce règne, dont Voltaire et Rousseau avaient illuminé le commencement.

Après 1793, l'*Académie des sciences* prend le sceptre; les *mathématiciens* et *physiciens* remplacent les *littérateurs* : Monge, Fourcroy, Berthollet, Carnot, Laplace, Chaptal, Delambre, Lagrange, règnent dans le royaume de l'intelligence et sont aussi de hauts dignitaires de l'Empire. En même temps, Napoléon, membre de l'Institut, classe de *mécanique*, étouffe au berceau les enfants légitimes de la philosophie du

XVIIIᵉ siècle, et inscrit sur leur tombe, toute fraîche creusée, ce stigmate : idéologues ! Peu après, il refuse à Châteaubriand l'entrée de l'Académie française, chasse de France madame de Staël, et traite de conspirateurs Royer-Collard et Lainé. Enfin, la *mécanique* céleste et terrestre semble, pour toujours, posséder l'empire, lorsque de nouveaux savants, qui ne s'occupent pas des *nombres*, des *corps* et de *mécanisme*, mais de l'*organisme* des *êtres vivants*, s'emparent du sceptre à leur tour : Bichat et Lamarck, reprenant Cabanis, ouvrent la voie à Cuvier et Geoffroy Saint-Hilaire, et ceux-ci ensevelissent l'*Académie des sciences physiques et mathématiques*.

A côté d'eux, et en dehors des Académies, les *organisateurs* naissent de toutes parts ; les uns, *publicistes*, tels que de Maistre, de Bonald, madame de Staël, Lamennais, Montlosier, recherchent l'*organisme* des *sociétés*, et renversent les autels des dieux de l'olympe du XVIIIᵉ siècle ; les autres, *métaphysiciens*, tels que Royer-Collard, Laromiguière, Cousin et Jouffroy, analysent l'*organisme* de la *pensée* et brisent le joug étroit et pesant des *mécaniciens* de l'Empire. Mais, vers 1830, publicistes et métaphysiciens s'associent des *journalistes ;* dès lors le *Drapeau blanc* et le *Globe*, derniers signes de leur puissance, s'effacent devant la Révolution de juillet, et bientôt est fondée l'*Académie des sciences morales et politiques*.

Celle-ci, en effet, renferme les Rois régnants de la

pensée et de la politique ; le cénacle du journalisme de la Restauration s'est transformé en conclave, tandis que l'Académie des sciences ne compte plus qu'un seul souverain politique, M. Arago, et que l'Académie française est réduite à deux dieux de l'Olympe, MM. de Lamartine et Victor Hugo, et se recrute habituellement parmi les hommes d'état, tels que MM. Dupin, Thiers, de Salvandy, Guizot, Mignet, Molé, de Tocqueville et Pasquier.

Ainsi donc, les sciences ne mènent plus à la politique, comme sous l'Empire, elles ne lui servent plus à rien ; et la politique mène à l'Académie française, mais la littérature n'y gagne pas grand chose ; l'Académie française est un lieu de repos et de causerie politique, pour des hommes d'état fatigués et ennuyés, qui aiment à parler et parlent fort bien ; mais l'Académie des sciences morales et politiques est vraiment un institut aussi politique que scientifique ; ses membres sont tout aussi bien ministres dans le royaume de l'intelligence que dans celui de la politique.

En d'autres termes, *l'Académie française* était, avant 1789, l'expression de l'état social ; la politique y puisait ses armes. L'*Académie des sciences* fut, sans métaphore, l'arsenal de l'Empire, puisque ses membres ont fondé l'école polytechnique, les corps du génie et de l'artillerie, les ponts-et-chaussées, les arsenaux et manufactures d'armes, les mines et les poudres, et que Carnot, avant Napoléon, avait déjà *organisé la vic-*

toire. De même, *l'Académie des sciences morales et politiques* est l'expression très-exacte du régime social actuel[1].

Pour prévoir notre avenir intellectuel aussi bien que notre avenir politique, il semble donc qu'on devrait observer avec soin quels sont ou seront les éléments nouveaux que l'Académie des sciences morales et politiques s'associera, quels sont ceux qui germent en dehors d'elle. La tendance générale des intelligences n'est-elle pas un peu vers *l'économie politique ?* — En effet, *l'industrie* a grand besoin que la science politique s'occupe de son *organisation.* Et n'y a-t-il pas

---

[1] Sous l'*Empire*, la division des classes de l'Institut était :

1re classe. — Sciences physiques et mathématiques ;

2e — Langue et littérature françaises ;

3e — Histoire et littérature anciennes ;

4e — Beaux-arts.

Sous la *Restauration*, la classe des sciences physiques et mathémathiques descendit de deux degrés, en prenant toutefois un titre plus large, celui d'Académie *des sciences ;* et les quatre Académies furent rangées dans l'ordre suivant :

1º Académie française ;

2º — des inscriptions et belles-lettres ;

3º — des sciences ;

4º — des Beaux-arts.

Depuis 1830, on a conservé l'ordre des quatre Académies ; mais l'on a ajouté, *à leur suite*, une cinquième, l'Académie des sciences morales et politiques. D'après l'importance relative véritable, celle-ci devrait être *en tête* des quatre autres.

aussi un vague attrait pour les idées *religieuses ?* — En effet, la religion a bien besoin que la science morale s'occupe de sa *résurrection* ou *transfiguration.*

Organisation du travail, résurrection religieuse, telles sont les deux grandes œuvres que notre époque demande à l'avenir. Elles sont bien senties, mais fort mal comprises et encore plus mal exprimées, par les *républicains* et les *légitimistes,* qui ne gouvernent pas plus les esprits qu'ils ne gouvernent la politique. Toujours est-il qu'en ce moment, *l'intelligence* humaine *rêve* aux moyens de pourvoir aux intérêts *matériels* et *moraux* de l'humanité. Les savants qui sont dans cette voie, quels que soient les écarts de leur pensée, sont évidemment dans la route de l'avenir, quand bien même ils seraient traités par les grands génies de nos jours, comme ont été traités Châteaubriand, madame de Staël et tous les *idéologues,* pères de l'Académie actuelle des sciences morales et politiques, par le plus puissant génie des temps modernes, par Napoléon.

NOTE D.

SUR LA CARTE ET SUR LE TABLEAU DES FORCES DISPONIBLES DANS LES DEUX ZONES, CIVILE ET MILITAIRE.

Pour représenter clairement le plan de colonisation exposé dans cet ouvrage, et pour éviter la confusion, je l'ai tracé sur deux canevas géographiques.

Le premier renferme presque uniquement les noms des villes, des rivières et des montagnes citées dans le texte. Sur ce premier canevas, j'ai indiqué la division de l'Algérie en arrondissements et cercles, conformément à la division exposée dans le cours de l'ouvrage. Sur le second, je n'ai plus conservé que le nom des villes et rivières importantes, quelques noms de montagnes et le tracé des divisions territoriales, sans répéter les noms des cercles et arrondissements, et sans dessiner les montagnes ni tracer les routes actuelles, de manière à conserver plus de clarté pour le plan colonial que je voulais spécialement y placer.

J'ai posé sur ce canevas, ainsi simplifié, les noms des principales tribus indiquées dans l'ouvrage, et j'ai placé dans chaque cercle les établissements civils ou militaires, selon l'importance, le nombre, la position et la qualification que je leur avais attribués dans l'ouvrage. Dans ce second canevas, les routes que j'ai figurées, pour joindre les villes principales, indiquent suffisamment, par leur tracé en ligne droite, que j'ai simplement voulu appeler l'attention sur ces communications, et que je n'ai point prétendu reproduire un tracé réel, déjà existant ou à faire.

On sera peut-être surpris, après la lecture du livre, de ne pas voir sur la carte, ainsi que je l'ai écrit plusieurs fois, la zône civile ou maritime s'élargir beaucoup vers l'Est, et réduire ainsi, de ce côté, la largeur de la zône militaire intérieure. Cette idée me paraît tellement capitale, que je saisis cette occasion pour la reproduire encore une fois.

Quoique j'aie conservé à Guelma, Constantine et Sétif, et aux plaines qui sont au Sud de ces villes, le caractère militaire, on ne doit pas oublier que le Gouverneur de la province de l'Est réside à Bône, et qu'il a, *sous ses ordres*, politiquement, le Directeur des colonies militaires, commandant les troupes de la zône intérieure, dans cette province. Dans l'Ouest, au contraire, c'est à Mascara que réside le Gouverneur de la province, et il a sous ses ordres le Sous-Directeur des colonies civiles qui est à Oran. En deux mots, la province de Constantine est *sous l'influence* d'un gouvernement CIVIL; la province d'Oran est *sous l'influence* d'un gouvernement MILITAIRE.

Quant aux parties que je nomme *réservées*, il est

évident, d'après l'esprit dans lequel a été conçu cet ouvrage, que les deux pâtés montagneux de Kabiles, à l'Est et à l'Ouest d'Alger, ainsi que les Zerdéza et les Hanencha dans la province de Constantine, font partie, dès aujourd'hui, de ce que j'ai nommé la zône civile, puisque j'ai cherché à faire sentir, et, pour ainsi dire, à démontrer, que ce n'était pas par les armes, mais par l'industrie, le commerce, la marine et l'agriculture, qu'on pourrait parvenir à soumettre définitivement ces populations des montagnes du littoral.

Et pour la longue bande *réservée*, qui est figurée au Sud, quoiqu'elle limite de ce côté la zône militaire, ce sera seulement à l'époque où cette zône deviendra *productive*, que le Sahara algérien devra entrer utilement, comme le reste de l'Algérie, sous le gouvernement direct de l'autorité française. Jusqu'à ce que notre zône militaire soit *organisée*, nous n'avons donc aucune tentative de *domination* à faire de ce côté.

Pour faciliter l'intelligence de cette carte, je l'ai fait précéder d'un TABLEAU, où est résumée la distribution des forces disponibles, dans les deux zônes, conformément au texte de l'ouvrage. D'un seul coup d'œil, le lecteur pourra ainsi embrasser ce qui était épars dans la deuxième et la troisième PARTIE, qui traitent de l'organisation des colonies et de celle des tribus.

FORCES DISPONIBLES DANS LA ZONE MILITAIRE.

CAPITALES de cette zone.	ARMÉE SPÉCIALE D'ALGÉRIE.									COLONISATION MILITAIRE								TOTAUX PAR PROVINCES	
	Colonnes mobiles dans les chefs-lieux d'arrondissement.			Réserves						Françaises postes des postes militaires.				Indigènes (ou Makhzen de Zmėla.)					
				dans les chefs-lieux de cercle.			dans les postes militaires.												
	NOMS des arrondissements.	EFFECTIF.	TOTAL.	NOMS des cercles.	EFFECTIF.	TOTAL.	NOMBRE des postes.	CERCLES.	EFFECTIF.	TOTAL.	NOMBRE des Colonies.	CERCLES.	EFFECTIF.	TOTAL.	NOMBRE des Zmėlas.	NATURE de la population.	CERCLES.	EFFECTIF en fantassins ou cavaliers.	TOTAL.	en armée spéciale.	en colonies militaires.
CONSTANTINE. (Sous-directeur des colonies militaires.)	CONSTANTINE. Sétif. Guelma.	3,000 2,000 1,000	6,000	CONSTANTINE. Sigus. Milla. Aïn-Kerb. Sétif. Guelma.	800 800 1,000 1,000 "	2,600	" " " " " 2	CONSTANTINE. " " " " Guelma.	1,050 " " " " 350	1,400	6 " " " " 2	CONSTANTINE. " " " " Guelma.	3,000 " " " " 1,000	4,000	3 1 1 1 1 2	Arabes. Id. Id. Id. Kabiles. Id.	CONSTANTINE. Sigus. Milla. Aïn-Kerb. Sétif. Guelma.	500 250 500 250 250 300	2,050	10,000	6,950
MÉDÉA. (Gouverneur des colonies militaires.)	MÉDÉA. Miliana. Hamza.	3,000 2,000 1,000	6,000	MÉDÉA. Blida. O. Zeïtoun. Titteri. Miliana. El-Kantra. Hamza.	" 1,350 1,000 1,000 1,000 " 1,000	4,350	3 1 3 " 3 " "	MÉDÉA. Blida. O. Zeïtoun. " Miliana. " "	325 175 500 " 1,450 " "	2,450	3 1 3 " 3 " "	MÉDÉA. Blida. O. Zeïtoun. " Miliana. " "	1,500 500 1,000 " 4,000 " "	7,000	2 " " 1 1 1 1	Arabe et Kabile. " " Arabes. Id. Kabiles. Id.	MÉDÉA. " " Titteri. Miliana. El-Kantra. Hamza.	500 " " 250 250 250 250	1,500	13,000	8,500
MASCARA. (Directeur des colonies militaires.)	MASCARA (et les deux cercles Est et Ouest). Tékedemt. Tlemcen.	4,000 2,000 "	6,000	MASCARA. De l'Est. De l'Ouest. Le Sig. La Mina. Tékedemt. Angad. Tlemcen. Oudjda.	" " 1,000 1,000 " 1,000 1,000 1,500 1,000	6,500	3 2 1 2 4 1 2 " "	MASCARA. De l'Est. De l'Ouest. Le Sig. La Mina. Tékedemt. Angad. " "	1,600 350 175 350 760 175 350 " "	3,500	8 2 1 2 4 1 2 " "	MASCARA. De l'Est. De l'Ouest. Le Sig. La Mina. Tékedemt. Angad. " "	4,000 1,000 500 1,000 4,000 500 1,000 " "	16,000	1 1 1 1 1 1 3 1 "	Berbers. Arabes. Arabes. Kabiles. 2 Kab. 1 Berb. Arabe. " " "	De l'Est. De l'Ouest. Le Sig. La Mina. Tékedemt. Angad. " "	250 250 500 250 750 250 " " "	2,250	16,000	13,250
9 Arrondissements.		18,000		14 Cercles.		13,650	42	Postes militaires.		7,350	42	Colonies militaires.		27,000	24	Tribus zmėla (Makhzen).			6,000	38,000	27,000

NOTA. Les tribus à organiser fortement, sont: { Dans la province de CONSTANTINE, à l'Est les *Harakta*, à l'Ouest les *Ouled-Mokran*. — de MÉDÉA, à l'Est les *Arib*, à l'Ouest les *Matmata*. — de MASCARA, à l'Est les *Flits*, à l'Ouest les tribus vers *Oudjda*. }

TOTAL des forces de la zone militaire....... 65,000

FORCES DISPONIBLES DANS LA ZONE MARITIME.

CAPITALES de cette zone.	TROUPES sédentaires dans les arrondissem. et les cercles.	EFFECTIF.	TOTAL.	MILICES des villages coloniaux. NOMBRE des villages.	LIEUX où ils sont plantés.	POPULATION.	MILICE.	TOTAL.	TROUPES et milices.
BONE. (Gouverneur des colonies civiles.)	BONE (arrondissem.) Philippeville (id.) Bougie (cercle) Jigelli (id.) El-Harrouch (id.) Radjéta (id.) Fzara (id.) Dréan (id.) La Calle (id.)	1,000 1,000 1,300 700 1,000 1,000 1,000 500 500	8,000	2 3 2 3 2	De Philippeville à El-Harrouch Id. au Radjéta De Bône à La Calle Id. à Dréan Id. à Fzara Id. à l'Edough. Nota. Les milices actuelles des villes s'élèvent déjà ou peuvent s'élever facilement à environ.	2,000 3,000 3,000 3,000 2,000 2,000	500 750 750 750 500 750 3,000	7,000	15,500
ALGER. (Gouverneur général.)	ALGER (arrondissem.) Koléa (cercle) Bou-Farik (id.) Cherchel (id.)	2,000 1,000 1,000 1,000	5,000	12	Dans l'intérieur du fossé d'enceinte. Nota. Les milices actuelles des villes s'élèvent déjà ou peuvent s'élever facilement.	12,000	3,000 2,500	5,500	10,500
ORAN. (Sous-directeur des colonies civiles.)	ORAN (arrondissem.) Mostaghanem (id.) Route de Tlemcen (: cercles) Arzeu (cercle) Bas Chéliff (id.)	2,000 1,000 2,000 1,000 1,000	7,000		Pas de colonisation civile hors des banlieues d'Oran et Mostaghanem, et hors de l'enceinte des autres villes. Nota. Les milices actuelles peuvent s'élever à environ.		1,500 1,500	1,500	8,500
	5 arrondissements, 14 cercles	20,000		28	villages, leur milice et celle des villes		14,000		34,000

RÉCAPITULATION PAR PROVINCES COMPRENANT LES DEUX ZONES.

PROVINCES.	ÉTABLISSEMENTS militaires. NOMBRE.	DÉSIGNATION.	EFFECTIF.	TOTAL.	ÉTABLISSEMENTS civils. NOMBRE.	DÉSIGNATION.	EFFECTIF.	TOTAL.	TOTAL des deux zones.
BONE. (Gouverneur des colonies civiles.)	3 3 8 9	Chefs-lieux d'arrondissement Id. de cercle Postes militaires Colonies militaires Zméla	6,000 9,000 1,400 4,000 2,250	16,250	2 7 18	Chefs-lieux d'arrondissement Id. de cercle Villages coloniaux Milice actuelle des villes	2,000 6,000 4,000 3,000	15,000	31,250
ALGER. (Gouverneur général de l'Algérie.)	3 4 14 14 6	Chefs-lieux d'arrondissement Id. de cercle Postes militaires Colonies militaires Zméla	6,000 4,500 2,450 7,000 1,500	21,500	1 3 12 »	Chefs-lieux d'arrondissement Id. de cercle Villages coloniaux Milice actuelle des villes, environ	2,000 3,000 3,000 2,500	10,500	32,000
MASCARA. (Directeur des colonies militaires.)	5 7 20 30 9	Chefs-lieux d'arrondissement Id. de cercle Postes militaires Colonies militaires Zméla	3,500 7,000 5,500 10,000 2,250	28,250	2 5 »	Chefs-lieux d'arrondissement Id. de cercle Milice actuelle des villes, environ	3,000 4,500 1,500	8,500	36,750
	131	Établiss. milit. occupés par		66,000	47	Établiss. civils gardés par		34,000	100,000

Nota. Il n'a pas été tenu compte, dans ces tableaux, des spahis irréguliers des tribus.

Indépendamment des Zméla-Makhzen, l'armée renferme des indigènes, compris dans l'effectif ci-dessus.

Les 10,000 hommes sédentaires de la zone maritime se composent: 1° de gendarmerie française et indigène, spéciale à l'Algérie; régiments venant de France, et renouvelés tous les quatre ans.

COLONISATION DE L'ALGÉRIE PAR ENF

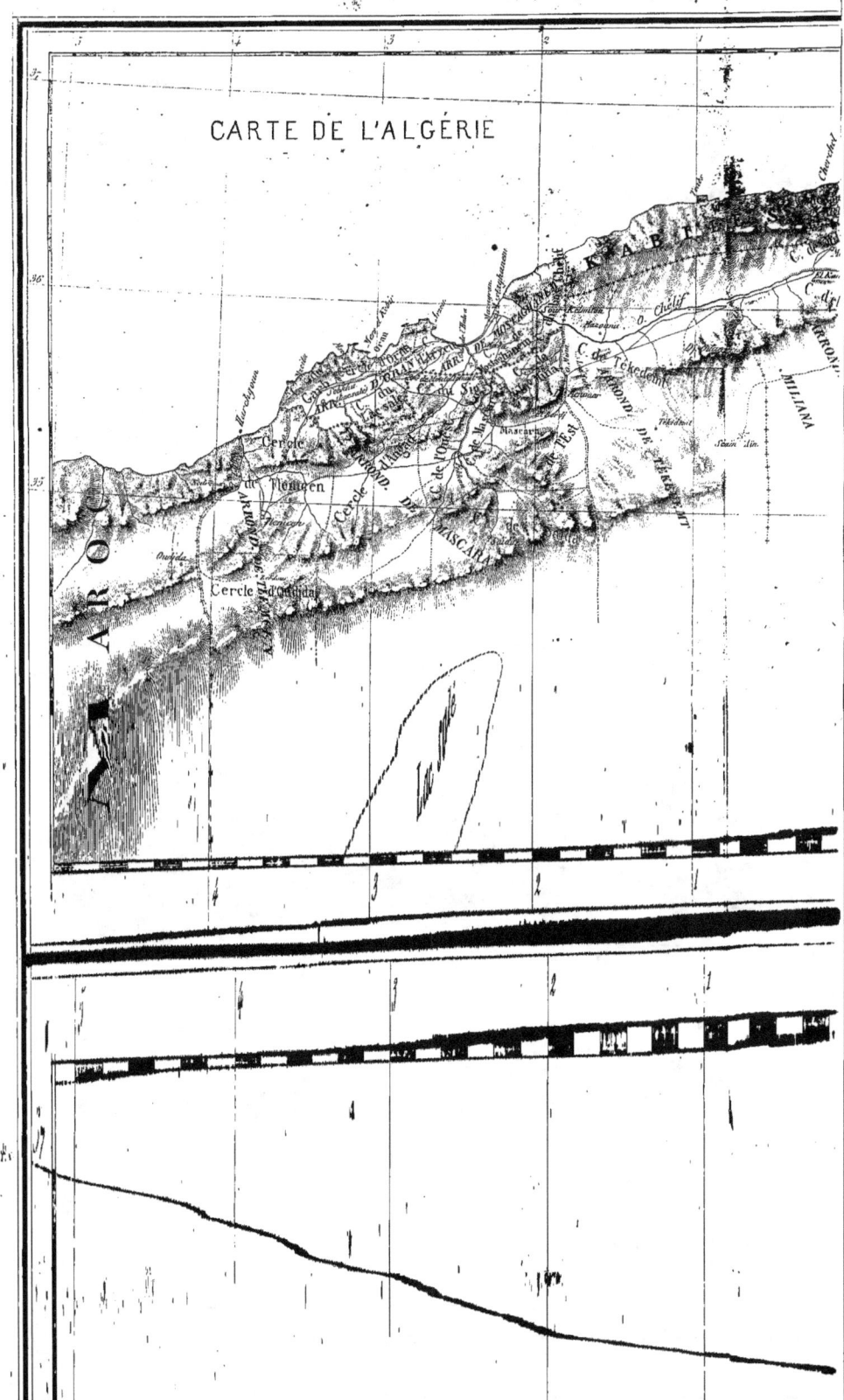

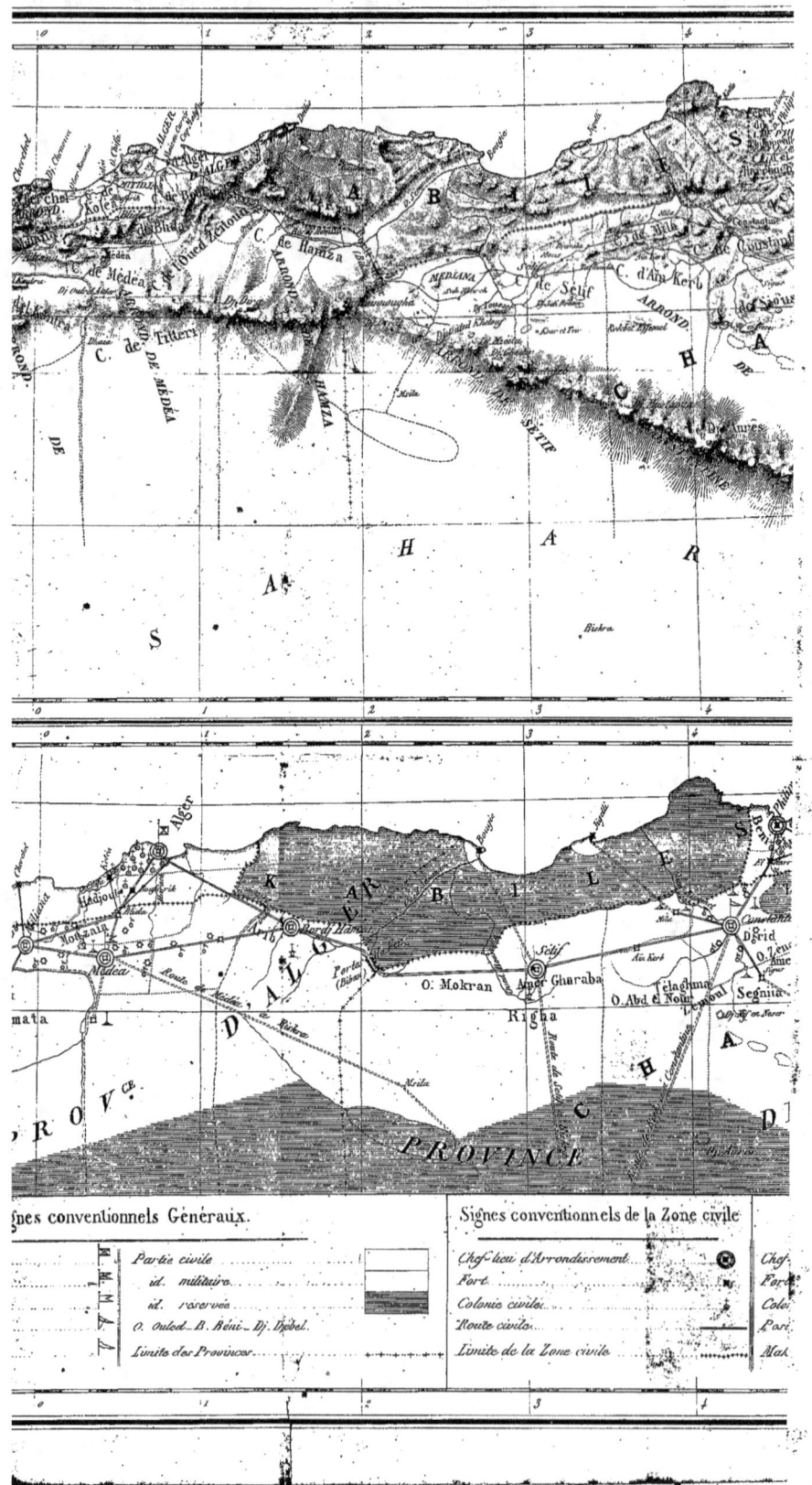

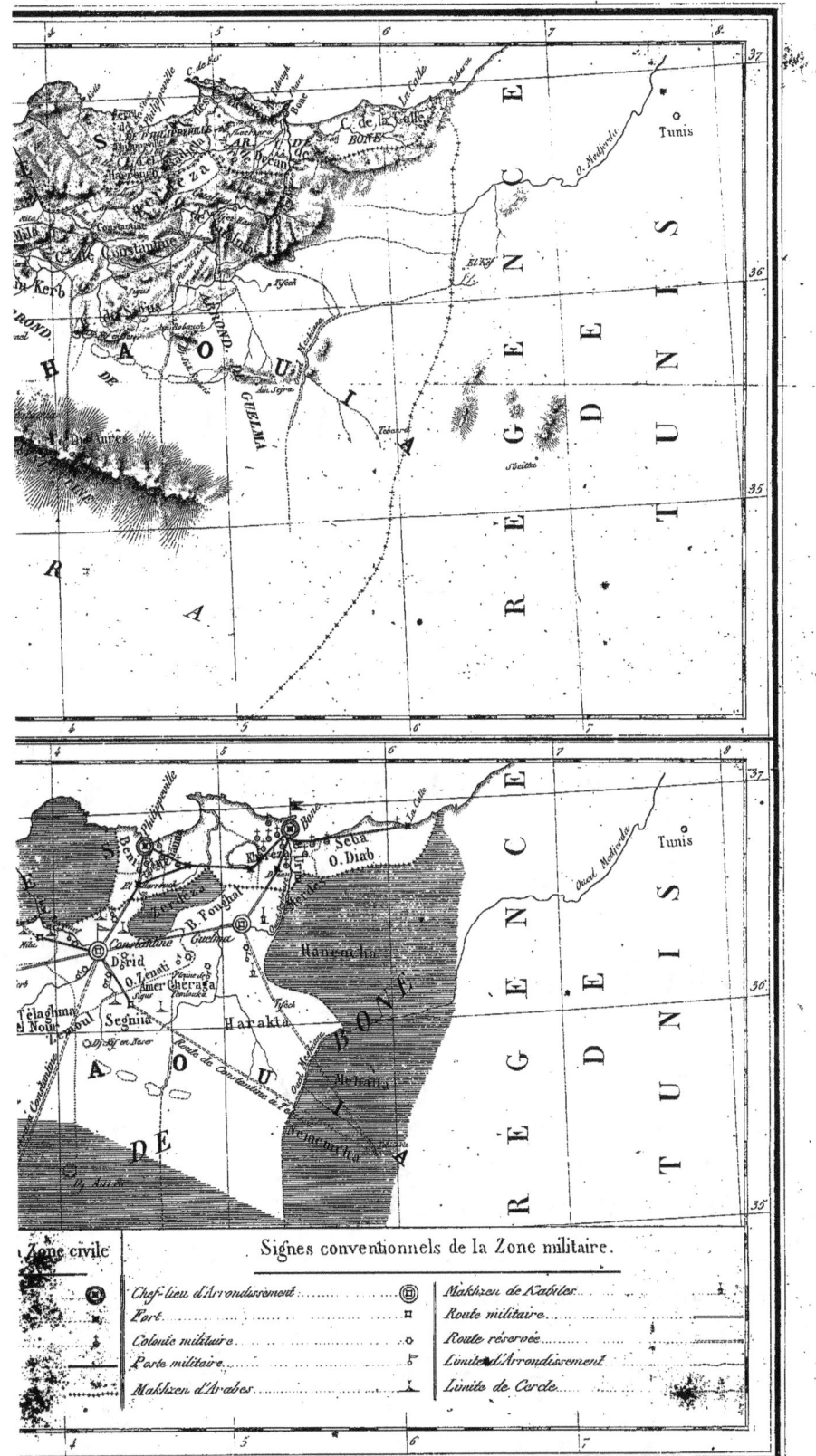

TABLE DES MATIÈRES.

DIVISION DE L'OUVRAGE.

Pages

SOMMAIRE DE L'INTRODUCTION.   6

INTRODUCTION. — DES COLONISATIONS.

I. — La conservation ou l'abandon de l'Algérie ; la reconnaissance de notre droit par les Puissances européennes, sont des questions épuisées............   7

II. — Ce que doit être la colonisation de l'Algérie, par la France, au XIXe siècle.....................   9

III. — Colonisation romaine de l'Algérie...........   11

IV. — La race romaine ne s'y trouve plus, on y trouve, *dit-on*, la trace des Vandales ; ceux-ci transpor-

	Pages
taient, comme les Arabes, la *famille* avec eux.....	12
V. — Tertullien parlant à ses compatriotes de Carthage.	13
VI. — Plutarque sur Utique......................	18
VII. — Comparaison des conquêtes romaines avec celles de Napoléon...............................	21
VIII. — Eglise d'Afrique........................	22
IX. — Part véritable de la population romaine à la colonisation de l'Afrique, et, en général, à celle de toutes les conquêtes du *peuple romain*............	22
X. — Rome était elle-même une *colonie* universelle, comme elle fut plus tard l'universelle *métropole*....	30
XI. — De nos jours, coloniser est une chose complètement neuve, puisqu'on n'*extermine* plus les peuples et qu'on ne les réduit pas même en *esclavage*...	31
XII. — Notre politique n'est plus *absolue*; elle transige; elle modifie le vainqueur et le vaincu, afin de les *associer*..................................	36
XIII. — Exemples pris dans les faits déjà accomplis, dans l'ordre *militaire*...........................	37
XIV. — Rien de fait, sous ce rapport, dans l'ordre *civil*.	38
XV. — Du gouvernement *civil* et du gouvernement *militaire*......................................	39
XVI. — Opinion de M. le général Duvivier sur ce sujet.	40
XVII. — DIVISION DE L'OUVRAGE; il a pour base la *constitution de la propriété*, qui est l'objet de la Iʳᵉ PARTIE.	42
XVIII. — 1ᵉʳ *chap*. Propriété ancienne en *Algérie*..	45
XIX. — 2ᵉ *id*. Propriété actuelle en *France*....	48
XX. — 3ᵉ *id*. Propriété pour *l'Algérie française*.......................................	50
XXI. — 2ᵉ PARTIE : *Colonisation européenne*........	50
XXII. — 1ᵉʳ *chap*. *Lieux* et *ordre* favorables à la fondation des colonies............................	50

XXIII. — 2e *Chap. Personnel* et *matériel* de ces colonies.   51
XXIV. — 3e Partie. *Organisation des indigènes*....   51
XXV. — Conclusion : *Du gouvernement de l'Algérie*..   52

Ire PARTIE. — CONSTITUTION DE LA PROPRIÉTÉ.

SOMMAIRE DES PRINCIPES DU CHAPITRE PREMIER.   55

CHAPITRE PREMIER. — État ancien de la propriété en Algérie.

I. — La nature du *sol* et du *climat*, celle des *races* et celle des institutions *politiques*, sont les trois causes principales de tout état social.................   57
II. — Examen de ces trois causes en Algérie........   58
III. — Gouvernement des Turcs; Islamisme; sol et climat...................................   59
IV. — Différence entre la population des villes (*Maures*) et celle des tribus (*Arabes* et *Kabiles*)........   60
V. — Caractère général de la propriété — dans les villes (*individuel*) et dans les campagnes (*collectif*).   65
VI. — Comparaison avec la France................   68
VII. — Le sol et le climat de l'Algérie exigent généralement la *grande culture*.......................   69
VIII. — *Droit* musulman, quant à la propriété......   71
IX. — Dérogation à ce droit, surtout dans les villes.   72
X. — Le *Habous* et les biens *Melk*................   73
XI. — Pourquoi tant de fraudes sur la propriété, depuis 1830......................................   75
XII. — *Monopoles* du Gouvernement Turc..........   77
XIII. — Division de la terre dans les tribus.........   80

	Pages
XIV. — Propriété *mobilière*.................................	82
XV. — Inconvénients et avantages de la propriété *collective*, en Algérie............................	83

SOMMAIRE DES PRINCIPES DU CHAPITRE II. 89

CHAPITRE II. — État actuel de la propriété en France.

I. — Cette institution porte l'empreinte de la *féodalité* et de la *liberté*, et celle d'un principe nouveau d'*association*................................	91
II. — Opinion de M. Dupin aîné sur le régime *hypothécaire*; comparaison de la propriété *civile* et de la propriété *commerciale*........................	93
III. — Le caractère de la loi dépend de la qualité des personnes qui la font.............................	94
IV. — La qualité de *créancier* ou de *débiteur*, celle de *possesseur* ou de *non-possesseur*, influent sur l'esprit et sur la forme de la loi.........................	97
V. — Le *débiteur* foncier, le *petit propriétaire* et le *créancier* commercial, ont dû être favorisés par notre législation, au détriment du *créancier* foncier, du *grand propriétaire* et du *débiteur* commercial......	97
VI. — État actuel de la propriété *morcelée*, dans nos villages..	98
VII. — Destruction de la *grande propriété*............	100
VIII. — La *société anonyme* pare aux principaux inconvénients de notre législation foncière et mobilière	102
IX. — La richesse publique est répartie entre les trois classes des *propriétaires fonciers*, des *industriels* et des *capitalistes*...................................	105

X. — Les *banquiers*, intermédiaires entre l'homme qui possède et celui qui ne possède pas, sont les *régulateurs du mouvement* de la richesse......... 105

XI. — Les *banquiers* n'ont pas encore dit leur mot sur l'Algérie, tandis que les *propriétaires fonciers* et les *industriels* s'en sont occupés............ 106

XII. — Ceci explique les fautes commises, sous le rapport de la propriété, en Algérie............... 108

XIII. — Notre constitution actuelle de la propriété est *exceptionnelle*, non-seulement en France, mais dans le monde entier...................... 109

XIV. — Les principes qui nous ont servi à *détruire* l'ordre ancien sont-ils bons pour *fonder* un ordre nouveau? 111

XV. — Le principe d'*association industrielle* est, sous le rapport de la propriété, l'élément *créateur*...... 112

XVI. — Exemple des départements où domine le principe *féodal* de la propriété *foncière*, et de ceux où domine le principe *libéral* de la propriété *mobilière*. 113

XVII. — Le principe des *sociétés anonymes* doit présider à la solution du grand problème politique de *l'organisation du travail*.................... 114

XVIII. — L'Algérie est le *lieu d'essai* convenable pour cette œuvre............................ 116

XIX. — En France, les *droits* de *l'Etat*, relativement à la propriété, sont loin d'être nuls............. 117

XX. — Quels sont ces droits ?.................... 117

XXI. — L'Etat peut donc intervenir puissamment dans l'organisation de la propriété, en Algérie......... 120

XXII. — La France organise le travail *destructif* (l'armée); ne peut-elle pas organiser le travail *productif* (l'industrie) ?...................... 121

XXIII. — *L'application de l'armée aux travaux pu-*

blics n'est qu'une idée transitoire, qui achemine vers *l'organisation du corps des travaux publics*...... 122

XXIV. — Citation de M. Dupin aîné, sur la propriété collective................................. 123

SOMMAIRE DES PRINCIPES DU CHAPITRE III.   126

CHAPITRE III. — Constitution de la propriété pour l'Algérie française.

I. — Nous n'avons pas tout à enseigner aux Africains, surtout pour l'Afrique 127
II. — La propriété ne saurait être, en Algérie, même pour des colons français, ce qu'elle est en France.. 130
III. — Comparaison du propriétaire *féodal* d'autrefois, sous le rapport *gouvernemental* et quant à la *direction des travaux* agricoles, avec l'*administration* actuelle, sous ces deux rapports............. 132
IV. — L'Algérie exige que l'*administration gouverne* et dirige le travail........................ 133
¹V. — Propriété *foncière* dans les villes et leur banlieue. 134
VI. — Mode d'*expropriation* et d'*indemnité*, propre à faciliter l'organisation de la propriété qui sera jugée convenable.................................. 135
VII. — La législation de la propriété *urbaine* doit être favorable à l'*individualité* et à la *mobilité* de la propriété 139
VIII. — Modification des coutumes *maures* et de la loi

---

¹ Le chiffre V a été oublié dans l'impression, en tête de la page 134.

française dans ce but........................ 140
¹ IX. — Habous et code hypothécaire............. 140
X. — La propriété foncière de *bourgeois campagnards* diffère essentiellement de la propriété de *paysans cultivateurs*............................... 141
XI. — Des *colonies militaires* ne comporteraient évidemment pas l'*appropriation individuelle*........ 143
XII. — Ce qu'on doit entendre par ces mots : donner aux Arabes des tribus l'*amour de la propriété*...... 144
XIII. — Le nom de *commune* convient mieux à une *tribu* arabe qu'à un *village* français............... 146
XIV. — Progrès que nous devons faire faire aux Arabes, sous ce rapport........................... 147
XV. — Application des principes généraux à la propriété. 150
XVI. — Pour les COLONIES MILITAIRES.............. 151
XVII. — Pour les COLONIES CIVILES............... 158
XVIII. — *Fundus* romain, *colonies militaires* d'Autriche, régime de la propriété chez les *paysans* de Bohême.................................... 161
XIX. — Application des principes généraux à la propriété, pour les *tribus indigènes* de l'intérieur et du littoral..................................... 173

IIᵉ PARTIE. — COLONISATION EUROPÉENNE.

AVANT-PROPOS.

La colonisation, anarchique jusqu'ici, doit être régulière.

I. — L'occupation de l'Algérie a été *successive*, la colo-

---

¹ Le chiffre IX a été oublié à la page 140.

nisation doit l'être également.................... 185

II. — On a mis de l'*ordre* dans l'une, il faut en mettre dans l'autre...................................... 187

III. — La colonisation *anarchique* n'a cessé qu'en 1841, mais la colonisation *ordonnée* n'a pas encore commencé.. 188

IV. — C'est le Gouvernement qui doit imposer cet *ordre*, et présider à son exécution................ 189

V. — Par quels *lieux* faudrait-il commencer la colonisation, et dans quel *ordre* devrait-on y procéder ? 194

CHAPITRE PREMIER. — Lieux et ordre favorables à la fondation des colonies civiles et militaires.

I. — *Sécurité, salubrité, fertilité*, sont les conditions déterminantes...................................... 197

II. — Tous les conquérants de l'Algérie ont marché de l'Est à l'Ouest : les Romains, les Arabes, les Turcs. 199

III. — C'est aussi par l'Est que nous devons commencer. 204

IV. — Exceptions à ce principe général............. 206

V. — Sacrifices du Gouvernement pour la *guerre ;* sacrifices à faire pour la *colonisation*................ 210

VI. — *Ligne stratégique* de Constantine à Tlemcen.. 212

VII. — Résidence naturelle du commandant *militaire*, général en chef de l'*armée* d'Algérie............. 214

VIII. — Colonisation *militaire* sur la *ligne stratégique ;* colonisation *civile* sur le *littoral*.................. 216

IX. — Par quels *points* doivent *commencer* les colonies *militaires* et les colonies *civiles* ?........... 218

X. — Considérations géographiques et politiques.... 218

XI. — Distribution des efforts coloniaux *militaires*,

dans les trois provinces................................	222
XII. — De la composition de l'*armée*.................	230
XIII. — Distribution des efforts coloniaux *civils*, dans les trois provinces..................................	235
XIV. — Du *fossé* d'enceinte...........................	240
XV. — Alger *port militaire* et *place forte* de 1er ordre.	242
XVI. — Résumé de ce chapitre.......................	252

CHAPITRE II. — Personnel et matériel des colonies civiles et militaires.

I. — C'est au *génie civil* et au *génie militaire* qu'il appartient de faire le *plan* et de diriger les *travaux* de la fondation des colonies civiles et militaires.......	255
II. — Les premiers *prépareraient* l'établissement des colonies *civiles* ; les seconds *installeraient* les colonies *militaires*..	261
III. — Différence entre ces deux corps, sous le rapport de *la troupe* qu'ils emploient............................	262
IV. — Modifications à introduire dans le corps des *ponts-et-chaussées*.......................................	267
V. — Fondation du *corps des travaux publics d'Algérie*..	269
VI. — Ce corps ne doit pas être, comme l'armée, une réunion régulière d'*individus*, mais de *familles*......	274
VII. — Le premier village colonial devrait être l'*école normale* de la colonisation.............................	275
VIII. — Conditions d'engagement des *familles* de travailleurs...	276
IX. — Règlement de service et discipline............	278
X. — Comparaison de l'organisation du *travail* avec	

l'organisation *militaire*.................................. 279
XI. — Constitution du corps des *travaux publics* d'Algérie, et distribution du *personnel*................. 283
XII. — Personnel d'un *atelier colonial*............. 286
XIII. — Rations, solde, pénalité, etc............... 288
XIV. — Ordre des travaux........................... 290
XV. — Colonisation par *sociétés privées*........... 293
XVI. — *Colonies militaires*; leur composition en officiers, sous-officiers et soldats; corps de l'armée où il faut les recruter.. 296
XVII. — La solution du problème consiste à diviser l'armée en armée *active* de *combattants* et armée *sédentaire* de *cultivateurs*............................ 306
XVIII. — Conditions d'*engagement*................. 308
XIX. — Intendance, Administration................ 310

IIIe PARTIE. — ORGANISATION DES INDIGÈNES.

AVANT-PROPOS.
Par qui doivent être organisées, gouvernées et administrées les tribus soumises.

I. — L'autorité française doit organiser, gouverner et administrer les tribus............................. 323
II. — Abus du principe de *gouvernement du pays par le pays*, appliqué à l'Algérie........................ 324
III. — L'instabilité des chefs indigènes a été encore plus grande que celle des chefs français........... 329
IV. — Politique des Turcs à cet égard............. 332
V. — Il n'y a que *trois Français* qui gouvernent les indigènes.. 333

Pages

CHAPITRE PREMIER. — Matériel et personnel des tribus soumises, organisées et gouvernées par l'autorité française.

I. — Gouvernement de la *zône militaire;* postes militaires 337
II. — Organisation de ces *postes*........................... 338
III. — Leur action sur les *tribus*, et organisation de celles-ci.. 340
IV. — Personnel des *postes;* état-major et troupe... 346
V. — Distribution des troupes dans la zône militaire, en *colonnes mobiles, réserve, colonies* et *postes militaires*. Nombre de villes, villages et postes qui résulteraient de cette distribution................... 351
VI. — Colonie militaire indigène, ou *zméla makhzen* des *cercles* coloniaux; son organisation............ 352
VII. — Différence entre les *Cheiks de tribus* et les *chefs de makhzen*... 357
VIII. — Organisation des tribus dans la *zône maritime;* l'autorité française y sera plutôt administrative que gouvernementale................................ 359
IX. — *Police.* — Gendarmerie maure et gendarmerie française. — Armée sédentaire, protectrice des travaux. 361
X. — *Justice* et *instruction*............................... 363
XI. — La colonisation doit être *européenne* et non pas exclusivement *française;* de même, l'organisation des tribus ne doit pas être seulement *indigène,* elle doit être *musulmane*.. 370
XII. — Cadi et Taleb................................... 373
XIII. — Installation du *Cheik*, du *Cadi* et du *Taleb*, et du *conseil des chefs de douar;* fixation des *limites;* distribution des *terres*, des *eaux*, des *pâturages* et

des *bois*, avec indication des *travaux publics*, règlement et perception de l'*impôt*; en un mot, *organisation* de la tribu, par le *commissaire du Roi*...... 374
XIV. — Villages indigènes...................... 381
XV. — Différence politique entre les petites et les grandes tribus........................ 382
XVI. — Favoriser la *dissolution* des grandes tribus, et *constituer*, au contraire, vigoureusement les douars.. 385

CHAPITRE II. — Lieux et ordre favorables à la soumission et à l'organisation des tribus.

I. — Tribus qu'il faut gouverner immédiatement; — Tribus qu'il ne faut pas, qu'on ne peut pas, qu'on ne doit pas essayer immédiatement de gouverner...... 391
II. — Occupation *restreinte* au cadre d'une occupation générale.. 393
III. — Tribus du *littoral*, généralement Kabiles; tribus du *Sud*, généralement Arabes................. 394
IV. — Faire des *rhazias*, ce n'est pas gouverner..... 398
V. — Les tribus soumises doivent être *organisées*; les tribus insoumises doivent être *surveillées*.......... 400
VI. — *Marine* algérienne........................ 405
VII. — Moyens d'utiliser les tribus du Sud......... 408
VIII. — Tribus intermédiaires (*Chaouïa*), agriculteurs. 410
IX. — Emploi des diverses parties de la population indigène, pour la *sécurité*; colonies militaires indigènes ou *Makhzen*............................. 412
X. — Politique des Turcs et d'Abd-el-Kader à cet égard 414

		Pages
XI. — Berbers d'Angad		417
XII. — Les tribus à soumettre et organiser immédiatement, sont généralement celles qui occupent les *plaines*..........		424
XIII. — Tribus à organiser dans les trois provinces.		427
XIV. — Opinion de M. le général Duvivier sur ce sujet................		428
XV. — Cadre d'occupation des trois provinces.......		433
XVI. — Désignation des tribus à organiser *militairement*...........		437
XVII. — Tribus à organiser *civilement*...........		439
XVIII. — Objections..........		440

CONCLUSION. — DU GOUVERNEMENT DE L'ALGÉRIE.

I. — Comment lui donner le caractère mixte, *civil* et *militaire* ?............................. 449

II. — Trois moyens ont été présentés: — Leur réfutation................................ 550

III. — Création d'un ministère nouveau des *colonies*................................ 451

IV. — Motifs de cette création.................. 453

V. — Deux ministères nouveaux (commerce, travaux publics), ont été créés de nos jours.............. 455

VI. — Etat actuel de nos *colonies* et de la *marine marchande*; situation *politique depuis 1830*...... 458

VII. — *Attributions* de ce ministère. — Il embrasserait toutes les *colonies*, y compris l'Algérie, les *paquebots à vapeur* des postes, la *marine marchande* et les *consulats*; il aurait un caractère général, *gouvernemental*.................. 462

VIII. — Spécialisation des *affaires d'Algérie* dans ce ministère des colonies 462
IX. — *Hiérarchie* du gouvernement de l'Algérie.... 464
X. — Population des villes. — Indigène et française.. 470
XI. — Organisation de la population urbaine 478
XII. — Indigène.................................. 480
XIII. — Européenne 486
XIV. — Objections contre la création de ce nouveau ministère.................................... 496

APPENDICE.

A. Note sur la *colonisation romaine*............... 507
B. Note sur la *constitution de la propriété* en Algérie................................... 519
C. Concordance des révolutions intellectuelles et des révolutions politiques 521
D. Note sur la *carte* de l'Algérie, et sur le *tableau* des forces disponibles dans les deux zônes............ 526
TABLEAU des forces disponibles....................
CARTE de l'Algérie, et tracé du réseau colonial.......
Table des matières................................ 529

FIN.

www.ingramcontent.com/pod-product-compliance
Lightning Source LLC
Chambersburg PA
CBHW070839230426
43667CB00011B/1864